Das Buch

Obwohl die Psychologie nahezu alle zwischenmenschlichen Beziehungen untersucht zu haben scheint, stießen die amerikanischen Therapeuten Bank und Kahn auf Neuland, als sie sich der Beziehungen zwischen Geschwistern annahmen und die bisher isoliert erforschten Einzelaspekte dieser lebenslangen Bindung zusammentrugen. In achtjähriger Forschungsarbeit sowie auf der Grundlage umfangreichen Materials aus ihrer Arbeit als Familientherapeuten ist so erstmals eine umfassende Psychologie der Geschwisterbeziehung entstanden. Sehr verständlich und anschaulich, ist diese grundlegende Untersuchung ein kluger Leitfaden für Fachleute und eine spannende Lektüre für Laien: über die verschiedenen Phasen der Geschwisterliebe durch alle Lebensalter, über Aggressionen, Rivalitäten, Loyalitäten und über Verhaltensmuster, die auch in anderen Beziehungen wiederzufinden sind. Und bei aller Komplexität und Verstrickung in familiäre Strukturen wird klar, daß Geschwisterbindungen genauso bedeutsam für die Identitätsbildung der Kinder sind wie die Beziehungen zwischen Vater und Mutter oder zwischen Eltern und Kindern. »Glücklicherweise hat dieses gewichtige Thema endlich seine Autoren gefunden, die ihm gerecht werden.« (Sophie Freud)

Die Autoren

Stephen P. Bank, geboren 1941, und Michael D. Kahn, geboren 1936, sind Dozenten an der Universität von Connecticut und arbeiten als Paar- und Familientherapeuten. Gemeinsame einschlägige Veröffentlichungen in Fachzeitschriften.

Stephen P. Bank, Michael D. Kahn:
Geschwister-Bindung

Aus dem Amerikanischen von
Irmgard Hölscher

Deutscher
Taschenbuch
Verlag

Ungekürzte Ausgabe
Februar 1994
Deutscher Taschenbuch Verlag GmbH & Co. KG, München
© 1982 Basic Books Inc.
Titel der amerikanischen Originalausgabe:
The Sibling Bond
© der deutschsprachigen Ausgabe:
1989 Junfermannsche Verlagsbuchhandlung, Paderborn
ISBN 3-87387-000-2
Umschlaggestaltung: Boris Sokolow
Satz: IBV Satz- und Datentechnik, Berlin
Druck und Bindung: C. H. Beck'sche Buchdruckerei, Nördlingen
Printed in Germany · ISBN 3-423-35072-5

Inhalt

1. Dechiffrierung der Geschwisterbindung 9

Der Stand der Forschung 11
Die Geschwisterbindung 21
Gründe für die Entstehung der Geschwisterbindung 24

2. Frühkindliches Bindungs- und Trennungsverhalten 26

Der Einfluß der Eltern auf Rolle und Identität 27
Bindungsverhalten: Frühe Abhängigkeit von Geschwistern 32
Emotionale Nähe und gegenseitige Abhängigkeit 42

3. Kindheit und Adoleszenz:
   Der Kampf um die eigene Identität 50

Geschwisterpaare 51
Prüfsteine und soziale Vergleiche: Das Selbst im Spiegel 52
Private und öffentliche Welten: Ebenen der Intimität 59
Auswirkungen von Veränderung und Identifikation 62
Wahrnehmung von Ähnlichkeiten und Unterschieden 67
Mangelnde Veränderung 72

4. Identifikationsmuster von Geschwistern 80

Enge Identifikation 80
Teilidentifikation 87
Geringe Identifikation 96

5. Loyalität und Fürsorge 102

Wechselseitige Loyalität 102
Einseitige Loyalität: »Ich bin meines Bruders Hüter.« 112
Versorgte Geschwister 122

6. Der Einfluß der Sexualität in Geschwisterbeziehungen 125

Biologische Ausstattung und Identitätsunterschiede 125
Sexuelle Verwirrung 129
Pioniere und Modelle im Bereich der Sexualität 130
Früh- und spätentwickelte ältere Geschwister 131

7. Sexualität zwischen Brüdern und Schwestern 135

Spielerische Neugier 135
Liebe zwischen Bruder und Schwester 137
Geschwisterinzest 145

8. Geschwister im Konflikt:
   Gefangen in Aggression und Rivalität 169

Positive Aspekte kindlichen Streits 169
Die mächtigen Eltern 171
Der Kampf um Überlegenheit bei adoleszenten und
erwachsenen Geschwistern 184
Mechanismen zur Eindämmung der Geschwisteraggression ... 188
Bedeutung anhaltender Aggression 190

9. Verwirrte Familien: »normale« und »gestörte« Geschwister . 193

Die Strukturierung der Geschwisterbeziehung durch die Eltern 195
Die Rolle des gesunden Kindes 197
Verstörende Spiegel des Selbst 203
Der Preis der Normalität 210
Schuldgefühle gesunder Geschwister 214

10. Geschwister als Überlebende –
    Bindungen über den Tod hinaus 219

Der Einfluß der Eltern 219
Umstände beim Tode des Geschwisters 224
Identifikationsmuster und pathologische Trauerreaktionen ... 228
Destruktive Auswirkungen eines Geschwistertodes 231
Positive Verarbeitung des Todes von Geschwistern 234

11. Psychotherapie mit Geschwistern 238

Probleme für den Psychotherapeuten 240
Einschätzung der Geschwisterproblematik 247
Methoden für die Einzel- und Familientherapie 253
Schlußfolgerungen 263

Epilog 265
Literaturverzeichnis 269
Personen- und Sachregister 284

1. Dechiffrierung der Geschwisterbindung

Man hatte der zweiundachtzigjährigen Lillian zur Feier des Tages einen rosageblümten Morgenrock angezogen. Als die Pflegerin ihren Rollstuhl in das Zimmer der jüngeren Schwester schob, begann sie zu nörgeln: »Dein Zimmer ist ja so dunkel und muffig, Becky. Laß uns doch lieber in *mein* Zimmer gehen, das hat mehr Sonne und eine schönere Aussicht.«

Rebecca war seit mehr als siebzig Jahren an die Dominanz ihrer älteren Schwester gewöhnt. Sie ignorierte sie lächelnd und begrüßte mich, den Psychologen, der zu einem Interview über »Geschwisterbeziehungen« in das Pflegeheim gekommen war. Die beiden Frauen waren die letzten Überlebenden einer großen Familie, zu der einst außer den Eltern noch vier Brüder gehört hatten.

»War es für Sie wichtig, daß Sie eine Schwester hatten?« fragte ich Rebecca. Sie richtete sich ein wenig auf, hob die pergamentenen Handflächen, zuckte kurz die Achseln und warf mir einen irritierten Blick zu, um mir zu zeigen, daß ich nicht begriffen hatte, was doch auf der Hand lag.

»Natürlich war es wichtig! Ich *weiß*, daß ich eine Schwester habe! Sie ist von meinem Fleisch und Blut. Und ich muß sie gar nicht die ganze Zeit um mich haben. Einen Bruder zu haben, eine Schwester ...« Sie hielt inne, suchte nach den richtigen Worten für ihr tiefinneres Gefühl. »Einfach zu wissen, daß sie ... *da sind* ..., darauf kommt es an.«

»Wie wäre es denn ohne Geschwister gewesen?« fragte ich.

»Ich wäre einsam gewesen, sehr, sehr einsam. Wir waren uns immer nahe. Wir hatten immer ein wunderbares Verhältnis zueinander. Wir haben uns gegenseitig geholfen. Es gab immer Verbindungen. Unsere Mutter hat uns beigebracht, miteinander zu teilen. Als ich heiratete, zogen Lillian und ihr Mann bei mir ein, und wir haben dreizehn Jahre lang zusammen gewohnt.«

Und Lillian hörte zu, lächelte und bestätigte die Erzählung der Schwester mit zustimmendem Nicken.

Während Rebecca und Lillian von ihrer Beziehung schwärmten, fragte ich mich, ob die alten Frauen nicht die Mühsal ihres Lebens durch nostalgische Erinnerungen verleugneten. Hatte es denn keinen Groll, keine Brüche, Rivalitäten oder verletzte Gefühle gegeben? Und wenn ihr gemeinsames Leben wirklich so wunderbar gewesen war, warum hatte sie dann darauf bestanden, im Pflegeheim auf zwei verschiedenen Stockwerken zu wohnen, obwohl sie auch ein gemeinsames Zimmer hätten haben können? Warum nahmen die jetzt so redseligen Frauen, wie das Pflegepersonal berichtete, die Existenz ihrer Schwester kaum noch zur Kenntnis? Wie ließen sich die Berichte anderer Familienangehöriger über die häufigen, bitteren Streitigkeiten zwischen ihnen erklären? Und warum waren diese netten alten Damen am Ende ihres langen Lebens immer noch zusammen, voller gemeinsamer Erinnerungen, und doch in wesentlichen Bereichen so weit voneinander entfernt?

Ich verließ das Pflegeheim mit einer entscheidenden Frage: Was ist das für ein Band, das diese Schwestern – und alle Geschwister – von Geburt an verbindet? Welche Ursachen verstärken diese Bindung oder lassen sie verkümmern? Solche Fragen motivierten mich und meinen Kollegen, acht Jahre lang die Geschwisterbindung zu untersuchen, sie zu begreifen, ihre einzelnen Komponenten freizulegen und aufzudecken, warum sie eine der dauerhaftesten und einflußreichsten Beziehungen im Leben ist.

Die Ergebnisse dieser achtjährigen Forschungsarbeit sind in diesem Buch zusammengefaßt. Untersucht werden die emotionalen Beziehungen zwischen Geschwistern, ihre irrationalen Rivalitäten und rührenden Loyalitäten, die primäre Bindung in der frühen Kindheit und die Beziehung im hohen Alter, ihre schmerzhaften Enttäuschungen, Leidenschaften, Schuld. Es geht in diesem Buch darum, wie Menschen zusammenwachsen und sich auseinanderentwickeln, wie sehr sie sich unterscheiden oder sich ähnlich bleiben, wie sie auf Leben und Sterben des anderen reagieren. Und es geht um den Einfluß, den die Eltern auf die Geschwisterbeziehung ihrer Kinder haben, im guten wie im schlechten Sinne.

Als Psychotherapeuten und Pädagogen, die durch Ausbildung und Erfahrung Experten für Familienbeziehungen sind, mußten wir uns zu Beginn der Arbeit überrascht (und ein klein wenig erleichtert) eingestehen, wie wenig wir über Geschwister wußten. Auf die Bindung zwischen Eltern und Kindern oder zwischen Partnern, die unsere Patienten in der Einzel- oder Familientherapie thematisierten, konnten wir normalerweise verständnisvoll reagieren. Aber wir waren nur ungenügend darauf vorbereitet, zu verstehen und einzuordnen, was sie meinten, wenn sie *als Geschwister* über ihre Gefühle zu einem Bruder oder einer Schwester sprachen, deren emotionale Präsenz ihr Leben noch immer überschattete. Die sexuellen, wirtschaftlichen und emotionalen Bindungen von Ehepartnern und die biologische Bindung zwischen Eltern und Kindern sind anscheinend anders beschaffen als die Geschwisterbindung.

In unserer Kultur markieren Rituale wie Taufe, Beschneidung, Konfirmation, Bar Mitzvah, ja sogar Schulabschlußfeiern wesentliche Veränderungen zwischen Eltern und Kindern. Die Beziehung von Mann und Frau wird mit Verlobung und Hochzeit zelebriert, durch Eheschließung und Scheidung in einen gesetzlichen Rahmen gestellt. Die in jüngster Zeit stark entwickelte Paartherapie unterstützt die Partner beim Zusammenleben oder bei der Trennung. Aber Kirche wie Synagoge haben keine Rituale für die Geschwisterbeziehung (Roberts 1982), und es gibt keine gesetzlichen Möglichkeiten, sie herzustellen oder aufzulösen. So ist der Versuch, eine Psychologie für den sehr emotionalen, überwiegend irrationalen Bereich der Geschwisterbeziehung zu entwickeln, ein Vorstoß in ein völlig unerforschtes, fremdes Land.

Der Stand der Forschung

Diese Fremdheit ist nicht überraschend, denn wie alle Psychologen und Psychotherapeuten unserer Generation haben wir gelernt, daß Geschwister, wenn überhaupt, höchstens unbedeutende Akteure auf der Bühne der menschlichen Entwicklung seien. Ihr Einfluß aufeinander gilt als gering; die Eltern, so wird gesagt, sind der wesentliche Einflußfaktor für die Identitätsbildung des Kindes. Wir haben ebenfalls gelernt, daß nach dem Verlassen des Elternhauses Partner, Kinder und Arbeitsplatz das Leben und das Selbstgefühl des Erwachsenen bestimmen. Die geltenden Theorien über die Entwicklung des Menschen sagen auffallend wenig zum Thema Geschwister. Sie liefern deshalb kaum einen Begriffsrahmen, ja kaum Informationen zum Verständnis der hochemotionalen realen Dramen, die sich täglich in unseren Praxisräumen abspielen. Bevor wir daran gingen, eine neue Theorie über Geschwister zu entwickeln, verbrachten wir ein Jahr mit dem Versuch, die Ergebnisse der verschiedenen Forschungsfelder: Psychoanalyse, Zwillingsforschung, Familiensystemtheorien, Geschwisterreihenforschung und Soziologie, mit der Wirklichkeit unserer Patienten zusammenzubringen.

Psychoanalyse und Zwillingsforschung

Die psychotherapeutische Literatur über Geschwister befaßt sich überwiegend mit der frühkindlichen Rivalität um die Liebe eines Elternteils. Dieser Gesichtspunkt ist wohl eine Hinterlassenschaft der Psychoanalyse*, deren Fokus auf die Rivalität die Literatur über Geschwister beherrscht (Oberndorf 1929; Levy 1937). Die Psychoanalytiker haben sich kaum mit dem breiteren Familienzusammenhang befaßt, der die Art der Beziehung zwischen Geschwistern beeinflußt. Es gibt zwar

---

* Alfred Adler (1927) ist der einzige Neo-Freudianer, der die Einflüsse von Geschwistern breiter diskutiert.

einige psychoanalytisch ausgerichtete Beobachtungen zur Psychologie von Zwillingspaaren, die emotional miteinander verstrickt bleiben (Benjamin 1957; Arlow 1960), sie beschränken sich jedoch häufig auf die Sammlung ungewöhnlicher oder komischer Anekdoten, die nur selten auf das Leben normaler Geschwister bezogen wurden.

Familiensystemtheorien

Die Familientherapeuten mit ihrem Gespür für Gruppendynamik und wechselseitige soziale Einflüsse erkennen zwar an, daß Geschwister ein Subsystem bilden, ignorieren aber allem Anschein nach die in diesem Subsystem herrschenden speziellen Regeln und Auswirkungen.

Im Bereich der Geschwisterinteraktion verwenden systemisch orientierte Autoren kybernetische Begriffe wie »Feedback-Schleifen« (Jackson 1970), Querverbindungen, Amplifikation von Abweichungen (Hoffmann 1970) und Homöostase oder soziostrukturelle Vorstellungen wie »Triangulierung« (Bowen 1970). Solche Systemtheoretiker vermeiden es, vom Selbst oder von Gefühlen zu sprechen, und können nur wenig über die immanente Erfahrung des Bruder- oder Schwesterseins sagen. Für sie gibt es kein Individuum im Prozeß des Werdens, keine lebendige Beschreibung dessen, was Geschwister füreinander bedeuten oder voneinander halten, keine Begriffe für das, was ihre wesentlichen, auch irrationalen Verhaltensweisen bestimmt. Weil sie das Selbst als aktives Agens ablehnen, sehen sie jedes Kind nur als Teil einer allgemeinen Subgruppe: »die Kinder«, die im Einverständnis mit oder im Gegensatz zu einer anderen Subgruppe, »den Eltern«, stehen. Die Betrachtung der Familie als dynamische Einheit hat wichtige Perspektiven eröffnet, aber den Emotionen innerhalb des Subsystems »Geschwister« haben die Systemiker nur sehr wenig Aufmerksamkeit gewidmet.*

Forschung zur Geschwisterreihenfolge

Von einem anderen Gesichtspunkt geht die Forschung auf diesem Gebiet aus. Adler (1928) und Toman (1971) haben auf der Basis klinischer Untersuchungen enthusiastisch behauptet, der Platz in der Geschwisterreihenfolge präge wesentlich die Persönlichkeitsentwicklung. Im akademischen Umfeld gibt es vergleichende Untersuchungen von *Gruppen* von Erst-, Zweit- und Drittgeborenen, in denen diese

---

* Einige Therapeuten wie Donald Bloch (1973), Augustus Napier und Carl Whitaker (1978) sowie Norman Paul und Betty B. Paul (1975) betonen allerdings auch in ihrer Untersuchung von Familiensystemen die Bedeutung von Gefühlen.

Faktoren mit Angaben zur Intelligenz, Persönlichkeit, Schulbildung und Berufserfolg korreliert wurden. In den letzten dreißig Jahren hat diese Forschung eine ungeheure Menge von (häufig widersprüchlichen) Daten zusammengetragen. Es geht dabei um statistisch signifikante Unterschiede, zum Beispiel zwischen der Persönlichkeit ältester und jüngster Kinder, und um Spekulationen über die Ursache für diese Unterschiede. Bis jetzt hat dieser Ansatz bestenfalls marginale wissenschaftliche Fortschritte gebracht. White (1976, S. 87f.) hat kritisch angemerkt:

»Die Frage nach dem Gruppendurchschnitt, die ja impliziert, daß die Wirkung bestimmter Positionen in der Familie aus allen anderen Bedingungen herausgelöst werden kann, ist nicht unbedingt die beste wissenschaftliche Strategie. Im realen Leben kann man Geschwisterpaare nicht von ihrer Umgebung isolieren... Die Art, in der sie gegenseitig ihre Entwicklung beeinflussen, ist immer dem kompletten Muster der in der Familie herrschenden Einflüsse untergeordnet.«

Die Forschung zur Geschwisterreihenfolge hat die Geschwisterbeziehung nie in speziellen Lebensumständen untersucht, und über die Bedeutung der Geschwisterreihenfolge wird seit Jahren gestritten (kritische Zusammenfassungen finden sich bei S. Schachter 1963; Altus 1966; Sutton-Smith, Rosenberg 1970; Schooler 1972; Conley 1981).

Soziologie

Auch die Familiensoziologie hat sich mit den allgemeinen Aspekten des Geschwisterphänomens beschäftigt. So wurde zum Beispiel festgestellt, daß es geschlechtsspezifische Unterschiede in der Strukturierung der Beziehung gibt oder daß in bestimmten Lebensphasen »Geselligkeit« und »Solidarität« für Geschwister charakteristisch sind (Adams 1968; Cumming, Schneider 1961). Obwohl solche allgemeinen Trends bis zu einem gewissen Grad als »Hintergrundwissen« nützlich sind, sagen sie wenig über die wirklich entscheidenden Bereiche im Leben eines Menschen aus. Die Methoden der Soziologie basieren wie die der Forschung zur Geschwisterreihenfolge auf Fragebögen und Interviews mit einer möglichst großen Zahl von Probanden. Aber die Auskünfte werden in streßfreien Situationen gegeben, von Menschen, die keinerlei persönliches Interesse daran haben, schmerzhafte Konfliktbereiche aufzudecken. Deshalb gelingt den Soziologen nur selten ein Bild der reichhaltigen Details des menschlichen Lebens.

Wir haben bei der Sichtung der Literatur viele Hinweise auf einzelne Aspekte der Geschwisterbeziehung gefunden, aber nirgends eine Beschreibung der Beziehung als Ganzes. Die Ergebnisse jedes einzelnen der fünf Forschungsbereiche hängen von der jeweiligen Richtung ab und sind untereinander nicht vergleichbar. Die Systemiker erkennen den Narzißmus nicht als wesentlichen Faktor der Geschwisterbeziehung an, und die Anhänger der Geschwisterreihenfolge-Theorie sind anscheinend nicht an dem Wellenschlag der zirkulären Einflüsse interessiert, die aus den Geschwistern ein spezielles soziales System machen. Manche Arbeiten untersuchen Geschwister im Alter von vier Jahren mit dem Ergebnis: »Konfliktreich und rivalisierend«, andere Vierundvierzigjährige mit dem Ergebnis: »Hilfsbereit«.

Die verschiedenen Untersuchungen befassen sich also letztlich nur mit unterschiedlichen Einzelaspekten des großen Gesamtkomplexes »Geschwister«. Wir erkannten, daß die Antwort auf die klinischen Probleme unserer Patienten nicht aus der vorhandenen Literatur kommen konnte, und zwar aus drei Gründen: Erstens haben sich nur wenige Untersuchungen *gleichzeitig* mit der Geschwister- und der Elternbeziehung befaßt. Zweitens gibt es keine *Langzeitstudien* auf der Basis *enger Vertrautheit* mit Geschwistern. Amerikanische Psychologen machen häufig »Schnappschüsse« von Beziehungen, anstatt einen »Film« zu drehen, der die Dynamik der Beziehung und ihre Veränderung zeigt (Lofland 1976). Drittens gibt es nur wenige Untersuchungen von Geschwistern in *Krisensituationen*. Gerade dann können aber Tiefenstruktur und Bedeutung einer Geschwisterbeziehung an die Oberfläche kommen und die rituellen Masken und Selbstdarstellungen abfallen.

Klinische Fragen

Während unserer Arbeit haben wir immer dann umfangreiche Notizen gemacht, wenn ein Patient oder ein Familienmitglied Probleme in der Beziehung zu einem Geschwister ausdrückte. Einige Beispiele:

Ein Bruder und eine Schwester, elf und dreizehn Jahre alt, werden von ihren Eltern zur Adoption freigegeben, nachdem sie das Jugendamt aus einer Problemfamilie herausgenommen hat, in der sie schwer mißhandelt wurden. Zwischen Bruder und Schwester gibt es inzestuöse Kontakte, und allem Anschein nach stehen sie sich sehr nahe. Welche Risiken und welche Vorteile hat ihre Trennung oder ihr Zusammenbleiben?

Drei Schwestern schieben immer wieder die Entscheidung hinaus, ihre altersschwache Mutter in ein Pflegeheim zu geben. Die Älteste und die Jüngste erwarten, daß die Mittlere, die von der Mutter immer vorgezogen wurde, die Entscheidung trifft *und* daß sie für die Pflege zahlt (obwohl die beiden anderen viel mehr Geld haben). Die Gesundheit der Mutter verschlechtert sich immer mehr, während die Töchter die Entscheidung hinauszögern.

Ein Zehnjähriger, dessen Bruder bei einem Autounfall ums Leben kam, spricht plötzlich von Selbstmord. Sechs Wochen nach dem Tod des Bruders hat er einen schweren Fahrradunfall und liegt danach in demselben Krankenhaus, in dem der Bruder starb.

Ein Mann vernachlässigt seine Familie und seinen Beruf, um sich exzessiv um seinen psychisch kranken Bruder zu kümmern, der zum zweitenmal innerhalb von fünf Jahren stationäre Behandlung braucht.

Ein Dreizehnjähriger wird von seinem straffällig gewordenen älteren Bruder brutal geschlagen, beklagt sich aber nicht bei seinen Eltern. Auf die Frage des Therapeuten, warum er sich nicht wehrt oder mit den Eltern spricht, sagt er, der ältere Bruder sei sein Idol, sein Held.

Eine geschiedene Frau mit drei Kindern sucht den Kontakt zu ihrem wohlhabenden Bruder, der auf der anderen Seite des Landes lebt. Sie glaubt, sie hätten sich früher viel bedeutet, aber er weist sie zurück, nimmt ihre Anrufe nur unwillig an und zeigt ihr die kalte Schulter.

Zwei Kinder, drei und fünf Jahre alt, beschäftigen sich nahezu ausschließlich miteinander. Sie sind unzertrennlich, klammern sich aneinander und verweigern den Kontakt zu anderen. Die Eltern nehmen die Situation kaum wahr, aber für den Außenstehenden ist deutlich zu sehen, daß die Kinder keine normalen sozialen Fähigkeiten entwickeln.

Es scheint sehr schwierig, auf solche Probleme angemessen zu reagieren. »Helfen wollen« allein führt noch nicht zu kompetenter Intervention oder zu einer Erklärung für die überwiegend *irrationalen* Elemente in der Geschwisterbeziehung.

Die Reaktionen unserer Patienten auf die Frage nach ihren Brüdern und Schwestern waren erstaunlich. Die richtigen Fragen führten bei vielen zu plötzlichen Einsichten in die Hintergründe ihrer selbstdestruktiven Muster, und im Ergebnis bewältigten sie ihre Probleme besser. Andere wirkten verblüfft und wollten mehr über diesen kaum bekannten Bereich des Familienlebens herausfinden. Bei einigen zeigte die sehr starke Abwehr, sichtbar durch die hochemotionale Reaktion, uns (und ihnen selbst), daß ein sensibler Bereich getroffen war, der tiefere Explorierung verlangte. Es gab noch andere, die auf die Frage nach ihren Geschwistern weder Abwehr noch Neugier zeigten. Sie waren emotional »flach« in bezug auf Brüder oder Schwestern und zeigten keinerlei Reaktion, kein Lächeln und kein böses Gesicht. Bei dieser Patientengruppe hatten andere Familienmitglieder (Eltern, Großeltern, Ehepartner) anscheinend sehr viel mehr Einfluß auf die Entwicklung.

Zugangsweisen von Geschwistern

Wir erkannten, daß die emotionale Beziehung zwischen Geschwistern von dem abhängt, was wir »Zugang« nennen. Ganz offensichtlich gibt es viele Geschwisterpaare, die *ohne* einen gemeinsamen Resonanzboden durchs Leben gehen. Solche Geschwister beeinflussen sich emotional nur in geringerem Maße. Wir bezeichnen sie als »Geschwister mit niedrigem Zugang«. Für sie gelten einige der folgenden Merkmale: Meist besteht ein Altersunterschied von mehr als acht bis zehn Jahren, so daß sie eigentlich verschiedenen Generationen angehören. Sie haben nur wenig Zeit miteinander verbracht und kaum eine gemeinsame persönliche Geschichte; ihre Schulzeit, Freunde, ja sogar ihre Eltern waren verschieden, die sich ja je nach Lebensalter anders zu ihrer Rolle verhalten. Ihnen fehlt das Gefühl einer gemeinsamen Geschichte. Sie haben sich gegenseitig nicht gebraucht, und auch für die Eltern war ein Zusammenhalt der Kinder nicht zwingend notwendig.

Geringer Altersunterschied und Gleichgeschlechtlichkeit fördern den Zugang zu gemeinsamen Lebensereignissen, während Unterschiede in Alter und Geschlecht ihn verringern. Das extremste Beispiel für hohen Zugang sind eineiige Zwillinge. Das soll natürlich nicht heißen, daß es zwischen einem dreißigjährigen Bruder und seiner fünfzehnjährigen Schwester keine Bindung geben kann; das hängt ganz von den Umständen ab. Auch müssen zwei Kinder im Alter von zehn und neun Jahren nicht unbedingt eine Bindung spüren, wenn sie zum Beispiel bei getrennten Elternteilen aufwuchsen oder sonst wenig miteinander zu tun hatten. Aber es gibt praktisch keine starke Geschwisterbindung ohne hohen Zugang in den entscheidenden Jahren der Entwicklung. Für Geschwister mit hohem Zugang zueinander gilt häufig: Sie haben dieselbe Schule besucht, mit denselben Freunden gespielt, sich mit derselben Clique getroffen, hatten ein gemeinsames Schlafzimmer und häufig sogar ein gemeinsames Bett, haben Kleidungsstücke getauscht und so weiter. Je früher der Zugang beginnt und je länger er dauert, desto intensiver wird die Beziehung zwischen den Geschwistern, wenn sie später unter den Druck von Trennung, Tod und unterschiedlichem sozialen Status gerät. Viele der in diesem Buch geschilderten Menschen sind Geschwister mit hohem Zugang.

Trends zu größerer Freiheit und Vereinzelung

Zahlreiche Soziologen haben beschrieben, wie sich die familiären Beziehungen im zwanzigsten Jahrhundert gelockert haben (Goode 1970). Davon ist auch die Geschwisterbeziehung betroffen. Geschwister können heute in der Familie freier als früher ihre eigenen Wege gehen und haben nur wenig formal geregelten Zugang zueinander. Das Erstgeburtsrecht, also das Erbrecht, das dem ältesten Sohn die Übernahme des Besitzes und des Titels garantierte und ihm deshalb eine Machtstellung in der Geschwistergruppe einräumte, ist so gut wie ausgestorben; die Frauenbewegung hat zumindest ansatzweise die jeweili-

gen Rechte und Privilegien von Brüdern und Schwestern angeglichen, und die Macht der Eltern, Heranwachsende an die Familie und aneinander zu binden, ist sehr viel geringer geworden. Diese größere Freiheit nimmt den Eltern auch viele Kriterien, mit denen sie die emotionalen Beziehungen ihrer Kinder lenken könnten. Ohne die Möglichkeit, die emotionale Achse ihrer Kinder auf eine »standardisierte« Geschwisterbeziehung auszurichten, neigen Eltern zu mehrdeutigen und paradoxen Regeln wie:
- Seid euch ähnlich, aber unterscheidet euch voneinander.
- Liebt euch, aber nicht ausschließlich und nicht sexuell.
- Seid kooperativ, aber bleibt unabhängig.
- Seid loyal zueinander, aber nutzt euch nicht aus.
- Konkurriert, ohne zu dominieren.
- Seid dynamisch, aber nicht rücksichtslos.
- Seid tolerant, aber vertretet euren eigenen Standpunkt.

Anders als früher und anders als in anderen Kulturen können sich Geschwister hier und heute entscheiden, ob und was sie miteinander zu tun haben wollen. Aber die herrschende Norm für »Geschwisterschaft« ist mehrdeutig. Die *Regeln* für die Strukturierung der Beziehung sind unklar und beliebig geworden. Abgesehen von den Wünschen und Erwartungen der Eltern kann man mit der Geschwisterrolle so umgehen, wie es einem passend erscheint. Für viele ist deshalb das Geschwisterverhältnis eins, für oder gegen das man sich entscheidet (Aldous 1978). Aber es sollte im Verlauf dieses Buches deutlich werden, daß diese Freiheit eingeschränkt wird durch traumatische Verluste und familiäres Elend.

Trends zu größerer Interdependenz

Obwohl das Geschwisterverhältnis im allgemeinen eine Sache der freien Entscheidung ist, sind Geschwister mit hohem Zugang häufig sehr intensiv miteinander beschäftigt, haben oft eine große Bedeutung für die Persönlichkeitsentwicklung, wie wir in der klinischen Arbeit immer wieder feststellen konnten, und beeinflussen entscheidend ihre Gefühle und Probleme. Bei der Untersuchung anderer Indikatoren für gesellschaftliche Veränderung stellten wir fest, daß viele Faktoren Geschwister heute mehr in Kontakt bringen und eine größere emotionale Interdependenz zwischen ihnen fördern als je zuvor. Manche Veränderungen der modernen Welt führen gleichzeitig dazu, daß Geschwister einander zugänglicher sind: kleinere Familien, höhere Lebenserwartung, Scheidung und Wiederheirat, geographische Mobilität, Mütterarbeit und alternative Kinderversorgung, Konkurrenzdruck, Streß und verschiedene Formen elterlichen Versagens.

Familiengröße:
Die Größe der Familien hat sich seit der Jahrhundertwende stark verringert. Obwohl der Wunsch nach einer großen Familie sich sehr dauerhaft hält (Mary Jo Bane 1976), ist die Zwei-Kind-Familie typisch (David und Baldwin 1979; Liebermann 1970), während es um die Jahrhundertwende relativ normal war, vier oder fünf Geschwister zu haben. In der Zwei-Kind-Familie ist das Potential für gegenseitige Abhängigkeit und Intensivierung des Geschwisterverhältnisses gegeben, sie verleiht die Macht, einen ausschließlichen Einfluß auf den Bruder oder die Schwester auszuüben. Wenn ein Geschwister stirbt, aus dem Haus geht oder extrem erfolgreich wird, ist er oder sie der einzige Bezugspunkt für den anderen. Durch das Fehlen anderer Geschwister, mit denen man Freud oder Leid teilen, sich identifizieren kann, können heutige Geschwister in sehr intensiven oder begrenzten Beziehungen gefangen bleiben.

Auch die Altersunterschiede zwischen Geschwistern sind heute geringer als früher. Wenn die Mutter an ihrer eigenen beruflichen Karriere interessiert ist, wird sie wahrscheinlich wenige Schwangerschaften so rasch wie möglich hinter sich bringen wollen, um sich möglichst schnell wieder in den Berufsprozeß eingliedern zu können. Die meisten Paare planen die Kinder so, daß sie höchstens drei bis vier Jahre, meist aber nur ein bis zwei Jahre auseinander sind, während vor achtzig Jahren die Kinder ungeplant und mit einem häufig beträchtlichen Altersunterschied zur Welt kamen. Geringe Altersunterschiede können Kinder zu Kontakt, Abhängigkeit oder Konkurrenz zwingen und die Gelegenheiten für gegenseitige Einflußnahme vergrößern.

Lebenserwartung:
Während die Familiengröße schrumpft, verlängert sich als Konsequenz verbesserter Ernährung und medizinischer Versorgung die Lebensspanne des einzelnen. Die durchschnittliche Lebenserwartung in Amerika um die Jahrhundertwende betrug siebenundvierzig Jahre, heute beträgt sie bei Männern ungefähr vierundsiebzig und bei Frauen achtzig Jahre[*]. Seit 1980 ist die Vier-Generationen-Familie zur Realität geworden. Geschwister verbringen also heute sehr viel mehr Lebenszeit miteinander als jemals zuvor. Das Leben mit den Eltern kann vierzig bis fünfzig, mit den Geschwistern aber sechzig bis siebzig Jahre dauern. Geschwister wie Lillian und Rebecca werden also am Ende dieses Jahrhunderts sehr viel häufiger zusammen wohnen (auch in Pflegeheimen) und ihr Leben gemeinsam beenden. Nur wenige Eltern überlegen bei der Planung der Geburten und der Altersunterschiede zwischen den Kindern, wie deren Leben in sechzig Jahren aussehen wird. Es gibt

---

[*] Die Zahlen stammen vom amerikanischen Gesundheitsamt.

immer mehr Anzeichen dafür, daß Geschwister im Alter, nach dem Tod der Ehepartner und dem Auszug der eigenen Kinder, ein sehr starkes Netzwerk bilden werden (Cicerelli 1977; Townsend 1957). So kann die Entscheidung der Eltern für ein Einzelkind ungeahnte Konsequenzen für dessen Leben im 21. Jahrhundert haben: Die einsamste Person mag dann sehr wohl ein greises, unverheiratetes Einzelkind sein, das selbst keine Kinder hat, die es lieben und von ihm geliebt werden (Lynch 1979). Die Kleinfamilie macht einen so am Lebensende potentiell verletzlicher, und wenn ein Bruder oder eine Schwester stirbt, geht vielleicht die wesentlichste menschliche Verbindung zwischen Vergangenheit und Gegenwart verloren.

Geographische Mobilität:
Wir sind eine hochmobile Gesellschaft: Wenn eine Familie umzieht, gibt es einen Bruch. Die Eltern wechseln den Beruf, Freundschaften und soziale Netzwerke werden abgebrochen, es gibt Schul- und Lehrerwechsel, die Umgebung ist fremd und anders (Packard 1972). Es kommt häufig vor, daß Kinder vor dem ersten Schulabschluß zwei oder drei verschiedene Schulsysteme, Nachbarschaften und Freundesgruppen durchlaufen. In einem solchen Durcheinander ist die eine konstant vorhandene Person im Guten wie im Bösen der Bruder oder die Schwester.

Scheidung und Wiederheirat:
1975 sind in den Vereinigten Staaten über eine Million Ehen geschieden worden. Seit 1900 hat sich damit die Scheidungsrate um das Siebenfache erhöht; zwischen 1964 und 1974 hat sie sich verdoppelt. Es gibt über fünf Millionen Einelternfamilien, und nach gegenwärtigen Schätzungen werden 40% der in den siebziger Jahren geborenen Kinder vor ihrem achtzehnten Geburtstag eine Zeitlang in einer Einelternfamilie leben (Keniston 1977). Nur wenige geschiedene Eltern würden argumentieren, es sei einfacher, Kinder von Anfang an allein großzuziehen (vgl. Wallerstein, Kelly 1980; Blechman 1982). Der Schock der Scheidung wird oft abgelöst vom Schock der neuen Eheschließung, denn die Mehrzahl der Geschiedenen heiratet innerhalb weniger Jahre noch einmal und bringt so die Kinder in neue Familieneinheiten. Obwohl jedes Kind die Scheidung und die neue Ehe anders erlebt, können sich Geschwister mit dem Trauma des Auseinanderbrechens der Familie gemeinsam konfrontieren. Die kombinierte Familie mit ihrem komplizierten Netzwerk von Verwandten und widersprüchlichen Loyalitäten stellt die Geschwister, Halb- und Stiefgeschwister* vor ein Gemisch

---

* Der Komplex der Beziehungen zwischen Halb- und Stiefgeschwistern wird hier nicht weiter behandelt, er würde eine eigene, umfassende Darstellung benötigen.

potentiell verstörender Erfahrungen. Es ist nicht sicher, ob sie dadurch näher zusammengebracht werden, eine neutralere Haltung einnehmen oder ob das Konfliktpotential größer wird, aber Störungen im größeren Familienrahmen aktivieren die Geschwisterbeziehungen unweigerlich (Ransom u. a. 1979; Dubermann 1973; Reeves 1982).

Mütterarbeit und Kinderversorgung:
Ob verheiratet oder geschieden, immer mehr Mütter arbeiten außerhalb der Familie, einerseits aus finanziellen Gründen bei zu geringem Familieneinkommen, andererseits aus dem Bedürfnis nach gleichberechtigter Teilhabe an der beruflichen und gesellschaftlichen Wirklichkeit. Der Prozentsatz erwerbstätiger Frauen hat sich in den Jahren zwischen 1948 und 1976 von 26% auf 54% gesteigert, also mehr als verdoppelt. Im gleichen Zeitraum verdreifachte sich der Prozentsatz erwerbstätiger Mütter von Vorschulkindern von 13% auf 37%. Das heißt, es gibt Unterbrechungen und Verwirrungen in der Zuwendung gerade in dem Entwicklungsabschnitt der Kinder, in dem diese sie am wenigsten verkraften können. Viele Kinder sind also abhängig von Elternersatz wie Babysittern und dem Personal von Kinderkrippen. Die negative Wirkung dieser Form der Kinderversorgung ist umstritten (vgl. Etaugh 1980). Für Geschwister im Kindesalter bedeutet dies aber zweifellos, daß ein Großteil ihrer gemeinsam verbrachten Zeit nicht der Aufsicht durch ihnen persönlich verpflichtete Erwachsene unterliegt. Sie übernehmen die Funktion des Babysitters füreinander und sind so immer länger ohne Kontrolle zusammen.

Konkurrenzdruck:
Parallel zum Druck auf die Eltern, beruflichen Erfolg zu haben, entsteht auch Konkurrenz unter den Kindern. Junge Mädchen spüren nachweislich die positiven Effekte der Frauenbewegung und können mit Konkurrenzsituationen besser umgehen. Schwestern konkurrieren heute mehr als je zuvor untereinander und mit den Brüdern, in der Schule wie im Sport. Und da unsere Kultur mit wachsender Technisierung immer mehr Anforderungen stellt und der Wettbewerb immer härter wird, wächst auch die Konkurrenz zwischen Geschwistern um den Erfolg in der Außenwelt (wer hat das beste Zeugnis?) und zwingt sie, sich miteinander zu messen.

Streß und elterliches Versagen:
Geschwisterbeziehungen werden aktiviert, wenn die Eltern unter starkem Streß stehen und dadurch zeitweilig nicht zugänglich sind. Zahlreiche klinische Untersuchungen haben die schrecklichen Konsequenzen von Alkoholismus, psychischen Störungen, Mißhandlung und Mangel an elterlicher Fürsorge für das einzelne Kind beschrieben, aber

die Wirkung solcher Traumata auf die Geschwisterbeziehung nicht berücksichtigt.

Aufgrund all dieser Veränderungen in der Familie (die nicht unbedingt »schlecht« sind, da soziale Veränderungen, je nach dem eigenen Standpunkt, immer gute und schlechte Auswirkungen haben; vgl. Bronfenbrenner 1970; vs. Bane 1976) wachsen Kinder heute in einer viel komplizierteren Welt auf als ihre Großeltern, in einer Welt, in der Kontakt, Konstanz und Permanenz oder, im Sprachgebrauch mancher Psychologen, »Objektkonstanz« selten sind. Gerade dies sind aber lebensnotwendige Bedürfnisse von Kindern, und um sie zu befriedigen, wenden sie sich an jede ihnen zugängliche Person. In heutigen Familien ist diese Person häufig der Bruder oder die Schwester.

Die Geschwisterbindung

Versuch einer Definition

Es ist eigentlich anmaßend, dieses Buch »die« Geschwisterbindung zu nennen, weil es so viele verschiedene Bindungen zwischen Geschwistern gibt. Es gibt keine schlichte, althergebrachte, gesellschaftlich anerkannte, allumfassende Geschwisterbeziehung, sondern eher eine Vielzahl von Bindungen, die sich zu einer bestimmten Anzahl vorhersagbarer Muster formen. »Bindung« kann bedeuten:
– ein Band, das vereinigt,
– eine Verpflichtung oder Übereinkunft,
– eine Beziehung oder ein Beziehungssystem.
Und »Gebundenheit« ist der Zustand von Versklavung oder Gefangenschaft in einer Bindung. All diese Charakteristika können die emotionalen Transaktionen von Geschwistern beschreiben.

Wir sehen die Geschwisterbindung als – intime wie öffentliche – Beziehung zwischen dem Selbst von zwei Geschwistern: die »Zusammensetzung« der Identitäten zweier Menschen. Die Bindung kann sowohl warm und positiv als auch negativ sein. Bei rivalisierenden Geschwistern, die sich gegenseitig hassen, kann man also durchaus von einer »Bindung« sprechen, wenn sie sich auf der Identitätsebene beeinflussen. Die Geschwisterbeziehung vermittelt ein Gefühl für die eigene, eigenständige Persönlichkeit und ein Gefühl von Konstanz durch das Wissen um Bruder oder Schwester als berechenbarer Person. Auch wenn die Beziehung unangenehm ist, entsteht das Gefühl einer vertrauten Präsenz, wie schwierig auch immer. Um zu verstehen, welche Befriedigungsmöglichkeiten diese Beziehung bietet, müssen wir begreifen, wie das Verhalten und das Selbstbild eines der Geschwister auf der unbewußten Ebene zu der Identität des anderen »paßt«. So läßt sich zum Beispiel eins der Geschwister vom anderen dominieren, weil es sich gerne versorgt fühlt, während das andere die Omnipotenzgefühle schätzt, die ihm die Unterwürfigkeit des anderen vermitteln. Nur wenn man sich lange und gründlich mit solchen Geschwistern beschäftigt, wird man die Befriedigungsmuster erkennen, die für beide Teile in den immer wieder durchgespielten Lebensskripten stehen.

Die schwankende Beziehung zwischen Geschwistern hat ihren Höhepunkt in Zeiten von Streß und Veränderung. Es gibt Perioden der Ruhe und der intensivsten Aktivitäten, je nach dem jeweiligen Entwicklungsstand der Geschwister. Am deutlichsten sind Geschwisterbeziehungen in Kindheit und Jugend, danach »ruhen« sie, wenn neue Familien gegründet werden und eigene Kinder dazukommen. Sind jedoch die eigenen Kinder erwachsen, wird der Geschwisterprozeß wieder aktiviert, vor allem, wenn die alt gewordenen Eltern versorgt werden müssen.

Methodische Aspekte

Wir haben uns bei unserer Arbeit von John Loflands ausgesprochen vernünftiger Definition leiten lassen:

»Um sich mit einem Sektor des sozialen Lebens wirklich tief vertraut zu machen, muß man ihn ungezwungen, detailliert und dicht kennen, und das basiert darauf, daß man sich freifließend und lange in ihn vertieft. Solche Vertiefung kann anfänglich durchaus die Form direkter körperlicher Präsenz bei den Szenen des betreffenden sozialen Bereichs annehmen.« (1976, S. 8)

Diese Art teilnehmender Beobachtung ist unseres Erachtens bei der Geschwisterforschung lange überfällig. Wir haben also versucht, Zugang zum Leben von Geschwistern zu bekommen, sie nicht nur zu beobachten, sondern als Therapeuten an ihrem Leben so direkt wie möglich teilzunehmen.

Um die Verbindung zwischen den Identitäten zu untersuchen, muß man Geschwister gleichzeitig aus vier Perspektiven betrachten:
- Wie haben die Eltern die Beziehungen ihrer Kinder geregelt beziehungsweise nicht geregelt?
- Wie beeinflussen sich die Geschwister als halb-autonome Gruppe mit eigenen Gefühlen zueinander, unabhängig vom Einfluß der Eltern?
- Wie beeinflussen biologische (zum Beispiel Pubertät oder Krankheit eines der Geschwister) und soziale Veränderungen (Heirat, finan-

zielle Schwierigkeiten bei einem der Geschwister) die Verbindung zwischen ihnen?
– Wie beeinflussen größere Zusammenhänge (ethnische, soziale, religiöse, wirtschaftliche) die Art, in der sich Geschwister erleben?

Unsere Arbeit als Familien- und Einzeltherapeuten war für die teilnehmende Beobachtung der Geschwisterbeziehung sehr wichtig, weil wir dadurch diese von der Forschung bislang vernachlässigten Bereiche betrachten konnten. Die Bereitschaft, zumindest zeitweilig den Zugang zu intimen Bereichen des persönlichen Lebens zu ermöglichen, die Voraussetzung für jede Psychotherapie ist, erstreckte sich bei unseren Klienten auch auf den Bereich der emotionalen Beziehung zu den Geschwistern. Dazu kam die Bereitschaft vieler unserer Patienten, Kinder wie Erwachsene, ihre Geschwister zu bitten, an der Therapie teilzunehmen, wenn sie sich davon Hilfe versprachen. Geschwister haben häufig lange Reisen auf sich genommen, um einander in einer Krise beizustehen. So konnten wir alle Beteiligten an der Beziehung gleichzeitig befragen, eine Gelegenheit, die andere Wissenschaftler nur sehr selten haben.

Zu Anfang der Untersuchung machten wir detaillierte Notizen, wann immer ein Patient ein »Geschwisterthema« ansprach. Unsere Patienten kamen aus allen Altersgruppen, von Kleinkindern und Minderjährigen bis zu alten Leuten um die achtzig; wir haben Geschwister aus verschiedenen Schichten, ethnischen Hintergründen und mit ganz unterschiedlichen Lebenserfahrungen befragt. Dabei ergaben sich ungefähr zweihundertfünfzig »signifikante« Geschwistersituationen für eine gründlichere Untersuchung, hauptsächlich aus der Arbeit mit unseren eigenen Patienten, aber auch durch Kollegen, die uns um Rat fragten. Wir gingen allen Hinweisen nach, auch außerhalb des therapeutischen Rahmens, und führten zahlreiche Interviews mit Menschen, deren Geschwisterbeziehungen ungewöhnlich oder interessant waren.* Wir haben freiwillige Probanden von Universitäten, Sozialeinrichtungen und Berufsverbänden interviewt und Tagebücher und Briefe ausgewertet. Von den zweihundertfünfzig signifikanten Fällen haben wir bei ungefähr einhundert Sitzungen Tonband- oder Videoprotokolle angefertigt, so daß wir Wortprotokolle für eine genauere Analyse zur Verfügung hatten. Ungefähr ein Fünftel dieser Interviews fanden in der Wohnung der Befragten statt, damit wir die reale Umgebung der Beziehung genauer erleben konnten. Unsere Informationen basieren also auf einem Potpourri von Situationen, Typen, Problemen, Altersgruppen, Geschlechtern und Klassen. Wir hatten den großen Vorteil, die alltäglichsten und entwicklungsmäßig »normalsten« Situa-

---

* Bei den Protokollmitschriften benutzen wir den Begriff »Therapeut« immer dann, wenn das Gespräch im Rahmen einer psychotherapeutischen Behandlung stattfand, und den Begriff »Interviewer« bei Gesprächen außerhalb des therapeutischen Rahmens.

tionen genauso wie einzigartige, generationsübergreifende Muster in einzelnen Familien untersuchen zu können. In vielen Fällen ergaben sich aus Familiensitzungen anschließende Einzeltherapien.

Wo die Informationen nicht ausreichten, machten wir weitere Interviews und hatten so zu über einem Drittel der Befragten mehr als ein Jahr lang intensiven Kontakt, während in anderen Fällen zwei oder drei einstündige Interviews in einem Zeitraum von etwa sechs Wochen genügten. Waren die Fakten unklar, luden wir Eltern oder andere Geschwister zur Klärung ein. Wir bemühten uns in diesen Interviews um eine Gesprächssituation, die ein »ruhiges, freifließendes Reden über einen breiten Themenkomplex auf vielen Ebenen« (Lofland 1976) möglich macht. Wir arbeiteten mit den Prinzipien des fokussierten Open-End-Interviews (Kahn, Cannel 1957; Sullivan 1954). Auffallend ist die ungewöhnliche Offenheit vieler der Interviewten. Viele Probanden waren äußerst hilfsbereit, wenn wir ihnen erklärten, wie wichtig ihre Erfahrungen für die psychotherapeutische Arbeit zur Geschwisterproblematik sei.

Alle in diesem Buch zitierten Interviews wurden anonymisiert, Namen, Orte, Daten, Berufe und bestimmte Kontextinformationen wurden geändert.

Gründe für die Entstehung der Geschwisterbindung

Wir sind auf drei Bedingungen gestoßen, unter denen sich eine starke Geschwisterbeziehung entwickeln kann:
– hoher Zugang zwischen den Geschwistern,
– das Bedürfnis nach persönlicher Identität,
– unzureichender Einfluß der Eltern.
Intensive Geschwisterbindungen mit Konsequenzen für die Persönlichkeitsentwicklung entstehen, wenn es unter den Geschwistern in Kindheit oder Adoleszenz sehr viel Zugang und Kontakt gibt *und* ihnen zuverlässige elterliche Zuwendung vorenthalten werden. In dieser Situation sind Geschwister füreinander ein wesentlicher Einflußfaktor und Prüfstein für die Suche nach persönlicher Identität. Emotional befriedigende Beziehungen zum Beispiel zu Eltern, eigenen Kindern oder Partnern lassen die Geschwisterbeziehung schwächer und unwichtiger werden. Intensive Geschwisterbeziehungen werden dann aktiviert, wenn andere Beziehungen wenig stabil sind. Es hängt von den Umständen in der Familie, den Persönlichkeiten der Kinder und den Handlungen oder Einstellungen der Eltern ab, ob diese Intensivierung konstruktiv oder destruktiv ist.

Das ist das zentrale Thema dieses Buches, das in allen Kapiteln immer wieder beleuchtet wird. Kapitel 2, 3 und 4 geben einen Überblick über die Entwicklung der Geschwisterbindung in Kindheit und Adoleszenz. Kapitel 2 behandelt den frühen Einfluß auf die Persönlichkeit von Geschwistern, der bei Defiziten in der elterlichen Versorgung sowohl für die intensive Negativität im weiteren Verlauf vieler Geschwisterbeziehungen wie auch für die Nähe und gegenseitige Fürsorge bei anderen verantwortlich ist. Kapitel 3 beschäftigt sich mit Veränderungen von Geschwistern und Kapitel 4 mit dem Thema Identifikation, dem »Zement« der Geschwisterbindung. Es gibt wenigstens acht wesentliche Muster der Identifikation zwischen Geschwistern, und ein Verständnis dieser Muster ist grundlegend für das Verständnis der Verhaltensweisen von Geschwistern in Streßzeiten oder Krisen.

Die Kapitel 5 bis 10 beschäftigen sich mit wesentlichen Beziehungsproblemen und Krisen; hier geht es auch wieder um die Rolle der Eltern bei der Förderung oder Störung der Geschwisterbeziehungen. Zu diesen Problemen und Krisen gehören extreme Loyalitäten und überfordernde Verpflichtungen, Rivalität und Aggression, sexuelle Einflüsse und Inzest, Identitätsstörungen durch psychische Krankheiten eines Geschwisters und unverarbeitete Trauer über den Tod eines Bruders oder einer Schwester. Kapitel 11 schließlich untersucht die Frage der Veränderbarkeit von Geschwisterbeziehungen und zeigt auf, was Psychotherapeuten, Eltern und andere tun (und nicht tun) können, um Geschwistern einerseits zu mehr Distanz und Eigenständigkeit und andererseits zu größerer Kooperation und Zuneigung zu verhelfen.

2. Frühkindliches Bindungs- und Trennungsverhalten

Vor allem anderen müssen wir begreifen, wie und warum Geschwister in der frühen Kindheit dauerhafte, tiefe, intensive und auch ambivalente Gefühle zueinander entwickeln. Warum war für manche Menschen der Bruder oder die Schwester genauso konstant präsent und sehr intim vertraut wie die Eltern, während andere wissen, daß sie immer uneins sein werden, aber gleichzeitig stark miteinander verstrickt und zutiefst abhängig sind? Und warum reagieren manche auf Abwesenheit oder Tod eines Geschwisters, als hätten sie tatsächlich einen Teil ihrer selbst verloren, und werden von dem Wunsch beherrscht, sich mit der verlorenen Hälfte wiederzuvereinigen oder zu verschmelzen? Einige der Wurzeln dieser Phänomene liegen unseres Erachtens in den Beziehungen der frühen Kindheit.

Zwei Faktorengruppen bestimmen, wie sich Geschwister in früher Kindheit beeinflussen. Zunächst die äußeren Bedingungen, das heißt soziale Faktoren wie Altersunterschiede zwischen den Geschwistern, die ökonomische Lage der Familie, der Geburtsort und seine sozialen Strukturen, zum Beispiel Großstadt, Vorstadt oder Dorf, Geschlecht, Gesundheitszustand, Temperament, Einstellungen der Eltern und ihre emotionalen Festlegungen von Rolle und Identität des Kindes. Die subtilen Faktoren *innerhalb* des Kindes und *zwischen* den Geschwistern bilden die zweite Gruppe. Auch wenn die äußeren Faktoren großen Einfluß haben, entwickelt doch jedes Kind eigene Gefühle zu den Geschwistern und zu sich selbst. Diese privaten, unausgesprochenen Aspekte der Geschwisterbeziehung sind sehr schwer zu fassen. Sie entwickeln sich in den ersten Jahren, weitgehend vorsprachlich und auf rein gefühlsmäßiger Ebene. Wie wichtig sie sind, zeigt sich meist erst in der Adoleszenz oder im Erwachsenenalter: Die in der frühen Kindheit ausgebildeten emotionalen Gefühle und Skripte führen erkennbar zu *zwingenden* Interaktionen.

Unsere Ergebnisse basieren auf den Erinnerungen älterer Geschwister, in denen sich nur die Spitze des Eisbergs unbewußter, primitiv erlebter alter Transaktionen zeigt. Solche frühen Erfahrungen lassen sich nicht klar formulieren, deshalb sind Folgerungen und gründliche Sondierung für ein genaueres Bild der damaligen Wirklichkeit unerläßlich.

Der Einfluß der Eltern auf Rolle und Identität

Schwangerschaft und Geburt

Schon vor der Geburt eines Kindes nehmen die Eltern Identität und Rolle des Kindes in der neu entstehenden Familiendynamik vorweg.*
Die Bestätigung der Schwangerschaft setzt oft eine Flut elterlicher Phantasien und Wünsche über Identität und Geschlecht des Babys, Veränderungen in der Familie, ja sogar über die Zukunft des Kindes frei. Sind schon andere Kinder da, wird auch die Art der Geschwisterbeziehung vorweggenommen, nach dem Motto: »Sie werden zusammen spielen, genau wie mein Bruder und ich früher«, oder: »Ist es nicht schön für unsere Tochter, daß sie eine kleine Schwester bekommt, mit der sie spielen kann?«

Schwangere Frauen definieren häufig ihr zukünftiges Kind als »schwierig«, »ruhig« oder »aktiv«. Die Zuschreibung von Eigenschaften wie: »Es macht mir Schwierigkeiten« oder: »Es macht mich müde«, ist aber häufig eine Reaktion der Frau auf die eigenen Veränderungen durch die Schwangerschaft. Auch unbewußter Ärger oder Befriedigung über die Schwangerschaft trägt dazu bei, die Identität des Kindes schon vor der Geburt festzuschreiben. Der problematische oder unkomplizierte Verlauf der Geburt, die Gesundheit und die Reaktionen des Babys unmittelbar nach der Entbindung und später die Qualität der Mutter-Kind-Bindung sind ebenfalls Faktoren, die die Auffassung der Eltern von der Persönlichkeit des Säuglings prägen. Auch Krankheiten oder Verletzungen eines Neugeborenen können seine Identität ein Leben lang beeinflussen. So hatte zum Beispiel bei Zwillingen, auf deren Geschichte wir später noch eingehen werden, ein Kind bei der Geburt eine gebrochene Hüfte. Durch den sechswöchigen Krankenhausaufenthalt wurde die Identität des Mädchens als »anfällig« festgelegt. Diese Identität des »zarten kränklichen Zwillings« hielt sich bis in die Pubertät hinein und bestimmte zum Teil ihre Rolle in der Familie und in der Beziehung zu ihrer Schwester.

---

* Als »Rolle« bezeichnen wir die Verhaltensweisen, die in der Familie von dem Kind erwartet werden. Identität dagegen bezieht sich darauf, wie die Persönlichkeit des Kindes von ihm selbst und von den anderen Familienmitgliedern gesehen wird. Aus der Kongruenz von Rolle und Identität erwächst ein Gefühl von Sicherheit für alle Beteiligten aufgrund des Wissens um die Erwartungen an das Kind, auch wenn diese Erwartungen negativ sind. Sind Rolle und Identität aber nicht kongruent, gibt es Störungen: eins von beiden muß sich ändern. So muß also das »Engelchen« der Familie, sobald es anfängt, unartig zu werden, seine Handlungsweise ändern, oder es erhält eine neue Identität (zum Beispiel als »Tunichtgut«).

Temperamentsgegensätze im Säuglingsalter

Ein anderer Faktor für die Identität, die ein Kind übernimmt, entsteht aus biologischen Temperamentsunterschieden. Temperamentsunterschiede (Thomas, Chess, Birch 1968; Esalona, Heider 1959) bei Säuglingen aus derselben biologischen Familie resultieren oft in einer frühen Identitäts- und Rollenzuschreibung durch die älteren Familienmitglieder, häufig durch den Vergleich der Reaktionen der Kinder. Von einem friedlichen kleinen Mädchen heißt es: »Sie ist still« oder »unkompliziert«, während die aktivere, auf Reize mehr reagierende Schwester als »nervös«, »lebhaft« oder »Tunichtgut« gilt. Sogar bei eineiigen Zwillingen gibt es in der Regel bei der Geburt Rollen- und Identitätszuschreibungen (Allen, Pollin, Offer 1971). Solch willkürliche Faktoren wie die Reihenfolge oder das Gewicht bei der Geburt können Identitätselemente wie Intelligenz, Stärke und Verletzlichkeit fürs Leben festlegen.

Die vorweggenommenen und später die realen Unterschiede der Kinder helfen den Eltern, ein Gefühl für das lebendige, organische, aufregende und fordernde System ihrer wachsenden Familie zu entwickeln. Die Fähigkeit der Eltern, die individuellen Verschiedenheiten ihrer Kinder zu erkennen, gilt als eins der Attribute für eine gesunde und gut funktionierende Familie (Lewis u. a. 1976; Brazelton 1974; Satir 1972).

Das Bedürfnis nach Abwechslung: Jedes Kind soll anders sein

Familienmitglieder halten Unterschiede in Charakter, Persönlichkeit, Fähigkeiten und Begabungen von Kindern, unabhängig vom Temperament, in der Regel für wünschenswert. So wünschen sich die meisten Eltern nicht nur Töchter oder nur Söhne, um nur den sichtbarsten Unterschied zu nennen. Darüber hinaus kann aber anscheinend in einer Familie nur jeweils eine Person einen bestimmten psychischen Bereich abdecken. Wenn bei einem Kind die Identität »liebenswürdig«, »freundlich«, »zuverlässig«, der oder die »Kleine« kultiviert wird, wird dadurch gleichzeitig die Übernahme dieser Rolle durch ein anderes Kind verhindert. Gilt ein Kind als »Intellektueller«, muß das andere ein anderes Gebiet besetzen. Wenn die Eltern diese Unterschiede ausbauen und verstärken, können solche Zuschreibungen zur lebenslangen und befriedigenden Identität des Kindes werden. Eine negative Identität, wie die des »Dummerchens«, des »Flegels« oder des »Monsters« kann jedoch zum Mühlstein am Hals des Kindes werden: Es fängt ganz harmlos in der Geschwister- oder Eltern-Kind-Interaktion an, aber einmal in Gang gekommen, erstarren solche Zuschreibungen und verstärken sich (Hoffmann, 1971, nennt das »Ausdehnung der Abweichung«), oft mit schrecklichen Konsequenzen.

Jedes Kind übernimmt eine ganz eigene Mischung von dem, was die Eltern bei sich selbst lieben oder hassen. Auch die Geschwisterbeziehung ist zum Teil von diesen Projekten und Wünschen bestimmt. Bei unseren Interviews hatten wir oft den Eindruck, daß die Identitäten der Geschwister, die alle den Stempel dieser Projektionen und Wünsche trugen, einander angepaßt worden seien, manchmal willkürlich, manchmal wie die Einzelteile eines komplizierten Mosaiks. Dieses »Mosaik« von Kindern, zusammengehalten von der Geschwisterbeziehung, erzeugt letztlich ein gewisses Maß an Befriedigung und gibt jedem Elternteil das Gefühl von Ganzheit und Unsterblichkeit. Einzelkinder haben keinen Bruder oder Schwester, an die sie »angepaßt« werden können, und müssen sich ganz auf die Persönlichkeit der Eltern verlassen. Ihre Klagen sind oft ambivalent: Einerseits sind sie die hochgelobte narzißtische Verlängerung der elterlichen Hoffnungen und Träume, andererseits aber auch die einzig verfügbare Person für die Projektionen der Eltern. Der Vorteil von Geschwistern liegt also darin, daß kein Kind die ganze Bürde des Prozesses der Familienprojektionen tragen muß.

Verschmelzen der Kinder

In manchen Familien verschmelzen Eltern ihre Kinder. Sie behandeln sie als identische Wesen, anstatt jedem Kind eindeutig Rolle, Raum oder Identität zuzuordnen: Die Kinder werden als »undifferenzierte Familienich-Masse« (Bowen 1966) in einen Topf geworfen. Sie sind schlicht und einfach »die Kinder«. Weil sie trotz aller Verschiedenheiten in Alter, Entwicklungsstufe, Geschlecht und Temperament wie Zwillinge behandelt werden, verschmelzen die Kinder in ihrem eigenen Bewußtsein genauso miteinander, wie sie im Bewußtsein der Eltern verschmolzen sind.

Für diese frühe Verschmelzung sind meist Versäumnisse der Eltern verantwortlich. Sind die Eltern überarbeitet, überängstlich oder abwesend, fehlt ihnen die Sensibilität für die individuellen Bedürfnisse ihrer Kinder, oder sie haben nicht mehr genug Energie, um sich um sie zu kümmern. Der Verschmelzungsprozeß wird verlängert, wenn die Geschwister das gleiche Geschlecht haben und kein großer Altersunterschied zwischen ihnen besteht. Die Eltern bezeichnen die Kinder dann häufig als »die Jungen« oder »die Mädchen« und halten ihre Bedürfnisse und Persönlichkeiten für identisch. Individuelle Unterschiede verwischen sich, wenn die Kinder zusammen gebadet werden, zur gleichen Zeit ins Bett müssen, zusammen bestraft oder belohnt werden und dieselben Freizeitangebote bekommen. Solche Eltern nehmen sich häufig nicht die Zeit herauszufinden, wer von den Kindern etwas falsch gemacht hat, und strafen beide, oder sie rationalisieren ihre Haltung damit, daß sie ja »kein Kind vorziehen« wollen.

Nach Moisy Shopper (1974) nehmen solche Eltern fälschlicherweise an, ihre Kinder seien nicht eifersüchtig aufeinander und würden sich weniger streiten. Tatsächlich passiert meist das Gegenteil. Das Verschmelzen der Kinder führt eher zu einer Beeinträchtigung der Realitätsprüfung und verwischt die Unterschiede zwischen Selbst und Nicht-Selbst. Wenn die Verschmelzung anhält, gibt es häufig bei einem oder mehreren Geschwistern Identitätskonfusionen.

Shopper beschreibt fünf Geschwisterpaare mit hohem Zugang, die in ein zwillingshaftes Verhältnis gedrängt wurden. Diese Geschwister waren so miteinander verstrickt, daß sie sich dauernd gegenseitig imitierten und keine Trennung aushalten konnten. Gemeinsames Merkmal in allen fünf Fällen war die Abwesenheit elterlicher Förderung und die fehlende Sensibilität für die entstehenden individuellen Bedürfnisse der Kinder.

Wenn man dem Kind ein »Geschwisterchen schenkt«

Eltern können niemals alle emotionalen Bedürfnisse eines Kindes befriedigen, und nur wenige Eltern sind immer bereit, das zu versuchen. Die meisten begrüßen jede Veränderung, die signalisiert, daß das Kind unabhängiger wird und ihnen mehr Luft läßt. Als Ausgleich für eine möglicherweise übertriebene Konzentration einer Mutter auf ihr Kind scheint es immer noch das Beste, mindestens noch ein zweites zu bekommen. Die Entscheidung für mindestens zwei Kinder wird häufig damit begründet, daß das erste Kind dann nicht so allein ist, daß sich ein gesunder Wettstreit zwischen den Kindern entwickeln kann und man beiden einen stets verfügbaren Spielkameraden oder Freund »geschenkt« habe. Sobald das zweite Kind da ist, stellt man sich das ältere oft als Mutters kleinen Helfer bei der Betreuung des Babys vor und hofft, daß das Baby die Energien des älteren Kindes auf sich konzentrieren und in positive Bahnen lenken kann. So sagt die Mutter von zwei Kindern, vier und anderthalb Jahre alt, in einem Interview ganz unbefangen:

Interviewer: Ist Diane eine Hilfe für Sie bei dem Baby?
Mutter: Absolut. Und das Baby nimmt mir Diane ab (lacht). Diane redet normalerweise ohne Pause, und das halte ich nicht aus.
Interviewer: Sie redet also jetzt mit dem Baby, und davon haben dann alle was.
Mutter: Manchmal denke ich, ich kaufe für das Baby keinen Laufstall mehr, um die beiden nicht zu sehr zu trennen. Denn sonst müßte ich

mehr aufpassen, und das will ich nicht. Außerdem verstehen sie sich so gut.

Die kleine Diane steht allerdings vor einer schwierigen Aufgabe. Sie muß das »Geschenk« der kleinen Schwester, die sie sich ja nicht ausgesucht hat, freudig akzeptieren und gleichzeitig ihren Ärger darüber unterdrücken, daß sie aus dem mütterlichen Nest geworfen wurde (Lasko 1954; Kendrick, Dunn 1980).

Eltern haben oft die Phantasie, ihre Kinder würden auf wundersame Weise Zuneigung und Nähe entwickeln, aufeinander reagieren und möglichst auch noch lebenslange Freunde werden, was sich in Formulierungen ausdrückt wie: »Wenn wir einmal nicht mehr da sind, habt ihr wenigstens noch euch.« Solche Phantasien haben auch kompensatorische Funktionen und stammen eventuell aus den Erinnerungen an die eigenen schmerzlichen Erfahrungen mit Geschwistern in der Kindheit. Unabhängig von der eigenen Geschichte entspricht das Bild einer eng verbundenen und fröhlichen Geschwistergruppe dem Ideal vieler Eltern von der »perfekten« Familie.

Altersunterschiede und gemeinsames Leben

Eltern entscheiden nicht nur über die Anzahl der Geschwister, sondern auch über den Altersabstand zwischen ihnen, also über den entscheidenden Faktor, der ihren Zugang zueinander bestimmt. Je geringer der Altersabstand, desto größer werden die Chancen für eine gemeinsame Entwicklung. Zu den vielen Gemeinsamkeiten solcher Geschwister mit hohem Zugang zählt auch eine besondere Kindersprache:

»Der einzige, dem ich *wirklich* nahe war, als ich klein war, war mein jüngster Bruder. Er ist anderthalb Jahre älter als ich. Weil wir immer miteinander kommunizierten, fing er erst an zu sprechen, als ich auch soweit war, und dann sprachen wir nur miteinander. Das erzählt jedenfalls meine Mutter. Wir sind also wirklich sehr eng miteinander aufgewachsen. ... Wir haben nie besonders viel miteinander geredet, aber wir verstehen uns wirklich. Er ist ziemlich ruhig und steif, aber ich weiß immer noch genau, was mit ihm los ist. Wir sind uns am nächsten, glaube ich. Meine anderen Brüder sind sechs, acht und neun Jahre älter; es war sehr schwer, ihnen nahe zu kommen.«

Diese Kinder hatten parallele Geschwister-»Karrieren« (Aldous 1978). Sie haben vieles gemeinsam, aber diese Gemeinsamkeit hat zwei Seiten: Die Kinder können ihre eigene Sprache für dieselbe Welt entwickeln, bei der jeder weiß, was der andere meint. Durch den geringen Altersunterschied gibt es aber auch häufigere Zusammenstöße und Streitigkeiten. Sie können sich jedenfalls nicht so leicht vermeiden, wie es zum Beispiel ein Geschwisterpaar kann, bei dem der Fünfjährige den halben Tag im Kindergarten ist und so eine andere Peergroup und andere Interessen als seine zweijährige Schwester hat, die gerade die Spielmöglichkeiten in Mutters Küchenschrank entdeckt. Die Annahme, daß geringer Altersunterschied zwischen Geschwistern zu emotionaler Bindung führt, wird durch mehrere Untersuchungen bestätigt.

Helen Koch (1955) hat festgestellt, daß Geschwister mit einem Altersunterschied von bis zu zwei Jahren sich nur unter Schwierigkeiten trennen, häufig mit denselben Spielkameraden spielen und viel Zeit miteinander verbringen. Die Bindung zwischen Geschwistern, die vier bis sechs Jahre auseinander sind, ist anscheinend sehr viel geringer. Geringer Altersunterschied macht viele Querverbindungen (Hoffman 1976) möglich und schafft die Bedingungen für Konflikte und für Affinitäten, also für die beiden Pole der Geschwisterambivalenz. Diese Bindung ist besonders dramatisch bei eineiigen Zwillingen, die über ihr gemeinsames genetisches Material hinaus zugleich auch die Umgebung gemeinsam haben und dieselbe Familienentwicklung erleben.

Bindungsverhalten: Frühe Abhängigkeit von Geschwistern

Menschen brauchen zum Überleben eine warme, berechenbare Bindung an einen anderen Menschen. Ein Fehlen dieser Bindung kann beim Säugling zu Störungen, psychischen Erkrankungen, Verzögerungen in der Entwicklung und im Extremfall zum Tod führen (Spitz 1965). Wenn die Entwicklung des Kindes normal verlaufen soll, muß im ersten Lebensjahr des Kindes eine adäquate Bindung entstehen. Das Bedürfnis nach Zuneigung, Kontakt und Beziehung ist wie bei allen Säugetieren so groß, daß sich der Säugling nach dem Motto »besser als nichts« auch mit Ersatz zufrieden gibt. Säuglinge nehmen jede Art des Kontakts an, die ihnen entgegengebracht wird (kalt, lauwarm, wechselhaft, mißbräuchlich), solange es keine bessere Alternative gibt. Von daher ist es nicht verwunderlich, daß sich Geschwister aneinander binden können und es auch häufig tun, besonders, wenn ihre Eltern in dieser Beziehung Defizite haben:

»Viele der intensivsten Gefühle entstehen in der Phase der Bildung, Aufrechterhaltung, Störung und Wiederaufnahme von Bindungsbeziehungen... Das Muster der emotionalen Beziehungen im Leben eines Menschen wird von der Art der Strukturierung des Bindungsverhaltens innerhalb der Persönlichkeit bestimmt.« (Bowlby 1980, S. 39 ff.).

Wie in fast allen Theorien über die frühkindliche psychische Entwicklung werden Geschwister auch hier nicht erwähnt, und es gibt wenig Hinweise auf die subtilen, komplexen und ambivalenten Gefühle eines Bruders oder einer Schwester, die einem Baby Zuneigung und Fürsorge geben müssen.

Natürlich kommt es sehr selten vor, daß ein Säugling der alleinigen Obhut seiner älteren Geschwister überlassen wird. Bis vor kurzem wurde der Begriff der »Mutterfigur« ausschließlich auf die biologische Mutter bezogen (Ainsworth 1972; Bowlby 1969, 1973), und erst in jüngster Zeit schließt er auch andere Erwachsene mit ein (Ainsworth 1979).

Unserer Meinung nach gibt es aber auch zwischen Geschwistern eine solche Bindung, obwohl sie in der Regel *unvollständig, unbefriedigend* und von *Ängsten* begleitet ist. Zwar ist die Mutter die *potentiell* stabilste Figur für eine Bindung, aber die Bindung an Geschwister spielt manchmal eine sehr wichtige Rolle in der frühen Persönlichkeitsentwicklung.

Bruder oder Schwester vermitteln in solchen Fällen eine ergänzende Lebenskraft, die die Lücke füllt, die die wenig zugängliche Mutter hinterläßt. Bowlby (1980) zum Beispiel ist allerdings der Ansicht, diese »multiplen« Bindungen könnten beim Säugling zu psychischen Problemen führen, weil das Gefühl von Konstanz und Sicherheit zerbröckelt, wenn Mutter und Geschwister verschieden auf den Säugling reagieren. Ein älteres Kind kann mit dem Baby schmusen, es füttern, wickeln, mit ihm spielen und es beschützen, aber es besitzt selten die Reife, Sensibilität und psychische Kompetenz, die eine erwachsene Bezugsperson auszeichnen.

Aus einer solch ambivalenten Situation, in der der Säugling Liebe und Objektkonstanz von einem älteren Geschwister erwartet hat, können aggressive und feindliche Einstellungen bis weit ins Erwachsenenalter herrühren, wenn das ältere Kind, anders als die Eltern, unkooperativ, fordernd und völlig selbstbezogen war. Man kann wohl annehmen, daß die Signifikanz und Qualität einer solchen Bindung an Geschwister von Charakter und Alter sowohl des Säuglings auf der Suche nach einer Ersatzelternfigur als auch des versorgenden Kindes beeinflußt werden. Das ältere Kind, das die Eltern zum »Babysitter« machen, kann zu einem konstanten Objekt werden, an das sich der Säugling zur Befriedigung seiner Bedürfnisse nach Bestätigung, Sicherheit und Körperkontakt wendet. Wenn es aber mit dieser Rolle Schwierigkeiten hat, reagiert der Säugling auch später ängstlich und unverbindlich auf den älteren Bruder oder die Schwester, die ihm keine adäquate Zuwendung haben geben können.

Ruth Meyendorf (1971) gibt ein eindrucksvolles Beispiel für eine solche Bindung zwischen Geschwistern: Ein Säugling litt an einer schweren Depression, weil er von den beiden älteren Geschwistern getrennt wurde. Das neunzehn Monate alte kleine Mädchen war zusammen mit seinem fünfjährigen Bruder und der dreijährigen Schwester zu einer Tante gebracht worden, weil die Mutter plötzlich ins Krankenhaus mußte. Es gab keinerlei auffällige Reaktionen. Aber nach einer Woche kam das Kind allein zu einer anderen Verwandten. Innerhalb von acht Tagen wurde es völlig teilnahmslos, sprach nicht mehr und verweigerte die Nahrung, war erregt und in sich zurückgezogen und widersetzte sich sämtlichen Zuwendungsversuchen, auch denen der Eltern, als es wieder bei ihnen war. Es wirkte dem Tode nahe, saß lustlos da und rief nur manchmal die Namen der Geschwister. Erst als die Geschwister wiederkamen, zeigte es wieder Gefühle, wirkte lebendiger, begann wieder zu sprechen, nahm seine alten Verhaltensweisen wieder auf und wurde auch körperlich aktiv. Für Meyendorf waren die Geschwister für dieses Kind unterstützende Bindungsfiguren. Das Mädchen konnte sich über ihre Abwesenheit nicht trösten, indem es an sie dachte. Der depressive Prozeß konnte sich erst umkehren, als es sowohl mit den Eltern wie mit den Geschwistern wieder vereinigt war.

Eine andere Studie (Bowlby 1973) beschäftigt sich mit einer Gruppe von Kindern zwischen dreizehn und dreißig Monaten, die vorübergehend in einem Säuglingsheim lebten, weil die Mütter im Krankenhaus waren. Vier Kinder waren ruhiger und deutlich weniger aufgeregt als die anderen:

»Sie schrien weniger und hatten nicht so viele feindselige Ausbrüche. Besonders in den ersten Tagen suchten die Geschwister die gegenseitige Nähe, redeten und spielten miteinander. Nach außen hin zeigten sie eine geschlossene Front, mit Bemerkungen wie: ›Sie ist nicht *deine* Schwester, sie ist meine Schwester.‹« (S. 11)

Manche Säuglinge orientieren sich sogar dann mehr an den Geschwistern und imitieren sie, wenn die Eltern anwesend sind (Lamb 1978).

Objektbeziehungen und die Suche nach Konstanz

Sehr intensive Geschwisterbeziehungen mit einem Gefühl engster gegenseitiger Verbindung sind nach unseren Untersuchungen keine Seltenheit. Manche Geschwister entwickeln in frühester Kindheit gegenseitige Signifikanz und Ergänzung in ihrer jeweiligen Kernidentität. Bei Melanie Klein (1952), Henri Dicks (1967) und Heinz Kohut (1971) finden sich Hypothesen über die Entwicklung des Selbstkonzeptes aus den frühesten intimen Beziehungen und die Wiederholung dieser frühen Muster, im Guten wie im Bösen, in späteren Beziehungen des Erwachsenen, zum Beispiel in der Ehe.

Der Begriff »Objektbeziehung« bezieht sich auf die psychischen Prozesse, mit deren Hilfe alle Menschen sehr früh internalisierte Bilder vom Selbst und den Anderen schaffen. Diese inneren Bilder nennt man

»Objektrepräsentanzen«. Die dynamische Beziehung zwischen diesen inneren Strukturen bildet die Grundlage aller intimen Beziehungen des ganzen Lebens. Vom Blickwinkel der Objektbeziehungstheorie entwickeln sich die Identität, die Fähigkeit, Frustrationen und Fluktuationen in Beziehungen zu ertragen, Liebe und Mitleid, Treue und Vertrauen aus der Qualität und Verläßlichkeit der Menschen, von denen der Säugling abhängig ist, und aus der Internalisierung dieser Erfahrungen durch das Kind in den ersten Lebensjahren.

Weil es eine perfekte Versorgung und somit auch eine vollständige Befriedigung des Kindes aber nicht gibt, erfährt der Säugling Wutgefühle. Daraus entsteht das Phänomen des »Abspaltens« unangenehmer »böser« Gefühle auf primitive, präverbale Weise. Manche Kinder geben der versagenden Person die Schuld an den bösen Gefühlen und schreiben ihr Bösartigkeit oder Verletzung zu. Andere werden depressiv, sie internalisieren die bösen Gefühle und weigern sich, böse Eigenschaften anderen Menschen zuzuordnen. Wenn Feindseligkeit und Wut sehr tief vergraben werden, bekommt das Kind das Gefühl eines »bösen Ichs« (Sullivan 1948).

Über die schweren Konsequenzen früher Deprivation sind sich die Vertreter der Objektbeziehungstheorie einig. Aber auch sie haben sich kaum mit dem frühen Einfluß von Geschwistern und seiner möglichen Funktion beschäftigt. Die Eltern-Kind-Beziehung steht unbestritten im Vordergrund. Wir möchten aber darauf hinweisen, daß heutzutage Eltern meist längst nicht mehr ausreichend verfügbar sind. Ein Kleinkind kann noch nicht selbständig leben und braucht deshalb eine stabile, verläßliche Umgebung oder »Objektkonstanz«. Ein Bruder oder eine Schwester kann unseres Erachtens durchaus geeignet sein, dieses wichtige, warme und schützende Objekt zu repräsentieren. Dieser Prozeß funktioniert unter Umständen auch wechselseitig, da sowohl das jüngere wie das ältere Kind befriedigenden Kontakt brauchen. Das Kind, das mit einer anderen Person verschmelzen kann, fühlt sich integrierter und weniger verletzlich, »ganz«. Diese Verschmelzung der Aspekte des Selbst mit dem Selbst eines anderen gibt jedem der Kinder das Gefühl größerer Vollständigkeit. Bruder oder Schwester können so zu einer geliebten Objektrepräsentanz werden, aus dem die Selbstrepräsentanz des Kindes Nahrung und Wertschätzung bezieht.

Geschwister als Übergangsobjekte

Solange die Mutter anwesend und kompetent ist, ist es unwahrscheinlich, daß die Geschwister sich gegenseitig zu Bindungs- und Symbiosefiguren machen. Aber jede Mutter fängt irgendwann an, sich zurückzuziehen, und gibt dem heranwachsenden Kind weniger, vor allem, wenn ein neues Kind geboren wird.

Geschwister können einander bei der allmählichen Lösung von der Mutter unterstützen und zu »Übergangsobjekten« werden. Donald W. Winnicott (1951) hat festgestellt, daß Säuglinge, die sich aus den zeitlosen symbiotischen Grenzen der mütterlichen Umarmung lösen, sich an Gegenstände klammern, die ihnen Konstanz vermitteln. Das vertraute und anwesende Übergangsobjekt gibt dem Kind Trost in der Phase der Trennung und Individuation (Mahler 1968), also in der Zeit zwischen eineinhalb und drei Jahren. Es ist der erste »Besitz von etwas, das nicht Ich ist« (Winnicott, zitiert nach Laplanche/Pontalis S. 549), normalerweise eine Puppe, ein Stofftier oder die aus den Peanuts bekannte Schmusedecke. Bei der Beobachtung von Kleinkindern hat Winnicott bestimmte Aspekte ihrer Beziehung zu ihrem Übergangsobjekt bemerkt: Das Kind hat die Macht über das Objekt, es liebt es, schmust mit ihm, haßt und beschädigt es aber auch; es muß weich sein und anscheinend Wärme abgeben, damit sein eigenständiges Leben deutlich wird. Winnicott hat später (1965, 1971) festgestellt, daß auch eine Person zum Übergangsobjekt werden kann, vorausgesetzt, sie ist sensibel und bereit, die eigenen Bedürfnisse denen des Kindes unterzuordnen. Wir möchten hinzufügen: Geschwister können wichtige und signifikante Objekte sein, vor allem bei Defiziten in der Versorgung des Kindes durch die Eltern.

Diese Übergangsbeziehung kann aber für beide Geschwister bei aller Befriedigung auch sehr frustrierend sein. Hinter den rührenden Familienphotos, auf denen das ältere Kind den kleinen Bruder oder die kleine Schwester im Arm hält, verbergen sich nicht selten wahre Dramen. Kein Kind kann alle Bedürfnisse eines anderen Kindes nach Zuwendung befriedigen. Angesichts dieser frustrierenden Tatsache muß jedes Kind allmählich die Bedürftigkeit, Forderungen und Ansprüche des Geschwisters ablehnen. Darin ist ein Gutteil der Ambivalenz des Geschwisterverhältnisses begründet.

Die Dynamik eines Geschwisterpaares ist abhängig von den Eltern und den Bedürfnissen der Kinder. Drei- oder vierjährige Kinder zum Beispiel versuchen oft, den jüngeren Geschwistern beizubringen, bestimmte Sachen vorzuführen oder nachzusprechen. Dabei spielen die jüngeren für sie eher die Rolle eines Spielzeugs oder eines Haustiers. Das eineinhalbjährige Kind, das Backe-backe-Kuchen macht, ist die Wonne der dreijährigen Schwester, wird aber streng ausgeschimpft, wenn es das verweigert. Das Allmachtsgefühl der Dreijährigen und ihr Streben nach Kompetenz werden befriedigt, wenn sie dem jüngeren Kind etwas beibringen kann. Diese Geschwisterinteraktion ist ein kleiner »Übergangsritus«, durch den das ältere Kind sich seine Autonomie beweisen kann. Für das Baby steckt in der Interaktion die Möglichkeit,

Ich-Beherrschung zu entwickeln, und zusätzlich bekommt es Stimulation und Kontakt (vgl. White 1959). Die Kinder bestätigen damit gegenseitig ihre Existenz. Dadurch wird die Beziehung für sie signifikant und intensiviert ihre Gefühle füreinander.

Geschwister erleben aber auch viele Frustrationen, wenn eines sich weigert zu spielen, zu stimulieren oder Kontakt herzustellen. Jüngere Kinder wenden sich für solche Zuwendung immer an die älteren, werden aber häufig zurückgewiesen. In dem Augenblick macht dann ein Kind das andere zum Objekt, auf das es all seine bösen Gefühle projizieren kann. Frustrationsgefühle, die als »böses Ich« introjiziert werden, werden auf der Körperebene als Angst, Furcht, Schreck und in extremen Fällen als Vernichtung erlebt. Solche Gefühle müssen verleugnet werden. Sie werden zu »nicht Ich« und nach außen projiziert, damit die Existenz dieser Gefühle innerhalb des Selbst geleugnet werden kann oder die Gefühle scheinbar ganz verschwinden. Wenn ein jüngeres Kind das ältere zum Übergangsobjekt macht, gibt es fast immer Schwierigkeiten. Sein Bedürfnis, die eigenen bösen Gefühle zu verleugnen und auf das Übergangsobjekt (das ältere Kind) zu projizieren, widerspricht dem Bedürfnis des älteren nach Verschmelzung mit dem jüngeren. Umgekehrt verliert das jüngere Kind sein Übergangsobjekt und erlebt intensivste Enttäuschung, wenn das ältere seine Aufmerksamkeit abwendet. Solche und zahlreiche andere mögliche Frustrationen bilden den strukturellen Unterbau für die gespaltenen Gefühle von gut/böse, Ich/nicht Ich, Nähe/Distanz, die so viele Geschwisterbeziehungen in der späten Kindheit und bis ins Erwachsenenalter hinein charakterisieren. Völlige Verschmelzung mit dem Bruder und der Schwester bis hin zum Verlust des Selbst und völlige Vermeidung mit dem Ergebnis lebenslanger Fremdheit sind die zwei extremsten Lösungen für dieses Dilemma der Bindung an das Übergangsobjekt.

In dem folgenden Fallbeispiel geht es um zwei erwachsene Schwestern, deren intensive und frustrierende frühe Bindung zu folgenschweren Mißverständnissen und fortlebendem untergründigen Ärger führte. Wie viele Erwachsene, die in den ersten Lebensjahren eine schwere Störung in der Zuwendung erlebten, leidet die ältere Schwester unter Gefühlen von Angst und Getriebensein und kann nicht begreifen, warum sie sich mit ihrer jüngeren Schwester nicht versteht. In diesem Fall haben die Eltern durch ihre unglückliche Ehe und die Einstellung zu den Kindern einen Kontext hergestellt, in dem die Unzufriedenheit der Geschwister von der frühen in die späte Kindheit und ins Erwachsenenleben hinein fortdauert.

Angstbesetzte Bindung und nachfolgende Konflikte:
Barbara und Jennie

Barbara hatte ihre chronische Angst, Isolations- und Einsamkeitsgefühle und Depressionen in insgesamt sieben Jahren Einzel-, Gruppen- und (in der Zeit ihrer Ehe) Paartherapie nicht verloren. Obwohl sie in ihrem Beruf als Photographin erfolgreich war und ein eigenes Studio aufgebaut hatte, konnte sie ein Grundgefühl von Verletzbarkeit nicht abschütteln. Die Achtundzwanzigjährige beklagte sich, ihre drei Jahre jüngere Schwester Jennie habe »alles, was mir fehlt«. Jennie war verheiratet, hatte einen zweijährigen Sohn und war bereits wieder schwanger. Barbara war neidisch und eifersüchtig, wenn sie der von den Eltern vergötterten, sichtbar schwangeren Schwester mit ihrem kleinen Sohn begegnete. Bereits in der ersten familientherapeutischen Sitzung, zu deren Teilnahme sie ihre Familie überredet hatte, platzte sie mit ihrem Kummer heraus: Sie wollte mehr Zeit mit ihrem kleinen Neffen verbringen. Warum überließ ihre Schwester ihn ihr nicht öfter als einmal in der Woche? Sie liebte und versorgte ihn doch *wie ein eigenes Kind*! Ihrem Gefühl nach hatten sich Mutter und Schwester gegen sie verschworen. Der Therapeut fragte:

»Warum ist der Zugang zu Ihrem Neffen so wichtig für Sie?«
Barbara: »Weil sie mir nicht vertrauen, weil meine Mutter und meine Schwester so oft miteinander reden. Es ist so ein unterschwelliges Gefühl, daß sie mir nicht trauen... als ob ich mit ihm, mit Kindern überhaupt, nicht umgehen könnte... Sie sagen ja auch immer wieder: ›Du bist eben keine Mutter. Das versteht nur eine Mutter!‹«

Für Barbara war die Versorgung ihres Neffen ein Beweis für ihre Anerkennung als Familienmitglied, aber sie fühlte das Mißtrauen ihrer Schwester. Jennie dagegen fand, Barbara sei immer schon »anders« gewesen, schon als sie noch Kinder waren. Sie hätten selten miteinander gespielt, sie wären eben »sehr verschieden«. Barbara war fleißig, Jennie verspielt, Barbara still und zurückgezogen, Jennie immer im Mittelpunkt der Ereignisse. Warum sollte sie Barbara Zugang zu ihrem Kind ermöglichen? Sie bestand auf den Unterschieden zwischen ihr und der Schwester. Damit deutete sie unterschwellig den Eltern, dem Therapeuten und der Schwester selbst an, Barbara sei unverändert seltsam und bedürftig, ja, sie sei sogar fähig, das Kind zu töten:

Jennie: »Wenn ich ehrlich bin – an dem Tag, als du ihn mit in den Park genommen hast, hab ich mir *Sorgen* gemacht! Ich hatte wirklich *Angst*! Ich weiß nicht, *warum*, ich wußte, daß du ihm nicht wirklich körperlich *weh tun* würdest...«

Barbara: »Das Gefühl hast du mir oft vermittelt – sehr oft.«
Jennie: »Aber ich hatte *Angst*. Ich hab mir *Sorgen* gemacht, die ganze Zeit, als du mit ihm weg warst. Ich hab im Wohnzimmer gesessen, und mir stand der kalte Schweiß auf der Stirn, weil ich dachte, sie kann nicht... *sie haßt mich so sehr, daß ich nicht wußte, ob du vielleicht...*«
Barbara: »Daß ich ihm was antun würde?«
Jennie: »...mir irgendwie weh zu tun, obwohl du ihn nicht *körperlich* verletzen würdest, aber ich weiß wirklich nicht genau, wovor ich Angst hatte. Mein Mann hat gesagt: ›Wovor hast du denn eigentlich Angst? Sie ist doch nicht verrückt, sie wird ihn schon nicht im Wald aussetzen oder so‹, und ich habe gesagt: ›Ich *weiß*‹, aber ich weiß einfach nicht genau, warum ich mir *Sorgen* gemacht habe, ich war einfach ganz *aufgeregt*.«

Was Jennie beunruhigte, war die Intensität der Gefühle ihrer Schwester zu dem Kind. Barbara erklärte, daß sie sich dem Kind verwandt fühle, mehr als allen anderen Familienmitgliedern. Er höre ihr zu, wenn sie mit ihm spreche. Sie könne ihm nie weh tun. Er reagiere auf sie. Er sei für sie so etwas wie eine lebende Puppe, die sie festhalten, der sie vorsingen und mit der sie sich identifizieren könne. Es schien, als bekäme sie selber die Zuwendung, mit der sie ihn überhäufte. Das war nicht einfach Geschwisterrivalität, sie wollte nicht einfach auch ein Kind haben wie die Schwester, sondern eher ein Ausdruck für ihren eigenen Wunsch, versorgt zu werden und selbst die Zuwendung zu bekommen, die sie dem Kind gab.

In den folgenden Monaten der Familientherapie konnte sich Barbara endlich an die Sehnsucht erinnern, die sie selbst als Kind nach ihrer jüngeren Schwester gehabt hatte. Die Mutter erzählte, wie depressiv sie gewesen war, als die Kinder klein waren. Barbara war nur sporadisch versorgt worden. Die Mutter, die aus einer großen verarmten Familie stammte, war mit dem Säugling überfordert und konnte die Frustration und Verzweiflung über ihre unglückliche Ehe nicht auflösen. Der Vater war ein hart arbeitender Mann, der die Familie zwar materiell, aber nicht emotional versorgen konnte und seine Frau immer wieder zurückstieß. Wenn er sich ärgerte, trank er, und wenn seine Frau seine Aufmerksamkeit brauchte, ging er weg. In ihrer Verzweiflung machte sie schließlich einen Selbstmordversuch. Nach Jennies Geburt wandte sich Barbara in ihrer eigenen Bedürftigkeit an ihre kleine Schwester. Aufgrund der angstbesetzten Bindung an die depressive Mutter suchte sie die Unterstützung des Babys. Sie ging zu ihr, wenn etwas sie verstört hatte, um Beruhigung und Trost zu finden. Jennie wurde zu ihrem Übergangsobjekt. Barbara erinnerte sich daran, daß sie später häufig Angst hatte, besonders nachts. Statt zu ihren Eltern zu gehen, kroch sie weinend in das Bett der jüngeren Schwester. Sie war überzeugt, Jennie hätte die gleichen Gefühle wie sie. Der Mutter schien Barbara immer zu »ernst«, zu »unglücklich«, zu sehr mit vagen, undefinierbaren Sorgen beschäftigt. Jennies Spontaneität und Fröhlichkeit als Baby war ihr ein willkommener Gegensatz zu den lästigen und quengeligen Klagen des kleinen Mädchens. Als die Kinder drei und sechs Jahre alt waren, beschloß sie, Jennie vor einer »Ansteckung« durch Barbara zu bewahren. Je mehr Barbara sich an ihre jüngere Schwester zu klammern versuchte, mit ihr verschmelzen wollte und sie zu einer Ersatzfigur für eine Bindung machte, desto mehr intervenierte die Mutter, die zumindest ihr jüngstes Kind glücklich sehen wollte.

Als beide Mädchen im Schulalter waren, schienen die entgegengesetzten Identitäten festgeschrieben. Jennie war verspielt, ein Wildfang, beliebt und extravertiert, Barbara die fleißige Schülerin, die zu Hause blieb und las, immer traurig aussah und keine Freunde hatte. Jetzt wollte Jennie nichts mehr mit ihrer Schwester zu tun haben. Sie hatte keine Lust mehr zu langen und ausführlichen Gesprächen und wich ihr aus. Barbara wuchs mit ständigen Angstgefühlen auf, fühlte sich »fremd« und hatte anscheinend jede Hoffnung auf eine Änderung ihres tristen und unerfüllten Lebens verloren. Sie verlangte von dem neuen Therapeuten, diese Leere, dieses fatalistische Gefühl, nicht zur Familie zu gehören, zu beheben. Der Sohn der Schwester war für sie der Schlüssel zur Rückkehr in die Familiengruppe, und sie hatte Angst, daß ihr diese Gelegenheit zu Verschmelzung und Entwicklung von Zugehörigkeit erneut von Mutter und Schwester versagt würde.

»Ich fühle mich, als ob ich einfach ganz allmählich aus der Familie ausgeschlossen würde. Plötzlich resignieren alle... wir sind so *vereinzelt*, so weit entfernt voneinander, obwohl wir uns so oft sehen. Ich weiß immer weniger von ihnen... sie werden mir fremd. Das Gefühl habe ich immer gehabt. Ich komme nicht weiter, solange ich das nicht erledigt habe. Ich will so gerne etwas tun, mein Leben leben, weggehen. Aber ich kann nicht weg. Ich bin so *gebunden*, daß ich nichts tun kann. Ich sitze fest. Ich sitze einfach hier und warte, und zusammen passiert einfach nichts. Der Abstand zwischen uns wird einfach größer.«

Auffallend ist Barbaras Unsicherheit. Sie kann sich weder allein noch mit anderen wohl fühlen, sondern wartet passiv und hilflos auf Unterstützung und Zuwendung durch die Familie.

Von ihrer überforderten Mutter früh abgelehnt, versucht sie erfolglos, sich an die nächsterreichbare Person, die kleine Schwester, zu binden, aber diese lehnt sie unter Anleitung und mit Unterstützung der Mutter ebenfalls ab. Die Versuche, mit der Schwester zu verschmelzen, die Barbara bis ins Erwachsenenalter hinein unternimmt, scheinen eine Möglichkeit, die Heilung einer Wunde einzufordern, eines Verlusts, für den ursprünglich die Mutter verantwortlich ist. Immer wieder sucht sie Nähe bei der Schwester und später beim Kind der Schwester. Immer wieder wird sie abgelehnt, unfähig, die bösen Gefühle abzuwehren, die durch das emotionale Verlassenwerden durch die Mutter und deren Ablehnung entzündet wurden. Wie so oft konnte die jüngere Schwester das Bedürfnis der älteren nach einer warmen Beziehung nicht erfüllen, zog sich mit Unterstützung der Mutter zurück und ließ Barbara wütend, ängstlich und zuwendungsbedürftig allein.

Ein jüngeres Kind hat größere Chancen, daß das ältere sein Bedürfnis nach Verschmelzung befriedigt. Das ältere Geschwister kann zumindest versuchen, das jüngere Kind adäquat zu versorgen. Es kann die Mutter imitieren und sich dabei überlegen und allmächtig fühlen. Umgekehrt aber findet das ältere Geschwister beim jüngeren weniger wahrscheinlich eine entsprechende befriedigende Bindung. Denn Frustrationen sind unvermeidlich, wenn man tiefe emotionale Befriedigung bei einem Menschen sucht, der unempathisch, unberechenbar und emotional flach ist (Kohut 1971). Diese Art der frühen Geschwisterbindung führt zu einem gordischen Knoten, der später schwer zu begreifen und nur mit Mühe aufzulösen ist.

Aus diesem Beispiel ergeben sich einige wesentliche Punkte vieler Geschwisterbeziehungen:
— Eine angstbesetzte Mutterbindung im ersten Lebensjahr löst beim Kind unaufgelöste Gefühle von Hilflosigkeit und Schwäche und eine anhaltende Bedürftigkeit aus.
— Im dritten Lebensjahr versucht das Kind dann, sein Bedürfnis nach Verschmelzung bei einem kleinen Geschwister zu befriedigen, um die »bösen Gefühle« abzuwehren.
— Es ist sehr unwahrscheinlich, daß dieses unreife Objekt die primitiven Bedürfnisse des älteren Kindes erfüllen kann. Deshalb bleibt es unbefriedigt und ängstlich.
— Viele Eltern erschrecken angesichts der besitzergreifenden Haltung des älteren Kindes dem jüngeren gegenüber. Wenn sie die Kinder daraufhin trennen, frustrieren sie seine Objektbedürfnisse.
— Greifen die Eltern in diesen Prozeß nicht ein und lassen zu, daß die Kinder viel Zeit miteinander verbringen, wird das jüngere Kind stark belastet. Um der eigenen Differenzierung willen muß es das ältere, bedürftige wegstoßen. Dadurch wird die Identifikation des jüngeren mit dem älteren Kind angespannt, die Beziehung bleibt auch späterhin konfliktreich.
— Das ältere Kind, das sich durch die Wärme und Zuneigung des jüngeren wohler fühlt, identifiziert sich mit den spielerischen, primitiven Aspekten des Babys. Deshalb kann es nur schwer tolerieren, daß das jüngere Geschwister mit der Zeit reifere Eigenschaften entwickelt. Konkurrenzspiele, die das kleinere Kind immer wieder in die »Baby«-Rolle bringen, häufen sich.

– Dieser früh festgelegte Beziehungstypus führt dazu, daß die Geschwister als Erwachsene häufig nicht begreifen können, warum sie große Schwierigkeiten miteinander haben. Auch die Eltern fragen sich immer wieder, warum sich die Kinder nicht »vertragen« können.

Emotionale Nähe und gegenseitige Abhängigkeit

Manche Familien sind so ineinander »verstrickt« (Minuchin 1974), daß jede Veränderung bei einem Familienmitglied eine Kettenreaktion bei allen anderen auslöst. In solchen Familien sind auch die Geschwister von Anfang an eng miteinander verzahnt; die Entwicklung des einzelnen Kindes beeinflußt entscheidend das Wohlbefinden des anderen, sie reagieren sehr sensibel aufeinander und benutzen sich gegenseitig als grundlegende Bezugspunkte.

Verschmelzen, Zwillingsbildung und Spiegeln

Heinz Kohuts (1971) Theorie der frühen Persönlichkeitsentwicklung ist ein Modell für ein tieferes Verständnis der Geschwisterdynamik. Er beschreibt drei wesentliche Prozesse in den ersten drei Lebensjahren: Verschmelzen, Zwillingsbildung und Spiegeln. Werden sie nicht adäquat gelöst, hat das Konsequenzen für das ganze Leben.

Aufgrund seines Bedürfnisses nach einer sicheren Realität sucht der Säugling nach Verschmelzung. Dieses archaische Verschmelzen, das die Unterschiede zwischen dem Selbst und dem Anderen auflöst, tritt in der Bindungsphase auf und trägt zur Aufrechterhaltung einer symbiotischen Beziehung bei. Die Motivation von Geschwistern, die ständig zusammen spielen und sich gegen jede Trennung wehren, kann unseres Erachtens in dem Bedürfnis eines der Kinder nach Verschmelzung bestehen. Dieses Kind fühlt sich in Gesellschaft seines Geschwisters deutlich wohler. Erik Erikson beschreibt, was passiert, wenn diese Verschmelzung anhält.

»Es ist, als ob unsere Patienten ihre eigene Identität einem Bruder oder einer Schwester überlassen haben, in der Hoffnung, durch einen Akt der Verschmelzung eine größere oder bessere zu bekommen. Eine Zeitlang haben sie damit Erfolg, aber die Enttäuschung, die dem Abbruch der künstlichen Zwillingsschaft zwangsläufig folgt, ist dafür um so traumatischer. Wut und Lähmung folgen auf die plötzliche Einsicht, daß diese Identität nur für einen reicht und daß der andere sich anscheinend damit davongemacht hat.« (1959, S. 137)

Der zweite Prozeß bei Kohut ist ein Alter-ego-Zustand oder die Zwillingsschaft. In dieser Phase beginnt das Kind zu erkennen, daß es sich von anderen unterscheidet. Es kann die körperliche Trennung jetzt ertragen. Wenn es schon sprechen könnte, würde es allerdings sagen: »Du bist wie ich und ich bin wie du. Was ich fühle, mußt du, weil du derselbe bist, auch fühlen.« Ein Kind im Stadium der Zwillingsschaft wird sehr wütend, wenn Bruder oder Schwester auf einer anderen Meinung bestehen. Die Erkenntnis, daß der zum Zwilling gemachte Bruder/die Schwester die Welt anders sieht, kann Ärger, Frustration und die von den Eltern fälschlich für bedeutungslos gehaltenen Streitereien auslösen.

Die dritte Phase ist die des »Spiegelns«. Jetzt wird das Geschwister zum Zuschauer gemacht und soll ein positives Feedback für sämtliche Leistungen des Kindes geben. Die andere Person existiert getrennt vom Kind, aber als angenehm gefärbter Spiegel, der nur das zeigt, was die narzißtischen Bedürfnisse des Kindes befriedigt. Das ältere Kind, das dem jüngeren als Spiegel dient, braucht eine gewisse Portion an Selbstverleugnung. Es muß sich sicher genug fühlen, um geduldig zu beobachten und zu applaudieren, wenn das jüngere ihm etwas vortanzen möchte. Ein gewisses Maß an Identifikation mit den Eltern ist dafür notwendig und vielleicht auch der Wunsch, das jüngere als eigenes Kind zu sehen, als Quelle von Stolz und Freude. So erinnert sich zum Beispiel eine Schwester, die einen sechs Jahre jüngeren Bruder hat:

»Ich kann mich gut an seine Geburt erinnern. Ich weiß noch, wie er aus der Klinik kam, wie ich ihn auf dem Arm hielt, auf ihn aufpaßte und ihn im Kinderwagen herumfuhr. Ich habe das sehr gern getan und mir vorgestellt, selbst Kinder zu haben... Ich weiß auch noch, wie es war, als er klein war, zwei, drei, vier, fünf Jahre alt. Er war sehr charmant, hübsch, sehr intelligent, lebhaft, munter und süß. Ich war als Kind sehr stolz auf ihn. Er brachte uns immer zum Lachen, er war ein helles Köpfchen. Es war damals immer schön, mit ihm zusammen zu sein.«

Ein Kind, dessen Geschwister solche Gefühle haben, hat großes Glück gehabt. Durch die Spiegelerfahrung entwickelt es die Fähigkeit zur Empathie. Es fühlt sich sicher genug, die Rolle des anderen zu übernehmen, und aus dieser gegenseitigen Achtung entsteht eine positive Beziehung. George Mead (1934) hat gesagt, daß es außerhalb der sozialen Erfahrung kein Selbst gibt. Der Spiegel ist unabdingbar für die Selbsterkenntnis.

Zwillinge: Das extreme Beispiel für nahe und intensive Geschwisterbeziehung

Für viele Menschen stellen Zwillinge den faszinierendsten Aspekt der Geschwisterschaft dar (Farber 1981). Gleich angezogen, ähnlich wie ein Ei dem anderen, repräsentieren sie die gängige Phantasie, ein anderes Selbst zu haben, mit dem man den Platz tauschen könne.

Die Zwillingsforschung ist über diese Phantasien hinaus vor allem deshalb wichtig, weil sie die Identifikationsprozesse, die zwischen *allen* Geschwistern mit hohem Zugang auftreten, klären können. Zahlreiche Untersuchungen haben Zwillingen einen sechsten Sinn füreinander bestätigt, bis hin zu dem magisch anmutenden Wissen um die Gedanken, Gefühle, Wünsche und innersten Geheimnisse des anderen (Karpman 1953; Leonard 1955, 1961; Orr 1941; Slater 1953; Joseph 1959, 1961; Glenn 1966). An Zwillingen läßt sich zeigen, was geschieht, wenn die Ich-Grenzen zwischen Geschwistern unklar werden, wenn Spiegelung und Verschmelzung vorherrschen und sich die Selbst-Objekt-Unterscheidung verwischt. Wir können also aus der Zwillingsforschung viel über die Spiegelungs- und Zwillingsbildungsprozesse bei Geschwistern mit hohem Zugang erfahren.

Der Psychiater G. L. Engel hat die narzißtischen Vorteile, die ein Zwilling hat, selbst erfahren und beschreibt die Verschmelzungs- und Spiegelungsprozesse:

»In meiner Kindheit und noch bis in die Adoleszenz hinein waren wir für die Eltern einfach ›die Zwillinge‹, und sie haben uns häufig verwechselt. Wir wurden gleich angezogen, bekamen die gleichen Spielsachen und verbrachten von Anfang an viel mehr Zeit miteinander als mit irgend jemand anderem, einschließlich der Mutter. Die körperliche Nähe zu meinem Zwillingsbruder war wichtig für mich, weil sie das Trauma der Trennung von den Eltern linderte. Gleichzeitig akzentuierte diese Nähe den Wunsch und den Vorteil, meinem Zwillingsbruder so ähnlich zu sein wie möglich...

Als Kinder waren wir in Sprachentwicklung und sozialer Kommunikation zurückgeblieben. Wie viele Zwillinge hatten wir eine eigene Sprache, deren Reste bis in die Latenzperiode reichten. Wir redeten uns nie mit unseren richtigen Namen an... Schon mit zwei Jahren nannten wir uns gegenseitig ›Anderer Mann‹. Im Lauf der Jahre verkürzte sich diese Anrede zu ›Andi‹ und schließlich zu ›An‹! Diese gemeinsame Anrede war ein eleganter Kompromiß, weil sie zwischen dem Selbst und dem Anderen unterschied und gleichzeitig die Zwillingsidentität beibehielt, die uns zu etwas Besonderem machte.

Die narzißtischen Vorteile werden von anderen Kindern intuitiv begriffen, die auf Zwillinge wegen ihrer permanenten Zweisamkeit, deren Ambivalenzen nicht gesehen werden, neidisch sind... Dieser

Narzißmus arbeitet der individuellen Eigenständigkeit entgegen. Unser narzißtischer Gewinn wurde in der frühen Kindheit durch die Familie und später durch die außerordentlichen Machtgefühle verstärkt, die aus der Fähigkeit entstanden, andere zu täuschen.« (1974, S. 33)

Übermäßig abhängige Zwillinge

In der Engelfamilie wurden die individuellen Fähigkeiten der Zwillinge unterstützt, aber das ist nicht immer der Fall. Bei zu großer Abhängigkeit kann sich das Selbstbild von Zwillingen ernsthaft verwirren (vgl. Parrish 1978). Unsere klinischen Beobachtungen haben das bestätigt. Die enge Identifikation mit dem Zwilling verhindert eine Trennung und führt so zu einer Verzerrung der Selbst- und Objektrepräsentanzen. Zwillinge sind das extreme Beispiel einer Geschwistergemeinschaft, in der eine Beeinträchtigung der Realitätsprüfung vorherrscht.

»Ich will anders sein als du, auch wenn es mich das Leben kostet«: Vickie und Marilyn
Eine zu enge und zu lang anhaltende Bindung zwischen Geschwistern kann tiefreichende Konsequenzen haben. Normalerweise verschiebt sich der Schwerpunkt der Beziehung im Laufe der Entwicklung von der gemeinsamen zur eigenständigen Identität. Aber wenn die Eltern das Zwillingsstadium verstärken und die Kinder sich weiterhin als narzißtischen Spiegel benutzen, erstarrt die Bindung: Wie bei siamesischen Zwillingen erlebt der eine Teil Schmerz, wenn der andere sich zu trennen versucht. Die frühe und enge Verschmelzung der Identitäten von Geschwistern birgt schwere Risiken: Die Kinder können sich ineinander verlieren und später nicht mehr fähig sein, Kontakt zu Freunden oder zur Umwelt herzustellen. Die Kinder kämpfen dann zwanghaft oder brutal gegen die Verschmelzung, die sie immer noch aneinander bindet.

Marilyn und Vickie, eineiige Zwillinge, sind dafür ein gutes Beispiel. Sie haben alle Merkmale von Zwillingen; sie waren immer zusammen, schliefen als Babys im selben Bett, wurden zusammen gebadet und gefüttert. Die Eltern und die vier älteren Geschwister behandelten sie von Anfang an als Paar. Als die älteren Kinder aus dem Haus gingen, schlossen sich die beiden Mädchen noch enger aneinander an, waren ständig zusammen und ersetzten den Babysitter, wenn die Eltern abends ausgingen. Ihr Zugang zueinander war total. Als Jugendliche hatten sie immer noch ein gemeinsames Schlafzimmer und machten auch sonst alles gemeinsam. Der hohe Zugang, der hohe Grad an Verschmelzung und Spiegelung wurden früh von der Mutter gefördert, die von der Erziehung der vier älteren in Anspruch genommen war. Der Vater war ein müder, passiver und depressiver Mann, der zwei Arbeitsstellen hatte und seiner Frau nicht viel Unterstützung geben konnte.

Es gab zwischen den Zwillingen nur einen eindeutigen Unterschied: Marilyn war mit einer gebrochenen Hüfte zur Welt gekommen und galt bei der Mutter seitdem als die zartere. Auf diesem Hintergrund wurde Marilyn die Rolle der Schwachen zugeschrieben, die gegen Vickies relativ größere Robustheit ausgespielt wurde. In diesem einen Punkt wurden die Mädchen von der Familie unterschiedlich behandelt, in allen anderen Bereichen galten sie als identisch und austauschbar.

In der frühen Adoleszenz beschloß Marilyn, sich von ihrer Schwester zu unterscheiden. Die Dreizehnjährige hielt radikal Diät und aß so gut wie nichts mehr. Zweimal wurde sie mit der Diagnose »Anorexia nervosa (Magersucht)« ins Krankenhaus eingeliefert – erfolglos. Sie weigerte sich trotz Zwangsernährung, ihr normales Gewicht zu halten. Bei ihrem ersten Termin beim Krankenhauspsychologen, ein Jahr nach ihrem ersten Klinikaufenthalt, wog sie achtundsechzig Pfund. Als der Therapeut die Zwillinge zum ersten Mal sah, traute er seinen Augen nicht. Sie wirkten kaum wie Mitglieder derselben Familie, geschweige denn wie eineiige Zwillinge. Vickie war pummelig und pausbäckig, ein gesunder, frühreifer Teenager, Marilyn sah aus wie ein kleines Mädchen, sie war fünf Zentimeter kleiner als die Schwester, weil das lange Hungern und die Mangelerscheinungen ihr Wachstum verzögert hatten. Die dunklen Ringe unter den eingesunkenen Augen und die graue Hautfarbe ließen an Bilder von Überlebenden aus Konzentrationslagern denken. Mit den eingefallenen Schultern, dürren Beinen und der viel zu großen Jacke wirkte sie neben der rundlichen, blühenden Schwester wie ein ausgedörrter Stock. Der Therapeut fragte nach Vikkies Gewicht. »Einhundertundacht Pfund«, erwiderte sie stolz. »Vierzig mehr als Marilyn.« Und dann machten sie eine erstaunliche Eröffnung: Die Zwillinge hatten abgemacht, sich über ihr Gewicht permanent und deutlich sichtbar zu unterscheiden.

Gefangen in diesem tödlichen Pakt, insistierten die Mädchen auf ihrer individuellen Verschiedenheit, maßen sich aber gleichzeitig wegen ihrer Verschmelzung und Zwillingsschaft ausschließlich aneinander. Unbewußt hatten sie sich auf ein Differenzierungskriterium geeinigt, das für Marilyn tödliche Folgen haben konnte und für beide entstellend war. Wenn Vickie sich zu dick fühlte und abnahm, war schon ein Verlust von zwei Pfund für die dünne Marilyn lebensgefährlich. Wenn Marilyn zu dünn wurde (sie wog einmal weniger als sechzig Pfund!) und Panik in der Familie ausbrach, wurde sie zum Essen gezwungen. Dann mußte Vickie ebenfalls zunehmen, um den Unterschied von zwanzig Kilo aufrechtzuerhalten. Vickie müßte vierzig Pfund zunehmen, wenn Marilyn ihr Normalgewicht von hundert Pfund erreichen wollte, und wäre damit viel zu dick. Und für Marilyn wären die acht Pfund, die Vickie für ihr Normalgewicht verlieren müßte, gleichbedeutend mit schweren Mangelerscheinungen, erhöhtem Infektionsrisiko und einem vorkomatösen Zustand.

In einem verqueren Differenzierungsritual nahmen die Mädchen ab und zu. Diese destruktive Übereinkunft löste vorübergehend ihre Angst vor der Verschmelzung und vor der Trennung auf, verteilte aber im Endergebnis nur die Macht neu, das Leben der anderen zu kontrollieren und zu ruinieren.

Die Verwirrung zwischen Identifikation und Individualität dominierte jeden wachen Augenblick im Leben der Schwestern. Sie wogen sich täglich im Beisein der anderen, aßen zusammen, kochten zusammen und erzählten sich ihre geheimsten Sorgen. Marilyn und Vickie waren vom Essen fasziniert, sie zählten Kalorien, wogen die Portionen ab, kauften bestimmte Lebensmittel ein. Im Sommer, wenn die Eltern sie aus der Küche holten und in den Garten schickten, legten sie einen eigenen Gemüsegarten an, bemühten sich aber auch hier um Unterschiede: Die eine pflanzte Blatt-, die andere Wurzelgemüse. Sie träumten davon, Diätberaterinnen im selben Krankenhaus zu werden, aber in verschiedenen Abteilungen. Beide trieben eifrig Sport; Marilyn lief mit Unterstützung der Schwester täglich acht bis zehn Kilometer.

In der Familientherapie begannen die Mädchen und ihre Eltern endlich, die wichtigen Bereiche von Ähnlichkeit und Unterschieden zu bearbeiten. Der Therapeut hielt es für notwendig, die Zwillinge eine Zeitlang zu trennen, und schickte Vickie für vier Wochen ins Sommerlager. Dort schloß sie allmählich Freundschaften und traf zum ersten Mal einen Jungen, der ihr gefiel. Marilyn geriet in Panik. Sie konnte das Gewicht ihrer Schwester nicht mehr überwachen, keine Verbündete stand ihr mehr zur Seite, sie hatte ihr rundliches Spiegelbild nicht mehr vor Augen und mußte sich stärker auf die anderen Geschwister, die Eltern, den Therapeuten und sich selbst verlassen.

Nach Vickies Rückkehr und drei weiteren Monaten Familientherapie nahm Marilyn langsam zu. Vickie war selbstsicherer geworden und hatte nicht mehr das Bedürfnis, sich über ihr Gewicht zu unterscheiden. Der Gewichtsunterschied zwischen den Zwillingen betrug nur noch zehn Kilo. Aber Marilyn litt unter der Gewichtszunahme. Sie zeigte dem Therapeuten folgenden Brief:

Lieber Gott,
es sieht so aus, als wärest Du der einzige, mit dem ich jetzt noch reden kann. Ich brauche Deine Hilfe. Ich bin deprimiert, so deprimiert, daß ich mich umbringen will – mir irgendwie weh tun will. Ich hasse mich. Das, wovor ich immer Angst hatte, ist eingetreten.

Ich bin fett – das andere Extrem. Ich habe 15 Pfund zugenommen! Ich mache Sport und versuche wirklich, meine Mahlzeiten zu reduzieren, aber ich nehme zu. Irgendwas stimmt nicht. Ich bin häßlich – nicht mehr häßlich dünn, sondern häßlich fett. Ich glaube, für mich gibt's nichts dazwischen. Ich habe anscheinend jede Körperbeherrschung verloren.

Ich ekele mich vor mir, vor meinem Körper. Ich sehe genauso aus wie Vickie. Das ist das schrecklichste dabei. Genau das wollte ich nicht... Ich muß mein Gelübde erfüllen, immer weniger zu wiegen als meine Schwester.

Bitte, was soll ich tun? Selbstmord kann doch nicht die Antwort sein. Wahrscheinlich sollte ich mich meinem Problem stellen, es irgendwie in den Griff kriegen.

Hilfe! Ich bin verzweifelt!

Im Dezember konnte Marilyn in ihren Botschaften an Gott offen ausdrücken, wie wütend sie auf Vickie war, weil sie ihren Pakt gebrochen hatte. Marilyn war gezwungen, ein Individuum zu werden. Ihre Verwirrung darüber, Vickie total zu ähneln und gleichzeitig ganz anders zu sein, wurde nun vom Therapeuten konfrontiert. Sie war verzweifelt und schrieb folgenden Brief:

»Gott,
ich weiß wirklich nicht, wie ich mich ausdrücken soll – vielleicht ist das einfachste Wort sehr angespannt, traurig, wütend – ›frustriert‹!

Ich wünschte, ich wäre tot! Ich würde am liebsten jetzt gleich sterben!

Vickie hat sich wirklich verändert! Sie ist so eine Angeberin.

Gott, sie hält sich für schön und glaubt, alle lieben sie. Sie denkt wahrscheinlich, sie kann jeden Jungen rumkriegen, aber ich bin nicht deswegen wütend.

Ihre *Haltung* hat sich verändert. Sie sagt zu mir, ich würde mich wie ein Schulmädchen benehmen. Ich? Vielleicht mach ich das ja, aber wenigstens kann ich das zugeben!

Sie? Zugeben? Nie! Nie! Sie ist zu verdammt stolz! Ich sollte nicht sauer auf sie sein, nehme ich an. Ich sollte ihr wohl nicht vorwerfen, daß sie sie selbst ist.

Wahrscheinlich bin ich sauer auf mich! Ich bin so GOTTVERDAMMT FETT. Aber ich will nicht, daß sich das selbstmitleidig anhört. Himmel! Das bin ich nicht.

Ich schwöre, ich weiß einfach nicht, was ich bin.

Ich bin durcheinander, wahrscheinlich wegen allem.

Ich bin deprimiert wegen mir!

Ich will sterben!

Hilf mir, die Depression zu überwinden! Es ist Weihnachten. Warum bin ich nicht glücklich? Mein Gott?«

Marilyn hat sich nicht umgebracht. Sie hat allmählich akzeptiert, daß sie sich von Vickie unterscheiden kann, ohne zu hungern. Drei Monate nach diesem Brief wog Marilyn sechsundneunzig Pfund und Vickie hundert. Marilyn wurde Klassensprecherin, ging in einen Verein, fand Freundinnen und schließlich einen eigenen Freund. Auch Vickie hatte Erfolg, aber auf anderen Gebieten. Beide aßen jetzt gemeinsam mit den Eltern, was auf den Tisch kam. Verschmelzung war kein Vorteil mehr, sondern wurde zum Hindernis bei der Entwicklung. Die Schwestern hatten zwar immer noch viele Probleme und brauchten auch weiter psychotherapeutische Unterstützung, aber sie waren auf dem Weg zu ihrem eigenen Leben. Ihre Verschmelzung existierte nicht mehr.

3. Kindheit und Adoleszenz: Der Kampf um die eigene Identität

Geschwisterbeziehungen können nicht ausschließlich auf der Basis der ersten zwei oder drei Lebensjahre verstanden werden. Das komplexe Zusammenspiel psychischer Kräfte in Kindheit und Jugend, individuell wie in der Familie, gehört zu ihrem kontinuierlichen Entwicklungsprozeß. Und mehr als alles andere ist es die Suche nach einer persönlichen Identität, die Frage: »Wer werde ich sein?«, bei der Geschwister füreinander bedeutsam werden.

Das Bedürfnis nach einer so engen Beziehung läßt sich oft nur schwer beschreiben. Geschwister mit geringem Altersunterschied und hohem Zugang begreifen oft nicht, warum ihre Gefühle füreinander trotz der vielen gemeinsamen Kindheitserlebnisse so ambivalent und widersprüchlich sind. So sucht eine Frau in einem Gespräch über ihre ältere Schwester nach den richtigen Worten:

»Ich glaube, ganz spontan würde ich sagen, sie ist mir immer unheimlich auf die Nerven gegangen. Es tut mir leid, daß wir uns immer so viele Schwierigkeiten gemacht haben. Manchmal wollte ich ein Einzelkind sein oder noch mehr Geschwister haben. Aber gleichzeitig gab es auch eine Art unbeschreiblicher Nähe zwischen uns. Nicht nur, weil wir als Kinder vieles gemeinsam gemacht haben. Es ist eine Art Band da. Ich war sehr einsam, habe große Distanz zwischen mir und anderen geschaffen, und sie lebte als einzige in unmittelbarer Nähe zu mir. Ich glaube, wir haben eine Bindung, die immer da sein wird. Wir haben uns viel gestritten als Kinder, aber ich glaube, wir kommen immer wieder zueinander zurück. Also muß ich wohl sagen, ich bedaure es nicht, daß sie meine Schwester ist. Und ich hätte es auch gar nicht gerne, wenn sie immer so weit weg von mir leben würde wie jetzt. Ich mag sie gern, solange sie nicht mit mir in einem Raum ist. Ich denke an sie und mache mir Sorgen um sie. Ich glaube, ich bin froh, daß sie meine Schwester ist, obwohl ich ihr manchmal den Hals umdrehen könnte.«

Wenn die Frage der Identität drängender wird, wenden sich die Kinder an die vertrauten Familienmitglieder zur Bestätigung oder Ablehnung ihres Selbstwerts und ihrer Selbstachtung. Mit vier oder fünf Jahren verschärft sich ihre Fähigkeit, sich als ähnlich oder anders als Mutter, Vater und Geschwister wahrzunehmen. Die Entdeckung neuer Aspekte der eigenen Person ist ein kontinuierlicher Prozeß, ein dialektischer Tanz mit den nahen, verfügbaren, bedeutsamen Anderen. Die Suche nach einer stabilen Identität ist nur über Fragen möglich wie: »Was bedeutest du mir?«, »Warum soll ich mit dir zusammensein?« und »Was haben wir gemeinsam?« Ein Bruder oder eine Schwester, nebenan, am selben Tisch, im nächsten Zimmer oder in der Schule, wird jetzt mehr als in den ersten Lebensjahren zum Objekt für bewußtere Vergleiche und Identifikation.

Natürlich setzen sich Kinder nicht hin und stellen sich gegenseitig Existenzfragen. Sie streiten sich um Spielzeug, gehen zur Schule, rennen allein zu Mutter oder Vater, wenn sie sich weh getan haben, sitzen ruhig nebeneinander vor dem Fernseher, spielen zusammen und ärgern sich, wenn eins vorgezogen wird oder dem anderen überlegen ist. Bei Geschwistern mit hohem Zugang entsteht die Bindung unaufhaltsam und unvermeidlich. Die Qualität der Beziehung hängt sehr stark von den Eltern ab, aber jedes Kind kann mehr und mehr über ihre Gestalt entscheiden – auch wenn es nie ein Wort über seine Gefühle verliert. Im Schulalter haben Geschwister, vorausgesetzt, es gibt in der Nachbarschaft andere Kinder zum Spielen, entschieden größere Entscheidungsmöglichkeiten darüber, ob und wie sie zusammensein wollen. Das wachsende Bedürfnis nach Einfluß, Individualität und eigenständiger Persönlichkeit einerseits und nach Nähe und Verwandtschaft andererseits treibt sie auseinander und wieder zusammen. Der Einfluß der Eltern auf die Wahl der Identifikationsobjekte wird immer geringer. In der Adoleszenz schließlich ist die Eigenverantwortung der Geschwister für die Entfaltung der komplizierten Prozesse, die die Identität festlegen, sehr viel größer.

Geschwisterpaare

Geschwister sortieren sich anscheinend zu emotional bedeutsamen Paaren, mit positiven oder negativen Aspekten, geprägt von Liebe oder Haß. Für jedes Kind ist die Beziehung zu einem der Geschwister schmerzhafter oder beglückender als zu den anderen. Diese Dyaden sind unabhängig von äußeren Einflüssen wie geringem Altersunterschied und erzwungener räumlicher Nähe, die Kinder stellen die Paarbeziehungen auf der Basis von Liebe, Haß oder Mißverständnissen durch ihre eigenen Aktionen und Reaktionen, Identifikationen und Ablehnung selbst her. Eine junge Frau erinnert sich:

»Wir waren viel zusammen, weil wir beide zum Beispiel gerne draußen im Zelt schliefen, Schlitten fuhren, zusammen rumtobten. Mit meiner Schwester konnte man nicht toben, aber mit meinem Bruder ging das wunderbar.«

Aber die Ereignisse können solche Affinitäten auch schwächen:

»Bis er ungefähr vierzehn war, machten wir alles gemeinsam. Ich ging überallhin mit ihm mit, aber dann hatte er keine Lust mehr dazu, mit seiner kleinen Schwester zusammen zu sein, und meine Mutter hielt mich zurück, wenn ich trotzdem mitgehen wollte, weil ich zu jung war. Sie meinte, es wäre zuviel Verantwortung für ihn, wenn ich immer hinter ihm herliefe. Ich war sehr traurig deswegen und bin ein paar Jahre lang kaum allein unterwegs gewesen.«

In der Adoleszenz wachsen die Gelegenheiten zur Identifikation mit *einem* eng verbundenen Geschwister. In der Geschwisterwelt gibt es weder Neutralität noch Gleichgültigkeit; eins der Geschwister »zählt« für ein anderes. In Drei-Kind-Familien sind immer zwei der Kinder intensiv miteinander beschäftigt und lassen das dritte außen vor. Bei vier Geschwistern gibt es häufig zwei Paare, und bei fünf bleibt wieder eins übrig und muß seine Identität ohne die Hilfe einer bedeutsamen Geschwisterbindung finden. Auch bei gleichmäßigem Altersunterschied und hohem Zugang wird zum Beispiel bei drei Kindern im Alter von dreizehn, vierzehn und fünfzehn Jahren für das mittlere eines der Geschwister wichtiger sein als das andere, auch wenn es sich mit beiden identifizieren und eine enge Beziehung herstellen könnte. Diese Beobachtung über die Bedeutung von Geschwisterpaaren steht in Einklang mit den dyadischen Theorien über Bindung, Objektbeziehungen und der Sozialpsychologie der Liebe. Auch Systemtheoretiker, die die Bündnisse und Koalitionen zwischen drei Personen untersucht haben, bestätigen die inhärente Instabilität eines triadischen Systems (Framo 1972; Caplow 1968). Immer suchen zwei die gegenseitige Nähe, sogar Verschmelzung, und überlassen den Dritten sich selbst.*

Prüfsteine und soziale Vergleiche: Das Selbst im Spiegel**

Von welchen Persönlichkeitsfaktoren werden Geschwister angezogen oder abgestoßen? Identität und Selbstgefühl eines Kindes werden natürlich von den klar erkennbaren Merkmalen wie Geschlecht, Alter, Intelligenz, Aussehen, Begabungen, Gesundheit, emotionale Stärken oder Schwächen bestimmt. Im Kampf um die Entwicklung des Selbstkonzeptes wendet man sich immer an ein wenig älteres oder jüngeres Geschwister als vergleichbarem Gefährten auf der Lebensreise. Sozial bewertete Attribute wie schön oder häßlich, groß oder klein, künstlerisch oder wissenschaftlich orientiert, genial oder dumm, selbstsicher

---

* Jay Haley (1979) hat beobachtet, daß ein Kind ohne Bündnispartner oft zum hilflosen Opfer der Koalitionen zwischen anderen Familienangehörigen wird. Der Familientherapeut kann dieses Ungleichgewicht korrigieren, indem er sich mit dem isolierten Kind verbündet.

** Viele sozialpsychologische Konzepte basieren auf der Voraussetzung, daß der Mensch seine Identität nur durch Vergleiche mit anderen Menschen definieren kann (Cooley 1922; Mead 1956; Sullivan 1953; Festinger 1957; S. Schachter 1951).

oder verwirrt bestimmen die Art der Identifikation von Geschwistern. Das Selbstkonzept des Kindes wird durch Grundbegriffe strukturiert wie »böser Junge«, »gutes Mädchen«, »schlau«, »dumm«, »schwach« oder »stark«, die von den Familienmitgliedern durch Lob, Tadel, Projektion und Idealisierung verstärkt werden und dem Kind deren *Bild* seiner Person aufzwingen.

Auf dem Hintergrund der elterlichen Ideale, Wünsche, Werte und Projektionen beginnen die kleinen Kinder, sich gegenseitig auf diese wünschenswerten oder abgelehnten Attribute hin zu »beäugen«. Jedes Kind achtet sehr genau auf die Merkmale, die die Eltern an ihm oder den Geschwistern besonders schätzen. Die Kinder beschäftigen sich im stillen zunehmend mit den Unterschieden oder Ähnlichkeiten zu einem nahen Geschwister und festigen so immer mehr die persönliche Identität.

Ein jüngerer Bruder beschreibt diesen Prozeß:

»Am einen Ende des Eßtisches saß mein Bruder, und ich saß ihm gegenüber. Wenn meine Eltern seine Tischmanieren oder sein Aussehen kritisierten, wurde er sehr wütend. Ich war gehorsamer, aber er hat immer rebelliert. Ich brauchte nur meinen Bruder zu beobachten, um zu wissen, was verboten war.«

Der Vorteil für den Jüngeren liegt auf der Hand: Er konnte beobachten, wie der ältere die Grenzen der elterlichen Toleranz testete – und wie er dabei in dieser Familie scheiterte. Als Jugendliche waren diese Brüder denn auch auf völlig verschiedenem Kurs: Der ältere rebellisch, aufsässig und trotzig, immer in Schwierigkeiten, während der jüngere fleißig und sensibel war, der »brave Junge«, der wußte, zu welchem Ärger mit den Eltern eine Identifikation mit dem Bruder geführt hätte. »Nicht so sein wie mein Bruder« zeigte damals wie heute, fünfunddreißig Jahre später, den richtigen Instinkt.

Vergleiche auf körperlicher Ebene

Offensichtliche körperliche Merkmale sind unter Geschwistern meist die ersten Kriterien für Anziehung oder Ablehnung. Hübsche Kinder können bei den Geschwistern Bewunderung und Nachahmungswünsche, aber auch Neid, Eifersucht und Rivalität hervorrufen. Zwei Kinder, die gleich anziehend wirken, mögen zwar diese Übereinstimmung schätzen, versuchen sich meist aber trotzdem auf irgendeinem Gebiet, zum Beispiel in Haltung, Intelligenz, Charme, sportlichen Leistungen und so weiter, zu unterscheiden, um die eigene Identität abzusichern. So sagt die jüngere von zwei ausgesprochen attraktiven Schwestern:

»Meine Schwester und ich sind immer noch sehr gegensätzlich. Ich war eher ein Wildfang und sie das zarte kleine Püppchen. Man konnte sie irgendwohin setzen, und zwei Stunden später war ihr Kleid noch genauso sauber und ordentlich wie vorher. Sie wurde auch sehr herrisch und launisch, und ich war sehr eigensinnig und wollte nicht herumkommandiert werden, auch nicht von den Eltern. Als meine *Schwester* aber damit anfing, war *das* wirklich zuviel.«

Aus dem Bedürfnis nach eigener Identität schafft diese Schwester einen willkürlichen Unterschied. Die Unterschiede werden aber wichtiger und die Konflikte größer, wenn die äußeren Merkmale eindeutig nicht positiv sind, zum Beispiel bei geistiger oder körperlicher Behinderung eines der Geschwister. Zwar verhindert der Differenzierungsprozeß in der späten Adoleszenz überwältigende Ängste vor der möglichen Ähnlichkeit mit dem behinderten Bruder oder der Schwester, aber das Gefühl der eigenen »normalen« Identität ist nicht immer sehr stabil.

Der folgende Ausschnitt aus einem Interview mit einer Einundzwanzigjährigen, deren ein Jahr jüngerer Bruder geistig behindert ist, zeigt, wie die frühe Angst, nicht nur äußerlich, sondern auch innerlich dem Bruder ähnlich zu sein, trotz aller offensichtlichen Unterschiede bleibt:

Interviewer: »Welche Ähnlichkeiten gibt es zwischen Ihnen und Ihrem Bruder?«
Schwester: »Ich merke immer wieder, daß wir eine sehr ähnliche Gestik haben.«
Interviewer: »Sonst nichts?«
Schwester: »Bestimmte Gesichtsausdrücke... ich rede oft so wie er, und das ärgert mich, weil er nicht sehr gut spricht (lacht gezwungen). Das macht mir manchmal etwas aus.«
Interviewer: »Also, wenn Sie ihn nuscheln hören...«
Schwester: »...höre ich mich selbst nuscheln.«
Interviewer: »Und das beunruhigt Sie?«
Schwester: »Ja.«
Interviewer: »Welche Ähnlichkeit beunruhigt Sie noch?«
Schwester: »Daß wir uns ähnlich sehen. Ich meine, wir sind derselbe Typ. Wir sind beide blond, klein und untersetzt.«
Interviewer: »In anderen Worten, wenn Leute Sie zusammen sehen, fällt es ihnen nicht gleich auf, daß Ihr Bruder geistig behindert ist, und wenn man Sie beide vorbeilaufen sieht, kann man keinen Unterschied in bezug auf die Intelligenz erkennen.«
Schwester: »Ja, und das macht mir manchmal *wirklich* etwas aus.«

Obwohl diese junge Frau weiß, daß sie nicht behindert ist, macht sie sich immer noch ganz irrational Gedanken um die Ähnlichkeit mit dem behinderten Bruder. Sie ist ihm gegenüber großzügig und fürsorglich, aber in der allzu erwachsenen Art, in der sie ihre Sorge um ihn ausdrückt, werden ihre Bemühungen deutlich, sich von ihm zu unterscheiden. Sie ist jung genug, um sich durch die äußere Ähnlichkeit zwischen ihnen in Verlegenheit bringen zu lassen, und will sichergehen, daß niemand auf den Gedanken kommt, sie sei so wie er.

Die Angst, so zu sein wie Bruder oder Schwester, kann Geschwister dazu bringen, abgelehnte körperliche Merkmale mit Spitznamen, Spott und Haß zu belegen. Vor so einem negativen Etikett gibt es häufig kein Entrinnen. Geburtsfehler, extreme Abweichungen von physischen Normen und ausgeprägte Gesichtszüge wie »Segelohren« oder »Knollennase« können die Identität eines Kindes so stark prägen, daß sie später kaum noch zu ändern ist (vgl. E. F. Vogel, N. W. Bell 1960). So brach zum Beispiel ein dreiunddreißigjähriger Mann in Tränen aus, als er von seinem Spitznamen erzählte. Er war als Kind groß und ungeschlacht gewesen. Seine älteren, behenderen Brüdern nannten den Neunjährigen verächtlich »das Ungetüm«. Aus dem Versuch, die ihm aufgesetzte, perverse Identität sowohl abzuwehren wie auch auszufüllen, entwickelte er seine körperliche Stärke, wurde überaggressiv und tyrannisierte seine Mitschüler. Auch als Erwachsener provozierte er noch Prügeleien und prahlte mit seiner Stärke. Die Eltern boten ihm weder Schutz noch andere Identifikationsmöglichkeiten. So wuchs das unbeholfene Kind zu einem Mann heran, der Angst davor hatte, seine Aggressionen und Wut nicht kontrollieren zu können, aber gleichzeitig aus Mangel an einer angemessenen Alternative an einer kläglichen Macho-Identität festhielt. Die Zuspitzung der Unterschiede zu seinen Geschwistern befriedigte sein Bedürfnis nach einer eigenen Identität. Die Brüder, die ihre Ähnlichkeit mit dem »Ungetüm« verleugnen wollten, hatten leichtes Spiel mit dem bedürftigen Jungen, der ihre Projektionen übernahm.

Geburtsreihenfolge und Vergleiche

Die augenfälligste Konsequenz der Geburtsreihenfolge ist schlicht und einfach: Ältere Geschwister sind größer. Größe bringt Privilegien (»die ältesten zuerst«) und Macht (»ich krieg dich!«) mit sich. Aber diese Vorteile sind nicht unbedingt von Dauer, wie die Forschung zur Geschwisterreihenfolge zeigt.* Die Machtstrategien, mit denen ältere Geschwister häufig die jüngeren beherrschen (schlagen, schimpfen, ärgern, ignorieren) (Sutton-Smith, Rosenberg 1970), dienen unseres Erachtens überwiegend der Differenzierung. Sie geben den Kindern die

---

* Solche Machtdemonstrationen werden nicht unbedingt zu wichtigen Persönlichkeitsmerkmalen bei älteren Geschwistern. Der in der Kindheit dominierende ältere Bruder zum Beispiel wird nicht zwangsläufig später zu einer »Autoritätsperson«, aber wenn er es genossen hat, die jüngeren Geschwister herumzukommandieren, wird er versuchen, dieses Verhalten später bei anderen Menschen zu wiederholen, falls sich die Chance dazu bietet.

Möglichkeit, sich von Geschwistern zu unterscheiden (und sich ihnen überlegen zu fühlen), und zwar in dem Entwicklungsstadium, in dem der Drang zu einer eigenen Identität von entscheidender Bedeutung ist. So sagt eine jüngere Schwester:

»Ich habe meine Schwester oft verhauen, obwohl sie drei Jahre älter ist als ich. Sie rannte dann immer ins Badezimmer und brüllte: ›Denkst du, du hast mir weh getan? Hast du aber nicht!‹ Und dann schlug sie die Tür zu und weinte (lacht).«
Interviewer: »Was hat es für Sie bedeutet, daß Sie Ihrer älteren Schwester das antun konnten?«
Schwester: »Ich hab' mich ganz toll gefühlt, denn ich war die Kleinste. Ich dachte, ich habe schon eine Mutter und einen Vater, ich brauche nicht noch eine Mutter. Ich hab mich *richtig groß* gefühlt, weil ich sie austricksen konnte und stärker war als jemand, mit dem ich mich nicht vertrug, weil sie für all das stand, was ich nicht sein wollte. Sie hat mich immer geschminkt und mich zurechtgemacht wie eine Ballerina, aber ich wollte so geschminkt werden wie Spock aus ›Raumschiff Enterprise‹, der war der Held meiner Kindheit.«

Hier wird der Triumph deutlich, das wunderbare Gefühl, es der großen Schwester so richtig »gegeben« zu haben.

Einflüsse der Eltern

Abgesehen von vagen Anweisungen wie: »Streitet euch nicht«, »Paß auf deine Schwester auf« oder »Laßt die anderen mit euren Spielsachen spielen« bringen die meisten Eltern ihren Kindern keine speziellen Strategien für Geschwisterverhalten bei. Bestenfalls achten sie auf eine individuelle Persönlichkeitsentwicklung, überlassen aber die Kinder bei der Regelung der Geschwisterbeziehung sich selbst. Der Einfluß der Eltern ist indirekt und läuft überwiegend über ihre eigene Geschwistererfahrung.

Kein Familienmitglied kann sich dem »generationsübergreifenden Familieneinfluß« (Bowen 1966) entziehen. Emotional besetzte Schlüsselereignisse der Vergangenheit werden von einer Generation an die nächste weitergegeben, ob als detaillierte mündliche Überlieferung oder unausgesprochen, andeutungsweise. Diese Erbschaft formt und verändert die Art der Intimität in Familien. Das gilt auch für die Geschwistererfahrung. Die meisten Eltern sind selbst Geschwister und mit einem Partner verheiratet, der ebenfalls ein Geschwister ist.* Wenn die Kinder heranwachsen, kennen sie nicht nur ihre Tanten und Onkel, sondern hören auch alles über deren Geschwistervergangenheit: die aufregende Reise, die Vater mit seinem Bruder gemacht hat, die Streitereien zwischen Mutter und ihrer Schwester, der phantastische Streich, den Vater und seine Schwester ihren Eltern gespielt haben. Aber Kinder vergleichen nur selten vergangene oder gegenwärtige Ereignisse im Leben der Eltern oder Verwandten mit den aktuellen eigenen Erlebnissen mit den Geschwistern. Wesentlich ist, daß die Eltern auf dem Hintergrund ihrer eigenen Geschwisterbeziehung entweder davon ausgehen, daß eine ähnliche Beziehung für ihre Kinder wünschenswert ist oder aber vermieden werden muß, um ihren Kindern ein ähnliches »Geschwistertrauma« zu ersparen.

Wir haben dafür zahlreiche Beispiele gefunden:
- Ein Mann hatte als Kind sehr unter der Brutalität seines älteren Bruders gelitten. Jetzt legt er großen Wert darauf, daß sich seine Söhne gegenseitig gewachsen sind, und hat beide in Karate-Kurse geschickt.
- Eine Frau hat sich als Kind mit ihren beiden Geschwistern »gut vertragen« – in einem Zuhause, in dem Konflikte vermieden wurden und das Motto »Frieden um jeden Preis« galt. Wenn sich ihre eigenen Kinder streiten, wird sie verwirrt und sagt ihnen, sie sollen sich »vertragen, egal, um was es geht«. Sie kann ihren Kindern keine befriedigenden Konfliktlösungsstrategien bieten, die den Grund des Streites miteinbeziehen würden.
- Ein Mann mußte früher seine depressive und körperlich behinderte Schwester betreuen. Zwar gab ihm diese Fähigkeit zur Fürsorge eine gewisse Befriedigung, aber er fühlte sich auch belastet und eingeschränkt durch diese Rolle des »aufopfernden« Bruders. Seine eigenen Kinder unterstützt er bei wilden Spielen und freut sich, wenn sie ihre Gefühle auf gesunde Weise ausleben können.

Auf jedes Kind entfällt auch ein Teil der elterlichen Projektionen, unaufgelösten Gefühle, Ideale, Wünsche und Hoffnungen. Bestimmte Muster in Geschwisterbeziehungen lassen sich darauf zurückführen, daß zu vielen der Geschwister die gleichen Eigenschaften zugeschrieben werden oder daß sie alle mit denselben Mitteln um die Gunst der Eltern kämpfen. Umgekehrt werden die Möglichkeiten der anderen Kinder beschnitten, wenn die Eltern ein bestimmtes Merkmal eines Kindes sehr stark fördern. Konzentrieren sie sich zum Beispiel auf die musikalische Begabung eines der Geschwister, weil sie hoffen, daß es Konzertpianist wird, erwarten sie in der Regel von den anderen etwas

---

* Eine theoretische Beschreibung der Zusammenhänge von Beziehungs- und Paarverhalten und der Geschwisterreihenfolge findet sich bei Walter Toman: Family Constellations, 1976.

anderes, das heißt, diesen bleiben andere Ziele, manche positiv, zum Beispiel »Rechtsanwalt«, andere aber negativ, zum Beispiel »Familienclown«.

Innerhalb der Geschwistergruppe gibt es häufig Ärger, wenn die Eltern Eigenschaften eines Kindes überbewerten, denn Entwertung oder Überbewertung der Eltern ist der wesentliche Treibstoff für die Interaktionen der Kinder. So erinnert sich ein junger Mann:

»Wenn wir allein waren, hat mir meine Mutter gesagt: ›Dich habe ich am liebsten.‹ Jahre später, bei einem Streit mit meiner Schwester, sagte ich ihr das: ›Aber Mammi mag mich am liebsten!‹ Und wieder ein paar Jahre später sagte mir meine Schwester: ›Weißt du, mir hat sie das auch gesagt.‹ Und meinem Bruder hat sie es auch gesagt, aber sie selbst kann sich nicht erinnern, so etwas zu irgendeinem von uns gesagt zu haben (lacht unbehaglich). Ich weiß noch gut, welcher Schock es war, zu erfahren, daß ich nicht der Favorit war.«

Werden die Kinder nicht in starre Rollen gedrängt, gestaltet sich das Familienleben lebendig und spannend. Das hin und her zwischen »Ich will das auch« und »Ich mache was anderes als du« hält die ganze Familie auf Trab. Die Wünsche und Erwartungen der Eltern sind für das Kind oft sehr belastend, setzen seiner Identitätsentwicklung Grenzen und wirken sich auch auf die Geschwisterbeziehung aus:

»Ich sollte zurückhaltend und bescheiden sein und gute Noten in der Schule bekommen. Im Grunde war ich ziemlich zynisch und sarkastisch, aber das galt als unweiblich. Deshalb ließ ich davon nichts merken. Alle hielten mich für unproblematisch und nett, aber innerlich war ich kurz vorm Platzen.«

Es ist nicht verwunderlich, daß diese Schwester zu ihren Geschwistern barsch, schlecht gelaunt und kritisch war. Sie konnte ihre innere Spannung nirgendwo anders abladen.

Für Donald R. Irish bietet eine große Familie mit vielen Kindern mehr Möglichkeiten für eine Rollenvielfalt bei den Geschwistern. Er nennt Eigenschaften, die sich in dieser besten aller Geschwisterwelten entwickeln können: »Intimität, Offenheit, Ungezwungenheit, Zusammenhalt, Intensität, Fürsorglichkeit, Kameradschaft, Konfliktlösung« (1964, S. 282). Was er nicht nennt, sind die schmerzhaften Szenarien der Geschwisterbeziehung. Bewerten die Eltern zum Beispiel den Erfolg allzu hoch, ist das Ergebnis bei den Geschwistern meist Rivalität; lehnen die Eltern ein Kind ab, entfremden sich auch die Geschwister diesem Kind, und umgekehrt zeigen sie dem von den Eltern vorgezogenen Kind gehässige und wütende Abneigung.

Private und öffentliche Welten: Ebenen der Intimität

Für viele Sozialpsychologen (Hilgard 1944; Heider 1958; Miller 1963) ist die Interaktion zwischen verschiedenen Menschen entscheidend für die Beantwortung der Frage: »Wer bin ich?« Auch zwischen Geschwistern gibt es verschiedene Aspekte: Manche eröffnen sich ihre innersten Geheimnisse, andere sind nur oberflächlich verbunden. Im folgenden beschreiben wir drei Ebenen der Persönlichkeit, die Akzeptanz oder Ablehnung zwischen Geschwistern sinnvoll beschreiben können.*

Die Kernidentität

Nach William James (1890) ist der Kern der Identität das »wahrhaftigste, stärkste, tiefste Selbst«. An diesem Kern erfährt der Mensch sein tiefstes Wesen, den Teil des Selbst, der im wesentlichen unveränderbar ist. Das Kernselbst entwickelt sich sehr früh, basiert auf bedeutsamen Erfahrungen mit Eltern und Geschwistern und wird zum Prüfstein für die Identität. Sie wird aber nur selten und, wenn überhaupt, nur wenigen gegenüber gezeigt: Bruder oder Schwester, später der Ehepartner, der beste Freund oder der Psychotherapeut sind häufig die einzigen, denen man so sehr vertraut, daß man ihnen einen kurzen Blick auf den Kern des Selbst gewährt. Wohl alle Eltern würden gerne einen Blick in das geheimste Selbst der Kinder werfen, aber wie wir alle wissen, verbergen die meisten ihre wahren Gefühle vor den Eltern. Für Geschwister ist die gegenseitige Kenntnis des Kernselbst oft leichter.

Auch wenn sich Geschwister als Erwachsene meist voneinander gelöst haben und ihre eigenen Wege gehen, bleibt das Wissen um die jeweilige Kernidentität als Erbe und Erinnerung an die Kindheit, versunken, unausgesprochen und nur teilweise vergessen. Ein Treffen mit Geschwistern beschwört auch nach vielen Jahren noch die bittersüße Erinnerung an das eigene Kinderselbst, unberührt durch die seitdem vergangene Zeit.

Subidentität

Auf der Ebene der Subidentität sind die zwar weniger zentralen, aber doch wesentlichen Aspekte des Selbst angesiedelt, zum Beispiel: Ich bin Sportler/Frankfurter/Student/Musiker und so weiter. Diese Sub-

---
* Wir möchten an dieser Stelle Daniel Miller für seinen ausgezeichneten Aufsatz »The Study of Social Relationships. Situation, Identity and Social Interaction« (1963) danken, der einige dieser wesentlichen theoretischen Überlegungen klären half.

identitäten entwickeln sich in der Regel in der späten Kindheit und Adoleszenz und sind nicht unbedingt entscheidend für das grundlegende Identitätsgefühl. Sie können sich verändern, werden fallengelassen, wieder aufgenommen und sind generell öffentlicher als die Kernidentität. Geschwister mit geringem Zugang und sehr verschiedenen Interessen kennen sich häufig nur auf dieser Ebene, und auch in der Adoleszenz beschränken sich die Interaktionen meist darauf. Die Konflikte in der Adoleszenz entstehen oft aus Mißverständnissen in bezug auf diese Ebenen: Der Konflikt läuft auf der Ebene der Kernidentität, während die Kommunikation darüber auf der Ebene der Subidentität stattfindet. Ein Beispiel aus unserer Praxis soll das erläutern:

Ein sechzehnjähriger Bruder übte täglich zwei Stunden Saxophon und phantasierte dabei, einmal ein großer Jazzmusiker zu werden. In dieser Phantasie drückte sich seine Kernidentität aus. Seine Schwester stritt sich mit ihm ständig herum, weil sie bei diesem Lärm nicht für ihre bevorstehende Prüfung lernen könne. Insgeheim hatte sie Angst, sie sei nicht intelligent genug, um von einem guten College angenommen zu werden. Darin drückte sich ihre Kernidentität als »kleines Dummerchen« aus. Beide konnten die Bedeutung ihres Verhaltens nicht begreifen, keiner sprach aus, warum das Üben beziehungsweise das Lernen so enorm wichtig war. Sie bezogen sich nur auf die jeweiligen Subidentitäten, das heißt, das vordergründige Verhalten.

Persona

»Persona« ist Jungs (1953) bekannter Begriff für das öffentlich dargestellte Selbst, die Maske, hinter der man sich versteckt. Nach Erving Goffman (1973) lernt jeder Mensch, wie er durch Dramatisierungen und Schauspiel bei den Zuschauern Eindruck machen kann. Während Geschwister in der frühen Kindheit nur selten versuchen, den anderen eine Persona zu präsentieren, werden Bruder oder Schwester in der späten Kindheit und Adoleszenz zum ersten Publikum für diese Dramatisierungen des Selbst. Meist durchschauen die Geschwister diese Bemühungen schnell und stellen sie in Frage. Bemerkungen wie »Tu nicht so eingebildet« oder »Du hältst dich wohl für den Größten« und die generelle Intoleranz gegenüber »Angeberei« entstehen aus dem tiefen Wissen der Geschwister um ihre wirkliche Identität.

Geschwister werden sehr wütend, wenn eins sich über die Persona bei den Eltern einschmeichelt, vor allem, wenn sie etwas Unangenehmes über die Kernidentität wissen, dessen sich die Eltern nicht bewußt sind. In der Adoleszenz reagieren Geschwister oft gekränkt, genervt, beleidigt oder ärgerlich, wenn ein Bruder oder eine Schwester immer noch »so tut als ob«. Die Erwartung der Geschwister ist eher: »Wenn wir uns nah sein wollen, sei so, wie du bist. Wenn du mir was vormachen willst, will ich nichts mit dir zu tun haben.« Gerade weil Geschwister um ihre Kernidentität wissen, sind sie oft so mißtrauisch. Sie haben die Macht, sich gegenseitig öffentlich zu demaskieren, und benutzen dieses Druckmittel brutaler, als es die Eltern tun würden.

Komplementäre Geschwisterpersönlichkeiten

Eine positive und wechselseitige Identifikation zwischen Geschwistern kann nur entstehen, wenn es in der Kindheit ein relativ ununterbrochenes, harmonisches Zusammenspiel auf allen drei Persönlichkeitsebenen (Kernidentität, Subidentität und Persona) gegeben hat. Auf der Ebene der Kernidentität korrespondiert die gutmütige Akzeptanz und grundlegende Geselligkeit eines Kindes mit der Freundlichkeit und Offenheit des anderen. Auf der Ebene der Subidentität entspricht dem täglichen häuslichen Fußballtraining des Bruders die Toleranz der Schwester gegen seinen Lärm und ihre davon unabhängigen eigenen Forderungen an die Aufmerksamkeit der Eltern, und auf der Ebene der Persona müssen die Kinder ihren alltäglichen Verhaltens-»Stil« akzeptieren können.

In der Adoleszenz bestimmt die Frage, wie sie ihre Beziehungen fortsetzen, weiterhin die Identifikationsmuster und Zu- und Abneigungen der Geschwister.[*] Dieses Verhalten spiegelt sich in vier Bereichen interpersonaler Erfahrung, deren Kenntnis für ein Verständnis der Geschwisterbindung wichtig ist: das Bedürfnis nach Kontakt und Nähe, persönliche Interaktionen und alltägliche Aktivitäten, Ergänzungsmöglichkeiten in den Rollen und persönliche Werte. Positiv bleibt das Band zwischen den Geschwistern nur dann, wenn sie sich auf allen vier Ebenen wirklich verstehen und sich um das Gleichgewicht in der Beziehung bemühen.

Wenn die Geschwister ihre gegenseitigen Bedürfnisse nicht befriedigen können, die Interaktionen gering, die Rollen konfliktreich und gemeinsame Werte nicht vorhanden sind, kann die Beziehung nur steril und leer sein. Es gibt keine Verbindung, keinen »Leim«, der die Beziehung zusammenhält. Im besten Fall »irritieren« sich solche Geschwister sporadisch und schwach. Sobald sich in der späten Adoleszenz die Möglichkeit zur Trennung ergibt, wird sie dankbar ergriffen, und auch später ist der Kontakt selten. Sie bleiben lebenslang Fremde.

In den meisten Geschwisterbeziehungen allerdings herrscht eine Mischung dieser Muster vor. Manches paßt zusammen und ergänzt sich, manche Bedürfnisse werden befriedigt, manche Rollen, Werte

---

[*] Zick Rubin (1980) hat viele dieser Themen in seiner Untersuchung über die Kinderfreundschaft behandelt.

und Identitäten sind komplementär, aber es gibt auch Frustration, Konfusion, Ambivalenz und Unzufriedenheit. Es sind diese gemischten Muster, die so schwer zu beschreiben sind. Die Ambivalenzen, auf die wir in dem Versuch, die Geschwisterbeziehung zu begreifen, immer wieder gestoßen sind, lassen sich am besten mit dem Handwerkszeug des klinischen Psychologen beschreiben. Die Methoden der Sozialpsychologie bleiben meist auf der Ebene der Persona und erhalten auf Fragen zur Geschwisterbeziehung sozial konforme Antworten. Erst wenn man die Kern- und Subidentitätsebene bei Geschwistern tiefgreifend, über einen längeren Zeitraum und scharf fokussiert betrachtet, lassen sich die gemischten Muster der Geschwisterbeziehung adäquat beschreiben und verstehen. Die Frage, wie und warum Kern- und Subidentitäten zusammenpassen oder nicht, führt zur Essenz dieser komplexen Beziehung.

Auswirkungen von Veränderung und Identifikation

Wie dauerhaft und beständig sind die Identifikationsmuster zwischen Geschwistern in den Jahren der Kindheit und Adoleszenz? Und wie beeinflußt die (geringfügige oder dramatische) Veränderung eines Kindes die Geschwisterbeziehung? In aller Regel ist die mittlere Kindheit (sechs bis neun Jahre) die ereignisloseste Zeitspanne in der Geschwisterbeziehung. Abgesehen von katastrophischen Veränderungen eines Kindes durch körperliche Krankheit oder emotionale Umbrüche leben die meisten Geschwister in dieser Zeit in dem Glauben, ihre Beziehung werde sich nie verändern. Ob glücklich oder unglücklich, die Beziehung bietet Kontinuität, Stabilität, Vertrautheit, auch wenn andere Beziehungen im Familiensystem sich verändern. Wenn sich die Eltern scheiden lassen, stützen sich die Geschwister stark aufeinander. Aus Angst, Stellung im Ehekrieg beziehen zu müssen, rücken sie nahe zusammen, wenn der Streit der Eltern eskaliert. So erfüllt sich scheinbar deren Hoffnung, daß sich »die Kinder aufeinander verlassen« könnten, weil sie durch gemeinsames Spiel und ihren Zusammenhalt die Illusion von Nähe herstellen. Auch in anderen Situationen, in denen das System der Eltern Sprünge bekommt, wenden sich Geschwister einander zu, um das Gefühl aufrechtzuerhalten, es habe sich nichts geändert. Schließlich ist die Befriedigung des Bedürfnisses nach Objektkonstanz eine treibende Kraft im Lebenszyklus. Weil Kinder in diesem Alter noch keine Sprache für komplizierte Gefühle ausgebildet haben, können sie negative Gefühle in der Geschwisterbeziehung auch noch nicht durch Diskussionen über Haß oder Rachsucht auflösen.

Geschwister in diesem Alter reden über Eltern und Freunde, Eigentum und persönliche Rechte, Schule und die Welt, aber nicht über die Bedeutung ihrer Beziehung. Ihnen fehlt dazu nicht nur die Sprache, sie identifizieren sich auch noch zu sehr miteinander, um die Geschwister in einem realistischen Licht sehen zu können. Geschwister im Kindesalter können sich zwar gegenseitig beleidigen, aber nur selten die Beziehung mit so spitzen Bemerkungen auflösen wie Jugendliche. Aus all diesen Gründen halten Geschwister in diesem Alter ihre Beziehung für konstant.

Allmähliche und plötzliche Veränderung: Adoleszenz

Mit dem Beginn der Adoleszenz ist die Wahrscheinlichkeit einer Veränderung in der Geschwisterbeziehung größer. Die Adoleszenz ist die Zeit körperlicher Entwicklung und veränderter sozialer Bedingungen (Gymnasium, neue Privilegien, neue Verantwortungen und so weiter) und gilt damit als Inbegriff der Veränderung. Die Kinder wollen ihre bestehende Identität verändern: Sie freuen sich darauf, Teenager zu werden, und erwarten, daß damit irgend etwas irgendwie ganz anders wird. Wenn sie sich dieser Veränderung nicht durch eine innere, psychische Transformation bewußt werden (wie in Salingers Roman »Der Fänger im Roggen«), suchen sie die Bestätigung für ihre Metamorphose in der Außenwelt. Sie gehen Risiken ein, kleiden sich anders, reisen und experimentieren möglicherweise mit Drogen und kriminellem Verhalten.

Jede eklatante Veränderung eines Geschwisters führt bei den anderen zu einem Verlustgefühl. Sie können nicht mehr so wie vorher miteinander reden oder spielen. Obwohl die Veränderungen nicht immer so dramatisch sein müssen wie in manchen der folgenden Beispiele, empfinden die übrigen Geschwister meist ein wortloses und scharfes Gefühl von Diskontinuität, das auch durch die Eltern nicht gemildert werden kann.

Es gibt kontinuierliche und diskontinuierliche Veränderungen (Watzlawick, Weakland, Fish 1974). Kontinuierliche Veränderungen berühren die Grundlagen der Geschwisterbeziehungen nicht. Jedes Kind wächst und entwickelt sich so allmählich, daß niemand in der Familie dadurch einen ernsthaften Verlust erleidet. Erst ein Blick auf Familienphotos oder die Erkenntnis, wie groß und stark die Kinder sind, läßt die Veränderung erkennen. Diskontinuierliche Veränderung aber greift in die Beziehung ein und gibt den anderen das Gefühl, Bruder oder Schwester sei radikal »anders« geworden. Solange die Veränderungen in einem Kind und seinen Geschwistern kontinuierlich verlaufen, können die Geschwister miteinander Schritt halten. Eltern, die

die Kinder auf die Entwicklungsnuancen hinweisen, helfen, die Veränderung kontinuierlich zu halten.

Bei diskontinuierlicher Veränderung aber macht ein Kind einen so großen Sprung und wird so anders, daß sich die Geschwisterbeziehung grundlegend und häufig unwiderruflich ändert. In der Adoleszenz ist die Veränderung zwangsläufig. Sie kann leicht, freudig und mit Unterstützung der Geschwister vor sich gehen oder zwanghaft, rigide, bis hin zu einer entschlossenen Verzweiflung, die alle anderen Familienmitglieder alarmiert und reaktionsunfähig macht. Jugendliche, die sich so verzweifelt um Veränderung bemühen, haben oft Angst davor, nicht so schnell erwachsen zu werden wie die Gleichaltrigen. Probleme wie Alkohol- und Drogenmißbrauch, Jugendkriminalität und Selbstmordverhalten resultieren auch aus den dringenden Forderungen des Jugendlichen an wichtige Familienmitglieder, einschließlich der Geschwister, die Veränderung, die in ihnen vorgeht, wahrzunehmen.

Wie fast alle Gruppen sind auch Familien von Natur aus konservativ, wenn es darum geht, Veränderungen in der manifesten Identität ihrer Mitglieder zu akzeptieren. Je größer die tatsächliche Veränderung, desto stärker die Abwehr der Angehörigen. Nicht nur die Geschwister wehren sich gegen die Veränderung des Bruders oder der Schwester und lehnen sie ab, auch die Eltern haben, wie viele Familientherapeuten bestätigen können, damit Schwierigkeiten, auch mit der Erkenntnis, daß die Kinder jetzt alt genug sind, um das Elternhaus zu verlassen (Haley 1980).

Die Persönlichkeitskonflikte und beobachtbaren Veränderungen eines Jugendlichen fordern also von allen Familienmitgliedern die Fähigkeit zu Toleranz und Verständnis, auch wenn es manchmal weh tut (Rosenblatt 1980). Die übermäßige Belastung durch die Bedürfnisse der Eltern oder eines anderen Geschwisters unterhöhlt die Fähigkeiten, die eigenen Bedürfnisse zu verstehen und wahrzunehmen. Starres Beharren auf Rollen und Identitäten oder eine zu eng ineinander verstrickte Familie machen Veränderung fast unmöglich und verhindern letztlich die freie Teilhabe des Jugendlichen am Prozeß des Werdens (Allport 1955).

Von solchen Extremen abgesehen, bestehen die meisten Erfahrungen der Adoleszenz aus profanen, alltäglichen Veränderungen, die schwer zu definieren sind. Scheint das Verhalten eines der Geschwister verändert, müssen die anderen, die sich auf der Kernebene mit ihm identifizieren, überprüfen, ob sie sich auch »verändert« haben. Jede Transformation in der manifesten Identität eines Kindes kann die bisherige, als befriedigend und vertraut erlebte Basis der Geschwisterbeziehung in Frage stellen. Deshalb müssen die Geschwister innehalten und die Beziehung neu einordnen, wenn sie weiterhin Bestand haben soll.

Wenn sich die Prüfsteine ändern: Sharon und Jonathan

Sharon war fünfzehneinhalb und Jonathan vierzehn Jahre alt, als die Familie in die Therapie kam. Sie hatten sich als Kinder gut verstanden und viel zusammen gespielt. Aber jetzt war Jonathan radikal verändert. Er rauchte offen Haschisch, weigerte sich, Schulaufgaben zu machen und sein chaotisches Zimmer aufzuräumen und ließ alle Versuche der Eltern, ihn zur Einhaltung der Familienregeln zu bringen, ins Leere laufen: Er »vergaß«, schlief ein, antwortete nicht und sah nur erstaunt drein, wenn er ermahnt wurde. Die Eltern fragten sich, ob diese Veränderung einfach »zur Pubertät« gehörte oder ob sich etwas Ernsthafteres dahinter verbarg.

Der Stiefvater, ein sehr erfolgreicher, ausgesprochen fairer Bankmanager, ließ sich durch Jonathans zynische und feindselige Haltung provozieren, es kam zum offenen Konflikt um die Kontrolle des emotionalen Klimas in der Familie. Der Stiefvater versuchte auch, in der ersten Familientherapiesitzung die Führung zu übernehmen, worauf Jonathan nur mit Schweigen und seinem üblichen schlaffen, nervtötenden Blick reagierte.

Die Mutter, eine sanfte Frau, die selbst eine schwere Kindheit hinter sich hatte, identifizierte sich mit der »Sensibilität« ihres Sohnes. Sie hatte sich kurz nach Jonathans Geburt vom Vater der Kinder scheiden lassen und zwei Jahre später wieder geheiratet. Die zweite Ehe wirkte stabil, und die Eltern hatten auf der Basis ihrer sensiblen und fürsorglichen Partnerschaft in den ersten, finanziell und emotional schwierigen Ehejahren viel Achtung füreinander. Die Sorge und Empathie der Mutter für den Sohn ließen ihr anscheinend nur wenig Energie, sich um die stille, bescheidene Tochter zu kümmern.

Sharon war ein scheues, zurückgezogenes, »braves« Mädchen, gehorsam und fleißig. Sie unterstützte in den ersten Familientherapiesitzungen weder den Stiefvater, die Mutter noch den Bruder und schien »neutral«, ruhig und ein wenig desinteressiert. Es gab keine Anzeichen dafür, daß sie sich mit dem emotionalen Durcheinander ihres Bruders identifizierte oder selbst irgendwelche pubertären Veränderungen durchlebte. Oberflächlich betrachtet schien sie gelassen. Seit Beginn der Pubertät wollte Jonathan nur noch selten etwas mit seiner Schwester zu tun haben, obwohl sie sich, wie die Eltern berichteten, früher nahe gewesen waren. Für die Eltern war Sharon immer noch dasselbe sanfte Kind wie früher, sie zumindest hatte sich nicht verändert. Aber nach knapp zwei Monaten Therapie gab die Mutter dem Therapeuten ein Gedicht von Sharon, das sie für die Schule geschrieben hatte. Darin war deutlich zu erkennen, mit wieviel Empathie, Identifikation und Sorge sie dem Bruder gegenüberstand. Ihre ruhige Identifizierung mit ihm auf der Geschwisterebene ermöglichte ihr einen Einblick in seine private Welt, in sein »sandiges Versteck« und »hinter seine Türen«. Durch die Erfahrung gemeinsamen Schmerzes konnte sie ihre beginnende Identität als erwachsene Frau ausdrücken.

Jonathan
Er war älter als ich im Geist.
Jünger im Herzen.
Er verstand Dinge, die ich nicht verstand.
Aber spürte er sie in seinem Herzen?
Er war wie ein Stein am Strand, einer unter vielen,
aber doch anders.
Er leuchtete in der Sonne.
Die Leute kamen und bewunderten seine Schönheit.
Berührten ihn aber nicht in seinem sandigen Versteck.
Ich liebte ihn.
Ich habe mich oft gefragt, ob er mich liebt.
Hinter seinen Türen weint ein kleines Kind.
Keiner konnte die Mauer seiner Schuld, Schmerzen und Sorgen
  überwinden.
Im Dunkel der Nacht weine ich um ihn.
Ich wende mich ab vor dem Schmerz in seinen Augen.
(Seinen schönen, sehnsüchtigen Augen.)
Bin ich genau wie die anderen?
Eine, die das Licht der Sonne ausschließt?
Oh! Wie sehr will ich ihm helfen!!!
Ich bin eine Frau mit einem Herzen.
Und ein Kind, das das Licht nicht erreichen kann.
Das immer wieder versucht, das Licht zu finden.
Nur die Hand ausstrecken.
Ich würde so gern verstehen, was den Tunnel passieren kann, der
  zu dem komplizierten Mosaik im Innern einer schönen goldenen
  Statue führt.

Durch die Veränderungen in ihrem Bruder und ihre intensive Identifikation mit ihm war sich Sharon der eigenen adoleszenten Transformation bewußt geworden. Durch Jonathans Kämpfe mit sich selbst und mit der Familie konnte sie sich selbst anders betrachten. Aus dieser Situation heraus konnte sie den Therapeuten, den Bruder und die Eltern sozusagen öffentlich einladen, ihr bei der Bewältigung ihrer Probleme zu helfen. Sie nahm an der Therapie aktiver und reifer teil, sprach zu Hause mit ihrem Bruder und lockte ihn aus seinem Schneckenhaus, um ihre Probleme zu bereden. Sie fühlte sich ihm wieder nahe. Zum ersten Mal bemühte sie sich auch, den Eltern ihre innersten Angelegenheiten mitzuteilen. Sie wirkte sehr viel reifer und spontaner als das brave kleine Mädchen, das den jüngeren Bruder passiv in die Therapie begleitet hatte.

Wahrnehmung von Ähnlichkeiten und Unterschieden

Veränderungen bei Geschwistern haben eine objektive und eine subjektive Realität. Man kann anders handeln, denken und von vielen Menschen für seine Leistungen anerkannt werden, während Bruder oder Schwester gar keine Veränderung wahrnehmen. Ein Kind sieht seine Geschwister aus einem ganz persönlichen, subjektiven Blickwinkel. Die kindlichen Phänomene Verschmelzen, Zwillingsbildung und Spiegeln werden in der Adoleszenz durch einen sehr viel komplizierteren Prozeß sozialer Vergleiche, Projektionen und Identifikationen ersetzt. Wenn das Selbstbild entsteht, sieht man Bruder oder Schwester als ähnlich oder verschieden, manchmal in wichtigen Bereichen und dauerhaft, manchmal oberflächlich oder kaum bemerkbar. Die »Ich bin wie du«- oder »Du bist wie ich«-Haltung bringt die Geschwister in der Regel dann einander näher, wenn sie positiv erwidert wird. Liegt der Fokus des Gefühls der Ähnlichkeit aber auf einer abgelehnten Charaktereigenschaft, treibt es die Geschwister auseinander. Auch die Umkehrung, also die »Ich bin nicht wie du«-Haltung, hat eine anziehende und eine abstoßende Seite. Das Erkennen eines Unterschiedes, zum Beispiel die Annahme, das andere hätte größere Vorzüge, kann ein Kind zum anderen hinziehen, weil es hofft, von ihm zu lernen und wie Bruder beziehungsweise Schwester zu werden. Diese Haltung kann die Geschwister aber auch auseinandertreiben, wenn eins das andere im Nachteil sieht: »Wir haben nichts gemeinsam.«

Die Wahrnehmung von Ähnlichkeiten und Unterschieden ist ein wesentlicher Bestandteil der Geschwisterbeziehung. Ähnlichkeit schafft Nähe und affinitive Muster, Unterschiede Distanz und Entfremdungsmuster. Wenn der innere Zusammenhalt der Geschwisterbeziehung Identifikation ist, bilden die Bereiche Ähnlichkeit und Veränderung den Beziehungsrahmen. Identifikation wird von Wahrnehmungen der Ähnlichkeiten und Unterschiede beeinflußt, während die Bewußtheit einer Veränderung bei einem der Geschwister den Prozeß vorantreibt oder stört. Da die offensichtlichste Veränderung entwicklungsbedingt ist, läßt sich die Veränderung in der gegenseitigen Wahrnehmung der Geschwister im Verlauf der Beziehung graphisch darstellen. Im obigen Beispiel sähe Sharons veränderte Identifikation mit dem Bruder so aus:
Um die Geschwisterbeziehung zu verstehen, muß man die Gefühle der

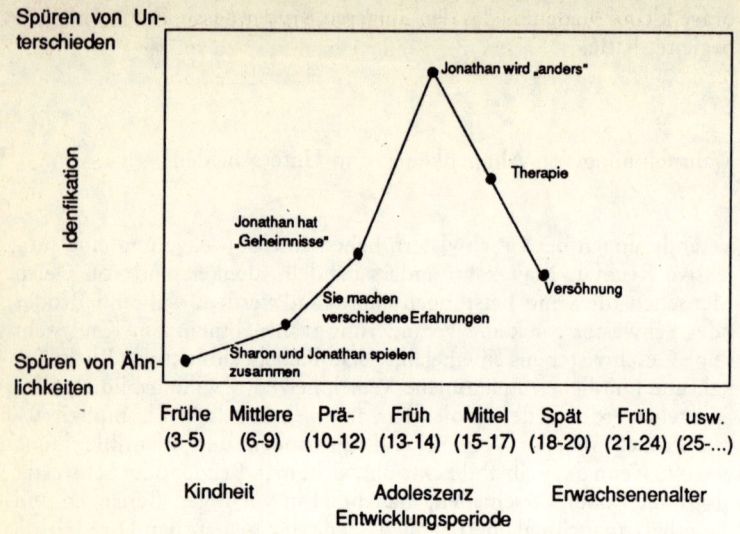

Abb. 3.1. Sharons Identifikation mit Jonathan

Geschwister zueinander kennen. In unserem Beispiel kannten wir die Gefühle der Schwester zu ihrem Bruder, erfuhren aber nur sehr wenig über die Gefühle des Bruders zu seiner Schwester. Ein anderes Bruder-Schwester-Paar ermöglicht uns ein Verständnis der interaktiven Prozesse in Kindheit und Jugend.

Überholte Erinnerungen und entwicklungsbedingte Veränderungen: Miriam und Joey

Miriam stand seit Jahren zwischen ihren Eltern und dem zweieinhalb Jahre älteren Bruder, der für die Familie auch als Erwachsener noch eine Belastung war. Miriam war ihm als kleines Kind, als die Ehe der Eltern scheiterte, hilflos ausgeliefert gewesen. Die Mutter, bei der sie lebten, war sehr depressiv, und die Kinder entwickelten eine enge Bindung zueinander. Miriam war sehr abhängig von ihrem Bruder. Sie war seine Spielgefährtin, bekam aber auch den Hauptteil seiner Hänseleien, Quälereien, seines Spotts und seiner Verachtung zu spüren. Sie wurde zum Objekt, auf das der Bruder seinen Ärger richten und seine Hilflosigkeit projizieren konnte. Miriam verehrte Joey, der lebendig, aufmerksam, beweglich und charmant sein konnte, wenn er ihr nicht gerade weh tat. Als sie älter wurden, entwickelte sich ein Muster: Miriam idealisierte Joey, identifizierte sich mit ihm, fand Entschuldigungen für ihn und fungierte als sein Alter ego, wenn er in Schwierigkeiten war.

Sie ging von zu Hause weg, zuerst ins Internat und dann auf die Universität. Aber sie stellte fest, daß sie Joey vermißte. Er hatte ihrem Leben Sinn gegeben. Sie fühlte sich schuldig und machte sich Sorgen um ihn, weil sie wußte, daß sein Schicksal weniger glücklich war als ihres. Diese Angst um ihn erwies sich als berechtigt: Er wurde in die Psychiatrie eingeliefert und hatte später Probleme im Beruf und in der Ehe.

Miriam war mit dreiunddreißig Jahren auf beiden Gebieten erfolgreich. Joey sah sie nur an Feiertagen und in den Ferien. Aber sie fiel immer wieder in die alten Beziehungsmuster, wenn sie mit ihrem Bruder mehr als ein paar Stunden zusammen war: Sie ließ sich verspotten und lächerlich machen und verbarg ihren Ärger. Besonders machte ihr die Erkenntnis zu schaffen, daß ihr Bruder und sie jetzt so offensichtlich verschieden waren. Während eines dieser Treffen schrieb sie den folgenden Brief an ihren Therapeuten:

»Ich fühle seinen Verlust, und jetzt endlich hasse ich mich für die Zuneigung oder Zärtlichkeit, die ich noch immer für ihn empfinde, für das Verlustgefühl, obwohl er so brutal und lieblos ist. Ich habe ihm so viel gegeben und so viel für ihn getan; er ist wie ein Teil meiner selbst, unauflöslich mit mir verbunden, aber jetzt spuckt er mich aus, weil er das braucht, weil es bequem für ihn ist. Ich konnte mich nur als Person fühlen, indem ich für Joey zum Objekt wurde, und vor allem, indem ich auf keinen Fall anders war als er. Ich habe meine Identität darüber bekommen, daß Joey mich für sein Überleben benutzt hat. Jetzt fühle ich mich ausgenutzt und bin wütend – wütend auf ihn, aber noch mehr auf mich, weil ich zulasse, daß das weitergeht, weil ich ihm erlaube, mir immer noch weh zu tun. Isolation. Ich brauche eine Isolationsschicht um mich, aber ich habe Angst davor, sie herzustellen. Ich weiß nicht, *wie.* Wie kann ich ihn draußen lassen, wie hindere ich ihn, mich zu zerstören, so leicht so schlimme Gefühle in mir hervorzurufen? Ich will nicht mehr die Masochistin oder die Erlöserin sein. Aber er dringt immer noch in mich ein, und ich kann ihn nicht daran hindern. Dazu kommt das verrückte Gefühl, daß ich ihn nicht verlieren will, daß er mir etwas gegeben hat, was ich nie verlieren will. Einfach aufgeben kann ich ihn nicht. Schließlich habe ich durch Joey die wichtigsten menschlichen

Eigenschaften gelernt, die Fähigkeit, für und mit anderen Menschen zu fühlen, intensive Gefühle zu erleben und zu schätzen: Freude, Haß, Ärger, akzeptieren der inneren Eigenschaften – daß es das Innere eines Menschen ist, was zählt. Und vielleicht auch etwas über Intimität? Nein, mein Kopf sagt mir, daß es nicht Intimität sein kann. Vielleicht Fürsorge, oder Gemeinsamkeit in den Schrecken, die wir erlebt haben? Ich weiß es nicht. Wenn ich mir überlege, ihn zu verlassen oder zu ›verraten‹, fühle ich mich unglaublich traurig. Das sind die Worte, die mir einfallen, wenn ich mich aus seinem Griff loszureißen versuche.«

Miriams ausführlicher Brief sagt viel über das Elend, das aus der engen Identifizierung mit einem emotional gestörten Geschwister entstehen kann. Die Entwicklung ihrer Identität, die einst so eng mit dem Leben des Bruders verflochten war, aktiviert jetzt einen anachronistischen, nutzlosen, sogar selbstzerstörerischen Prozeß, in dem sie eine »Isolationsschicht« braucht. Solche Identifikationsmuster bei Geschwistern sind komplexer als die bis jetzt beschriebenen. Schließlich ist die Entwicklung der eigenständigen Identität für jeden Menschen ein steter Veränderungsprozeß; auf jedes der Geschwister wartet ein eigenes Schicksal, ein eigenes Ziel.

Unter dem Einfluß der permanenten Veränderungen im Familiensystem und bei jedem einzelnen Familienmitglied decken sich die Gefühle der Geschwister zueinander oder auch nicht. Jedes Kind interpretiert den anderen auf seine Weise. Der eine sagt: »Wir haben so viel gemeinsam«, und der andere: »Uns trennen Welten.« Die Art der Identifikation der Geschwister macht deutlich, ob die Gefühle einseitig oder gegenseitig waren und in welchen Entwicklungsstadien sie näher zusammen oder weiter auseinander rücken.

Die Abbildung zeigt die Veränderungen in den gegenseitigen Identifikationsmustern von Miriam und Joey. An verschiedenen Punkten ihrer Entwicklung gab es Gefühle von Ähnlichkeiten und von Unterschieden. Miriam hat sich Joey in der frühen Kindheit ähnlich gefühlt (fast völlig identisch) und allmählich ein dauerhaftes Muster potentieller Identifikation entwickelt, in dem ihr einzelne Punkte von Ähnlichkeit und Verschiedenheit erkennbar sind. Joey hingegen hat sich nach der frühen Kindheit sehr verschieden von Miriam gefühlt, und dieses Gefühl hat sich bis ins Erwachsenenalter gehalten, abgesehen von den mittleren Adoleszenzjahren. Die konvergierenden Linien zeigen an, daß beide Geschwister Gefühle von *gegenseitiger* Ähnlichkeit *nur* in der frühen Kindheit und in den mittleren Jahren der Adoleszenz hatten. Miriams Bindung an Joey, ihre Idealisierung und positiven Identifikationsmuster sind sehr viel stärker als umgekehrt. Sie ist das typische jüngere Kind, das dem älteren von Anfang an gefolgt ist und es idealisiert hat, während Joey seiner verehrungsvollen jüngeren Schwe-

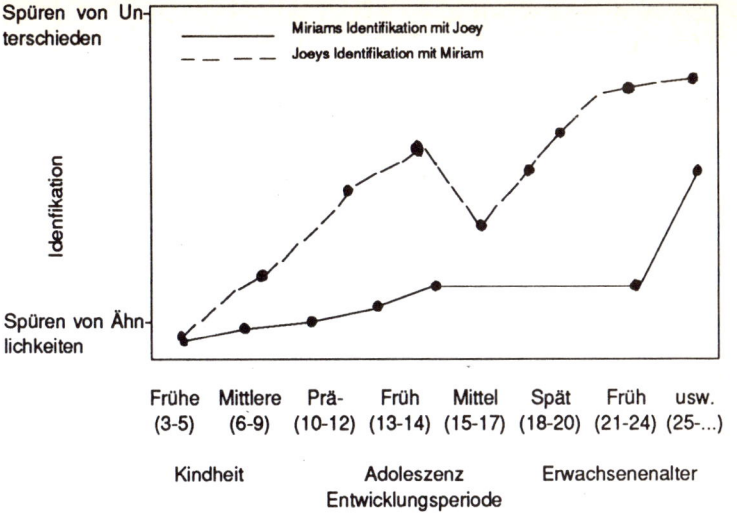

Abb. 3.2. Identifikation zwischen Miriam und Joey

ster immer intolerant, ausweichend und feindselig gegenübergestanden hat.

In der Abbildung sind die drei Hauptaspekte des Identifizierungsprozesses zwischen Geschwistern dargestellt, die wir zunächst nur für eine Person aufgezeigt haben. Veränderung und Stagnation, Ähnlichkeit und Unterschiede und die chronologische Entwicklung von der frühen Kindheit bis ins Erwachsenenleben werden zu der Bühne, auf der sich das Drama der Geschwisterbeziehung abspielt. Jetzt sind die Affinitäts- und Reflexionsmuster, die die Geschwisterbeziehung auszeichnen, deutlich geworden. Gefühle von Ähnlichkeit schaffen Harmonie, Gefühle von Verschiedenheit erklären, warum sich Geschwister irgendwann nicht verstehen. Jede Geschwisterbeziehung wird so faßbarer, trotz aller individuellen Variationsmöglichkeiten.

Mangelnde Veränderung

Erstarrte Bilder

Veränderung ist ein unvermeidbarer Bestandteil menschlicher Entwicklung, und eine Geschwisterbeziehung muß sich zwangsläufig verändern. Aber manche Beziehungen wirken »festgefahren«, statisch oder in der Vergangenheit steckengeblieben. Trotz aller Veränderungsversuche kann die Wahrnehmung eines der Geschwister »erstarren« und Bruder oder Schwester an eine alte Identität, an ein unauslöschliches, unwiderrufliches, unverändertes und unveränderbares Merkmal des Selbst binden. Solch ein erstarrtes Bild, ob positiv oder negativ, dient der Identifizierung oder der De-Identifizierung. Der Extremfall einer erstarrten Identität ist der Tod eines Geschwisters. So kann zum Beispiel die Idealisierung, die normalerweise im Lauf der Zeit verblaßt, beim vorzeitigen Tod eines Geschwisters erstarren. Es ist für die Überlebenden in jedem Fall schwer, das Bild des Toten, ob nun von Haß oder von Liebe geprägt, realistischer zu betrachten (vgl. Kapitel 10).

So wurde zum Beispiel der älteste Sohn der Kennedy-Familie, der im Zweiten Weltkrieg fiel, von allen Familienmitgliedern zum Helden stilisiert (Adler 1980). Für John, den zweitältesten, wurde das Bild des »jungen Helden« zum Maßstab seines Lebens: Er erfüllte die Erwartungen des Vaters an den Ältesten, wurde Präsident – und fand dabei sein eigenes tragisches Ende.

Negativ erstarrte Bilder können dem überlebenden Kind die selbstgefällige Sicherheit der eigenen Macht oder einer Art magischen Schutzes vermitteln, weil es schließlich nachweislich stärker war als belastende Geschwister.

Durch das Beharren auf der »schlechten« Identität des Toten wird die eigene Position bestimmt: in der Vergangenheit, als man noch unter der demütigenden Geschwisterbeziehung leiden mußte, und in der Gegenwart, in der man über den Toten triumphiert.

Durch Tod oder eine lange Trennung erstarrte Bilder, positive wie negative, lassen sich nur sehr schwer auflösen. Ohne die Möglichkeit zu lebendiger Interaktion bleiben Bilder und Identitäten in der Schwebe und behindern bedeutsame Veränderungen.

Erstarrte Mißverständnisse

Bei den Interviews mit erwachsenen Geschwistern zeigten sich auffällige Widersprüche in den Erinnerungen an gemeinsame Erlebnisse. Die häufig *krassen, pauschalen, subjektiven* und relativ *sprachlosen* Erinnerungen an bestimmte Ereignisse verfestigen das erstarrte Bild von den Kindheitspersönlichkeiten der Geschwister. Manche Geschwister bestehen hartnäckig auf der »Wahrheit« ihrer Erinnerungen, trotz aller gegenteiligen Aussagen von Bruder oder Schwester. Solche unvereinbaren Erinnerungen können sehr wohl die Ursache für die Entfremdung der Geschwister im Erwachsenenleben sein. Auf jeden Fall tragen sie zu den widersprüchlichen, wechselnden, linkischen Beschreibungen ihrer Vergangenheit bei. Solche Geschwister erinnern an Passagiere auf sehr verschiedenen Decks desselben Ozeandampfers:

Ältere Schwester: »Wir haben immer im Wohnzimmer gespielt, und das war sehr schön. Du hast mir vorgelesen und so getan, als wärest du die Ältere. Ich kann mich genau daran erinnern, wie schön diese Abende waren – nur du und ich, ganz ohne Probleme.«

Jüngere Schwester: »Komisch, das weiß ich gar nicht mehr. Woran ich mich erinnere, ist deine unglaubliche Bösartigkeit. Sobald ich dachte, ich könnte mich auf dich verlassen und dir vertrauen, hast du eine Kehrtwendung gemacht und dich bei der Mutter über mich beschwert, oder du hast mich einfach stehen lassen und bist weggegangen, um mit deinen Freundinnen zu spielen.«

Solche unterschiedlichen Erinnerungen sind nicht verwunderlich, denn die intellektuellen Fähigkeiten sind bei Kindern noch nicht voll entfaltet, und sie können ihre Eindrücke nicht unbedingt richtig artikulieren. Es ist aber sehr verwunderlich, daß erwachsene Geschwister, die ja vergangene Erfahrungen durchaus anders einordnen können, auf diesen alten Erinnerungen so stark bestehen. Nach unseren Beobachtungen sind solche alten Erinnerungen, die man auch als »erstarrte Mißverständnisse« bezeichnen kann, besonders dauerhaft, wenn die häuslichen Bedingungen der Geschwister sehr chaotisch und unglücklich waren. Es scheint, als ob in unsicherer Umgebung, jede (auch eine negative) Sicherheit Spannung, Unsicherheit und Angst erträglicher macht.

Ein Kind fühlt sich bedroht, wenn es feststellt, daß die geliebten und mächtigen Eltern es nicht adäquat lieben, versorgen und beschützen können. Negative Züge bei Geschwistern, die ja in der gleichen Situation sind wie man selbst, sind dagegen sehr viel leichter zu verkraften. Wenn solche Mißverständnisse in unseren Untersuchungen deutlich wurden, wirkten sie immer, als ob sie *am Ursprungsort erstarrt* wären.

Immer dieselben: Billy und Russell

Billy und Russell haben ihre erstarrten Bilder voneinander als Erwachsene beibehalten. Die oberflächlichen Rituale brüderlicher Hilfsbereitschaft und Unterstützung waren keine Basis für ein Zusammenleben, weil Kernaspekte ihrer Persönlichkeit immer wieder in den Vordergrund traten. Die Grundkonflikte der Beziehung tauchten als erstarrte

Mißverständnisse immer wieder auf und zerfraßen und vergifteten jedes positive Gefühl.

Die Brüder hatten in der Kindheit hohen Zugang zueinander. Der Vater war beim Militär, und die Familie zog häufig um. Ihre Beziehung war ambivalent und grenzte an feindselige Abhängigkeit. Als Erwachsene gab es zwischen ihnen kaum wirklichen Kontakt. Sie wohnten weit auseinander, und die Eltern gaben sich keine Mühe, sei bei Familientreffen zusammenzubringen. Jetzt, im Alter von zweiunddreißig und neunundzwanzig Jahren, hatte Russell, der ältere, Billy nach dem Scheitern seiner Ehe angeboten, zu ihm zu ziehen. Aber es gab bald Ärger, erst über Kleinigkeiten, dann aber grundsätzlich. Die Brüder stellten fest, daß sie ihren alten Beziehungsmustern hilflos ausgeliefert waren. Obwohl beide eine neue, wärmere Umgangsweise miteinander wünschten, ging der bösartige Kampf der Kindheit weiter.

Als Billy zu seinem Bruder zog, sah er sich selbst als Versager, im Beruf wie in der Ehe. Er hatte jede Hoffnung aufgegeben, jemals von seinen Eltern akzeptiert zu werden. Er war stark selbstmordgefährdet. Der Vater, ein perfektionierter Zuchtmeister, hatte Billy immer verachtet. Seiner Erinnerung nach begann diese Ablehnung nach einer Wirbelsäulenerkrankung, wegen der er bis zu seinem zwölften Lebensjahr ein Stützkorsett tragen mußte. Auch von Russell, Liebling des Vaters und eng mit ihm verbunden, fühlte er sich abgelehnt. Diese Ablehnung hörte auch nicht auf, als Billy das Stützkorsett ablegen konnte und die Behinderung durch gute sportliche Leistungen kompensierte. Die Mutter beschrieben beide Söhne als liebevolle und besorgte, aber auch sehr unsichere Frau, die im Schatten ihres Mannes stand. Sie kam aus einem traurigen Elternhaus, hatte den Tod zweier Schwestern miterlebt. Ihre Brüder standen ihr nicht sehr nahe, und sie fühlte sich oft einsam. Sie war dem charmanten, flotten jungen Mann dankbar, der sie aus ihrer Einsamkeit gerettet hatte, und fügte sich später als Ehefrau und Mutter all seinen Wünschen. Die Söhne begriffen bald, daß sie sich auf die Eltern nicht verlassen konnten. Dem Vater ging man am besten aus dem Weg, weil er viel zu streng war, die Mutter war viel zu nachgiebig. Selbst wenn sie eine Meinung zu sagen wagte, ließ sie sich vom Vater einschüchtern. Nur unter Alkoholeinfluß versuchte sie ihrem anmaßenden Mann entgegenzutreten. Wenn die Eltern zuviel tranken, stritten sie, schrien sich an, und manchmal glaubten die Jungen auch das Geräusch von Schlägen zu hören. In solchen Zeiten zogen sie sich Abende lang in ihre jeweiligen Schlafzimmer zurück und waren traurig und verwirrt.

Die Mutter war unfähig, die Entwicklung ihrer Söhne zu überwachen, bat jedoch häufig um besondere Rücksichtnahme auf Billy. Aber es war der Vater, der die Regeln für die Erziehung festlegte. Obwohl häufig streng und unberechenbar, besaß er doch einen gewissen

Schneid und Charisma. Er war eine sehr viel stärkere, wenn auch ambivalente Identifikationsfigur für die Söhne als die schwache Mutter. Er verabscheute jede Schwäche und »Verweichlichung«, bei sich selbst wie bei seiner Familie. Billy war durch seinen »Defekt« verletzlicher gegenüber den Projektionen und der verdrängten Wut des Vaters. Da ihm Mutter und Bruder nicht beistanden, fand er schließlich eine Art bitterer Befriedigung in der Ablehnung und im Widerstand gegen den Vater: Er stellte ihn bloß und verachtete später alles, wofür der Vater stand. Die Söhne – der eine des Vaters Liebling, der andere des Vaters Unglück – galten als so grundlegend verschieden, daß ihnen nur eine Art wachsamer Distanz zueinander blieb. Wie in allen Familien, in denen die Identitäten der Kinder rigide festgelegt werden, waren sie sich der Bedrohung sehr bewußt, die sie füreinander bedeuteten. Russell hatte Angst, als Schwächling und Versager zu gelten, während Billy auf keinen Fall streng, rigide und gefühllos werden wollte. Russell wurde ein guter Schüler, ging selbstverständlich auf die Militärakademie, während Billy der Versager blieb und schlechte Schulleistungen brachte.

Russell litt später unter großen Schuldgefühlen, weil er den »behinderten« Bruder der Wut des Vaters ausgeliefert hatte. Die Reste dieser Schuld waren der Anlaß dafür, Billy, der in Schwierigkeiten war und keine Wohnung hatte, bei sich aufzunehmen. Russell hatte mittlerweile seine militärische Karriere aufgegeben und wehrte sich damit gegen die Kontrolle des Vaters über sein Leben. Er empfand jetzt eine Affinität zu dem Bruder, der sich dem Vater schon immer widersetzt hatte. Aber ihr Zusammenleben währte nicht lange: Bereits nach einem Monat dominierten wieder die alten Kindheitsidentitäten und belasteten beide Brüder. Nach drei Monaten ertrug Billy diese schmerzhaften Muster nicht mehr und zog in eine eigene Wohnung, die aber in der Nähe des Bruders lag. Er brauchte sowohl die Distanz wie die Verbindung zur Familie und konnte die Beziehung zu seinem Bruder weder abbrechen noch die alten Verletzungen »vergeben und vergessen«. In einer Therapiesitzung mit Russells Therapeuten machte er seinen Gefühlen Luft:

Billy: »Sehen Sie, die Ziele meines Vaters für uns waren sehr hoch gesteckt: Russell sollte der jüngste General der Armee werden, und für mich hoffte er, daß ich über den Jordan ginge. (Russell lacht.) Was ich konnte, war ihm nicht wichtig. Für ihn war Russell der größte, weil er in der Schule der Beste war und nach West Point ging. (Leicht sarkastisch:) Ich war stolz darauf, daß mein Bruder in West Point war, und ich habe es allen Leuten erzählt. Ich fand es nur nicht gut, daß er machte, was mein Vater wollte. Ich wurde ein guter Basketballspieler. Als ich mit der Schule fertig war, bekam ich ein volles Stipendium von der Uni und spielte in ihrem Team. Ich hatte viele Stipendienangebote von verschiedenen Universitäten, aber er verlor

kein einziges Wort darüber. Nie! Er hat nie gesagt: ›Das ist aber toll.‹ Mein Vater ist zu keinem Spiel von mir gekommen. Er hat nie ein Wort dazu gesagt. Kein einziges Wort, nicht mal in den üblichen Weihnachtsbriefen.«
(Auch eine erfolgreiche Subidentität kann Billy keine Anerkennung bringen.)

Später in der Sitzung sprachen beide über ihre frühere Verachtung:
Russell: »Ich erinnere mich, daß wir uns dauernd stritten. Du hast immer versucht, dich an mich zu hängen und mit meinen Freunden zu spielen. Du warst einfach der ›Störenfried‹.«
Billy: »Und ich habe dich dafür verachtet, daß du Vaters rechte Hand warst.«
Russell: »Ich habe mich von Billy ferngehalten, weil ich nicht mit ihm in einen Topf geworfen werden wollte. Ich hab mich einfach so weit wie möglich von ihm ferngehalten.«
(Angaben über die Kernidentität.)
Billy hielt unverrückbar an dem überholten Bild von Russell als »Vaters Liebling« fest. Aus der Kenntnis dieser Kernidentität bekam er die moralische Überlegenheit. Russell konnte machen, was er wollte, in Billys Sicht blieb er der Vasall des mächtigen Vaters.

Billy: »Ich mochte und mag nicht, daß deine Haltung deine Krücke…«
Russell: »Was meinst du damit – meine Krücke? (Wütend, abwehrend:) Du redest mit mir, als wäre ich der Vater. Ich bin nicht der Vater. Ich habe mich verändert.«
Billy: (ebenfalls wütend und abwehrend): »Aber darauf läuft es doch hinaus. Es ist schwer für mich, Vater und dich auseinanderzuhalten, weil du immer Vaters Liebling warst. Es hieß nie: unser Sohn Billy, es hieß immer: unser Sohn Russell! Russell ist so erfolgreich, Russell dies und Russell das. Ich war das so satt. Ich hab immer zu hören gekriegt: Billy ist ein pathologischer Lügner.« (Seine Stimme wird ruhiger.)
(Der Konflikt auf der Kernebene geht weiter.)

Die tiefe Kluft zwischen den von der Familie festgelegten Identitäten ist für den Jüngeren immer noch eine tiefe Wunde. Russell ist die Inkarnation des Vaters: mächtig, grausam, fordernd und nicht bereit, Billy mit elterlicher Großzügigkeit zu begegnen oder ihm die Freiheit zu lassen, sich selbst zu achten.

Therapeut: »Er war das Vorbild?«
Billy: »Er war das Vorbild, nach dem ich mich richten sollte. Ganz genau. Ich habe oft heimlich meinen Eltern zugehört, wenn sie Leute

eingeladen hatten oder so, ich habe dann die Tür offengelassen und gelauscht. Es hieß dann: Oh, Russell, der ist in West Point, und Billy holt sich im Badezimmer einen runter. (Russell lacht.) Genauso war's – wie würdest du das finden, wenn jedesmal eine Bombe hochgeht, wenn du dich grad mal umdrehst?

(Russells Persona war hoch angesehen, Billys hatte keinen Wert.)

Therapeut: »Gab es gar keine Anzeichen dafür, daß Russell selbst manchmal Schwierigkeiten mit diesem Bild hatte? Ich kenne einiges von seinem Ärger und seiner Unzufriedenheit mit der Familie.«

Billy: »Ich habe so was nie gesehen! Er hat immer alles für sich behalten.«

(Der Kern bleibt verborgen.)

Therapeut: »Und wo stehen Sie beide heute? (Zu Russell:) Projiziert er immer noch das Bild einer rigiden Autoritätsfigur auf Sie?«

Billy: »Ja, genau das, das ist meine Projektion.«

Therapeut: »Und wie kommen Sie da heraus?«

Billy: »Das weiß ich nicht. Ich weiß nicht, wo ich anfangen soll. Deshalb sind wir ja hier.«

Russells Versuche, Billy näherzukommen, sind sporadisch, übermäßig beflissen und gezwungen. Billy weigert sich, sich aus seiner fixierten Perspektive als das »fehlerhafte« und wenig geliebte Kind zu lösen. Er ist nicht bereit, die emotionalere Seite des Bruders zu akzeptieren. Die Kernidentität des »Behinderten« gibt ihm einen moralischen Vorteil; weil er immer der faktisch »Unterlegene« war, ist er moralisch »überlegen«.

Nach dieser Sitzung besucht Russell seinen Bruder und versucht, seine Gefühle auszudrücken. Billy lehnt aber seine Umarmungen ab und will mit der Trauer und den Tränen des Bruders nichts zu tun haben. Russell erzählt davon in der folgenden Sitzung. Der Therapeut fragt Billy:

»Wenn Russell sich verändert, sich von dem Bild, das Sie sich von ihm gemacht haben, unterscheidet, macht Sie das vielleicht nervös? Denn dadurch verlieren Sie ja etwas. Ich meine, auch wenn man jemanden haßt, kann man ihn zum Maßstab für sich selber nehmen, solange man ihn kennt, also so etwa: Ich weiß, wer er ist, und dadurch weiß ich, wer ich bin.«

(Der Therapeut erkundet, auf welche Weise die starren Identitäten aufrechterhalten werden.)

Billy: »Ich verstehe.«

Therapeut: »Als Russell erzählte, wie er Sie in den Arm genommen hat und Ihnen gesagt hat, daß er Sie mag, habe ich seine Gefühle gespürt. Er hat die Farbe gewechselt und bekam feuchte Augen. Dann haben

Sie geantwortet und seine Gefühle wieder abgeschnitten. Sind Sie sich dieses Kreislaufs bewußt, Russell?«
Russell: »Ja.«
Billy: »Ich war mir dessen auch bewußt. Ich wußte, was ich tat. Ich weiß nicht, warum ich das tue. Wahrscheinlich hat das damit zu tun, daß ich Gefühle wie diese nicht von jemandem bekommen möchte, der sozusagen mein Stützkorsett ist. Ich mag solche Gefühle nicht, von Russell nicht und von keinem anderen.«
(Die Identitäten bleiben starr.)

Billy hat seinen Bruder immer als gleichgültig, unemotional und »zu« erlebt, und diese Identität des väterlichen Ebenbilds kann nicht so leicht verändert werden. Billy kann seinen Bruder nur als Unterstützung erleben, wenn er ihn als starr und anspruchslos, als hartes, kaltes Stützkorsett sieht.

Therapeut: »Haben Sie gesagt, Sie brauchten ihn als Stütze?«
Russell: »Als Stützkorsett.«
Billy: »Als Stützkorsett, als Ermutigung (kurz und ärgerlich).«
Therapeut: »Stützkorsett. Das ist interessant von jemandem, der große körperliche Probleme hatte und jahrelang ein Stützkorsett tragen mußte.«
(Billy hält an seinem Elend fest, auch wenn Russell eine Veränderung will.)
Billy: »Ich habe ein Stützkorsett getragen. (Bitter:) Bis hier hin (zeigt auf seinen Hals).«
Therapeut: »Und jetzt wollen Sie, daß er Ihr Stützkorsett ist?«
Billy: »Ich will Unterstützung, ja.«
Russell: »Unterstützung für was?«
Billy: »Mich!«
Russell: »Aber ist es denn keine Unterstützung, wenn ich Gefühle habe und dir zeige, daß ich dich mag und so (atmet schwer)?«
Billy: »Nein, das ist ein Defekt, Russ, Stützkorsetts geben nicht nach. Rostfreier Stahl, der verändert sich nicht, der ist zuverlässig.«
Therapeut: »Das ist ein interessantes Bild – das Stützkorsett – weil das Korsett Sie an Schmerz erinnern muß. Es hat Sie unterstützt, Sie haben es gebraucht, und gleichzeitig war es für Sie als Kind eine ständige Erinnerung an Ihre Krankheit.«
Billy: »Ja, ein Stützkorsett ist zuverlässig, aber kalt, und es will *nie* (Pause) etwas als Gegenleistung haben.«
Russell: »Ich glaube, da kann ich nichts machen (müde und resigniert).«

Die Kernidentitäten von Russell als Vaters Liebling und Billy als Vaters Last bleiben festgelegt. Billy hat zu viel dafür bezahlt und zu lange die

Rolle des Opfers gespielt, als daß er seiner Familie so leicht vergeben könnte, was sie ihm angetan hat. Weil er von den Eltern nur stereotype Reaktionen erwarten kann, suchte er sich das einzige erreichbare Verbindungsglied zu seiner Vergangenheit, also den Bruder, zog bei ihm ein und versuchte, sich bei ihm für sein Kindheitselend zu entschädigen. Es ist nicht sehr wahrscheinlich, daß sie die starren Rollen und aufgezwungenen Identitäten, die sie archaisch und rücksichtslos immer wieder aufeinander projizieren, ohne therapeutische Hilfe fallen lassen können.

Wenn man diese Beziehung nur als Ergebnis von vergangener Identifikation beziehungsweise Nicht-Identifikation beschreiben wollte, müßte man die entsetzlich starke Funktion der Brüder in ihren gegenseitigen Lebensskripten aus dem Blick verlieren. Dem jüngeren gibt sein starres, archaisches Bild vom Älteren moralische Überlegenheit und ein Gefühl von Kontinuität, hilft ihm, sein Bild von Männlichkeit und den Grad seiner möglichen Abhängigkeit zu bestimmen. Der ältere kann versuchen, das vergangene Unrecht wieder gutzumachen und sich damit selbst zu beweisen, daß sich seine Kernidentität verändert hat. Aber in der Konfrontation mit dem früheren Bild des Aggressors, als den ihn der Bruder wieder wahrnimmt, wird er wütend, ängstlich und depressiv. Da er mit seiner helfenden Haltung nur wenig erreichen kann, zieht er sich zurück und stellt so wieder die wenig fordernde psychische Distanz her, mit denen beide vertraut sind.

4. Identifikationsmuster von Geschwistern

Zwischen den Polen Ähnlichkeit und Differenz gibt es bei fast allen Geschwisterbeziehungen acht wesentliche, vorübergehende oder lebenslange Identifikationsprozesse, die wir in drei Gruppen zusammengefaßt haben:
- enge Identifikation mit viel Ähnlichkeits- und wenig Differenzgefühlen;
- Teilidentifikation, das heißt Ähnlichkeit in manchen Bereichen, Differenz in anderen;
- distanzierte Identifikation, das heißt, die Geschwister empfinden große Differenz und wenig Ähnlichkeit.

Die engen wie die distanzierten Identifikationsmuster führen häufig zu starren Beziehungen. Eins der Geschwister oder auch beide haben ein ausgesprochenes Interesse daran, die Beziehung so zu lassen, wie sie ist; Veränderung wird abgewehrt. Die Teilidentifikation ist flexibler und günstiger, weil sie Geschwistern emotionalen Zugang zu anderen Menschen möglich macht und sie nicht starr auf den Vorrang der Geschwisterbeziehung festlegt.

Die Tabelle 4.1 zeigt, wie der jeweilige Identifikationsprozeß und -grad die Art der Beziehung zwischen Geschwisterpaaren bestimmt. Jede dieser Beziehungsformen fördert den Identifikationsprozeß. Die Beziehung ist die beobachtbare Bindung, während die Identifikation das Gefühl zu der Beziehung bezeichnet.

Enge Identifikation

Es gibt drei Muster enger Identifikationen, die wiederum zu drei Beziehungstypen führen:
- Zwillingsbildung (symbiotische Beziehung);
- Verschmelzen (verschwommene Beziehung);
- Idealisierung (Heldenverehrung).

In allen Fällen fühlt sich zumindest eins der Geschwister dem anderen sehr ähnlich oder wünscht sich eine Ähnlichkeit. Im folgenden Beispiel identifizieren sich beide Geschwister so stark miteinander, daß es kaum noch ein erkennbares individuelles Selbst gibt.

Tabelle 4.1. Die hauptsächlichen Muster von Identifikation und Beziehung zwischen Geschwistern

	Identifikationsgrad	Identifikationsprozeß	Beziehungstyp	
MANGELNDES SELBST	Eng	Zwillingsbildung	Symbiotisch	»Wir sind gleich. Es gibt keinen Unterschied.«
		Verschmelzen	Verschwommen	»Ich weiß nicht genau, wer ich bin. Vielleicht kann ich du sein.«
		Idealisierung	Heldenverehrung	»Ich bewundere dich so sehr, daß ich sein möchte wie du.«
	Teilweise	Loyale Akzeptanz	Gegenseitig abhängig	»Wir sind uns in vieler Hinsicht ähnlich. Wir werden uns immer brauchen und füreinander sorgen, trotz aller Verschiedenheiten.«
VITALITÄT		Konstruktive Dialektik	Dynamisch unabhängig	»Wir sind uns ähnlich, wir sind aber auch verschieden. Das ist eine Herausforderung und gibt uns beiden die Gelegenheit, zu wachsen.«
		Destruktive Dialektik	Feindselig abhängig	»Wir sind in vieler Hinsicht sehr verschieden. Wir mögen uns nicht besonders, aber irgendwie brauchen wir uns.«
ENTFREMDUNG	Gering	Polarisierte Ablehnung	Starr differenziert	»Du bist ganz anders als ich. Ich will nicht von dir abhängig sein und nie so werden wie du.«
		De-Identifizierung	Verleugnet	»Wir sind absolut verschieden. Ich brauche dich nicht, ich mag dich nicht, und es ist mir egal, ob ich dich je wiedersehe oder nicht.«

Von den zahllosen möglichen Beziehungstypen sind dies unseres Erachtens die wesentlichen, und auf sie werden wir uns im Verlauf dieses Buches immer wieder beziehen. All die Dramen der Loyalität, Sexualität, Aggression, emotionalen Störungen, des Überlebens und der Psychotherapie bekommen ihre Form und Substanz von diesen Identifikationsprozessen, dem psychischen Zement der Geschwisterbindung.

Zwillingsbildung – symbiotische Beziehung

»Wir sind einander gleich. Es gibt keinen Unterschied.« Wenn die Rollen und Identitäten der Kinder in der Familie nicht scharf umrissen sind, besteht die große Gefahr, daß die Zwillingsbildung, die wir als frühkindliches Phänomen bereits beschrieben haben (vgl. Kapitel 2), sich in der späteren Kindheit und der Adoleszenz fortsetzt: Die Kinder sehen sich als ihre Doubles an. Wenn die Eltern den jeweiligen Bedürfnissen und Eigenschaften ihrer Kinder nicht genügend Rechnung tragen, erleben sie sich im Extremfall als undifferenzierte Einheit. Das Fehlen adäquater Ichgrenzen ist oft die Ursache für schwere psychische Störungen: Keines der Kinder kann Unterschiede, entwicklungsbedingte Veränderungen und die Höhen und Tiefen einer normalen Beziehung ertragen. Bruder oder Schwester werden zum Teil des Selbst, zum Alter ego, dessen ständige Gegenwart lebensnotwendig ist. Extrem symbiotische Geschwisterpaare sind anfällig für eine »Folie à deux«, eine gemeinsame Verrücktheit, wie das folgende Beispiel zeigt:

»London (AP) – Die siebenunddreißigjährigen eineiigen Zwillinge Greta und Freda sind sich in Aussehen, Denken, Sprache, Bewegung, Kleidung und Lebensweise so ähnlich, daß sie nach Aussagen von Wissenschaftlern anscheinend eine gemeinsame Psyche haben. Sie machen alles zusammen, und wenn sie getrennt werden, bekommen sie Tobsuchtsanfälle und Depressionen. Besonders unheimlich wirkt ihr Sprachverhalten. In Streßsituationen sagen sie exakt dasselbe im identischen Tonfall… Ein bekannter Psychiater, der ungenannt bleiben möchte, meint: ›Ihre absolut parallele Identität, vor allem ihre Unisono-Sprache, macht sie einzigartig unter allen der Psychologie bekannten Fällen eineiiger Zwillinge. Ein solcher Fall alltäglicher, spontaner, verwirrender Telepathie ist bisher weltweit einmalig…‹ Die Schwestern standen wegen Hausfriedensbruch vor Gericht. Sie hatten einen früheren Nachbarn, das Objekt ihrer gemeinsamen romantischen Verehrung, belästigt und verfolgt… Vor Gericht trugen beide je einen braunen und einen rosa Handschuh… Der zuständige Sozialarbeiter kommentiert die offiziell mitgeteilten Einzelheiten aus ihrem Leben: ›Ein Geist in zwei Körpern.‹« (›Chicago Sun-Times‹, 9. 12. 80)

Es gibt zahllose, wenn auch weniger krasse Beispiele dafür, wie die Unfähigkeit, die frühe Symbiose zwischen Geschwistern aufzulösen, zu der Unfähigkeit führt, selbständig mit den Anforderungen der Adoleszenz und des Erwachsenenlebens umzugehen.

Das Zwillingsspiel: Lucy und Lucinda

Lucy, eine junge Spanierin, fünfundzwanzig Jahre alt, bunt und modisch gekleidet, kam in den späten sechziger Jahren zu einem von uns in die Sozialstation. Sie klagte über Schwindelanfälle, Nervosität,

Streit mit ihrer Mutter, und sie versuchte sich klarzuwerden, ob sie ihre Ausbildung abbrechen sollte, um Sängerin zu werden. Ganz nebenbei erwähnte sie eine Zwillingsschwester, mit der sie in einer kleinen Band sang. Nach dem Anfangsgespräch vereinbarte sie einen weiteren Termin.

Eine Woche später erschien sie wieder, setzte sich und nahm die Erzählung ihrer Leidensgeschichte wieder auf. Aber sie schien verändert: depressiver, blasser, unsicherer, sie hatte eine andere Frisur, und auch die Kleidung war trister. Sie widersetzte sich allen Versuchen, ihren gegenwärtigen Problemen auf den Grund zu gehen, und erzählte im Grunde dasselbe wie bei der ersten Sitzung. Aber mitten im Gespräch hielt sie plötzlich inne, grinste, zögerte ein wenig und sagte dann: »Wir haben Sie reingelegt. Ich bin nicht Lucy, ich bin Lucinda. Hahaha!« Nach dem anfänglichen Schock vereinbarte der Therapeut für Lucinda einen Termin bei einem Kollegen und schlug vor, daß die abwesende Lucy mit ihm weiterarbeiten sollte. Aber in den nächsten Monaten sabotierten Lucy und Lucinda die Arbeit. Sie behaupteten zwar, ihren jeweiligen Therapeuten zu vertrauen, aber sie wechselten ständig Tonfall, Geschichten, Kleider, Frisuren und auch die Therapeuten, um »die Gegenseite zu verwirren«. Sie amüsierten sich köstlich über diese wunderbare Gelegenheit zum Machtmißbrauch. Beide Therapeuten konnten nie sicher sein, welche der Zwillingsschwestern sie gerade vor sich hatten. Ihre undifferenzierte Identität und die symbiotische Beziehung boten eine ausgezeichnete Tarnung, mit deren Hilfe sie die Therapeuten testen konnten. Erst als beide genug Vertrauen hatten, waren sie bereit, den Schutz ihres »Zwillingsspiels« aufzugeben und Objektkonstanz zu einem anderen Menschen als der Zwillingsschwester aufzubauen.

Zwar gibt es bei Zwillingen ein erhöhtes Risiko für symbiotische und undifferenzierte Identität, aber sie ist auch bei anderen Geschwistern mit hohem Zugang häufig genug, wenn die Umgebung diesen Prozeß fördert.

Verschmelzen der Identität – verschwommene Beziehungen

»Ich weiß nicht genau, wer ich bin. Vielleicht kann ich du sein.« Ein Kind, dessen Identität von den Eltern nicht klar abgegrenzt wird, sucht permanent nach Menschen, mit denen es sich identifizieren kann. Bei der Suche nach dem eigenen Selbst klammert es sich häufig an einen Bruder oder eine Schwester und bleibt von ihm oder ihr abhängig. Wenn beide Geschwister zu wenig Selbstvertrauen haben, aber nicht so stark symbiotisch sind wie in den gerade beschriebenen Fällen, führt der Wunsch nach Ähnlichkeit oft zu Schwierigkeiten, Konflikten und

Ambivalenzen. Meist hat keins von beiden genügend Selbstvertrauen, um aus der Beziehung auszubrechen. Zwar haben sie nicht die schweren Konsequenzen einer symbiotischen Zwillingsbildung zu tragen, bekommen aber immer wieder Schwierigkeiten miteinander. Die Zweifel über die eigene Identität lassen beiden trotz langer und intensiver Phasen von Nähe wenig Möglichkeiten, dem anderen verbal zu vermitteln, was in ihnen abläuft, wenn sich einer verändert. Eltern und eventuell vorhandene andere Geschwister sind meist nicht fähig, die Verletzungen und Zweifel zu mindern, die diese Art verschwommene Beziehung charakterisieren. Die Abhängigkeit von einem selbstsicheren Geschwister ist ein Versuch, durch Verschmelzung die eigenen Schmerzen und Zweifel zu beheben.

Weggehen, um sich selbst zu finden: Kay und Margaret
Kay und Margaret, dreiundzwanzig und fünfundzwanzig Jahre alt und die ältesten von vier Schwestern, waren von Kindheit an eng miteinander verbunden. Kay, ungeschickt, schlaksig und linkisch, hatte die scheinbar selbstsichere und attraktivere Schwester immer bewundert. Beide beschrieben die Mutter, die aus einer großen, wohlhabenden Familie stammte, als warme und fürsorgliche Frau. Sie hatte ihren Töchtern immer wieder davon erzählt, wie häßlich und unattraktiv sie sich selbst als Teenager gefühlt hatte. Laut Margaret kam die Mutter aus einer »fröhlichen« Familie, aber für uns klangen die Beschreibungen hohl und enthielten auffallend wenig Details. Die Töchter liebten und achteten den Vater, den sie als freundlichen, intelligenten und ausgesprochen ehrlichen, aber auch etwas »verwirrten« Mann beschrieben. Er war ein Einzelkind gewesen und überließ die Erziehung der Kinder seiner Frau, obwohl er sich einzeln auf jede der Töchter beziehen konnte. Als Gruppe schienen sie ihn aber zu überfordern. In der Regel umgingen sie ihn, ignorierten ihn oder zahlten es ihm heim, indem sie ihn freundlich »tolerierten«. Beide Eltern hatten viel Freude an ihren Kindern, und zwischen den Familienmitgliedern gab es viel Fürsorge und Achtung. Trotzdem beklagten sich die drei ältesten Töchter (Kay, Margaret und Jeanie) über ständige Unsicherheitsgefühle und chronische Angst und fühlten sich generell unbehaglich. Die Mutter, der zugänglichere Elternteil, war allen Problemen immer mit unverwüstlichem Optimismus begegnet. Wenn die Töchter versuchten, mit ihr über ihre Probleme zu reden, beschwichtigte sie sie mit entwicklungspsychologischen Erkenntnissen, ging aber nie wirklich auf die Schwierigkeiten ein. Ihre Bereitschaft, den Töchtern zu helfen, drückte sich letztlich in Selbstvorwürfen aus: Sie warf sich vor, als Mutter »versagt« zu haben. Damit machte sie den Töchtern Schuldgefühle, daß sie überhaupt Probleme hatten.

Die Schwestern wurden in der Kindheit nie offen miteinander verglichen, erhielten keine abgegrenzten Identitäten zugewiesen. Die tatsächlichen Unterschiede zwischen ihnen wurden verwischt. Die Mutter versicherte jeder einzelnen, sie seien wie schöne, aber verschiedene »Pflanzen«, die sich aus verborgenen Samenkörnern unweigerlich zur »Blüte« entfalten würden. Kay konnte diese hohlen Versicherungen ihrer Mutter nie ertragen. In ihrem ungeduldigen Warten auf ihren »Frühling« hielt sie sich an die bewunderte ältere Schwester und versuchte, so zu werden wie sie. Sie betonte die Ähnlichkeit mit ihr, war immer mit ihr zusammen und wurde zu ihrem Schatten, in der Hoffnung, mit Margaret zu verschmelzen. Aber nach und nach erkannte sie die Vergeblichkeit dieses Versuchs. Sie begriff, daß sie Margarets Schönheit und ihren besonderen Stil nie übernehmen konnte und daß sie einen eigenen Bereich brauchte, weit weg, einen Ort, wo sie zu einer eigenständigen Person werden konnte. Ab Mitte der Adoleszenz hatte sie Phantasien, in denen sie das Elternhaus verließ, und sie setzte sie gleich nach dem Abitur in die Tat um, zog zu Verwandten in eine weit entfernte Stadt. Dabei gab es keine Bitterkeit, nur den Wunsch, sie selbst zu werden, und auch die Familie war eher erleichtert.

Bei einem Besuch zu Hause, sechs Jahre später, war sie bereit, an einer von Margarets Psychotherapiesitzungen teilzunehmen. Beide Schwestern waren sich darüber einig, daß ihre Eltern ihnen nie genügend Klarheit für eine adäquate Selbst-Definition gegeben hatten.

Kay: »Unsere Eltern haben uns sehr stark kontrolliert. Das unterminiert das Selbstvertrauen – gibt einem das Gefühl, man sei nicht erwachsen oder kein Individuum oder nicht achtenswert... so ungefähr.«
Margaret: »Ja... obwohl uns die Eltern verbal in vieler Hinsicht sehr unterstützt haben, gab es nicht viel Bestätigung für das, was wir wirklich gefühlt haben. Mutter hat immer gesagt: ›Ist schon in Ordnung, es ist ja alles gut‹, egal wie schlimm etwas wirklich war. Wenn immer alles ›in Ordnung‹ ist (Kay stimmt zu), dann ist das zwar ermutigend, aber manchmal habe ich mich gefragt, ob ich mir nicht Sachen einbilde. Mutter hat mich immer für ungeheuer pessimistisch gehalten (Kay stimmt zu), und Vater... die Botschaft, die er mir immer gegeben hat, egal, worum es ging, war, es ist nie wirklich gut genug. Eine Art ständiger subtiler Kritik.«

Die Konsequenz der Unklarheit über die Rolle der einzelnen Kinder in der Familie war für Margaret und Kay die Unklarheit in bezug auf die eigene Identität. So suchten beide verzweifelt nach Bestätigung. Das Fehlen klar definierter Rollen und Identitäten intensivierte die Geschwisterbeziehung. Kays Einsicht, anders sein zu müssen als die ältere Schwester, führte zu einem wachsenden Groll, den Margaret spürte, über den aber nie gesprochen wurde.

Kay: »Als wir Teenager waren, war ich ziemlich... eifersüchtig. Eifersüchtig auf dein Aussehen, deine Beliebtheit und deine guten Noten, und ich war sehr unsicher.«

Margaret: »Das habe ich gemerkt, außer bei den letzten beiden Besuchen. Vorher haben wir uns erst gut verstanden, und dann ist irgendwas passiert, und bei dir ist was eingerastet, und du warst wieder eifersüchtig auf mich.«

Kay: »Mmh.«

Margaret: »Und dann hast du mich wieder gehaßt, so wie damals. Es gab dann genau wieder die alte Liebe/Haß-Geschichte.«

Kay: »Genau, ja.«

Margaret: »Ich sollte dich mit auf Partys nehmen, aber dafür hast du mich auch gehaßt.«

Kay (zum Therapeuten): »Das war ein ganz gemischtes Gefühl. Einerseits respektiere ich sie als Menschen, andererseits wollte ich so wie sie sein, so wie meine große Schwester. Ich wollte immer so sein wie du. Immer.«

Kay hatte sich aus ihrer Konfusion und ihren Selbstzweifeln heraus an die große Schwester als primäre Quelle für die Definition der eigenen Identität gehalten. Sie wollte so sein wie Margaret, und gleichzeitig wollte sie anders sein als sie. Die Eltern konnten sie nicht davon abhalten, ihre Schwester zu imitieren.

Kay: »Wenn ich nur Margarets gesellschaftliche Fähigkeiten hätte, wenn ich nur so aussehen würde, so viele Verehrer hätte... so viele Freunde... dann wäre alles in Ordnung. Das habe ich gedacht. Dann hat sich die Dynamik wohl allmählich verändert. Ungefähr vor zwei Jahren habe ich zum ersten Mal meinen Platz gefunden. Damals hat mir meine Mutter gesagt: ›Margaret hat nicht viel Selbstvertrauen, sie hält dich auf gesellschaftlichem Gebiet für viel geschickter, du hast so viel Mut, wegzugehen und deine eigenen Sachen zu machen. Sie hat gar nicht viel Erfolg gehabt, aber dir geht es doch jetzt sehr gut.‹«

Die Mutter, unfähig, ihrer zweitältesten Tochter Selbstvertrauen zu geben, hielt die Nähe zwischen den Schwestern unwillkürlich aufrecht, indem sie einfach die älteste Schwester zitierte. Sie setzte damit die unbeabsichtigte Überlappung der Identitäten durch das permanente Leugnen und Verwischen der Leistungen der tatsächlich erfolgreichen Tochter fort.

Kay: »Wenn ich zu Hause und in Margarets sozialem Umfeld geblieben wäre, wäre ich wahrscheinlich immer noch ihr Schatten. Ich glaube nicht, daß ich es schon wirklich geschafft habe, aber ich weiß, daß es mir *wirklich* schlecht ginge, wenn ich geblieben wäre, immer zu ihr aufgeblickt hätte und dächte: ›Wenn ich doch nur so sein könnte wie sie.‹«

Die räumliche Distanz, die es Kay ermöglicht, sich innerlich zu distanzieren und ein eigenes Leben zu führen, ist für viele Geschwister mit diesem Identitätsmuster wichtig, trotz der Einsamkeit und den Schwierigkeiten, die mit dem Aufbau einer eigenen Identität verbunden sind. Aber auch für Margaret bedeutet es eine Erleichterung, nicht länger der Prüfstein für ihre Schwester sein zu müssen.

Idealisierung – Heldenverehrung

»Ich bewundere dich so sehr, daß ich so sein möchte wie du.« Ein Kind idealisiert häufig einen Bruder oder eine Schwester mit offensichtlich positiven Eigenschaften. Es imitiert diese hochbewerteten Qualitäten und versucht, sie sich zu eigen zu machen. Heldenverehrung ist ein einseitiger Prozeß und wird in der Regel dem älteren Kind vom jüngeren entgegengebracht. Durch Idealisierung und Imitation bekommt es die Identität, die es sich wünscht. Heldenverehrung bleibt übrigens keineswegs auf positive Eigenschaften beschränkt. Auch negative Charaktereigenschaften können zur Grundlage für die Idealisierung werden. Für jüngere Geschwister ist es häufig aufregend, »böse« ältere zu imitieren, besonders wenn der Reiz der »Ungezogenheit« ein Gegengewicht zu einem eher tristen Familienleben bietet.

Idealisierung ist meist auf die Kindheit und frühe Adoleszenz beschränkt. Danach führt das Bedürfnis nach eigener Identität meist zu einer nüchternen Einschätzung der Geschwister, wenn nicht zum Beispiel der Verlust eines Elternteils durch Tod oder Scheidung zu einer Erstarrung der Idealisierung führt.

Teilidentifikation

Die für die enge Identifizierung zwischen Geschwistern charakteristische, fast totale Betonung der Ähnlichkeit ist relativ selten. Meist liegt der Schwerpunkt der Identifikation auf der Ebene der Subidentität. Die Geschwister spüren, daß sie in manchen Aspekten ihrer Persönlichkeit einem Bruder oder einer Schwester ähnlich sind. Das können offensichtliche Ähnlichkeiten zum Beispiel in Aussehen, Verhaltensweisen und Interessengebieten sein; Teilidentifikationen gibt es aber auch in nach außen nicht ohne weiteres erkennbaren Bereichen. Geschwister verbünden sich miteinander aufgrund ihrer genauen Kenntnis der jeweiligen Eigenschaften (zum Beispiel: »er ist schlau«, »sie ist stark«, »er ist in Ordnung«) und verringern damit manche eigenen Unsicherheiten, denn das Wissen: »Ich bin in mancher Beziehung wie du« hat Ergänzungsfunktion und füllt eigene Lücken, erlaubt aber auch die Wahrnehmung der Unterschiede. In diesem Identifikationsmuster existiert das Gefühl von Ähnlichkeit neben der Einsicht, daß Unterschiede wünschenswert sind. Die Beziehung ist lebendig, weil sie relativ offen für Veränderung ist. Die auf beiden Seiten vorhandenen Gefühle von Nähe und Ähnlichkeit geben Trost und Rat, während das Gefühl von Distanz und Differenz den Geschwistern die Freiheit läßt, ihr Schicksal selbst zu bestimmen.

Diese Prozesse partieller Identifikation legen auch den Grundstein für die Bündnisse und Affinitäten unter Geschwistern, für ihre Loyalität. Als Retter, Freund, Beschützer oder Kollaborateur des Bruders oder der Schwester befriedigt man sein Bedürfnis nach Selbstbewußtsein. Die Haltung: »Du darfst meinem Bruder nichts tun« entsteht oft aus der Erkenntnis, daß das Unrecht, das dem Geschwister angetan wird, einen letztlich auch selbst treffen kann. Gegenseitige Hilfe und gemeinsamer Widerstand gegen die Eltern knüpft das Band der Identifikation und Affinitäten zwischen den Geschwistern; die Erwartung auf der Basis dieser Identifizierung, daß man sich auf Bruder/Schwester verlassen kann, ist Teil der allgemeinen Erwartungen an die Person des anderen.

Bündnis gegen die Eltern: Scott und Tommy
Der zwölfjährige Scott war seit drei Jahren in einzel- und familientherapeutischer Behandlung. Den Eltern, schwachen und desorganisierten Persönlichkeiten, fehlte aufgrund ihrer eigenen, defizitären Kindheitserfahrungen das intuitive Wissen um die Bedürfnisse von Kindern. Scott, der älteste, war Bettnässer, galt als »lernbehindert« und war extrem unordentlich. Der zehnjährige Tommy, ohne erkennbare eigene Schwierigkeiten, nahm jetzt zum ersten Mal an der Familientherapie teil. Er wirkte längst nicht so labil wie sein Bruder, hatte gute Noten in der Schule und benahm sich seinen Eltern gegenüber wie ein strammer kleiner Pfadfinder – außer, wenn er mit Scott zusammen war. Wir fanden bald heraus, daß Tommy ganz und gar freiwillig die Streichhölzer besorgte, mit denen Scott seine Schulhefte und Bücher verbrannte, begeistert das Zimmer seines Bruders versaute (obwohl er sein eigenes Zimmer untadelig in Ordnung hielt) und mit ihm zusammen eine Möbelbarrikade vor der Wohnzimmertür baute, hinter der die Jungen ihre Eltern mit Modellautos, Bauklötzen, Lebensmittelresten und anderen Geschossen bombardierten. Trotz all ihrer Verschiedenheiten verhielten sich die beiden manchmal sehr ähnlich. Tommys

Empathie und Sympathie zu seinem Bruder ließen ihn zu seinem Komplizen und Sympathisanten werden. Er sah zu ihm auf, bewunderte sein provozierendes Benehmen und gab zu, daß ihm die »Späße« des Bruders gut gefielen. Zumindest war Scott spontan, emotional verfügbar und zeigte eine gewisse Resolutheit, die den schwachen Eltern fehlte. Der Zehnjährige erzählte uns später, er habe Angst davor, feige zu sein, und würde die triste, dürftige Existenz der Eltern mittlerweile hassen. Tommys Teilidentifikation mit Scott gab ihm, was die Eltern ihm nicht geben konnten: Bravour, Aufregung und Herausforderung. Umgekehrt verhalf die Teilidentifikation mit Tommy Scott dazu, auch Positives zu imitieren. Beide waren sehr sportbegeistert, und als Tommy anfing, sich für Schwimmwettkämpfe zu interessieren und selbst trainierte, machte Scott mit.

Erst als beide Jungen an der Therapie teilnahmen, erkannten die Eltern allmählich den überraschend hohen Grad teilweiser Identifikation zwischen den Brüdern, die Ergänzung ihrer guten und bösen Anteile, das Yin und Yang, das beiden ein Gefühl von Vollständigkeit gab, und die Bandbreite ihrer gemeinsamen und für beide befriedigenden Aktivitäten. Im Endeffekt gaben sie sich gegenseitig (wie inadäquat auch immer), was die Eltern ihnen nicht geben konnten.*

Wir haben drei Prozesse teilweiser Identifikation gefunden, aus denen sich drei voraussagbare Beziehungstypen ableiten lassen:
– loyale Akzeptanz (gegenseitig abhängige Beziehung);
– konstruktive Dialektik (dynamische und unabhängige Beziehung);
– destruktive Dialektik (feindselig abhängige Beziehung).

In den dialektischen Beziehungen gibt es ein Auf und Ab, Geben und Nehmen. Aber allen drei Beziehungstypen ist gemeinsam, daß die Wahrnehmung von Ähnlichkeiten und Unterschieden in der Regel Veränderungen erlaubt.

Loyale Akzeptanz – gegenseitig abhängige Beziehungen

»Wir sind uns in vieler Hinsicht ähnlich. Wir werden uns immer brauchen und füreinander sorgen, trotz aller Verschiedenheit.«

Geschwister, die ihre jeweilige Verschiedenheit akzeptieren (ohne sie deshalb unbedingt auch zu schätzen) und dennoch grundsätzliche Gemeinsamkeiten finden, verhalten sich oft großzügig und warm zueinander.

---

* Diese Darstellung des Falles ist natürlich sehr stark verkürzt. Wir wollen noch auf zwei Punkte hinweisen: 1. gab die Identifikation mit Scott Tommy die Möglichkeit, seine eigenen aggressiven Impulse auszuleben, und 2. wird hier ein Muster deutlich, das in der Familientherapie immer wieder auftaucht: Die Symptome der Kinder verweisen auf elterliche Konflikte und Defizite, die dann in der Behandlung angesprochen werden können.

Nach F. K. Grossman (1972) gehört zu einer reifen Geschwisterbeziehung, daß auch ambivalente Gefühle erfahren und akzeptiert werden. Diese loyale Akzeptanz ist eine der erstrebenswertesten Formen der Geschwisterbindung, kann aber manchmal auch etwas *statisch* werden, zum Beispiel wenn es große Unterschiede in Erfolg, Status oder Ansehen der Geschwister gibt. Das allzu bereitwillige Akzeptieren solcher Ungleichheiten macht das erfolglosere Kind leicht abhängig vom erfolgreichen, das dann wiederum zum »Wohltäter« seines Geschwisters wird. Eine solche Beziehung zwischen offensichtlich ungleichen Partnern erschwert eine Veränderung, weil der bestehende Zustand für beide Teile Vorteile bringt. Die Beziehung bleibt zwar loyal und respektvoll, ähnelt aber einem fortgeschrittenen erstarrten Zustand der Idealisierung, nur daß hier *beide* Geschwister eine Befriedigung darin finden, daß jeder seinen gewohnten »Platz« kennt.

Gegenseitige Abhängigkeit trotz aller Unterschiede:
Ralph und Philipp
Ralph, vierunddreißig Jahre, ein wacher, erfolgreicher »Schaffer« und mit dreißig schon Fakultätsleiter, war für den siebenundzwanzigjährigen Philipp ein stabiles Vorbild. Ralph hatte ihn überredet zu studieren, ihm geholfen, die richtige Universität auszusuchen, ihm Geld für die Studiengebühren geliehen und ihm eine Assistenzstelle verschafft, über die er ein Jahr lang Feldforschung betreiben konnte. Ralph sah in seinem jüngeren Bruder eigene Anteile aus früheren Jahren, in denen er selbst eine Anleitung gebraucht hätte. Er war für Philipp zur Vaterfigur geworden, da der Vater der beiden, durch eine Kriegsverletzung im Zweiten Weltkrieg behindert und später schwer erkrankt, für seine Söhne kaum ansprechbar war. Der körperliche und geistige Verfall des Vaters in den letzten fünfzehn Jahren war besonders für den jüngeren Philipp sehr belastend, und so wandte er sich mit seinem Bedürfnis nach Sicherheit und Führung an den Bruder:

Philipp: »Ich hatte Angst, so zu werden wie mein Vater, und ich fühle mich immer noch oft hilflos, weil er manchmal so depressiv ist, daß er gar nicht mehr aufsteht. Mein Bruder und ich werden selbst depressiv, wenn wir längere Zeit mit ihm zusammen sind, und deshalb machen wir jetzt nur noch kurze Besuche bei ihm.«

Philipp, der sich so früh und entscheidend auf seinen Bruder verlassen mußte, ist relativ abhängig von ihm geblieben:
»Mein Bruder war gleichzeitig auch mein Lehrer. Er wußte, daß ich mehr konnte, als ich mir selbst zutraute, er war mein Vorbild, dem ich folgte, das ich kopierte. Er hatte immer tolle Ideen. Ich bin nicht so einfallsreich, weil er ja so ein großer Vordenker war. Es kann schon sein,

daß manche seiner Ideen eher konservativ sind, aber sie regen mich bei meiner Arbeit sehr an.«

Philipps frühe Idealisierung und sein unerschütterlicher Respekt für Ralph forderten ihren Preis. Da er mit dem erfolgreichen Bruder nicht Schritt halten konnte, entstand ein Konflikt zwischen seinem Ehrgeiz und dem Bedürfnis nach eigener Identität. Er gab den Versuch auf, Ralphs Universitätskarriere einzuholen, und entschied sich für einen ungebundenen, »freien« Lebensstil. In Philipps Augen schien der Preis, den Ralph für seinen Erfolg zahlte, zu hoch. Er versäumte all die Möglichkeiten, sich zu verlieben, Verantwortung abzuschütteln und ein abenteuerliches Leben zu führen, die Philipp als Mittzwanziger wahrnahm. Für Philipp besetzte Ralph den psychischen Bereich des »Soliden«, des »guten Sohnes«, während er selbst sich als »verrückt, aber liebenswert« sah. Die totale Idealisierung des Bruders wich einer Teilidentifikation, aber die emotionale Abhängigkeit, die Liebe und Achtung der früheren Jahre war geblieben. Die allmähliche Differenzierung der Brüder in den hart arbeitenden, konservativen und erfolgsorientierten Ralph einerseits und den amüsanten Freigeist Philipp andererseits stabilisierte die Beziehung. Beide achteten die Identität des anderen unbedingt. Ralph machte sich zwar Sorgen um Philipps ungesicherte Existenz, war aber bereit, ihn sein eigenes Leben leben zu lassen.

Wir definieren eine solche Beziehung als stabil und respektvoll, wenn es lange Phasen gibt, in denen die Grundlage der Beziehung oder die Identität der Beteiligten nicht in Frage gestellt wird und die *Grundstimmung positiv* ist.

Philipps Teilidentifikation mit dem Bruder, seine emotionale Abhängigkeit von ihm und die Sorgen, die er sich um ihn macht, lassen ihn sein Mißfallen nur passiv und auf der Phantasieebene ausdrücken, ohne direkte Eingriffe oder Widersprüche zu riskieren:

Philipp: »Ich möchte, daß es ihm gut geht, dafür sind Brüder ja da. Wenn man jemanden liebt, möchte man, daß es ihm gutgeht. Ich weiß, daß mein Bruder viel zu viel arbeitet und daß er sich verdammt anstrengt, die Folgen davon zu verbergen.«
Interviewer: »Was können Sie da tun?«
Philipp: »Ich möchte ihn gerne retten. Ich wünschte, ich könnte ihm viel Geld geben, damit er sich nicht soviel Sorgen um die Arbeit machen muß, und ich hätte gern, daß er ein bißchen entspannter, lokkerer wird, mal Ferien macht. Es kommt mir so hoffnungslos vor, wie sehr er auf intellektuelle Leistung programmiert ist. Für ihn ist alles Zeitverschwendung, was nicht mit Leistung zu tun hat.«
Interviewer: »Weiß er, daß Sie sich Sorgen um ihn machen?«
Philipp: »Ich nehme es an. Aber er wird sich nicht ändern.«

Beziehungen auf der Basis von Achtung und Einsicht in die Ähnlichkeiten und Unterschiede bleiben relativ stabil. Sie gehören unseres Erachtens zu den am wenigsten konfliktreichen und problematischen Beziehungsmustern zwischen Geschwistern, aber sie sind auch statisch, weil ihnen die Spannungen, Forderungen, Belastungen und vitalen Merkmale anderer Beziehungsmuster fehlen. Diese Brüder *müssen,* wohl auch wegen der Tragödie des Vaters, ihre partielle und positive Identifikation miteinander aufrechterhalten, und so lassen sie nur selten Enttäuschung, Schmerz oder Probleme in der Beziehung zu, als hätten sie beschlossen: »Wir brauchen uns zu sehr – wir haben schon genug Leid ertragen.«

Konstruktive Dialektik – dynamische und unabhängige Beziehungen

Wir sind uns ähnlich, aber wir sind auch verschieden. Das ist eine Herausforderung und gibt uns die Möglichkeit zu wachsen.«

Es gibt Geschwister, die in ihrem Streben nach Individualität ständig miteinander konkurrieren und einander herausfordern und deren Beziehung auf Gleichberechtigung basiert. Die Betonung der individuellen Verschiedenheit wird durch Zuneigung und Achtung gemildert. Dadurch werden das ganze Leben lang Veränderungen, Kontakt und gesunde Herausforderung möglich. Die Beziehung behält ihre dynamische Qualität, wenn die Geschwister frühen und hohen Zugang zueinander gehabt haben und ständig in Kontakt bleiben. In diesem Muster dienen sich die Geschwister gegenseitig als Objekt, mit dem sie sich konfrontieren – als Bezugspunkt für die Selbstprüfung. Die Dynamik der Beziehung erlaubt ein differenziertes Spiel mit den Ähnlichkeiten und Unterschieden, die Interaktionen vermitteln ein Gefühl von Spannung und ausgeglichener Gleichberechtigung. Die kontinuierliche und lebendige Dialektik von »Ich bin wie du/ich bin nicht wie du« wird zum Prototyp für spätere gerechte, ausgeglichene und gleichberechtigte Beziehungen zu anderen Menschen.

In diesem dialektischen Rahmen muß sich kein Teil minderwertig fühlen, und es will auch niemand ständig dominieren. Es gibt zuviel Zuneigung und Respekt, als daß Einseitigkeit aufkommen könnte. Eine permanente, gespielte oder tatsächliche Überlegenheit eines der Geschwister nähme der Beziehung die Lebendigkeit, und die permanente Konkurrenz muß dem Verlierer immer die Möglichkeit lassen, sein »Gesicht zu wahren«. Diese Art der Interaktion entspricht, meinen wir, dem Ideal der Geschwisterbeziehung.

Lebendig und herausfordernd: Geneen und David

An diesem kurzen Gesprächsausschnitt zwischen der vierzehnjährigen Geneen und dem dreizehnjährigen David werden Elemente der Kerngefühle Großzügigkeit, Konkurrenz und Gleichberechtigung sichtbar. Es zeigt auch etwas von der Herausforderung, die das »Mithalten« auf dem Terrain des Geschwisters darstellt. Geneen und David mögen und respektieren sich, sie identifizieren sich nicht über ihre Defizite, sondern über ihre jeweiligen Stärken. Trotzdem kann die Schwester auch unbesorgt ihrem Ärger auf ihren konkurrenten, bezaubernden und sehr aufbrausenden kleinen Bruder Ausdruck geben.

Geneen: »Manchmal bin ich sauer auf ihn, er ist gar nicht immer nett. Er tut auch manchmal nur so lieb, und darauf falle ich nicht rein. Aber manchmal verstehen wir uns gut, wie gestern abend, da haben wir Karten gespielt. Das war schön, ich hab sogar *gewonnen* (lacht).«
Interviewer: »Wirklich?«
Geneen: »Na, sagen wir unentschieden.«
Interviewer: »Mußt du dich anstrengen, um ihn zu schlagen?«
Geneen: »Ich glaube schon. Er spielt gerne Karten und kann es viel besser als ich, ich hab's gerade erst gelernt.«
Interviewer: »Dann wart ihr also gestern gleich gut?«
Geneen: »Ja.«
Interviewer: »Einmal hast du gewonnen und einmal er.«
Geneen: »Na, richtig gewonnen habe ich nicht. Er hatte mehr Punkte als ich, aber ich glaube, ich hätte ihn einholen können, wenn wir länger gespielt hätten.«

In dem folgenden Streit gibt es eine wunderbare Sprachmelodie der beiden, sie sind sehr gut aufeinander eingespielt:

David: »Du hast doch gesagt, du wolltest in die Stadt, und dann bist du rausgegangen, und dann bin ich rausgegangen...« (Stimme wird höher, klingt ein wenig defensiv).
Geneen: »David, sie wollten mich abholen. Du hättest ihnen nicht sagen sollen, ich wäre in die Stadt gegangen. So sind sie ohne mich gegangen.«
David: »Entschuldige (sarkastisch und stichelnd). Du solltest eben nicht sagen, daß du irgendwohin gehst, und es dann doch nicht tun.«
Geneen: »Ich wollte ja auch gehen, aber ich habe darauf gewartet, daß sie mich abholen.«
David: »Du hast gesagt ›Ich gehe in die Stadt‹, du bist zur Tür raus, ich habe gehört, wie du weggegangen bist, dann bin ich rausgegangen, fünf Minuten später, und...« (Stimme wird wütender, Geneen beruhigt).

Geneen: »Ich bin rausgegangen, um zu spielen.«
David: »Ich auch, aber du warst nicht da. Da hab ich geglaubt, du wärest in die Stadt gegangen« (seine Stimme verliert den Ärger, er reagiert auf Geneens Ton).
Geneen (genervt): »Man sollte eben nicht sagen, man macht was, und es dann doch nicht tun.« (seufzt)
David (mit gehobener Stimme, reagiert auf den genervten Seufzer): »Du hättest eben nicht sagen sollen, du gehst jetzt in die Stadt.«
Geneen (Stimme höher und lauter als David): »Du hörst ja gar nicht zu, wenn ich was sage.«
David schlägt zurück, und der Schlagabtausch geht noch eine Weile so weiter.
Schließlich sagt *Geneen* in sarkastischem Ton: »Ist *alles* meine Schuld...«
David: »Genau. Ich werd's dir beweisen.«
Interviewer: »Macht ihr das immer so?«
David: »Manchmal.«
Geneen: »Er hört nie zu, wenn ich ihm was sage.«
David: »Tu ich doch.«
Geneen: »Tust du nicht.«

Auch wenn es sich nicht so anhört, mögen und respektieren sich die beiden. Ihre Streitereien sind in der Regel kurzlebig. Die Eltern überwachen ihr Gezänk, sind emotional zugänglich und können notfalls als Schiedsrichter angerufen werden. Deswegen kann diese Beziehung dynamisch bleiben und muß nicht, wie bei Philipp und Ralph mit ihrem behinderten Vater, statisch und ohne Herausforderung gehalten werden. Geneen und David haben das Glück, daß ihre Eltern sie daran hindern, sich so sehr zu verstricken oder voneinander zu distanzieren, daß der Schwung ihrer Beziehung verlorengehen könnte. Die Eltern leben ihnen auch adäquate Modelle für Konfliktlösungen vor, und wie alle Kinder wiederholen auch diese beiden die Dynamik der Eltern.

Destruktive Dialektik – feindselig abhängige Beziehungen

»Wir sind in vieler Hinsicht sehr verschieden. Wir mögen uns nicht besonders, aber irgendwie brauchen wir uns.«

Feindselig abhängige Geschwisterbeziehungen sind von der Dialektik gegenseitiger Abhängigkeit und extremer Verschiedenheit geprägt. Sie entstehen vor allem dann, wenn in der Familie lebendige Beziehungen fehlen und sich eins der Geschwister mit seiner Angst, mit Haß, Wut, Trauer oder Verwirrung an Bruder oder Schwester wendet. Schließlich sind intensiv erlebte Objektbeziehungen, egal in welcher

Form, immer noch besser als keine Beziehung. Die Gleichgültigkeit der Eltern oder ihre Vernachlässigung der Kinder führt aber dazu, daß sich die Geschwister einander nur negativ zuwenden können. Die Kinder projizieren auf das verfügbarste Objekt, das heißt den Bruder oder die Schwester, all die verdrängten oder abgelehnten Aspekte des Selbst, die sie sonst in Verzweiflung und Selbstvorwürfe treiben würden. Die Beziehung ist also ein idealer Nährboden für projektive Identifikation. Solche Geschwister sagen meist, sie könnten sich »nicht leiden«. Da sie sich aber gleichzeitig brauchen, unter denselben elterlichen Demütigungen gelitten haben oder zumindest unbewußt die ungeheure gegenseitige Abhängigkeit ihrer Beziehung erkennen, entsteht eine destruktive Dialektik. Auf den ersten Blick scheinen die Grenzen zwischen den Geschwistern sehr scharf und willkürlich; Ich/Nicht-Ich liegen dauernd im Streit, und die Konkurrenz ist extrem. Aber wegen der gleichzeitig sehr starken gegenseitigen Abhängigkeit ist die beanspruchte Überlegenheit nie wirklich befriedigend. Da offene Zuneigung und gegenseitige Hilfe nicht möglich sind, bleibt der Prozeß destruktiv. Die Projektionen gedeihen, aber die Bitterkeit wächst. Es gibt in diesem Spiel weder ehrenhafte Gewinner noch ehrenhafte Verlierer. Trotzdem *muß* das Spiel weitergehen, weil beide, der Tyrann wie der Abhängige, darin oft die einzige Existenzberechtigung finden können.

Jules Henry stellt in seinem Buch ›Pathways to Madness‹ (1965) eine solche Beziehung dar. Die beiden Brüder Irving, dreizehn Jahre, und Ben, zwölf Jahre, sind voneinander abhängig. Irving schlägt Ben, um seinen eigenen Ängsten vor dem Nichts zu entgehen, um irgend etwas außerhalb seiner selbst zu spüren, in dem er sich von anderen unterscheiden kann, während Ben die Schläge aushält, dagegen kämpft und sich widersetzt und darüber seinen eigenen perversen Triumph erlebt:

»Ben ist fügsam, ›Mamas Junge‹ und ›Vaters Junge‹ und ›Vaters Stolz‹, aber für Irving bedeutet Gehorsam Unterwürfigkeit. Wenn es irgendwie möglich ist, verweigert er jede Hilfe im Haus. Ben ist Irvings ›Sklave‹, der viele Pflichten seines Bruders übernimmt... weigert er sich, schlägt ihn Irving. Ben sagt, er mag die Raufereien mit seinem Bruder, und er sei gerne sein Diener. Irving hält sein Ausnutzen anderer für ›Effizienz‹, und er ist stolz darauf. Aber er braucht Ben und kriecht sogar nachts zu ihm ins Bett, legt ihm den Arm um den Leib und drückt sich eng an ihn... Mit Verachtung in der Stimme erzählt seine Mutter, daß Irving ohne Ben nachts nicht zur Toilette gehen kann.

Ben ist viel mehr als nur der Diener seines Bruders: In der Art, wie er ihn bedient, ihm nicht von der Seite weicht und ihn sogar in seinem Bett duldet, hat er etwas Mütterliches, ja fast schon etwas von einer Ehefrau. Und Irving kommandiert seinen Bruder nicht nur herum und verhaut ihn, er demonstriert gleichzeitig immer wieder seine Abhängigkeit von ihm.« (S. 129f.)

Die dialektische Qualität in den feindselig abhängigen Beziehungsmustern wird meist dann unterbrochen, wenn einer der beiden andere Beziehungen eingeht und damit das Bedürfnis nach dem anderen schwindet. So sagte uns ein junger Mann: »Ich hatte das Gefühl, ich hätte all die harten Lektionen meines Bruders gelernt, und woanders gäbe es wichtigeres zu lernen.« Die Brüder stritten sich als Kinder andauernd, behielten aber bis ins Erwachsenenalter eine Art unwilligen Respekt voreinander. Auch als Erwachsene gab es in ihren Interaktionen immer noch kleine »Spitzen«, freundschaftliche, aber sehr konkurrente Kabbeleien, bei denen übrigens auch ihre Ehefrauen mitmachten. Ihr Kontakt blieb auf der Ebene von Klatschgeschichten und Konkurrenz.

Aus einer destruktiven Dialektik kann zwar im Laufe der Zeit eine konstruktive werden, aber oft geht die Entwicklung bis zu einer sehr starken Entfremdung, weil die Geschwister Ähnlichkeiten nicht akzeptieren können. Die erstarrten Bilder der Vergangenheit werden unbedingt aufrechterhalten und verhindern so jede Möglichkeit der Veränderung.

Geringe Identifikation

Einander entfremdete Geschwister mit geringen Ähnlichkeiten, die glauben, sie hätten nichts gemeinsam, und die sich nicht leiden können, bilden das andere Extrem der Geschwisterbeziehung. Dabei gibt es folgende Identifizierungsprozesse und Beziehungsmuster:
– Polarisierte Ablehnung (starr differenzierte Beziehung),
– De-Identifizierung (verleugnete Beziehung).
In beiden Fällen ist die Entfremdung zwischen den Geschwistern so groß, daß sie ihre Probleme nicht selbst lösen können. Eltern, denen der wachsende Groll zwischen ihren Kindern bewußt wird, müssen meist jahrelang sehr viel Wachsamkeit, Geduld und Verständnis aufbringen, wenn sie eine dauernde negative Besetzung der Geschwisterbildung verhindern wollen. Häufig genug tragen sie selbst schwer an ihrer eigenen früheren Geschwistererfahrung. Auch der Therapeut braucht ein Höchstmaß an Diplomatie und Sensibilität, um dieses Beziehungsmuster zu verstehen und in positive Bahnen lenken zu können.

Polarisierte Ablehnung – starr differenzierte Beziehung

»Du bist ganz anders als ich. Ich will nicht von dir abhängig sein und nie so werden wie du.«

Nach Ivan Boszormenyi-Nagy, Spark und Ulrich (1973, 1981) gibt es für die Regulierung von Objektbeziehungen im zwischenmenschlichen Bereich eine Art »psychischer Buchhaltung«, in der festgehalten wird, was einer dem anderen »schuldet«. In gleichberechtigten Beziehungen ist diese Bilanz ausgeglichen. Einseitigkeit, Täuschung, Ausnutzen oder Betrug schlagen auf dem Sollkonto zu Buche. Bei Geschwistern im Kindesalter, die die kontextgebundenen Determinanten eines Konflikts noch nicht begreifen können, kann ein unauflöslicher Konflikt die Bilder der Protagonisten auf Dauer erstarren lassen. Die vereinfachten, verzerrten und statischen Wahrnehmungen des anderen als Opfer beziehungsweise Aggressor stehen so sehr im Vordergrund, daß sie sich durch spätere Erklärungen kaum noch verändern können. Diese Prägungen führen zu unflexiblen Beziehungsformen und vertiefen die Kluft zwischen den Geschwistern. Sie bilden den bitteren Bodensatz der Kindheit, der Veränderungen und dialektische Prozesse unmöglich macht.

Das bedrückende, brutalisierende oder unsensible Verhalten eines der Geschwister ist ein wesentlicher Grund für rigide Differenzierung, negative Wahrnehmung und polarisierte Identifikation. Keiner möchte dem anderen ähnlich sein, und beide lehnen die Eigenschaften des anderen total ab. Das dominierende Kind verachtet das »schwächere«, das sich wiederum weigert, das Verhalten des Aggressors zu übernehmen. Das unterlegene kann die Beziehung durch seine Festlegung auf die Opferposition kaum verändern, entwickelt aber häufig eine Art »Märtyrerhaltung« und darüber eine gewisse Selbstgefälligkeit und kultiviert Verhaltensweisen, die denen des aggressiven Geschwisters diametral entgegengesetzt sind: Der Grausamkeit wird mit Sanftmut begegnet. Polarisierte Ablehnung bedeutet, die bei Bruder oder Schwester verabscheuten Eigenschaften in sich selbst nicht zuzulassen, eigene Aggressionen zu tabuisieren und sich fieberhaft zu bemühen, »anders« zu bleiben.

Häufig genug halten die Opfer in solchen Geschwisterbeziehungen die früheren Aggressoren an ihre alte Rolle gebunden und somit ihre moralische Überlegenheit in einem perversen Konkurrenzspiel aufrecht. Hinterrücks wird eine Situation geschaffen, in der der frühere Quälgeist sich wieder einmal brutal oder grausam verhalten und sich von dem leidenden Opfer klarmachen lassen muß, daß sich nichts geändert hat: Er war, ist und wird immer grausam, ungerecht und unsensibel sein. Durch die Schuldgefühle des Täters rächt sich das Opfer für die Leiden der Kindheit und erinnert an die offenen Rechnungen der Vergangenheit.

Der Priester und sein dominierender Bruder: Robert und Lou
Robert, ein achtundvierzigjähriger katholischer Priester, stand vor der Entscheidung, sein Priesteramt aufzugeben. Er bat seine Geschwister, zwei Schwestern und einen Bruder, an einer seiner Therapiesitzungen teilzunehmen, um ihm bei der Entscheidung zu helfen. Die Geschwister waren sich seit Jahren fremd, hatten sich aber während der Krankheit der vor kurzem verstorbenen Mutter sehr unterstützt, und Robert, der verzweifelt auf Zustimmung der verbliebenen Familienmitglieder zu seiner Entscheidung hoffte, hatte die Phantasie, diese Unterstützung käme jetzt ihm zugute.

Schon Wochen vor dem Geschwistertreffen hatte er in der Therapie immer wieder die Ängste und den Abscheu vor seinem ältesten Bruder Lou, vierundfünfzig Jahre, thematisiert. Lou war der Familientyrann, der die Geschwister mit eiserner Faust regiert hatte. Er war der Liebling der Mutter, trotz seines Jähzorns, aber alle Geschwister hatten Angst vor ihm und seinen Schlägen.

Robert, der Jüngste, konnte es kaum abwarten, von dem Bruder wegzukommen, und er hatte sich geschworen, nie so zu werden wie er. Die Wahl des Priesterberufs war die perfekte Lösung: Robert besuchte das Priesterseminar und konnte so Lou aus dem Weg gehen, bewies seine andersgeartete Persönlichkeit und verbesserte entschieden seinen Status in dieser traditionell katholischen Familie. Nachdem er die Priesterweihe erhalten hatte, arbeitete er an einer katholischen Schule. Er war das perfekte Gegenbild zu Lou, dem aggressiven Kaufmann; er stand durch seine entgegengesetzte Persönlichkeit gleichberechtigt neben ihm und konsolidierte seine Identität, zu der Lou den Kontrapunkt abgab. Zwanzig Jahre lang hatten sich die Brüder kaum gesehen.

Die Entscheidung, das alles aufzugeben, machte ihm große Angst. Kurz vor dem Geschwistertreffen geriet Robert in Panik. Lou kam von weit her angereist, um ihm zu helfen, und Robert begriff, daß er eine Veränderung in der erstarrten Beziehung riskierte, in der er seinen »Platz« kannte und seine eingeschränkte Identität nicht bedroht wurde. Was könnte aber passieren, wenn Lou sich als hilfreich, freundlich und verständnisvoll erweisen würde?

Zu Anfang der Sitzung mit den Geschwistern beschrieb Robert, stockend und stammelnd, sein Problem. Lou, ein schwerer, untersetzter Mann mit ungeduldigem Gesichtsausdruck, machte in seiner Erwiderung die Autorität des »Ältesten« geltend:

Lou (sehr bestimmt): »Er muß wissen, wer er ist, bevor er diesen Kragen ablegt. Denn wenn er sich nicht genau kennt und weiß, was vor ihm liegt, bevor er ihn aufgibt... ich kenne das... dann ist die Prognose extrem *schlecht*. Wenn er es nicht aus sich heraus schafft, kriegt er *Ärger*. Aber wenn er Hilfe oder Unterstützung von uns braucht,

Mann, wir würden ihm alle mit Freuden und jederzeit helfen – helfen, sich selbst zu finden. Das ist meine Meinung.«
Robert (schwach): »Das ist eine wertvolle Aussage. Was kann ich da noch hinzufügen?« (umgeht das Angebot seines Bruders).
Therapeut (zu Robert): »Glauben Sie Ihrem Bruder nicht?«
Robert: »Ja und nein. (vorsichtig) Das ist wie immer... wenn ich glaube, ganz deutlich zu zeigen, daß ich Hilfe brauche, dann... du... du hilfst mir nicht, du hast mir nie geholfen.«
Lou (brüllt jetzt, mit rotem Kopf): »Verdammt noch mal! ...Warum kannst du dich denn nie melden und sagen: ›Verflucht! Ich hab dir was gesagt. Warum antwortest du mir nicht?‹ Dann kriegst du auch eine Antwort.«

Lou, von Robert zu der Teilnahme an der Sitzung verlockt, verfällt hier wieder in seine alte Rolle. Die beiden Schwestern brachen bei der schmerzhaften Konfrontation zwischen den Brüdern in Gelächter aus. Eine von ihnen sagte zu Robert: »Er ist immer noch der große Bruder, und das kannst du nicht vergessen.« Dann wandten sich beide Frauen an Lou und erinnerten ihn daran, wie er sie alle beschimpft, geärgert, überfahren, verachtet und beherrscht hatte. Wie könne er annehmen, daß Robert ihn ernsthaft um Hilfe bitten könnte, wo Lou doch immer der Tyrann gewesen sei? Robert stimmte in den Chor der Angriffe ein. Sie alle bezogen sich auf das unausgeglichene Beziehungskonto aus der Kindheit und rächten sich jetzt gemeinsam an dem großen Bruder. Konfrontiert mit dieser vereinten Geschwistergruppe, die sich weigerte, die erstarrten Bilder früherer Jahre zu revidieren, ließ Lou seine guten Absichten fahren und fuhr verbittert nach Hause.

Im weiteren Verlauf der Therapie sah Robert allmählich ein, daß die Schuld an dem Leid der Kinder in dieser Familie nicht allein bei einem Familienmitglied liegen konnte. Die Härte und Armut zu Hause, Lous Rolle als Vaterersatz, die Normalität von Schlägen als Erziehungsmittel und das Bedürfnis der anderen Geschwister, die eigene Aggressivität zu verleugnen, all das hatte das Bild des Tyrannen Lou geprägt, das die anderen vor einem ähnlichen Selbstbild schützte. Als Roberts Abwehr schwächer wurde, konnte er das Bild des Bruders allmählich revidieren. Befreit von dem Zwang zum Anderssein verlor die Entscheidungsfindung in seinem beruflichen Dilemma ihre zwanghaften Züge.

De-Identifizierung – verleugnete Beziehung

»Wir sind absolut verschieden. Ich brauche dich nicht, ich mag dich nicht, und es ist mir egal, ob ich dich je wiedersehe oder nicht.«
De-identifizierte Geschwister wollen so wenig wie möglich mitein-

ander zu tun haben. Sie streiten in der Regel ab, daß es auch nur die geringste Gemeinsamkeit zwischen ihnen gäbe, und verleugnen die Beziehung (Stierlin 1974). De-Identifizierung* kann sowohl einseitig wie gegenseitig sein. In Familien, in denen ein Kind stark bevorzugt wird, ist die Verleugnung in der Regel einseitig auf das bevorzugte Kind beschränkt, während das benachteiligte neidisch und voll Groll bleibt. Verleugnung und Projektion spielen eine wesentliche Rolle bei der starren Überzeugung, man selbst sei dem Bruder oder der Schwester überlegen. Wenn die von der Familie festgelegten Identitäten der Kinder stark auseinandergehen, zum Beispiel der »Böse« und der »Brave«, die »Gesunde« und der »Anfällige«, der »Starke« und der »Schwache«, leistet das einer allmählichen De-Identifizierung Vorschub. Die Verleugnung setzt sich fort, wenn sich die Kinder nicht gegenseitig helfen oder sich beschützen, sondern die Sündenbockrolle des einen in der Familie festschreiben helfen.

Bei diesen Beziehungsmustern ist die Ablehnung schärfer als die zwischen feindselig abhängigen Geschwistern. Kontakt gibt es häufig nur, wenn die Eltern die Kinder dazu zwingen. Haß und Verachtung drücken hier eher das dauernde Bedürfnis nach De-Identifizierung aus und beziehen sich weniger auf tatsächlich erlittenes Unrecht. Treffen sich solche Geschwister als Erwachsene wieder, entstehen häufig Angst, Fluchtgedanken oder Wutausbrüche. Die Verleugnung der Beziehung wirkt, als ob man einen Teil seiner selbst abgeschnitten hätte, oder, in der Sprache der Objektbeziehungstheorie, der abgelehnte Bruder oder die Schwester werden »dissoziiert«. So sagte ein Mann über die Beziehung zu seiner jüngeren Schwester:

»Sobald wir im selben Raum sind, baut sich eine ungeheure Spannung auf. Ich bekomme große Angst. Ich stelle fest, daß ich mich zurückziehe, ungeheuer intellektuell und distanziert werde. Ich sehe ihr an, daß es ihr genauso geht. Sie wird sehr nervös, raucht eine Zigarette nach der anderen, ist ungeheuer verkrampft und weiß nicht, was sie sagen soll... Es ist eine extrem gespannte Beziehung, und ich bin mir nicht sicher, ob ich das ändern will.«

Auf die Frage des Therapeuten, warum er die Beziehung nicht ändern möchte, reagiert er sehr verkrampft und wütend: »Das weiß ich nicht. Aber ich weiß, daß ich sie auf den Tod nicht ausstehen kann.«

De-identifizieren sich beide Geschwister, bricht die Beziehung im Erwachsenenalter oft völlig ab. Eine frühe gegenseitige De-Identifizierung verbietet im Grunde jede erwachsene Beziehung, weil es zu lange zu viele Mißverständnisse, Vorurteile und Leid gegeben hat. Die Geschwister sorgen meist sehr gründlich dafür, daß sich ihre Wege

---

* Frances F. Schachter (u. a., 1976) hat einen Aspekt der De-Identifizierung als Abwehr gegen das Ausbrechen mörderischer Gefühle, die sie »Kain-Komplex« nennt, beschrieben.

nicht zufällig kreuzen können: Sie wohnen weit voneinander entfernt und haben sehr verschiedene Berufe. Für sie entstehen kaum Gelegenheiten, die »psychische Buchhaltung« auszugleichen.

De-Identifizierung bedeutet immer einen Verlust für die eigene Identität, weil die Entscheidung, auf keinen Fall so zu werden wie ein Bruder oder eine Schwester, auch bedeutet, Optionen auf bestimmte Verhaltensweisen aufzugeben und sie der oder dem anderen zu überlassen.

5. Loyalität und Fürsorge

In der psychotherapeutischen Praxis tauchen häufig genug Geschwister auf, die wie in dem bekannten Märchen von »Hänsel und Gretel« die nötige Zuwendung nicht von den Eltern bekommen haben, sondern sie beieinander suchen mußten. Die Beziehungen und Identitäten solcher Geschwister sind oft lebenslang unauflösbar miteinander verwoben, weil sie zusammen mit traumatischen psychischen Verlusten in wichtigen Entwicklungsphasen konfrontiert waren. Gegenseitige Loyalität und Fürsorge haben ihnen das physische und psychische Überleben möglich gemacht.

Wirklich intensive Loyalität und Fürsorge ist etwas anderes als die strategischen, zeitlich begrenzten Bündnisse zwischen Geschwistern und unterscheidet sich auch von der sogenannten »Geschwistersolidarität«, weil sie besonders die Identität des versorgenden Kindes (meist, aber nicht immer, die ältere Schwester) ein Leben lang prägen kann.

Mit Loyalität oder Fürsorge ist hier gemeint, daß ein Kind die Rolle eines Elternteils übernimmt, sich also ohne oder nur mit geringer Unterstützung durch kompetente Erwachsene um das Wohl eines oder mehrerer Geschwister kümmert. Loyalität kann wechsel- oder einseitig sein; einseitig, wenn eins der Kinder sämtliche Opfer an Zeit oder Zuwendung bringt, wechselseitig, wenn beide Kinder »geben«, das heißt wissen, daß sie aufeinander angewiesen sind, und deshalb füreinander Opfer bringen.

Wechselseitige Loyalität

Der Hexe entkommen: Bob und Stan
Bob und sein zwei Jahre älterer Bruder Stan hatten in der frühen Kindheit sehr hohen Zugang zueinander. Die Eltern, der Vater ein freier Künstler, die Mutter Hausfrau, waren emotional zugänglich. Den Kindern fehlte es in dieser gutsituierten Mittelklasse-Familie nie an elterlicher Ermutigung und Aufmerksamkeit. Beide Eltern förderten die Harmonie zwischen den Jungen; Streit ging nie über spielerische Ringkämpfe und freundschaftliche Balgereien hinaus.

Als die Jungen neun und elf Jahre alt waren, starb plötzlich der Vater, ein Jahr später genauso überraschend die Mutter. Ein Freund der Familie teilte den Söhnen die Nachricht vom Tode der Mutter mit. Es gab keine Verwandten, an die sie sich hätten wenden können: Der Vater hatte keine Geschwister, die einzige Schwester der Mutter hatte vor Jahren den Kontakt abgebrochen. Jetzt stattete sie ihren Neffen zwar einen formalen Beileidsbesuch ab, aber nur, um die meisten Möbel ihrer Schwester auf einen mitgebrachten Lastwagen zu verladen und sich anzueignen. Es gab nur ein unklares Testament, und so wurden die Testamentsvollstrecker zum Vormund der Kinder ernannt. Es stellte sich dann heraus, daß dieses Paar emotional gestört war: Sie lehnten die Kinder ab, mißhandelten sie und stellten unmögliche Forderungen. Letztlich waren sie ausschließlich an dem Erbe der beiden interessiert.

Bob und Stan fühlten sich während ihrer Adoleszenz wie Hänsel und Gretel im Knusperhäuschen. Sie hatten schnell erkannt, daß die Pflegemutter eine Sadistin war, und so schwiegen sie eisern, wenn sie versuchte, den einen über den anderen auszuhorchen, bestätigten sich gegenseitig immer wieder, daß die Handlungen der Pflegemutter irrational seien, und gaben sich so emotionalen Schutz. Im Gespräch und in Witzeleien über die heimtückischen Angriffe schlossen sie sich gegen den gemeinsamen Feind zusammen. Wie so oft bei loyalen Geschwistern benutzten sie sich gegenseitig als Maßstab für die Realitätsprüfung und machten sich so immer wieder klar, daß die Pflegemutter und nicht sie selbst verrückt war. Dadurch mußte keiner der Jungen ihre negativen Projektionen übernehmen. Allein hätten weder Bob noch Stan die Erfahrungen mit dieser Frau ohne tiefe psychische Verletzungen überstanden.

Beide Pflegeeltern meinten zum Beispiel, Stan sei homosexuell, Bob intellektuell ein Versager, und erzählten ihnen Lügen über die leiblichen Eltern. Um zu verhindern, daß sie nachts miteinander sprachen, wiesen sie ihnen getrennte Zimmer zu, aber dagegen wehrten sich beide Jungen strikt. Sie zogen ein extrem enges Kämmerchen, in dem gerade Platz für die beiden Betten war, den bequemen, aber einzelnen Zimmern vor, weil sie sich nur gemeinsam der feindseligen Umwelt gewachsen fühlen konnten. Jede Trennung war äußerst schlimm für sie. So erinnert sich Stan:

»Ich weiß noch, wie Bob einmal ins Krankenhaus mußte. Ich war sehr erschrocken ... (die Stimme versagt ihm, und er fängt an zu weinen), es war so, als ob *ich* da läge. Ich hatte das Gefühl, das sei das Schlimmste, was mir passieren könnte. Ich fühle den Schmerz mit ihm, wenn er operiert wird oder in schlimmen Situationen ist ... das bringt mich zum Weinen.«

Die beiden Brüder gingen auf dieselbe Universität, in einer weit entfernten Stadt, und verbrachten auch die Ferien zusammen. Sie träumten davon, später ein gemeinsames Ferienhaus zu bauen, in dem sie mit ihren zukünftigen Frauen und Kindern einen großen, glücklichen Haushalt bilden würden.

Während ihrer gemeinsamen Studienzeit gab es einmal eine gewalttätige Auseinandersetzung zwischen ihnen, die mit einem blauen Auge und einer blutigen Nase endete. Die Rauferei, ausgelöst durch den »Kommandoton« des Älteren, endete in einem langen Gespräch, in dem jahrelang angestaute Verletzungen zur Sprache kamen, darunter Stans Wut, weil Bob dem Gerücht, er sei psychisch krank, nicht widersprochen hatte. Bob wiederum war eifersüchtig auf den Erfolg seines älteren Bruders im Studium und bei den Mädchen und hatte aus diesem Grund das Gerücht nicht unterbunden. Jetzt fühlte er sich schuldig und versicherte Stan seine Liebe. Beide betonten in dem Interview, daß es für sie in Ordnung sei, ihre Gefühle zu zeigen und darüber zu sprechen.

Das Verhalten dieser Brüder ist deutlich geprägt von dem bereits beschriebenen Muster loyaler Akzeptanz und gegenseitiger Abhängigkeit.

Alle für einen und einer für alle: die Jerome-Brüder
Die Mutter der vier Jerome-Brüder starb, als die Jungen dreiundzwanzig, siebzehn, dreizehn und zwölf Jahre alt waren. Einige Jahre vor ihrem Tod war die Familie wegen finanzieller Schwierigkeiten aus einer guten Wohngegend der Mittelklasse in ein sehr viel ärmeres und brutaleres Stadtviertel gezogen. Der Vater, zunehmend unberechenbar, gewalttätig und emotional unzugänglich, überließ seine Söhne der Obhut der Großmutter mütterlicherseits, die in derselben Straße lebte. Damals drohte die Familie auseinanderzubrechen.

Unser Gespräch mit den Brüdern fand fünfundzwanzig Jahre nach dem Tode der Mutter statt, und wir baten sie, uns den gegenwärtigen Stand ihrer Beziehungen mitzuteilen. Alle vier hatten einen Collegeabschluß, und alle waren auf ihre Art erfolgreich. Wie Stan und Bob waren sie füreinander durch den Verlust der Mutter und das Versagen des Vaters äußerst wichtig geworden.

Ihre gegenseitige Loyalität war bedingungslos, ihre Verantwortung füreinander unbedingt und vorrangig. Ihre Beziehung stand unter dem unbedingten Gesetz, immer und unter allen Umständen »zusammenzuhalten«, eine Art gewachsener Beziehungsvertrag, der auch für die Zukunft gültig bleiben mußte:

Nathan (der jüngste): »Vier Brüder gehen gemeinsam durchs Leben. Anstatt, wie so häufig, in einer Krise auseinanderzufallen – wie beim Tod unserer Mutter oder beim Zusammenbruch unseres Vaters als ›Galionsfigur‹ der Familie –, sind wir zusammengeblieben. Wir ergänzen einander. Wenn der eine nicht mehr kann, springen die anderen ein. Es kommt nie vor, daß *alle* nicht mehr können, weil die anderen sehr schnell merken, wenn sie einem helfen müssen, wieder auf die Beine zu kommen.«
Larry (der zweitälteste): »Ob materiell oder psychisch.«

Nathan: »Richtig. Ganz egal, worum's geht. Ich weiß hundertprozentig, daß ich mich in allen Schwierigkeiten *zuerst* an meine Brüder wenden würde. Nicht an meinen Vater, nicht an meine Schwiegereltern, nicht an meine Frau. Ich gehe zu meinen Brüdern.«

Diese Brüder vermitteln den Eindruck, daß sie immer Zugang zueinander haben, daß Probleme ohne Verlegenheit und unmittelbar ausgesprochen werden können und daß sie mit Ehrlichkeit, Verständnis und Unterstützung rechnen. Ihre Bereitschaft, füreinander da zu sein, zeigt sich zum Beispiel in Larrys Aussage:

»Wenn du mit irgendeinem Problem zu mir kommst, finanziell, beruflich, was auch immer – ich würde dir meinen letzten Pfennig geben. Und das meine ich wörtlich, ganz ernst. *Trotz* meiner Verantwortung für meine Frau und meine Kinder. Ich habe schließlich ein ganzes Leben vor mir und könnte mir das Geld wieder verdienen. Ich würde dir meinen letzten Pfennig geben.«

Die Brüder hatten auch als Erwachsene immer Kontakt zueinander gehalten. Als sie kleiner waren, machte ihnen eine Trennung Angst. Eli, der älteste, erinnert sich an seine Gefühle als Neunjähriger, als sein Bruder Larry ins Krankenhaus mußte:

»Wissen Sie, dieses Gefühl: Sie schneiden ihn auf! Warum tun sie ihm das an! Das war *schrecklich* für mich.«

Eli wurde der Erzieher für die anderen drei. Er war bereits mit Anfang zwanzig Fachbereichsleiter an einer Schule, sprang aber sofort ein, als einer der jüngeren Brüder nach einem Schulwechsel Schwierigkeiten hatte. Die neue Schule stellte sehr viel höhere Anforderungen, und Jack schien ihnen zunächst nicht gewachsen. Eli gab ihm Nachhilfestunden, machte ihm Mut und kümmerte sich beispielhaft um ihn. Jack führte später seine erfolgreiche Collegelaufbahn und sein Architekturstudium zu einem großen Teil auf die Hilfe und Unterstützung seines ältesten Bruders zurück.

Die große Fürsorge der Brüder füreinander wurde ebenfalls deutlich, als Eli von der Zeit unmittelbar nach dem Tode der Mutter sprach. Damals war Eli zum Chef der Geschwistergruppe geworden. Er hielt sie in Ordnung und behielt sie im Auge: verbot ihnen das Rauchen, überwachte die Schulnoten, gab ihnen ein gutes Beispiel. Der Erfolg seiner Bemühungen hing aber wesentlich von Larrys Unterstützung ab: Larry beruhigte Eli in Krisenzeiten, nahm ihm einen Teil der Verantwortung für die beiden Jüngsten ab, warf sich bei Prügeleien – durchaus mit erheblichen Risiken für sich selbst – zwischen die beiden und brachte ihnen sogar das Kochen bei. Für Eli war Larry ein notwendiger Verbündeter.

In ihrer Nachbarschaft waren Rassenkonflikte und Bandenkriege keine Seltenheit. Wurde einer der Brüder angegriffen, nahmen die anderen umgehend Rache. Die gegenseitige Verteidigung hatten sie zu Hause gelernt. Der Vater schlug sie häufig, und sie lernten, sich gegenseitig Hinweise auf seine jeweilige Stimmung zu geben und sich bei seinen Wutanfällen still zu unterstützen. Einer der Brüder »war froh«, den anderen drei zeigen zu können, daß er die Schläge des Vaters ohne sichtbare Reaktionen ertragen konnte, was bei allem Erschrecken den anderen Mut machte: Wenn er sich dem Vater widersetzen konnte, konnten sie es schließlich auch.

Alle Geschwistergruppen müssen einen Weg finden, mit ihren gegenseitigen Aggressionen umzugehen. Die Jerome-Brüder, die der Aggression des Vaters ausgesetzt waren (und sie vielleicht auch internalisiert hatten), wußten, daß Wut und Ärger sehr destruktiv werden konnten, wenn sie nicht klug damit umgingen. Wie bei allen gegenseitig loyalen Geschwistergruppen gab es auch hier Diskussionen, Meinungsverschiedenheiten und körperliche Auseinandersetzungen. Aber sie konnten sich auch verzeihen und Verletzungen und Groll vergessen. Meinungsverschiedenheiten wurden nicht unter den Teppich gekehrt, aber eskalierten auch nicht so weit, daß sie die Beziehung der Jungen hätten gefährden können. Wenn die jüngeren sich stritten, witterten die älteren Gefahr und griffen ein, unterstützten Verlierer oder entschärften den Konflikt. Alle wußten, daß das gemeinsame Interesse nicht mit dauernder Dominanz oder unfairem Verhalten vereinbar war. Konflikte, Aggressionen und Rivalitäten zwischen Geschwistern sind keineswegs unvereinbar mit Loyalität, im Gegenteil: Loyale Geschwister bestätigen sich, daß ihre Nähe von Konflikten nicht gestört wird. Sie haben meist ein scharf entwickeltes Gefühl für die »fairen« Grenzen der Aggression, es gibt zwar Angriffe, aber keine Demütigungen. Wie die mythischen Brüder, über die Freud in ›Totem und Tabu‹ (1912/13) spekuliert hat, können loyale Geschwister sich versöhnen, vielleicht weil sie wissen, daß sie sich gegenseitig vernichten könnten.

In dem Interview mit den Jerome-Brüdern war sichtbar, wie Slapstik und Witz jetzt die primitiveren Kämpfe der Kinderzeit abgelöst hatten. Sie hatten viel Humor und lachten über ihre jeweiligen Eigenschaften. Eli zum Beispiel war ein Ästhet und pflegte einen modischen und hochkultivierten Lebensstil. Die genauso erfolgreichen, aber weniger modischen Brüder machten darüber ätzende Witze, ein Scheinkampf, in dem mit den Gegenbildern von »Machotyp« und »snobistischem Ästheten« jongliert wurde. Nathan, sportlich und traditionell »männlich« orientiert, sagte dazu:

»Seine hochgestochene Art nervt mich bis heute. Er ruft mich an und erzählt mir Sachen, die für mich einfach hochklassiger Mist sind. Und ich sitze da und frage mich, warum will er mir immer noch imponieren? Wirklich! Ich kann ihm das auch *sagen*. Und vor zwei Jahren hat er mir zum Geburtstag einen Seidenschal geschenkt! Das ist so, als würde ich ihm einen Baseballhandschuh schenken. Ich trage den Schal nie, und er kann mit dem Handschuh nichts anfangen.« (Gelächter bei allen Brüdern.)

Die Jerome-Brüder haben sich sehr verschieden entwickelt, jeder hat seine Rolle, seinen Lebensstil und Beruf, aber sie »zelebrieren« ihre unterschiedlichen Identitäten, spielen ihre Gegensätze aus. So sind sie füreinander immer noch eine Quelle von Spaß, Staunen und Neugier.

Auch als der Jüngste sich entschied, zu heiraten, fragte er erst einmal seine Brüder:

Nathan: »Ich habe gesagt – hier, ich gehe jetzt seit zweieinhalb Jahren mit ihr und ich will sie heiraten – seht ihr irgendwelche Probleme?«
Jack: »Und ich habe dir gesagt, ich würde versuchen, es dir auszureden.«
Nathan: »Genau.«
Eli: »Ich hab ihm gesagt: ›Ich glaube, du machst einen Fehler.‹ Erstens war das Mädchen viel jünger als er. Zweitens habe ich nicht geglaubt, er sei schon reif für die Ehe; und da hab ich ihm gesagt: ›Du bist verrückt.‹ Und er hat dann gesagt: ›Ich will nur wissen, ob ihr nicht mehr mit mir redet, wenn ich sie heirate. Ist das dann vielleicht das Ende unserer Beziehung?‹ Und da habe ich gesagt: ›Nein, natürlich nicht.‹«

Die meisten loyalen Geschwistergruppen entwickeln eine eigene Sprache, in der sich ihre Identität ausdrückt. Die Jerome-Brüder machten uns in dem Interview immer wieder deutlich, daß wir ihre Gäste seien und ihre Welt nur ihnen verständlich sein könne. Sie machten Witze, die kein Außenstehender verstehen konnte, und hatten Spaß an der Verwirrung und dem Unbehagen, das sie gemeinsam erzeugen konnten. Sie gaben sich als exklusiven Verein, dem niemand beitreten kann, und griffen jeden sofort an, der ihre gegenseitigen Gefühle in Frage stellte. Sie witzelten auch immer über eine Schwägerin, die wohl die meisten Schwierigkeiten mit ihrem Stil hatte. Ihr Zusammenhalt basierte darauf, daß sie gemeinsam äußere Bedrohungen abwenden können, und weniger auf einer Beschäftigung mit den Defiziten ihrer Gemeinschaft. Die Erfahrungen mit dem strengen Vater hatte zu dem Entschluß geführt, keine Feindseligkeiten aufkommen zu lassen.

Lebendige Loyalität aufrechtzuerhalten fordert Kraft, und meist gibt es in jeder Gruppe ein Schlüsselmitglied, das eine ordnende, väterliche oder mütterliche Rolle spielt. Bei den Jerome-Brüdern war es Larry, der zweitälteste, der Konflikte schlichtete und das gemeinsame Interesse im Auge behielt. Während des dreistündigen Interviews blockte er wiederholt die Versuche des Interviewers ab, kontroverse Themen zu klären, unterbrach ihn und lenkte das Gespräch ab, entsprechend seiner angestammten Geschwisterrolle seit dem Tode der Mutter. Mehr als die anderen schien er mit Fürsorglichkeit und Mütterlichkeit identifiziert. Obwohl er offensichtlich mit seiner Rolle als Wachhund, Witzbold und Schlichter einverstanden war und die Brüder ihn dafür respektierten, konnte er doch ersichtlich weniger von den Brüdern »annehmen« als sie umgekehrt von ihm.

Bei den Jerome-Brüdern wie bei Bob und Stan entwickelte sich die Loyalität in der mittleren Kinderzeit und der Adoleszenz. Das nächste Beispiel zeigt extremere und zwanghaftere Formen der Geschwisterloyalität, die entstehen, wenn die Kinder von frühester Kindheit an kein anderes konstantes Bezugsobjekt hatten als einander.

Die Waisen von Terezin
Anna Freud und Sophie Dann (1951) haben eine Gruppe von sechs Kindern untersucht, deren Eltern von den Nazis ermordet wurden. Diese Kinder waren zwar keine biologischen Geschwister, lassen sich aber trotzdem als Geschwister betrachten, weil sie von Geburt an zusammen aufwuchsen und ihre Bindung in der vorsprachlichen Zeit entstand. Sie wuchsen in der Abteilung für mutterlose Kinder des tschechischen Konzentrationslagers Terezin auf. Vier von ihnen hatten die Mütter sofort nach der Geburt verloren, die anderen beiden wohl während des ersten Lebensjahres. »Nach dem Verlust ihrer Mütter wechselten Aufenthaltsort der Kinder und die erwachsenen Bezugspersonen häufig... die Bedeutung des Begriffs ›Familie‹ war ihnen unbekannt« (1951, S. 129). In Terezin wurden nur ihre physischen Bedürfnisse von Erwachsenen befriedigt, und allem Anschein nach bestand ihre gesamte soziale Aktivität ausschließlich im gemeinsamen Spiel. Sie stellten nie eine Bindung an Erwachsene her. 1945, nach der Befreiung des Lagers durch die Alliierten, kamen die Kinder zusammen in ein englisches psychotherapeutisches Kinderheim in Hampstead, wo Anna Freud und Sophie Dann arbeiteten. Die Kinder waren zu dieser Zeit zwischen sechsunddreißig und sechsundvierzig Monaten alt. Besonders auffällig war das völlige Fehlen jeglicher Rivalität und Aggression in dieser Gruppe. Vertrauen zu Erwachsenen gab es überhaupt nicht. Sie waren starr symbiotisch:

»Die positiven Gefühle der Kinder konzentrierten sich ausschließlich auf ihre eigene Gruppe. Ersichtlich lag ihnen sehr viel aneinander und überhaupt nichts an anderen Menschen oder Gegenständen... Sie wollten nichts als zusammen sein und gerieten aus der Fassung, sobald sie auch nur für kurze Zeit getrennt wurden... Da sie auf dieser Unzertrennlichkeit beharrten, war es zunächst unmöglich, die Kinder individuell zu behandeln oder ihren Tagesablauf auf ihre jeweiligen einzelnen Bedürfnisse abzustimmen.« (S. 131)

Die Kinder sprachen Deutsch und weigerten sich zunächst, die Sprache des Personals, also Englisch, zu akzeptieren. Sie drückten sich über Körpersprache aus, griffen die Erwachsenen an, spuckten, traten oder bissen – und sie imitierten sich sehr stark. Diese Körpersprache verband sie und schloß sie zu einer ganz eigenen und höchst mißtrauischen Gruppe zusammen.

»Ein weiterer Beweis für die ungewöhnliche emotionale Abhängigkeit zwischen den Kindern war das fast völlige Fehlen von Eifersucht, Rivalität und Konkurrenz... Weil Erwachsene damals noch keine Rolle in ihrem Gefühlsleben spielten, wetteiferten sie auch nicht um ihre Gunst oder Anerkennung. ...Sie mißgönnten sich auch ihre Besitztümer nicht... Wenn eines der Kinder in einem Laden ein Geschenk erhielt, forderte es dasselbe für die anderen fünf, auch wenn sie nicht dabei waren... Bei den Mahlzeiten war es ihnen wichtiger, die anderen zu füttern, als selbst zu essen.« (S. 134)

Die Kinder intervenierten ohne Zögern beim Personal, wenn es nicht bemerkte, daß eins zum Beispiel ein Spielzeug nicht fand oder eine Tür nicht aufmachen konnte – ein für Dreijährige erstaunliches Verhalten. Sie hörten sich gegenseitig aufmerksam zu und wurden augenblicklich still, wenn eins von ihnen um Ruhe bat.

Verbale Aggression zwischen den Kindern ähnelte eher harmlosem Geplänkel als wirklichem Haß. Sie griffen die Erwachsenen an, beschädigten Möbel, aber körperliche Auseinandersetzungen zwischen ihnen kamen nicht vor, so als seien die anderen eine Erweiterung der eigenen Person, mit der man liebevoll und sorgfältig umgehen muß.

Eines der Kinder, Ruth, stand ein wenig außerhalb der Gruppe. Ruth zeigte gelegentlich Neid- und Rivalitätsgefühle. Sie war weniger zu Opfern für die anderen bereit und fühlte sich auch in Gesellschaft Erwachsener wohl. Sie hatte auch als einzige eine Bindung an eine Mutterfigur entwickelt, bevor sie nach Hampstead kam. Zwar läßt sich eine definitive Kausalität nicht beweisen, aber man kann wohl annehmen, daß bei ihr die frühe Erfahrung einer vertrauensvollen Bindung an einen Erwachsenen mit der loyalen Bindung an ihre Mitwaisen im Konflikt lag.

Merkmale gegenseitiger Loyalität

Gegenseitig loyale Geschwisterbeziehungen weisen Merkmale auf, wie sie Willard Hartrup (1975) für Freundschaften aufgelistet hat:
– Die Geschwister verlieren die Fassung, wenn sie getrennt werden.
– Sie haben einen speziellen privaten Code für ihre Beziehung. Diese private Sprache unterscheidet ihre Beziehung von der zu anderen Verwandten oder Freunden.

- Sie schützen sich gegenseitig vor physischen oder psychischen Angriffen von außen.
- Sie sind kooperativ und hilfsbereit miteinander.

Bei sehr loyalen Geschwistern kommen noch zwei Merkmale hinzu:
- Sie lösen ihre Konflikte, halten Aggressionen in vertretbarem Rahmen und entwickeln Rituale für Verzeihung und Verstehen. Die Harmonie der Gruppe ist wichtiger als die individuelle Suche nach dem persönlichen Vorteil.
- Sie bestätigen gegenseitig Identitätsmerkmale und tragen zu ihrer jeweiligen Identität bei. In bezug auf Rolle und Identität sind sie kompatibel und komplementär.

Mangelnde elterliche Zuwendung

Diese Merkmale einer tiefen Geschwisterloyalität entwickeln sich, wenn die Eltern schwach sind oder auf andere Weise versagen und andere Elternfiguren nicht zugänglich sind. Je größer der emotionale wie physische Zugang zu den Eltern, desto weniger intensiv wird die Bindung zwischen den Geschwistern. Zahlreiche psychologische Untersuchungen aus den letzten fünfzig Jahren bestätigen die Vermutung, daß ein übermäßiges Engagement der Eltern Geschwisterloyalität verringert, während ein zu geringes Engagement sie fördert (Bossard, Boll 1956; Sewall, Smalley 1930; Sutton-Smith, Rosenberg, Landy 1968).

Daraus läßt sich aber nicht einfach schließen, daß Geschwister zwangsläufig eine von gegenseitiger Achtung und Hilfe geprägte Gemeinschaft bilden, wenn die Eltern sie schlecht behandeln, ihnen die nötige Zuwendung verweigern und sie ignorieren oder wenn die Eltern frühzeitig sterben.* Es gibt zahllose Geschwistergruppen, die unter solchen Umständen nicht füreinander sorgen oder sich gegenseitig kaum zur Kenntnis nehmen. Unter extremen Bedingungen können sich Geschwister auf durchaus mörderische Weise im Stich lassen und verzweifelt versuchen, nur die eigene Haut zu retten. Wieder andere suchen sich in solchen Situationen Elternfiguren, zum Beispiel Lehrer oder Therapeuten, und entwickeln nur eine oberflächliche Bindung an die Geschwister.

---

* Mit den negativen, unglücklichen und konfliktbeladenen Geschwisterbeziehungen durch Verlust der Eltern und Deprivation beschäftigen wir uns ausführlich in Kapitel 7 und 8.

Andere Faktoren bei der Geschwisterloyalität

Geschwisterloyalität entwickelt sich also nicht einfach in einem Vakuum elterlicher Fürsorge, obwohl dieses Vakuum anscheinend zu ihrer Intensität beiträgt. Loyalität bedarf noch anderer Faktoren. Ein Mensch, der in den ersten achtzehn Lebensmonaten tiefe Ich-Schäden erlitten hat (vgl. Mahler, Furer 1968), kann seinen Bruder oder seine Schwester nicht lieben. Gegenseitigkeit unter Geschwistern hängt davon ab, ob die Grundbedürfnisse des Lebens früh genug befriedigt worden sind. Geschwister brauchen »Rollenmodelle« oder Beispiele, um fürsorgliche, zwischenmenschliche Sensibilität beobachten und imitieren zu können – Eigenschaften, von denen Loyalität in hohem Maße abhängig ist. Die Terezin-Waisen wurden in einem Kinderheim untersucht, in dem sie von fürsorglichem und freundlichem Personal umgeben waren.* Die Jerome-Brüder erlebten die Güte der Großmutter, die nur wenige Häuser von ihnen entfernt wohnte, und sie hatten eine Mutter, die als stark und großzügig bekannt war. Die Eltern von Stan und Bob waren sehr liebevoll. Die Loyalität unter Geschwistern hängt also anscheinend in hohem Maße davon ab, ob die Kinder fürsorgliche Erwachsene um sich haben oder hatten, die sie introjizieren und idealisieren konnten.

Auch gab es bei loyalen Geschwistern selten einen »Favoriten« von Eltern oder Verwandten, jedenfalls nicht über längere Zeit. Favoritentum führt zu bitteren Rivalitäten und steht der Entwicklung von Loyalität somit direkt entgegen. Loyale Geschwister waren sich außerdem als Kinder nahe genug, um sich auf tiefer Ebene kennenzulernen, und sie hatten auch in wesentlichen Entwicklungsstadien Zugang zueinander – häufig, aber keineswegs immer Ergebnis geringen Altersunterschieds und gleichen Geschlechts. Gerade Geschwister des gleichen Geschlechts müssen sich nicht mit dem Problem gegenseitiger heterosexueller Anziehung auseinandersetzen und können so ihre Loyalität leichter bewahren als Brüder und Schwestern. Andererseits verstärken Geschlechtsunterschiede zum Beispiel beim Ausagieren von Vater- und Mutterrollen die Komplementarität.

---

* Es gibt kein Material über die Art der Zuwendung, die die Kinder in Terezin erhalten haben. Die Terezin-Waisen haben anscheinend frühe Ich-Verletzungen sowohl durch ihre gegenseitige Bindung aneinander als Übergangsobjekte als auch durch das sehr warme und sensible Umfeld in Hampstead überstehen können.

Einseitige Loyalität: »Ich bin meines Bruders Hüter.«

Bei einseitiger Loyalität lebt ein Kind das Ideal des »Hüters meines Bruders« bis zum Extrem aus. Das »Eltern-Kind«, in der Regel ein Mädchen, übernimmt in der Kindheit und oft noch als Jugendliche oder Erwachsene die Hauptverantwortung für die Geschwister. Im Unterschied zur gegenseitigen Loyalität sind hier erstens Geben und Nehmen in der Beziehung einseitig verteilt, zweitens ist die Rolle des Gebenden starr festgelegt, und drittens fehlt meist der warme Austausch, der für gegenseitig loyale Geschwistergruppen typisch ist, was langfristig negative Konsequenzen für alle Beteiligten mit sich bringt.

Vorteile für das versorgende Kind

Ein Kind, das seine eigenen Interessen zugunsten eines oder mehrerer Geschwister aufgibt, muß eine starke Motivation dafür haben. Schon für Eltern ist die Sorge für ein Kind oft schmerzlich, lästig und emotional belastend. Dabei haben die Eltern den großen Vorteil, daß sie den Zeitpunkt der Geburt meist geplant und sich auf das Kind gefreut haben. Die biologische Mutter stellt sich während der Schwangerschaft neun Monate auf das Leben mit dem Säugling ein und erlebt dazu eine Hormonveränderung, die »dem Fürsorgeverhalten den Weg bahnt« (Bell 1974) und die Grundlage für die Mutter-Kind-Bindung legt. Nach der Geburt verstärken weitere Veränderungen (unter anderem die Laktation) die Fürsorge-»Instinkte« der Mutter – mütterliche Reaktionen, die durch den Körperkontakt mit dem Baby zusätzlich stimuliert werden. Und dazu kommen dann noch gesellschaftliche Supportsysteme für das Leben als Vater oder Mutter und natürlich die größere intellektuelle und emotionale Reife der Eltern, die es ihnen leichter macht, sich auf die Bedürfnisse der Kinder einzustellen.

Kinder, die die Elternrolle für ihre Geschwister übernehmen, werden meist von drei Motiven geleitet: Schutz der Eltern und Erwerb von Kompetenz; Erhalt des Elternbildes und das Bedürfnis nach Konstanz; Übernahme der elterlichen Macht und Rache.

Der Wunsch, die Eltern zu schützen, steht in Verbindung mit dem eigenen Sicherheitsbedürfnis in der frühen Kindheit. Kinder scheuen keine Mühe, die Eltern zu trösten und sie vor dem psychischen Zusammenbruch zu bewahren. Dabei haben sie zum Beispiel die Möglichkeit, selbst Symptome zu entwickeln, die die Eltern aus ihrer Lethargie reißen und von den eigenen Problemen ablenken. Ein direkterer, weniger destruktiver Weg besteht aber darin, laute und lästige Geschwister zu beruhigen und die Eltern von der Erziehung der anderen Kinder zu entlasten. Damit übernimmt dann das versorgende Kind die Rolle des Familien-, ja sogar des Paartherapeuten. Wenn sich die Eltern wegen der Behandlung eines aggressiven Sohnes streiten, kann die Schwester zum Beispiel versuchen, den Bruder zu beruhigen und so den Konflikt zwischen den Eltern verhindern. Oder es entlastet die Mutter, indem es die Geschwister anhält, das Haus sauberzuhalten. So ist ein Kind, das versucht, ein Elternteil zu schützen, praktisch immer »im Dienst«. Sein Verhalten ist fürsorglich, zwanghaft und getrieben: Versagt es, kommt es zum Chaos oder Zusammenbruch der Eltern und damit der Familie.

Eine fürsorgliche Schwester: Susan
Susan, älteste Tochter eines emotional flachen und zurückhaltenden Vaters und einer psychisch gestörten promiskuitiven Mutter, ist ein gutes Beispiel dafür, wie ein beschützendes, fürsorgliches Kind »gemacht« wird. Susan war zehn, als das erste ihrer vier Geschwister zur Welt kam. Sie spürte genau die Überforderung der Mutter und sah, wie wenig Zeit der Vater hatte, sich um seine Frau oder den Säugling zu kümmern.

»Als meine Mutter mit dem Baby aus dem Krankenhaus kam, hatte ich ein komplettes Essen für die Familie gekocht – ein *richtiges* Essen mit Braten, Kartoffeln und Soße. Mein Vater hat sich damals, übrigens nicht nur scherzhaft, über die klumpige Soße beschwert. Ich weiß nicht, wie ich das gemacht habe oder wo ich das mit meinen zehn Jahren gelernt hatte, aber jedesmal, wenn sie mit einem neuen Kind nach Hause kam, hatte ich das ganze Haus in Ordnung und ein ganz besonderes Essen auf dem Tisch.«

Susan wußte, wie brüchig die Verbindung zwischen den Eltern war, und sie hatte es sich zur Aufgabe gemacht, »die Sache zwischen ihnen besser zu machen«. Sie ließ bereitwillig (aber mit unbewußtem Ärger) zu, daß ihr die Mutter immer neue Verantwortung zuschob: Windeln wechseln, Babysitten und Putzen. Sie mußte auch fast alle Einkäufe erledigen und ließ der Mutter so nachmittags und abends Zeit für ihre männlichen Besucher. Sie mußte Haus und Geschwister tipptopp in Ordnung halten, weil ihr Vater sonst der Mutter Vorwürfe gemacht hätte. Durch ihren Einsatz hütete Susan sorgfältig das Geheimnis der sexuellen Aktivitäten der Mutter: Ihre Sorge für die Geschwister bewahrte den häuslichen Frieden, denn gleichzeitig schützte sie auch den Vater vor dem Zorn der Mutter. Durch ihre Rolle als Beschützerin der infantilen Eltern wurde sie selbst zur »perfekten« Mutter (und übertraf so die eigene Mutter). Jahre später fragte sie ihr Therapeut, warum sie nicht von zu Hause weggelaufen sei. Von der Frage überrascht, sagte sie mit sichtlicher Entrüstung: »Und *wer*, glauben Sie, hätte sich dann um meine Geschwister gekümmert?«

Susan war mit sechzehn Jahren eine kompetente Haushälterin und

Ansprechpartnerin, ein »Fels in der Brandung« für ihre Familie. Ihre Erfahrungen als Köchin, besorgte Kindergärtnerin und Ratgeberin beeinflußte bald ihre anderen Beziehungen. Sie sah sich als stark, unbesiegbar und zuverlässig. Diese Wahrnehmung war wichtig für ihr Ich: In den schrecklichen, von der belastenden Ehe der Eltern geprägten Verhältnissen, in denen sie und ihre Geschwister lebten, war sie »jemand«, eine wichtige, vielleicht *die wichtigste* Person im Haus. Sie hatte wenig Zeit für sich selbst oder für Minderwertigkeitsgefühle und Trauer. Die Sorge für ihre Geschwister gab ihr das Gefühl von Kompetenz, Würde und Identität. Obwohl die jüngeren oft gegen sie opponierten, hatte sie schnell gelernt, Macht auszuüben, aber diese herrische Subidentität war letztlich keine ausreichende Kompensation für die mangelnde Zeit für Spiel, Sport, Freunde oder für sich selbst. Sie war ein benachteiligter Mensch, aber eine mächtige Schwester.

Es fragt sich, was bei ähnlich defizitären Eltern aus Einzelkindern wird, die keine Geschwister haben, die sie herumkommandieren, erziehen und versorgen können, um sich so von dem Schmerz des Verlassenwerdens durch die Eltern abzulenken. Denn für versorgende Geschwister wird die potentielle Verantwortung zur kreativen Kraft, durch die sie wachsen und ihre sozialen Fähigkeiten erweitern können, während sie gleichzeitig die Familie vor weiterer Zerstörung schützen. Nach unserer Erfahrung ist die kompetente Versorgung von Geschwistern eine Möglichkeit, sich vor Verletzungen zu schützen. Von daher ist unter bestimmten Umständen ein Kind mit Geschwistern, für die es sorgen und an die es sich wenden kann, weniger gefährdet als ein Einzelkind, das ganz allein versuchen muß, die elterlichen Konflikte aufzufangen. Das Einzelkind hat keine Bündnispartner in der Familie, keine alternative Identität als fürsorgliches Geschwister; es nimmt die Pathologie der Eltern auf und ist zunehmend gefangen in dem endlosen Prozeß, in dem es die Probleme der Eltern zu lösen versucht. Mit einem Bruder oder einer Schwester, die man versorgt, hat man einen Bereich, in dem man erfolgreich sein kann. Man kann sich von den Eltern, die die Bitten um Veränderung überhören, *ab-* und sich einem Geschwister, das eher reagiert, *zu*wenden.

Das Bild der Eltern erhalten: Schwestern des Holocaust
Bei Tod oder Verlust der Eltern durch Katastrophen muß die Geschwistergruppe neu organisiert werden. In der Regel übernimmt das kompetenteste Kind die Verantwortung, dessen Fürsorgeverhalten aber schwer belastet ist. Es hält sich häufig an dem Wunsch der Eltern fest, im Falle eines Unglücks für die anderen Kinder zu sorgen. Wenn es dem Wunsch der Eltern entsprechend handelt, besänftigt es die vom Kind internalisierten Eltern, es hält das liebende Elternteil aufrecht, indem es sich um Bruder oder Schwester, das heißt ein anderes von den verlore-

nen Eltern geliebtes Kind, kümmert. Solche Elternbilder sind dafür verantwortlich, daß das Fürsorgeverhalten eines Kindes selbst unter den schlimmsten Umständen beibehalten wird. Eltern, die früh angemessen für ihre Kinder gesorgt und sie zur Nachahmung des Fürsorgeverhaltens angehalten haben, vermitteln einem versorgenden Kind auch im Falle von Trennung »Objektkonstanz«, wenn es selbst zur nährenden Mutter wird, sich ihr Wesen einverleibt und sie durch die eigene Übernahme ihrer Rolle in sich am Leben erhält.

Das zeigt sich am deutlichsten bei Geschwistern, die die Vernichtung durch die Nazis überlebt haben.[*] Ältere Kinder sorgten, oft unter Lebensgefahr und in unglaublich schwierigen Umständen, bedingungslos für die jüngeren Geschwister. In vielen Fällen wußten die Kinder nicht, ob ihre Eltern tot waren, und blieben auf Gedeih und Verderb zusammen, liefen oft Hunderte von Kilometern durch das zerstörte Europa, in der Hoffnung, wieder mit den Eltern vereint zu werden. Sich unter solchen Umständen zu verlassen, hätte bedeutet, den letzten Rest der Familienidentität, die letzte Verbindung zur Vergangenheit und die einzige Hoffnung für die Zukunft aufzugeben.

Hilda war acht und ihre Schwester Annie sechs, als die SS begann, die jüdische Bevölkerung ihrer Heimatstadt zu vernichten. Annie und die Eltern waren taub, so daß Hilda als »Ohr« der ganzen Familie groß geworden war. Vor Hitler war sie ihre Verbindung zur Außenwelt, jetzt ihr Rettungsanker. In der Nacht vor ihrer Deportation sagten die Eltern, die sich der Gefahren, die sie erwarteten, bewußt waren, zu Hilda: »Gib acht auf deine Schwester. Paß immer auf Annie auf!« Diese Rolle war Hilda seit langem vertraut, sie war Dolmetscherin und Stimme der Schwester auf dem Spielplatz und auf der Straße gewesen. Die Ermahnung war ihr also nichts Neues, aber es waren die letzten Worte, die die Mutter je zu ihr sprechen sollte.

Freunde schickten die Kinder nach der Deportation der Eltern aufs Land, wo sie sich aber sehr elend fühlten:

»Ich konnte mich nicht an die wilden Kinder in dem Dorf gewöhnen, wo wir lebten. Meine Schwester und ich blieben abseits, und sie machten immer Witze über ihre Taubheit. Ich habe sie immer beschützt, weil mir gesagt worden war: ›Paß auf sie auf.‹«

Sie verließen den Bauernhof und kehrten in ihre Heimatstadt zurück, wo sie sich aus Angst, erkannt zu werden, in verlassenen Häusern versteckten. Schließlich ging Hilda mit ihrer Schwester zur Polizei und fragte sie, wo ihre Eltern seien. Die Polizisten setzten die beiden auf einen Lastwagen, der in ein Arbeitslager fuhr. Dort blieben die Kinder mehrere Monate:

---

[*] Wir danken der Foundation for the Study of the Holocaust, dem Holocaust Survivors Film Project und Laurel Vlock, die uns das Gespräch mit den Schwestern ermöglicht haben.

»Damals war ich neun Jahre alt, und ich hatte meine Schwester, die sieben war und der ich alles erklären, auf die ich prinzipiell aufpassen mußte. Sie konnte nur Zeichensprache, und nur ich konnte ihr Zeichen geben. Mit ›hörenden‹ Menschen konnte sie nicht kommunizieren, und so mußte ich sie praktisch immer an der Hand halten, durfte sie nie aus den Augen verlieren, weil wir in dieser Menschenmasse leicht hätten getrennt werden können. Schließlich wurden wir in den Zug nach Auschwitz gesetzt. Für mich bedeutete Auschwitz nur die Vorstellung, meine Eltern dort wiederzusehen.«

Fünf Tage saßen Hilda und Annie in dem brechend vollen Zug auf einem Koffer. Der Zug wurde bombardiert und entgleiste. Hilda nahm die Schwester an die Hand und begann zusammen mit den anderen Häftlingen ihren erzwungenen Marsch ins Lager, immer noch von der Hoffnung getragen, dort wieder mit den Eltern zusammenzutreffen. Die Sorge für Annie war für sie mittlerweile zum zwingenden Grund geworden, am Leben zu bleiben. Sie gab ihr Objektkonstanz: Sie tat, was die Eltern von ihr gewollt hatten. Sie gab ihr auch Anregung, weil sie mit der einzigen bekannten Person in Kontakt blieb, und machte es ihr möglich, den Schrecken ringsum auszublenden. Der Kontakt zu Annie war die einzige Verbindung mit ihrer früheren normalen Umgebung, das Bild der verlorenen Eltern ihr einziger Halt:

»Ich hatte sehr, sehr lange nichts zu essen, und wenn ich einschlief, habe ich gedacht, daß das Leben mir sehr übel mitgespielt hätte, weil ich nicht in Auschwitz bei meinen Eltern war. Und ich erinnere mich, daß ich mir im Einschlafen immer sagte: ›Ich werde *nie* aufhören, sie zu suchen.‹«

Von dieser verzweifelten Suche konnten sie auch körperliche Mißhandlungen nicht abhalten:

»Einmal fragte ich in perfektem Deutsch: ›Könnte ich bitte den Namen meiner Mutter ausrufen?‹ und das ärgerte den Wachhabenden ungeheuer. Ich wußte, daß meine Mutter mich nicht hören konnte, aber ich dachte, jemand, der wußte, daß sie taub ist, würde es ihr sagen, wenn ich ihren Namen rief. Ich rief ihren Namen immer und immer wieder. Eines Tages, nach dem fünften oder sechsten Mal, verlor der Soldat dermaßen den Kopf, daß er mich gegen einen Stein warf und ich das Bewußtsein verlor. Ich konnte danach eine Zeitlang nicht mehr hören, und das machte mir ungeheure Sorgen, weil ich doch das Ohr meiner Schwester sein mußte... Ich *mußte* für sie hören. Und so hatte ich Angst, mein Gehör könnte auf Dauer geschädigt sein.«

Hilda hatte sich jetzt den Befehl der Mutter, für die Schwester zu sorgen, völlig einverleibt. Bei zwei Gelegenheiten riskierte sie ihr eigenes Leben für sie:

»Ich erkannte, daß meine Schwester vom Lagerarzt beobachtet wurde. Es war ein deutscher Arzt, und er kam immer wieder vorbei, kniff sie in die Backe, zog sie am Ohr und versuchte, sehr freundlich zu ihr zu sein. Eines Tages sagte er mir dann, er würde uns Schokolade und Apfelsinen geben, wenn ich meiner Schwester erlaubte, ein paar Tage ins Krankenhaus zu gehen. Annie war völlig gesund, ich konnte nicht begreifen, warum er sie im Krankenhaus haben wollte. So war ich einfach sehr frech und sagte: ›Nein, das dürfen Sie nicht, und wenn Sie es versuchen, trete ich Sie.‹ Und ich sagte noch: ›Das ist mein Ernst, ich meine das so.‹ Und dann vergaß er es. Später sagte er, er hätte meine Schwester gerne für ›wissenschaftliche Experimente‹ benutzt.«

Hilda bereitete sich bewußt darauf vor, ihr Leben für das der Schwester zu opfern. Einige Monate vor der Befreiung des Lagers brach eine Typhus-Epidemie unter den Gefangenen aus:

»Ich hatte einen kleinen Teebeutel versteckt, den mir eine Frau gegeben hatte. In der Zeit der Typhus-Epidemie konnte ich den Tee gegen Impfstoff für meine Schwester eintauschen. Man hatte mir gesagt, es sei ein Impfstoff gegen Typhus. Ob das stimmte, weiß ich nicht, aber meine Schwester bekam *keinen* Typhus. Allerdings wurde ich krank. Und es ist eines der traurigsten Dinge in meinem Leben, daß ich mich nicht an die Befreiung des Lagers erinnern kann, als die Engländer kamen, weil ich schweren Typhus hatte.«

Es ist bezeichnend, daß Annie in der Zeit von Hildas Krankheit völlig apathisch wurde und sich von allen anderen zurückzog.

Die Gründe für dieses Fürsorgeverhalten unter den schrecklichsten Umständen sind zahlreich: Hilda hatte als Kind ihre Eltern als wahrhaft fürsorglich erlebt, lange vor der Deportation; sie hatte eine enge Beziehung zur Mutter gehabt und konnte Bild und Werte der Mutter zur emotionalen Unterstützung heraufbeschwören; Annie hatte sie umgekehrt zweifach unterstützt: Sie war in all dem Chaos eine zuverlässige »Konstante« und gab Hilda die Möglichkeit, sich der Mutter nahe zu fühlen und ihren Verlust zu leugnen.

Die Last des Elternbildes: Barbara
Bei Annie und Hilda wird deutlich, wie stark die Identifikation des fürsorglichen Kindes mit der idealisierten Mutter sein kann. Auch unter sehr viel weniger extremen Bedingungen gehen manche Kinder sehr weit, um psychisch zu überleben und das idealisierte Bild des abwesenden Elternteils durch das Versorgen des jüngeren Geschwisters zu bewahren – selbst wenn sie das Kind im Grunde ablehnen.

Barbaras Vater hatte die Mutter kurz nach der Geburt von Tim verlassen. Die Mutter sagte der damals Dreijährigen immer wieder, sie solle auf ihren Bruder aufpassen. Sie hatte Barbara viel Liebe und Wärme vermittelt, trotz ihrer Krankheit und ihrer chaotischen Lebensumstände. Barbara nahm diesen Auftrag der Mutter wörtlich und sorgte für Tim, als sei sein Wohlbefinden ihre ganz eigene Angelegenheit.

Als Tim ungefähr ein Jahr alt war, gab die Mutter die beiden Kinder in Pflege. Fünf Jahre lang wanderten sie von Pflegeeltern zu Pflegeeltern. In allen Berichten des Sozialamtes aus dieser Zeit wurde immer wieder festgestellt, daß Barbara ihren schwierigen Bruder kontrollieren und beruhigen konnte. Dann wurden die Kinder zur Adoption freigegeben, wobei die Frage war: einzeln oder zusammen? Aus einem Bericht des damaligen Sozialarbeiters:

»Sie ist sehr mit dem Bruder verbunden, und sie bemüht sich sehr, Erwachsenen zu gefallen. Sie ist übermäßig verantwortlich für ihn. Auch in der Pflegefamilie, in der die Pflegemutter sich bemühte, ihr zu vermitteln, sie müsse nicht für ihn verantwortlich sein, bemutterte sie ihn so weit, daß die Pflegemutter nur *durch* Barbara an Tim herankommen konnte.«

Der Sozialarbeiter hatte die Befürchtung, daß Tim ohne seine Schwester praktisch nicht zur Adoption zu vermitteln sei, weil niemand ohne sie mit ihm zurechtkommen könnte.

Barbara wurde Tims Wärterin und »Schulmeisterin«. Sie versuchte, seine Hyperaktivität zu kontrollieren, beaufsichtigte ihn im Schulbus und schaffte es, obwohl sie nur drei Jahre älter war, nach der Schule mit dem Lehrer seine Einstellung und seine Leistungen zu besprechen – ganz die besorgte Mutter. Immer wieder befreite sie ihn aus schwierigen Situationen. Selbst in unserem Interview mit den Kindern griff sie immer wieder ein, weil er die Lampen umwarf und die Kameraleute störte. Ihre Ermahnungen wurden von wütenden Blicken begleitet, als wenn sie sagen wollte: »Wenn du dich nicht benimmst, bringe ich dich um.« Diese nonverbale Kommunikation machte ihn sofort still. Wir konnten gut verstehen, wie sich die Pflegeeltern fühlen mußten, die sich, von Tim frustriert, völlig auf Barbara verließen. Diese Form der Rollenzuweisung ist keineswegs selten. Erwachsene, die die elterliche Kompetenz eines Kindes erkennen, verstärken sie häufig und stützen sich so zu stark auf dieses Kind.

Wenn Tim außer Kontrolle geriet, wurde Barbara wütend und fühlte sich schuldig: »Manchmal kann ich ihn nicht *dazu bringen*, brav zu sein.« Besonders Restaurantbesuche waren ihr ein Problem. Wenn Tim ein Wasserglas umkippte oder die Toilette versaute, war das eine persönliche Beleidigung ihrer »Mutterschaft«. Sie war ständig »im Dienst«, versuchte, ihm besseres Benehmen beizubringen und ihn so vor dem Zorn seiner Lehrer, Freunde und anderer zu schützen. Bei den Pflegeeltern ersparte sie ihm Strafen, indem sie versprach, ein »ernstes Wort« mit ihm zu reden.

Aber unter dieser mütterlichen Fassade verbarg sich bei der Neunjährigen ein tiefer Konflikt: Der Befehl der Mutter, auf Tim aufzupassen, stand in direktem Widerspruch zu ihrem Bedürfnis, Zeit für sich selbst zu haben, Zeit zum Spielen und Träumen, Freizeit, Zeit für eigene Freunde, Zeit, in der sie *kein* braves Mädchen sein mußte. Sie hatte immer wieder Alpträume, in denen Tim – zu ihrer großen Erleichterung – von einer anderen Familie adoptiert wurde, sie aber dann besuchte, sich in ein Ungeheuer verwandelte und ihr Angst machte. Sie wünschte sich zutiefst, die überwältigende Verantwortung für ihn abgeben zu können, und war schließlich einverstanden, ihn in einer anderen Familie unterzubringen.

Barbara war ein entzückendes, aber psychisch überfordertes kleines Mädchen, das zu schnell erwachsen geworden war. Ihr kindliches Verhalten und ihre Spiele ließ sie nicht nach außen dringen. Äußerlich ein braves Kind in Lackschühchen, war sie gleichzeitig eine vorzeitig gealterte erwachsene Frau.

Rachsüchtige Versorger

Ein Kind, das sehr stark für ein anderes sorgen muß, ist immer auch von den Eltern tatsächlich oder psychisch verlassen worden. Die Wut, die solche Kinder, Jugendliche oder junge Erwachsene auf die Eltern haben, kann eine Zeitlang durch verschiedene Abwehrmechanismen in der Geschwisterbeziehung unter Kontrolle gehalten und verleugnet werden. Über das Versorgen der Geschwister wird der Ärger gegen den sich entziehenden Elternteil wie gegen die lästigen Geschwister sublimiert. Der Vater oder die Mutter, von der oder dem man sich vernachlässigt sieht, bekommt vorgeführt, wieviel besser man selbst die Elternrolle ausfüllt.

Versorgende Geschwister sind oft genug unsensibel und tyrannisch in ihren Erziehungsversuchen und gehen willkürlich und eigenmächtig mit »ihren« Kindern um; sie stärken so das eigene Selbstbild und die Macht in der Familie.*

Nachtragende oder rachsüchtige Geschwister verachten das entwertete Elternteil, haben unbewußte Wutgefühle und versuchen, die Eltern zu ersetzen, indem sie die Geschwister retten. Sie sind ödipal getrieben und motiviert von ungelösten Rachegefühlen, weil sie keinen Rapport zu den Eltern herstellen konnten. Sie identifizieren sich zu sehr mit dem Elend der Geschwister auf der Basis des gemeinsamen Verlusts. Um störende Gefühle wie Verzweiflung, Depression und unumwundene Mordlust den Eltern gegenüber abzuwehren, verstärken sie die »Schlechtigkeit« der Eltern und damit ihr selbstgerechtes Triumphgefühl. Sie erinnern die anderen Geschwister häufig daran, wie schrecklich die Eltern sein können, und ziehen sie damit in ein Loyalitätsbündnis hinein, aus dem es kein Entkommen gibt.

* Zu den aggressiven Aspekten der Fürsorge vgl. Brenda Bryant 1979; McArdle, Miller 1978; Sutton-Smith, Rosenberg 1968; Essmann, Deutch 1979.

Ein rachsüchtiger Bruder: Ralph

Diese Dynamik wird in der Geschichte von Ralph sichtbar, der sich als junger Mann entschloß, seinen mißhandelten und vernachlässigten kleinen Bruder zu »adoptieren«. Ralph und seine Frau Loretta, beide Anfang zwanzig, kamen zum Psychologen, um Ralphs zehnjährigen Bruder Jamie untersuchen zu lassen. Ralph hatte Jamie gegen den Willen seines Vaters und der anderen Geschwister vor drei Jahren zu sich genommen. Jamie sollte gründlich untersucht werden, weil er Lernschwierigkeiten zeigte, sprachbehindert war und gegenüber Gleichaltrigen sichtbar zurückgeblieben wirkte.

Jamie, ein äußerlich normaler, sommersprossiger und rothaariger kleiner Bursche, sprach mit zehn Jahren wie ein Kleinkind und hatte immer noch den kindlichen Singsang in der Stimme, den die meisten Kinder im Kindergarten ablegen. Alles wirkte wie auswendig gelernt, er plapperte mechanisch nach, was sein Bruder ihm beigebracht hatte. Gespräche mit Rede und Gegenrede überforderten ihn, er sah dann hilflos zu Ralph, der ihm auch immer aus der Patsche half. Jamie versuchte offenbar, eine genaue Kopie seines älteren Bruders zu werden, und bemühte sich verzweifelt, dem Bild, das er sich von Ralph machte, gerecht zu werden. Das Ergebnis war aber eher eine drollige Imitation als wirkliche Identifizierung. Aus dem Bericht des Psychologen:

»Jamie kann mit Aggressionen, eigenen wie fremden, kaum umgehen. Er behält seinen Ärger und seine Wut für sich, um die Menschen, die er liebt, nicht zu verlieren. Er gibt zu, daß er Angst hat, er könne Ralph und Loretta verlieren. Er sagt, wenn er ›große Fehler‹ macht, zum Beispiel vergißt, den Abfall wegzubringen, wird sein Bruder nervös und wütend und schreit ihn an. Er liebt seinen Bruder, bewegt sich aber extrem vorsichtig in seiner Gegenwart.«

Ralph war das sechste von zehn Kindern, sieben Jungen und drei Mädchen. Als er zehn Jahre alt war, starb ganz plötzlich die Mutter, drei Wochen nach Jamies Geburt. Nach ihrem Tod heiratete der Vater noch dreimal und ließ sich ebensooft wieder scheiden. Alle drei Stiefmütter vernachlässigten und beschimpften die Kinder. Ralph war wütend und verletzt, weil sein Vater das zuließ; seine Enttäuschung war auch deshalb so schwer, weil der Vater vor dem Tod der Mutter ein kompetenter und fürsorglicher Erzieher gewesen war. Ralph war also doppelt verlassen: zuerst durch den Tod der Mutter, dann durch die Veränderung des Vaters, der ihn und die Geschwister unsensiblen fremden Frauen überlassen hatte. Ralphs ältere Geschwister waren damals schon unabhängig oder weg von zu Hause. So war er der älteste der fünf jüngeren Kinder, und da er sich stark mit der Mutter identifiziert hatte, fing er an, sich um den Säugling Jamie und den vierjährigen Bruder zu kümmern.

Seine Hauptsorge galt aber Jamie, der praktisch von Geburt an vernachlässigt worden war. Während seiner Adoleszenz führte Ralph einen heiligen Krieg für Jamie, er vereitelte die Versuche der jeweiligen Stiefmutter, ihn zu mißhandeln, und verhielt sich ihm gegenüber generell wie ein Vater. Kurz nach seiner Heirat nahm er den untergewichtigen, unerzogenen und intellektuell zurückgebliebenen Jungen zu sich. Ralph und seine Frau sagten übereinstimmend, Jamie sei keine Last für sie, er stelle eine Bereicherung ihres Lebens dar und sei ihnen eine sinnvolle Aufgabe.

Allerdings zeigten sich in Ralphs Verhalten zu Jamie auch die rachsüchtigen und aggressiven Motive für die Versorgung des Bruders. Wenn er es ihm auch nicht direkt verbot, den Vater zu treffen, tat er doch auch nichts, um den Kontakt zwischen Jamie und seinem Vater zu fördern. Er bestand starr auf Gehorsam, weil ihn Aggression auf seiten von Jamie mit seiner eigenen Aggression konfrontiert hätte. Wenn er von Jamie Gehorsam verlangte, verdrängte er seine eigenen Minderwertigkeitsgefühle. Er versuchte zu beweisen, daß er der bessere Vater sei, bewies aber tragischerweise nur eine sehr ähnliche Persönlichkeitsstruktur – rigide, dominant, intolerant gegenüber störenden Gefühlen bei anderen. Er bemühte sich, dem Jungen Wärme und Zuwendung zu geben, konnte ihn aber nicht in den Arm nehmen. Jamies Depression und sein ungeheures Bedürfnis nach Zuwendung machten ihm Angst; er erkannte in dem vernachlässigten und bedürftigen Kind sich selbst wieder. Deshalb delegierte er diese Aufgabe an seine Frau und übernahm die Distanz sichernde Rolle des strengen Erziehers. Jamie liebte seinen Bruder, hatte aber Angst davor, illoyal ihm gegenüber zu sein. Sein Vater und die älteren Geschwister mißbilligten es sehr, daß Ralph Jamie zu sich geholt hatte, und so geriet Jamie in die Rolle einer Geisel, fühlte sich dem Bruder verpflichtet und sehnte sich gleichzeitig nach der vertrauten, wenn auch emotional unberechenbaren Umgebung des väterlichen Hauses. Als der Psychologe diese Problematik ansprach, weigerte sich Ralph wütend und mit starrer Abwehr, sich damit zu beschäftigen. Erst nach langer psychotherapeutischer Arbeit sah er allmählich ein, daß er nicht adäquat für seinen Bruder sorgen konnte.

Konsequenzen für das spätere Leben der versorgenden Geschwister

Als Erwachsene werden fürsorgliche Geschwister von ernsteren persönlichen Krisen oft völlig überrascht. Auch für alle anderen aus dem Verwandten- und Bekanntenkreis sind solche Krisen ein Schock, denn sie kennen sie nur als Menschen, die beständig Hilfe und Unterstützung geben – den Geschwistern wie später den »Ersatzgeschwistern«, also Ehepartnern, Arbeitskollegen, Kindern. Aber am meisten überraschen die psychischen Symptome einer Krise die Betroffenen selbst, die nie auf den Gedanken gekommen wären, selbst einmal Hilfe in Anspruch nehmen zu müssen.

Fürsorgliche Geschwister sind unbewußt immer wütend, fühlen sich vernachlässigt und bitter, weil niemand für sie gesorgt hat. Diese Gefühle werden in einer Krise plötzlich bewußt, und es kommt zum Zusammenbruch. Allerdings erholen sie sich auch meist relativ schnell, weil ihr Selbstbild von Stärke und Selbstgenügsamkeit beherrscht ist.

Susan zum Beispiel, von der wir bereits berichtet haben, kam mit siebenundzwanzig Jahren nach drei gescheiterten Beziehungen in die Psychiatrie. In allen drei Beziehungen spielte sie die dominierende Rolle und gab sehr viel mehr, als sie bekam – genau wie früher in der Beziehung zu ihren Geschwistern. Sie hatte sogar versucht, der Exfrau eines der Männer zu helfen. Von den Männern erwartete sie wenig, sie wählte immer Partner, hinter deren Machogehabe sich der kleine, kindliche Bub verbarg. Alle waren bereits verheiratet gewesen und wollten, daß sie für ihre Kinder aus der früheren Ehe sorgte, ohne sie dabei zu unterstützen. Diese ständige, freiwillig mitgetragene Ausbeutung führte schließlich zum Zusammenbruch: Sie bekam Wutanfälle und drohte, den Liebhaber oder sich selbst zu töten. In der Therapie gestand sie ein, sie sei ihr ganzes Leben auf andere »hereingefallen« und »ausgenutzt« worden. Sorge und Hilfe für andere waren bei Susan zur zweiten Natur geworden. Sie lernte nur unter großen Schwierigkeiten, vom Therapeuten etwas anzunehmen und das Gefühl zu entwickeln, eine Stunde lang »dienstfrei« zu haben und Zuwendung anzunehmen anstatt zu geben.

Versorgende Geschwister funktionieren als Erwachsene meist sehr gut und brechen selten zusammen, aber ihre Persönlichkeitsstruktur ist sehr starr. Es bedarf sehr oft einer langen Therapie, bevor sie lernen, etwas anzunehmen, und anderen erlauben, ihnen etwas zu geben – mit anderen Worten, die Lektionen wieder rückgängig zu machen, die sie in der Kindheit mit den Geschwistern gelernt haben.

Versorgte Geschwister

Milton Rosenbaum (1963) hat einmal gefragt: »Was ist schlimmer – von einer offenen und verdeckt ablehnenden Mutter erzogen zu werden, die aber immerhin erwachsen ist, oder von einem älteren Bruder oder einer Schwester?« Bei Patienten, die als Kinder von Geschwistern versorgt wurden, findet man immer wieder eine Geschichte offener oder verdeckter psychischer wie körperlicher Mißhandlung. Wenn erwachsene

Kontrolle fehlt, entsteht häufig eine Hierarchie, ein Verhältnis von Herr und Diener, Verführer und Verführtem, Wissendem und Ignoranten. Die größere Kompetenz des Versorgenden führt beim Versorgten oft zu Schäden in der Ich-Entwicklung, vor allem in zwei Formen:
– Aggressionen werden absorbiert; das versorgte Kind, verstrickt mit dem Versorgenden, wird gelähmt durch Verpflichtung und Schuldgefühle.
– Passivität und Schwierigkeiten, eine eigenständige Person zu werden.

Versorgende Geschwister erfüllen ihre Pflichten meist rigide und zwanghaft, können die anderen selten als eigenständige Personen sehen und wollen sie nach ihren Zwecken formen. Widerstand verstärkt den Druck, die Schuldgefühle und die Drohungen. Das versorgte Kind introjiziert häufig genug die Aggressionen des älteren und lebt sie dann woanders, gegenüber anderen Geschwistern oder Freunden aus.

So bleiben sie »unfertige Individuen«, deren aggressive Impulse gefährlich oder unkontrollierbar scheinen und deren Wut von dem Ersatzvater oder der Ersatzmutter zensiert werden muß. Sie können dann auch später Aggressionen nicht zur Konfliktlösung einsetzen und werden häufig schwache und passive Erwachsene.

Versorgende Geschwister »übernehmen« häufig nach dem Motto »Ich mach's schon selber« und nehmen damit dem jüngeren Geschwister die Chance zum Lernen (Abrams, Kaslow 1976). Sie können dann nicht genügend praktisches Wissen erwerben, um sich später den Realitäten des Lebens stellen zu können. Wenn das jüngere Kind körperlich oder emotional behindert ist oder Lernschwierigkeiten hat, fördern übereifrige Versorger dann häufig das, was Martin Seligman (1975) »gelernte Hilflosigkeit« nennt. Die Botschaft des versorgenden Geschwisters lautet häufig: »Sei passiv, akzeptiere meine Herrschaft, laß *mich* das tun und tu, was ich von dir will!« und wird täglich in unzähligen Kleinigkeiten deutlich gemacht, in einer Mischung aus Zuneigung (die der Empfänger verzweifelt braucht), Aggression, Demütigung und Strafe. Der Schützling lernt, niedlich, still und klaglos zu werden.

Unter all den Entscheidungen, die ein versorgendes Geschwister für das versorgte Kind trifft, ist die schmerzhafteste die Entscheidung, die Eltern abzulehnen und sich mit dem sie vertretenden Geschwister zu verbünden. Obwohl es Situationen gibt, in denen eine solche Allianz buchstäblich das Leben des Kindes retten kann, kann sie doch auch Schuldgefühle hervorrufen. Das versorgte Kind steckt in einer Bindung fest, in der es dem Bruder oder der Schwester verpflichtet ist und angstvoll vermeidet, seine Liebe zu den Eltern auszudrücken, um den Schutz der Liebe des versorgenden Geschwisters nicht zu verlieren.

Die Frage, ob Geschwister die Elternrolle übernehmen, ist in der heutigen Zeit, in der sich die Muster des Familienlebens verändern, sehr wichtig und wird in Zukunft eine noch größere Rolle spielen. Die traditionelle Rollenverteilung in der Familie verändert sich; immer häufiger arbeiten beide Elternteile oder Alleinerziehende ganztägig, und damit wird die Frage entscheidend, was die Kinder miteinander machen. Heutige Eltern stehen vor der Herausforderung, ihren Kindern einerseits beizubringen, verantwortlich füreinander zu sorgen, und sie andererseits nicht mit der Sorge für die Geschwister zu belasten, die ein Kind oft allzu früh erwachsen werden läßt.

6. Der Einfluß der Sexualität in Geschwisterbeziehungen

Die sexuellen Aspekte der Geschwisterbeziehung sind bislang sträflich vernachlässigt worden. Zu viele Patienten haben auf unsere Fragen gesagt, wie entscheidend der Einfluß der Geschwister für ihre Sexualität war, als daß man die Entwicklung sexueller Identität weiterhin wie Freud und seine Schüler ausschließlich auf die Eltern oder wie die Lerntheoretiker auf allgemeine soziale Umstände beschränken könnte. Geschwister desselben Geschlechts erzählen von der spielerischen Neugier der Kindheit, von körperlichen Vergleichen und Imitation der gegenseitigen sexuellen Aktivitäten in der Pubertät, von Neid und direkter Eifersucht bis weit ins Erwachsenenleben hinein. Geschwister verschiedenen Geschlechts sprechen von sexuellen Spielen in den frühen Jahren, von Balgereien und erotisch gefärbten Berührungen in der Präadoleszenz, von lebenslanger Liebe und Fürsorge und auch von Geschwisterinzest.

Dieses Kapitel ist den sexuellen Einflüssen zwischen Geschwistern des gleichen Geschlechts vorbehalten, im 7. Kapitel geht es dann um sexuelle Interaktionen von Brüdern und Schwestern. Die sehr viel breitere und ausführlichere Behandlung der Sexualität heterosexueller Geschwister wurde notwendig, weil einerseits das uralte Inzesttabu gravierende Auswirkungen hat und weil andererseits die bisherigen Untersuchungen des Geschwisterinzests unseres Erachtens ein falsches Bild zeichnen.

Biologische Ausstattung und Identitätsunterschiede

Die sexuelle Entwicklung wird durch Identifikation oder Rivalität mit einem gleichgeschlechtlichen Geschwister, das für schön oder häßlich gehalten wird, stark beeinflußt. Sexuelle Subidentität basiert häufig auf solchen sozialen Vergleichen, auf der Wahrnehmung des sexuellen Ausdrucks von Körperfunktionen oder der Beziehungen der Geschwister zu anderen Jungen oder Mädchen.* So zeigte eine Untersuchung, daß einige Söhne mit einer oder mehreren Schwestern maskuliner sind als Jungen, die nur Brüder hatten. Aus dem vorgelegten Material läßt

---

* Vgl. Sutton-Smith und Rosenberg (1970), die einen Überblick über die Forschung geben. In einer Studie zeigte sich, daß Jungen mit einer oder mehreren Schwestern maskuliner wirken als Jungen, die nur Brüder haben. Diese Betonung der Männlichkeit erwächst allem Anschein nach aus einer Protesthaltung gegen den dominanten weiblichen Einfluß.

sich schließen, daß die Jungen im ersten Fall ihre Männlichkeit aus Protest gegen den dominanten femininen Einfluß verstärken. Walter Toman (1976) hat darauf hingewiesen, daß die Wahl des Sexualpartners von gleich- und andersgeschlechtlichen Geschwisterbeziehungen geprägt wird.

Sexuelle Identität entwickelt sich primär durch äußere Einflüsse (Simon, Gagnon 1967). Aber auch die Interaktion von Temperament und biologischer Ausstattung mit familiären und sozialen Ereignissen bestimmen, in welcher Weise sich jemand, wie es so oft heißt, sexuell »entfaltet«. Diese Entfaltung ist »ein Prozeß unzähliger Erfahrungen in der Adoleszenz, in dessen Verlauf man sich seiner selbst als sexuelles Wesen bewußt wird, als Mann oder Frau, der/die sich auf sich selbst und auf andere sexuell in einer charakteristischen Weise bezieht« (Sarrel, Sarrel 1979, S. 19). Wenn Kinder von Geburt an körperlich verglichen werden, sind ihre Identität und sexuelle Entwicklung so sehr miteinander verwoben, daß Bestätigung oder Lob allein sie nicht auflösen können.

Schönheit versus Intellekt: Betty und Sherry
Die beiden Schwestern, nur ein Jahr auseinander, waren äußerlich von Anfang an verschieden wie Tag und Nacht. Betty war ein unansehnliches, tapsiges Baby, Sherry, die ältere, war pummelig und niedlich und strahlte jeden an, der sich mit ihr beschäftigte.

Betty: »Es gibt da ein Babyphoto von uns beiden. Ich sitze da mit meinem großen langen Kopf, sehe aus, als hätte ich keine Haare, weil ich blond war, und sie mit ihren langen schwarzen Haaren bis hierher, eine Haut wie Pfirsich und Sahne, ist ganz süß angezogen, und daneben ich wie das blöde Baby. In dem Bild ist das ganze Muster schon angelegt, genau so sind wir großgeworden. Sie war immer sehr, sehr attraktiv.«

In ihrer Kindheit wurde Sherry für ihre Schönheit und ihren Charme gelobt, die schüchterne und linkische Betty für ihre Intelligenz.

Betty: »Ich war als Kind sehr schüchtern, und deshalb zog ich mich wohl noch mehr zurück, vor allem, wenn sie dabei war. Sie hatte so was wie Charisma im Umgang mit Menschen. Sie lernte jemanden kennen, und fünf Minuten später machten sie Pläne für die nächsten zwei Wochen. Das kann ich nicht, ich bin nicht so. Als wir ungefähr zehn Jahre alt waren, hat sie mal zu mir gesagt: ›Du hast den Verstand, und ich habe die Schönheit.‹ Das ist bei mir hängengeblieben. Sie hat einfach den ganzen Mist drumrum beiseite gelassen und hat's auf den Punkt gebracht.«

Interviewer: »Glauben Sie das immer noch?«
Betty: »Ja. Wirklich. Das ist nie weggegangen. Ich wußte, daß ich intellektuell mehr brachte als sie. Ich hab dann einen Sport daraus gemacht, meine intellektuelle Seite zu entwickeln.«

Die Schwestern betonten ihre Unterschiede – Betty aus einer Trotzhaltung, Sherry aus einer gewissen Arroganz heraus, keine wollte so sein wie die andere. Eltern und Freunde, die immer wieder sagten: »Ihr beide seid euch überhaupt nicht ähnlich«, verstärkten den rigiden Differenzierungsprozeß der Schwestern noch.

Betty: »Es gab auch eine Menge Ärger zwischen uns, weil ich nichts tun wollte, was sie tat. Ich wollte immer etwas ganz anderes als sie. Das war die ganze Schulzeit hindurch so.«
Interviewer: »Sie war also ein Prüfstein für das, was Sie nicht tun wollten?«
Betty: »Es hat Zeiten gegeben, da habe ich bewußt das Gegenteil von allem gemacht, was sie tat. Auch wenn ich eigentlich lieber was anderes gemacht hätte.«

Natürlich zog die »Schöne« die Jungen an, während die »Intelligente« sie vermied.

Betty: »Sie fing ganz schön früh mit Jungen an, schon vor der mittleren Reife. Eine Zeitlang hatte sie immer einen festen Freund, den sie dann wechselte. In der Oberstufe ging sie vier Jahre lang mit demselben, aber an der Universität hatte sie viele verschiedene Freunde. Ich dagegen war groß und ungeschickt, ich hatte bis zum letzten Schuljahr eine Zahnspange. Neben meiner Schwester habe ich mich wirklich wie der letzte Dreck gefühlt. Wir hatten in der Schule mal einen Ball, und dazu hat mich ein Junge eingeladen; ich hatte aber so furchtbare Angst, daß ich nicht hingegangen bin. Das war die ganze Schulzeit über so. Ich habe mich nie verabredet, nie! Ich hatte furchtbare Angst davor. Ich wußte einfach nicht, wie man das macht.«

Die anfänglichen körperlichen Unterschiede zwischen den Schwestern blieben als Unterscheidungsmerkmale bis weit in ihr erwachsenes Leben hinein bestehen. Sherry, die »Schönheit«, war jetzt siebenundzwanzig, hatte zwei Abtreibungen hinter sich und viele, zum Teil katastrophale Affären. Betty, sechsundzwanzig und mittlerweile sehr attraktiv, hatte eine brillante, aber emotional unbefriedigende akademische Karriere gemacht, hielt sich jedoch bei sexuellen und sozialen Erfahrungen extrem zurück.

»Ich glaube, ich habe Sherrys sexuelle Erfahrungen als Ausrede benutzt, um mich noch mehr von persönlichen Beziehungen fernzuhalten. In den letzten zwei Jahren habe ich angefangen, darüber nachzudenken, und mich gefragt, ob ich in diesem Spiel zwischen uns nicht nur verliere. Das hat mir Sorgen gemacht. Ich habe mich gefragt, ob ich nur deshalb Karriere machen will, weil mir nichts anderes übrigbleibt. Ich will auch emotionale Beziehungen haben und Nähe zu anderen Menschen. Ich habe mich entschieden, beides zu wollen, und festgestellt, daß ich dafür was tun muß, weil ich es schließlich bin, die Beziehungen verhindert.«

Während Betty ihre eigene konflikthafte Haltung zum Sex und ihr starres Festhalten an den Unterschieden zwischen sich und ihrer Schwester zu verändern suchte, wandte sich Sherry mit einer unglücklichen Liebesgeschichte an sie. Betty zeigte Verständnis, konnte sich zum ersten Mal mit der Trauer ihrer Schwester identifizieren und gestand sich zum ersten Mal ein, daß die Liebe, die bei Sherry immer im Mittelpunkt stand, auch ihrer Mühe wert sein könnte. Sie glaubte nicht mehr, Sherry hätte alle Schönheit und allen Charme für sich gepachtet, und ließ sich von ihr zeigen, wie man die Einladung von Männern charmant annimmt.

Bei weniger konflikthaften Beziehungen gibt es oft Bewunderung für den Charme, die sozialen Umgangsformen und die sexuelle Attraktivität des Bruders oder der Schwester. Viele Geschwister geben sich gegenseitig Tips für das richtige Verhalten beim Rendezvous, bei ersten sexuellen Kontakten und später für die Ehe. Nicht nur die Eltern sind Modelle für den Umgang mit dem anderen Geschlecht, auch geachtete, nicht zuviel ältere oder jüngere Geschwister. Gleichgeschlechtliche Geschwister sind auch sehr wichtig für die *Konsolidierung* der eigenen sexuellen Identität, ganz besonders in der späten Adoleszenz. Das heißt nicht, daß sie die sexuelle Neigung bestimmen, also Homo- oder Heterosexualität, sondern sie verschärfen und sichern das eigene Gespür bei der Wahl des Sexualpartners, bei Verhaltensmerkmalen, Geschlechtsausdruck und sexuellem Empfinden ab. Dieser Einfluß kann durch verschiedene Erfahrungen wie Verführung, Konkurrenz, Rivalität oder Modellbildung entstehen. Modellbildung ist die Alternative zu der Betonung der Unterschiede wie bei Betty und Sherry: Kleidung, Sprachstil und Freizeitaktivitäten des Bruders oder der Schwester werden kopiert. Das kann zu extrem symbiotischen Beziehungen führen. Sabalis (1974) beschreibt einen Fall, in dem *drei* Brüder transsexuell wurden.

Auch andersgeschlechtliche Geschwister sind häufig ein Angelpunkt in dem Identifizierungsprozeß, der zur sexuellen Identität führt. Eine Studentin, die wir interviewten, sagte:

»Es gab vor der Pubertät eine Zeit, in der ich fest davon überzeugt war, lieber ein Junge sein zu wollen. Ich wollte immer die Unterwäsche meines Bruders tragen (lacht). Aber dann, in der Pubertät, habe ich angefangen, Jungen zur Kenntnis zu nehmen, und fing an... ich wollte mich weiblich fühlen, und ich habe lange dafür gebraucht... eigentlich bis zu meinem ersten Freund, bis ich mich wirklich hübsch, weiblich und attraktiv gefühlt habe.«

Sie hatte eine ältere Schwester und schwankte zwischen dem Wunsch nach den körperlichen Attributen des idealisierten Bruders und der Schwester. Beide Identifikationsfiguren spielten in unterschiedlichen Entwicklungsstadien eine wichtige Rolle als Bezugspunkt:

»Jetzt bin ich ganz hübsch, aber das hat lange gedauert. Auf alten Photos sieht man, daß ich lange nicht so attraktiv war wie meine Schwester. Als ich in das Alter kam, wo ich kein Junge mehr sein wollte, wo ich hübsch sein wollte, als ich in diese männlich-weibliche Krise kam, wollte ich weiblich sein, so hübsch wie meine Schwester. Sie war sehr schön, und ich war sehr eifersüchtig auf sie. Das mußte ich überwinden.«

Durch die Identifikation mit beiden Geschwistern lernte sie von beiden: Sie eiferte der anmutigen Schönheit der Schwester nach und ließ sich von ihrem gutaussehenden Bruder Ratschläge geben:

»Als ich anfing, mich für Jungen zu interessieren, sagte er mir, was man bei Verabredungen tut und was nicht, und wie lange ich warten solle, bis ich mich hier oder da anfassen lassen könnte. Er hat mir auch erzählt, was er bei Verabredungen so tat.«

Sexuelle Verwirrung

In klinischen Interviews gibt es viele Geschwister, die die Verwirrung ihrer sexuellen Identität auf den Einfluß eines Bruders oder einer Schwester zurückführen, die sie entweder bewunderten und dann erfolglos zu imitieren versuchten oder die sie zutiefst gekränkt hatten, sie abstießen oder anekelten, so daß sie ihren gesamten sexuellen Ausdruck ablehnten.

»Macho« versus »schwul«: Will und Mark
Beide Brüder sprachen mit Trauer über ihren depressiven Vater, der zu Hause allein sein wollte und seine Söhne oft total ignorierte. Mark, der jüngere, ein achtzehnjähriger Student, fand es sinnlos, sich über den schwachen, unlebendigen Vater beim Therapeuten zu beklagen. Alle Familienmitglieder hielten ihn nicht für fähig, sich zu verändern. Die Mutter beklagte sich zwar über seine Vernachlässigung, unterstützte aber gleichzeitig seine Unzulänglichkeit. Mark konnte sich aber sehr

vehement über seinen Bruder Will beklagen, dessen »Macho«-Haltung ihn entsetzte und abstieß. Will war ein Sexprotz, der ständig mit seinen Eroberungen prahlte und sich genüßlich darüber ausließ, wie wenig ihm Frauen emotional bedeuteten. Aber im Gegensatz zum Vater wirkte Will wenigstens lebendig. Der attraktive, laute, aggressive und impulsive ältere Bruder hatte in den Interaktionen der beiden Brüder immer dominiert. Mark war sanft und stets besorgt, andere nicht zu verletzen. Im stillen kämpfte er mit der Frage, ob er homosexuell sei. Die Schroffheit, mit der Will ihn behandelte, und sein unbekümmerter Umgang mit Mädchen verwirrten ihn. Er hatte noch keine homosexuellen Erfahrungen gemacht, der einzige Anhaltspunkt, den er für seine Neigung hatte, war seine Angst, so zu werden wie der Bruder. Sein unmittelbares Modell für Heterosexualität war eine brutale und getriebene Karikatur der Männlichkeit. Marks Mutter schätzte die Freundlichkeit und Weichheit ihres jüngsten Sohnes, liebte aber erkennbar beide.

Durch den extremen Gegensatz ihrer sexuellen Neigungen erkannte *keiner* der Brüder, wie sehr sie *beide* in Wirklichkeit gegen die Identifikation mit dem Vater kämpften. Für Mark war das Beispiel von Männlichkeit, das ihm der ältere Bruder gab, die zweitbeste, wenn auch keineswegs gute Möglichkeit. Allmählich verfiel Mark ins andere Extrem: Er lehnte das Interesse seines Bruders an Frauen offen ab, bewies sein »Anderssein« durch »schwulen« Kleidungsstil und Phantasien und spielte mit dem Gedanken an eine homosexuelle Partnerschaft. Es dauerte Jahre, bis sich dieser Prozeß auflöste, aber er machte deutlich, daß er anders sein konnte als Will.

Pioniere und Modelle im Bereich der Sexualität

Geschwister, die bestimmte Verhaltensweisen initiieren oder neue Wege in der Entwicklung betreten, werden oft als »Pioniere« bezeichnet. Das müssen übrigens nicht immer die ältesten sein, auch ein frühreifes jüngeres Geschwister kann Zeichen sexueller Reife geben, denen das ältere nacheifert. Sexuelle Pioniere dienen gleichgeschlechtlichen Geschwistern über Identifizierung, Modellbildung, Idealisierung und konstruktive Dialektik als positiver, über destruktive Dialektik, starre Differenzierung oder De-Identifizierung als negativer Prüfstein. Sexuelles Pionierverhalten ist oft unschuldig, verläuft allmählich und wird sozial akzeptiert: Eins der Geschwister bekommt den ersten Kuß, geht als erstes aus, benutzt Lippenstift oder »geht« mit jemandem. Er oder sie bereitet den anderen den Weg, weil der Widerstand der Eltern verringert wird. Wenn das Pionierverhalten aber den Familienregeln widerspricht, zum Beispiel zu spät nach Hause kommen, die Pille nehmen, Wochenendausflüge mit Freund oder Freundin unternehmen, können solche Pioniere als Unruhestifter gebrandmarkt werden, vor denen die Eltern die anderen Geschwister beschützen zu müssen glauben.

Früh- und spätentwickelte ältere Geschwister

Warten auf den Pionier: Roy und Dave
Wenn ein Pionier fehlt, kann sich unter Umständen die sexuelle Entwicklung bei jüngeren Geschwistern verzögern. Sie warten darauf, daß der ältere »anfängt«, ob es um Verabredungen, sexuelle Erfahrungen oder Heirat geht. Roy, ein gutaussehender Dreiundzwanzigjähriger, sprach mit viel Mitgefühl von seinem siebenundzwanzigjährigen Bruder Dave, der an einer Wachstumsstörung litt, die erst nach seinem sechzehnten Lebensjahr durch eine Hormonbehandlung geheilt werden konnte. Dave, ein intelligenter Junge mit ausgezeichneten Schulleistungen, war fast die ganze Kindheit hindurch gleich groß beziehungsweise kleiner gewesen als sein jüngerer Bruder. Roy sprach von der Intelligenz und Liebenswürdigkeit des Bruders, aber sagte auch, wie traurig ihn die Last der Krankheit gemacht hatte, die Dave zu tragen hatte. In der Familie wurde mit stillschweigender Unterstützung des Arztes nie darüber gesprochen, weil man Dave nicht befangen machen wollte. Aber der gesunde Roy fühlte sich schuldig und wußte, daß die geringe Körpergröße für Dave ein Problem war, auch wenn er darüber witzelte und den jüngeren trotz seiner Größe »Krabbe« oder »Kleiner« nannte. Roy erinnerte sich mit großer Verlegenheit, daß ihn Dave einmal gefragt hatte, warum sein Penis so groß sei. Er erinnerte sich auch daran, daß ihm seine Mutter in zwingendem und befehlendem Ton gesagt hatte: »Roy, ich hoffe, daß Dave auch schon mit einem Mädchen ausgegangen ist, wenn du damit anfängst.« Damals war Roy elf und Dave fünfzehn.

»Sie hat das sehr nachdrücklich gesagt, nicht einfach so dahergeredet, es war viel Sorge und Anteilnahme dabei. Das hat wirklich gesessen, ich konnte das nie vergessen.«

Aber Dave, die maßgebliche Identifikationsfigur für den jüngeren, blieb schüchtern und unbeholfen, bis er vierundzwanzig Jahre alt war, und trug so dazu bei, daß Roy sexuell inaktiv blieb. Obwohl Dave mittlerweile körperlich größer und reifer geworden war, war er sozial weit hinter den Gleichaltrigen zurück und brachte es erst mit vierundzwanzig zu seinem ersten sexuellen Kontakt – mit einer Prostituierten. Obwohl Wettbewerb und Leistung in der Familie immer gefördert wurden und Roy seinem älteren Bruder immer voraus sein wollte, konnte er im Bereich der Sexualität nicht mit Dave konkurrieren, weil das die Demütigung eines bereits behinderten Menschen bedeutet hätte, den Roy bewunderte. Also ging er auch nicht aus, Mädchen »waren einfach nicht so interessant«. Aus Angst, den Bruder zu demütigen, wurde er zum Spätentwickler.

Aber fast unmittelbar nachdem Dave ihm erzählt hatte, daß er jetzt endlich »eine Beziehung haben konnte«, verabredete sich Roy zum ersten Mal mit einem Mädchen und stellte fest, daß er das Zusammensein mit Frauen durchaus genießen konnte. Beiden Brüdern ging es gut, und sie konnten jetzt Witze darüber machen, daß sie so »dumm« gewesen wären und nicht schon früher angefangen hätten, mit Mädchen auszugehen.

Vom Pionier gedrängt: Marian und Phyllis
Marian war schon früh und loyal akzeptierend mit ihrer zwei Jahre älteren Schwester Phyllis identifiziert. Durch den frühen, tragischen Tod des Vaters auf sich gestellt, mußten die Schwestern auch noch die Konflikte verkraften, die der ältere Bruder verursachte. Als die Mutter wieder heiratete, waren die Mädchen schon daran gewöhnt, sich selbst zu beschäftigen; der Stiefvater hatte genug Schwierigkeiten mit seinem neuen Stiefsohn, der nicht gehorchte, Schule schwänzte, kriminell und schließlich drogenabhängig wurde. Marian konnte sich daran erinnern, wie sie als Kind in »ihrem« Baum Schutz suchte, während es drinnen lautes, rauhes und in ihren Augen sinnloses Geschrei wegen ihres Bruders gab. Phyllis bot ihr zumindest willkommene Ablenkung und Aufregung. In der frühen Adoleszenz bahnte sie nach Meinung von Marian beiden den Weg:

»Wir waren viel zusammen. Als ich dreizehn war und sie fünfzehn, hat sie mir beigebracht, wie man Marihuana raucht und Alkohol trinkt. Wir fuhren mit dem Auto unserer Eltern, obwohl sie keinen Führerschein hatte, blieben die ganze Nacht auf – solche Sachen fand sie toll. Ich war zu jung dafür, ich hatte noch gar keine eigenen Beziehungen. Sie hatte viele Freunde zu Besuch und fand es wirklich witzig, mir das Marihuanarauchen beizubringen.«

Selbstverständlich machte Marian mit, nachdem Phyllis ihr gezeigt hatte, wie aufregend Sex war:

Marian: »Sie hatte immer viele Freunde, und, wissen Sie, wenn man jung ist... ich wußte es ja nicht besser, ich habe einfach zu ihr aufgesehen und gedacht, es ist phantastisch. Ich habe einfach alles gemacht, was sie sagte.«

Interviewer: »Sie war so etwas wie eine Heldin für Sie, aber mit gemischten Zügen?«
Marian: »Ja... also, ich war dreizehn. Sie hatte mit Jungens angefangen, als sie dreizehn war, und ich war dem von Anfang an ausgesetzt. Ich dachte, ich müßte das jetzt auch machen, ich war noch zu unreif, um es besser zu wissen.«

Marians erwachendes Interesse an Sex gab den Schwestern eine gemeinsame Basis:

Marian: »Als ich in die Oberstufe kam, war es ganz toll für mich, mit ihr und ihrem Freund wegzugehen.«
Interviewer: »Sie waren zwei Klassen auseinander?«
Marian: »Ja, aber es gab da eine Zeit, da ging sie mit einem, der ein oder zwei Jahre jünger war als sie, und ich ging mit einem, der ungefähr ein Jahr älter war als ich. Die beiden waren befreundet, und wir haben in dem Jahr viel zusammen gemacht und sind viel zusammen weggegangen. Ich habe auch fast alles zusammen mit meiner Schwester gemacht.«

Marians verfrühte sexuelle Aktivitäten waren ein natürliches Ergebnis der Pioniertätigkeit der Schwester. Mit vierzehn hatte Marian zum ersten Mal Geschlechtsverkehr, was ihre Schwester nur zu gut wußte:

Marian: »Als wir älter waren, gingen wir mit den Jungen nach oben. Ihr Zimmer war genau neben meinem, und sie lauschte an der Wand, wenn ich da mit einem Jungen drin war.«
Interviewer: »Hat sie Ihnen das später erzählt?«
Marian: »Ja, sie kam direkt danach rein und sagte ›Herzlichen Glückwunsch‹.«

Gegen Ende der Schulzeit wollte sich Marian verändern und entwickelte eine polarisierte Ablehnung der Schwester. Sexuelles Verhalten, das vorher reizvoll und aufregend erschien, war jetzt plötzlich »schmutzig« und »beschämend«. Durch den aggressiven Wechsel von positiver zu negativer Einstellung zur Sexualität konnte Marian sich eine eigenständige Identität schaffen. Gleichzeitig verwirrte sie der abrupte Abschied von ihrem früheren Idol und machte sie depressiv. Sie fühlte sich in ihrer neuen Rolle des moralisch überlegenen »braven« Mädchens nicht wohl, war aber auch enttäuscht von dem ungehemmten Sexualverhalten der früheren Jahre. Um ihr Dilemma zu lösen, begann sie eine Psychotherapie.

Der sexuelle Einfluß, den Geschwister aufeinander haben, ist meist weniger dramatisch als in unseren Beispielen und verläuft stufenweise über viele Jahre. Das gegenseitige Borgen von Kleidungsstücken, Gespräche über das andere Geschlecht, gemeinsames Ausgehen, Trost, wenn eine Liebschaft auseinanderbricht und so weiter machen gleichgeschlechtliche Geschwister oft zu engsten Vertrauten und verläßlichen Verbündeten. In der Regel haben sie kaum Schwierigkeiten, über diesen Einfluß zu sprechen, und können über die mühseligen Jahre der Pubertät lachen, in denen sie versuchten, Sicherheit auf sexuellem Gebiet zu erwerben, oder auch weinen bei der Erinnerung an Beschämung oder Herabsetzung durch die Geschwister.

7. Sexualität zwischen Brüdern und Schwestern

Die sexuelle Anziehung zwischen Brüdern und Schwestern ist lange als Bereich des Bösen oder als Privileg jugendlicher Unschuld betrachtet worden. Aber in der Psychotherapie sprechen viele Patienten mehr oder weniger direkt über sexuelle oder erotische Erfahrungen mit Geschwistern, meist ohne daß die Eltern davon wußten – oder davon wissen wollten. In der Regel geht es dabei um flüchtige Augenblicke unschuldigen Betrachtens, Berührens und Vergleichens zur Befriedigung kindlicher Neugier. Aber es gibt emotionale Konstellationen, in denen Neugier zum Bedürfnis, Vergleich zu Faszination und Berührung zu Umarmungen und Liebe werden, bis hin zu inzestuösen Beziehungen mit mehr oder weniger häufigem Geschlechtsverkehr. Im folgenden werden wir vier Aspekte der Sexualität zwischen Brüdern und Schwestern näher betrachten: spielerische Neugier, Liebe, ödipale Verwicklungen und Inzest.

Spielerische Neugier

Seit Freud (1905) die damals gültige Theorie von der asexuellen Natur des Kindes in Frage gestellt hat, ist die frühe sexuelle Neugier bei Kleinkindern beiderlei Geschlechts von der Forschung und der klinischen Praxis immer wieder bestätigt worden (vgl. z. B. Papalia, Olds 1975). Berry Brazelton (1974) zitiert eine Mutter, die ihren zweieinhalbjährigen Sohn mit zwei anderen kleinen Jungen beobachtete:

»Er hatte sich mit zwei gleichaltrigen Jungen hinter ein paar Büschen versteckt. Sie hatten die Hosen heruntergezogen und betrachteten ihren Penis. Sie sagten: ›Ich bin der Doktor, du legst dich hin‹ und ›Was ist das, Doktor?‹ als sie auf ihren Bauchnabel und die Genitalien zeigten. Am meisten kicherten sie, als Joe auf das Gesäß eines der Jungen zeigte und sagte: ›Da ist dein Hintern‹«. (S. 204f.)

Und ein anderes Beispiel:

»Als die Kinder den Körper der Puppe untersuchten, gaben sie ihrer Mißbilligung Ausdruck: ›Wo macht sie Pipi?‹ ›Kein Loch da.‹ ›Hat keinen Penis. Wie macht er Pipi?‹ Die Kinder wurden immer aufgeregter, rannten herum und brüllten: ›Du Arsch.‹« (S. 204f.)

Die Wahrnehmung der Geschlechtsunterschiede entwickelt sich, und mit fünf oder sechs Jahren gibt das Wissen um »Männlichkeit« und »Weiblichkeit« dem Kind größere Sicherheit über sein eigenes

Geschlecht (Money, Ehrhardt 1972) und über die Geschlechtsrollen (Koch 1956; Brim 1958). In unseren Interviews erinnerten sich erwachsene Probanden sehr viel häufiger an sexuelle Spiele mit anders- als mit gleichgeschlechtlichen Geschwistern. »Doktor-« oder »Vater-und-Mutter-Spiele« oder Berührungen der Genitalien schienen interessanter, wenn das Objekt der Neugierde anders war als man selbst.*

Daß es sexuelle Neugier und sexuelle Spiele zwischen Brüdern und Schwestern gibt, ist keine Überraschung und wird mittlerweile auch in populären Zeitschriften und Büchern zur Beruhigung der Eltern immer wieder als normal postuliert (z. B. Arnstein 1979). Aber was genau ist ein »sexuelles Spiel«? David Finkelhor (1980, S. 172) definiert es als »wechselseitige, kurzfristige Aktivität kleiner Kinder desselben Alters, die sich auf das Zeigen und Berühren des Genitals beschränkt«. Allgemeiner Konsens scheint zu sein, daß sexuelle Spiele zwischen Geschwistern als normales Entwicklungsphänomen zu betrachten sind und nur dann Schuld- und Schamgefühle hervorrufen, wenn die Eltern sie als schändlich, schmutzig und schädlich betrachten. Ein Kind, das unter solchen Gefühlen leidet, spiegelt also die Abscheu der Eltern vor Sexualität. John Mordock (1974) hat einen Fall aus einer familientherapeutischen Praxis beschrieben, in dem die Eltern sich anfänglich weigern, die sexuellen Elemente in dem spielerischen, neckenden und manchmal eifersüchtigen Bündnis zwischen ihrer elfjährigen Tochter und dem neunjährigen Sohn zu erkennen. Die Mutter rationalisierte ihre Abwehr damit, daß die Tochter den Bruder nicht wirklich mögen könne, weil sie selbst ihren eigenen Bruder nicht mochte. Aber die Kinder konfrontierten diese Abwehr immer wieder mit offen sexuellen Balgereien und Witzen. Das Mädchen machte deutlich, daß sie über das Masturbieren ihres Bruders Bescheid wußte, der wiederum erregt wurde, wenn er die Schwester mit ihren großen »roten Backen« nackt sah. Beide sprachen offen darüber, »Kinder zu machen« und »zusammen zu schlafen«.

Wie so viele Geschwister mit einer positiv dialektischen Beziehung führte die wachsende Bewußtheit von ihrer Sexualität zu einer Proklamation der sexuellen Anziehung zwischen ihnen. Aber es gab dabei auch Elemente von Angst, weil erotische Gefühle beim Anblick des Körpers von Bruder oder Schwester auch zu Verwirrung und Scham führen können. Wenn die Eltern keinen Versuch machen, die Sexualität zu erklären, bleiben die Kinder sich selbst überlassen und verschaffen sich durch sexuelle Spiele Klarheit.

---

* Sexuelle Spiele zwischen gleichgeschlechtlichen Geschwistern sind bis heute kaum belegt, sie tauchen auch in der Forschung über Homosexualität nicht auf. Unseres Wissens gibt es keinerlei Literatur über homosexuelle Anziehung zwischen Geschwistern. Es gibt aber keinen Grund anzunehmen, daß es homosexuelle Anziehung und Handlungen zwischen Geschwistern nicht gibt, eher, daß nur selten darüber gesprochen werden kann.

Man kann also festhalten: Im Laufe des sexuellen Entfaltungsprozesses gibt es bei Geschwistern mit hohem Zugang häufig gegenseitige Bewunderung, Vergleiche und sexuell gefärbte Spiele. Die Motive dafür sind vielfältig und werden zum Teil intensiviert, wenn die Eltern die Bedürfnisse der Kinder nicht angemessen befriedigen können. Diese intensivierte Sexualität zwischen Brüdern und Schwestern führt uns zu der komplexen Frage der Liebe.

Liebe zwischen Bruder und Schwester

Aus dem frühen Spiel und der Anziehung zwischen Geschwistern kann sich Liebe entwickeln. Diese Liebe basiert auf Zuwendung, Fürsorge und Identifikation und kann bei ausgeprägtem Bindungs- und Fürsorgeverhalten den Charakter romantischer und sexueller Liebe annehmen. Die sexuelle Neugier der Kindheit wird in der Adoleszenz dann mehr als nur Erkundung und Vergleich; die Beziehung ist nicht mehr eine unter anderen, sondern bekommt große und dauerhafte Bedeutung – ein tragisches Zeichen für mangelhafte Antriebe, sexuelle Beziehungen außerhalb der Familie zu suchen. Auf dem Hintergrund des uralten Inzestverbots unserer jüdisch-christlich geprägten Kultur, die solche Liebe für »widernatürlich« hält, wird die Beziehung zur doppelten Tragödie.

Geschwisterliebe in Geschichte und Mythologie

Es gibt trotz des Inzestverbotes unserer Kultur historische und mythologische Beispiele für Geschwisterliebe. Für die ägyptischen Pharaonen waren Ehen zwischen Brüdern und Schwestern ein geheiligtes Privileg der Herrscher (der früheste Beweis stammt aus der vierten Dynastie, 2700 v. Chr.), mit dem sie ihre direkte Abstammung von den Göttern begründeten und sich gleichzeitig vom Volke unterschieden. Es ist anzunehmen, daß sich dieses Privileg später auf alle Ägypter erstreckte, läßt sich allerdings nicht beweisen, weil die Ägypter dasselbe Wort für Geschwister und Ehepaare benutzten (Santiago 1973). Abraham, der Patriarch des jüdischen Volkes, heiratete gemäß der ägyptischen Sitte seiner Zeit seine Halbschwester Sarah. Solche Ehen waren bis zur Zeit Moses zulässig und wurden erst später abgelehnt: »Verflucht sei, wer bei seiner Schwester liegt, der Tochter seines Vaters oder seiner Mutter« (5. Mose 27, 22). Fast alle Kulturen setzten allmählich der Geschwisterliebe strenge Grenzen.

Die Vorherrschaft des jüdisch-christlichen Gesetzes in der westlichen Welt machte Bruder-Schwester-Inzest illegal und verabscheuungswürdig, aber die Verlockung blieb ein starker, wenn auch von Eltern und Gesellschaft nicht akzeptierter Faktor der Geschwisterbeziehung. Mythen und Literatur bezeugen die uralte Faszination und das Leid der Liebe zwischen Bruder und Schwester. Von Homer (›Odyssee X‹, die Geschichte des Aiolos, dessen sechs Söhne und sechs Töchter paarweise verheiratet waren) und Ovid (›Byblis und Caunus‹, ›Metamorphosen‹) bis zu Thomas Mann (›Wälsungenblut‹, 1906) und William Faulkner (›The Sound and the Fury‹, 1929) enden solche Geschichten tragisch.

So wie Freud in der Mythologie ein schlüssiges Bild für eine andere tabuisierte, aber universell gültige menschliche Beziehung, den Ödipuskomplex, gefunden hat, haben wir aus einem mythologischen und einem literarischen Beispiel wichtige Einsichten für die Analyse von Geschwisterpaaren gewonnen.

Verschmelzen und Spiegeln – Narziß und Echo

Ein griechischer Mythos beschreibt, wie der junge Narziß vor dem Anblick seines Spiegelbildes in einem Teich erstarrt, sich nicht mehr losreißen kann und schließlich aus Trauer darüber stirbt, daß er das gespiegelte Objekt seiner Verehrung, sich selbst, nicht erreichen kann. Freud und seine Schüler haben auf dem Hintergrund dieser Geschichte ihre Theorien des Narzißmus entwickelt (vgl. z. B. Otto Kernberg 1975; Christopher Lasch 1978).

Aber dieser Mythos hat noch einen anderen Aspekt: Es gibt eine Version, in der Narziß seine schöne Zwillingsschwester Echo sucht, die in dem Teich ertrank. Hier ist er nicht einfach von seinem eigenen Bild fasziniert, sondern sucht den Anblick des verlorenen Liebesobjekts, also die Schwester, die sein Spiegelbild ist. Die Beziehung zwischen den Geschwistern, ihre Liebe zueinander ist so stark, daß sich Narziß nicht losreißen kann: unfähig, ohne die Schwester zu leben, bleibt er bei dem Teich, in dem sie starb.

Der Versuch von Narziß, mit der Schwester zu verschmelzen, ist zum Scheitern verurteilt, wie bei allen Geschwistern mit verlängerten Spiegelungs- und Verschmelzungsprozessen. Der Mythos zeigt eine der Wurzeln der Geschwisterliebe: den Wunsch, sich in einer identischen Seele zu spiegeln und damit das Gefühl des Alleinseins zu vermeiden. In dieser verschmolzenen Beziehung ist die Geschwisterliebe narzißtisch und allumfassend: Was einem Teil des Paares zustößt, trifft gleichermaßen den anderen. Es gibt viele Geschwisterpaare, die wie Narziß und Echo nicht ohne einander leben können. Die Sexualisierung ihrer Beziehung bindet sie nur enger aneinander in einer gespiegelten, selbstverliebten Umarmung.*

Flucht vor dem Terror – Siegmund und Sieglinde

In anderen Mythen spiegelt sich das Unbehagen des Menschen an der Geschwistersexualität. Die Strafe für die Liebe zu Bruder oder Schwester ist schrecklich, »Gottes Zorn« fällt auf die, die die Inzestschranke durchbrechen.

In Richard Wagners Opernzyklus ›Der Ring des Nibelungen‹ (1870) werden Narzißmus und Schicksal von Geschwistern gezeigt, die es wagen, ihre Liebe zu leben. Die Zwillinge Siegmund und Sieglinde hatten als Kinder ein traumatisches Erlebnis: Die Mutter wurde ermordet, das Haus verbrannt und Sieglinde von Plünderern entführt. Viele Jahre später kommt Siegmund in das Haus, in dem Sieglinde ohne sein Wissen als Geisel des Erzfeindes ihres Vaters lebt. Bei der Begegnung der Geschwister werden sie von dem beginnenden (narzißtischen) Erkennen verzaubert. Bruder und Schwester werden ein Liebespaar, trotz ihrer Angst vor der Strafe. Aber die Götter, die das Geschehen mit Verachtung und Ablehnung kommentieren, lassen ihr Glück nicht zu: Nach einer einzigen Liebesnacht wird Siegmund erschlagen.

Diese Geschichte enthält einen wichtigen Kern: Brüder und Schwestern suchen häufig dann Liebe, Zärtlichkeit und Mitgefühl beieinander, wenn sie in einem größeren Kontext von Angst und Schrecken leben. Sexualität wird ihnen zu einer Insel der Geborgenheit in einer Welt, in der sie sich verlassen und schutzlos fühlen. Unzureichende Zuwendung von Eltern oder anderen Erwachsenen treiben auch heute noch Geschwister zu sexuellen Beziehungen, in dem Versuch, das Bedürfnis nach ständigem Kontakt zu einer vertrauten und nahen Person zu befriedigen.

Psychiatrie und Psychologie haben den Ödipuskomplex in das Zentrum ihrer Aufmerksamkeit gestellt und so die Sexualität zwischen Geschwistern, wenn überhaupt, nur am Rande betrachtet. Wir müssen deshalb zunächst einige der psychoanalytischen Prämissen im Hinblick auf unser Thema überprüfen.

---

* Der Begriff »Liebe« wird hier in einem engeren Sinne verstanden statt als Zuneigung, sich gern haben, »bewundern« – Begriffe, mit denen viele Menschen die Gefühle für ihre Geschwister beschreiben. Narzißmus und Angst lassen solche Gefühle häufig in sexuelle Verwicklungen umschlagen.

Der Einfluß Freuds

Als Freud unter dem Einfluß der Eröffnungen seiner Patienten seine Theorie der Sexualität zu einer Theorie des Menschen ausweitete, stand er vor einer entscheidenden Frage: Fühlten sie sich tatsächlich von einem Elternteil sexuell angezogen, oder handelte es sich dabei, ähnlich wie bei ihren Gefühlen ihm gegenüber, um Verzerrungen, Phantasien und Verdrängung? Trotz aller Beweise ließ Freud den Gedanken, daß kleine Kinder von ihren Eltern verführt wurden, fallen und entschied, die Hysterie habe ihren Ursprung in den triebhaften sexuellen Wünschen des Kindes. Heute wird angenommen, daß Freud glaubte, die viktorianische Moral seiner Zeit könne die Berichte der Patientinnen über Vater-Tochter-Inzest kaum ertragen, und deshalb die Beweise unterdrückte, um seine Theorie der Hysterie aufrechterhalten zu können (Peters 1976). Nachträglich scheint es durchaus möglich, daß sich auch Freuds Interesse an der ödipalen Theorie der verdrängten Sexualität nur schlecht mit den Beweisen für sexuellen Mißbrauch durch die Eltern vertragen hätte. Morton Schatzman (1973) hat dokumentiert, wie konsequent Freud offensichtliche Fakten über die möglichen realen Traumata eines Kindes zugunsten der Betonung rein psychischer Phänomene ignoriert hat.

Für Freud ist der wichtigste psychische Konflikt jedes Menschen der sogenannte »Ödipuskomplex«: Der mythologische König Ödipus ermordet seinen Vater Laios und heiratet seine Mutter Iokaste. Darin sieht Freud den Grundkonflikt des Kindes dargestellt: Der andersgeschlechtliche Elternteil ist seine erste Liebe, der gleichgeschlechtliche versperrt ihm den Weg zur Erfüllung seiner Wünsche. Die Lösung dieses Konflikts ist für Freud bestimmend für die gesamte weitere Entwicklung des Kindes. Nur wenn dieser Konflikt gelöst ist, kann ein Mensch seine Familie verlassen und ein eigenständiges sexuelles Leben führen.

Freud spekulierte auch über die primitive Vergangenheit des Menschen. In seinem klassischen Essay ›Totem und Tabu‹ (1912/13) übernimmt er die Gedanken des Anthropologen James G. Frazer (1910), nach dem die Kontrolle der sexuellen Gefühle zu den Familienmitgliedern die Energien für den Zivilisationsprozeß freisetzte. Laut Freud konnte sich moderne Kultur erst entwickeln, als Männer und Frauen sich Sexualpartner *außerhalb* der Stammesgruppe suchten (»Exogamie«). In seinen Worten: Mit dem Totem bestehe auch »das Gesetz, daß Mitglieder desselben Totem nicht in geschlechtliche Beziehungen zueinander treten, also auch einander nicht heiraten dürfen« (Freud 1912/13, S. 8).

Es gibt also keine instinktive Abwehr gegen inzestuöse Beziehungen, die ersten sexuellen Impulse des Kindes richten sich auf Familienmitglieder. Gibt man aber diesen Gefühlen nach, ist man verloren wie Ödipus oder läuft Gefahr, in die primitive Vergangenheit der Art zurückzufallen. Die Reaktion auf die nur teilweise verdrängten Inzestwünsche in der Familie ist die Inzestfurcht; das Inzesttabu greift am stärksten da, wo auch die sexuellen Wünsche am stärksten sind, nämlich in bezug auf die Eltern des Kindes.

Was ist aber mit Geschwistern? Hat Freud über sexuelle Gefühle oder erotische Handlungen zwischen Geschwistern oder die Ängste der Kinder dabei etwas gesagt? In ›Totem und Tabu‹ beschreibt er Geschwister in primitiven Kulturen als Mitglieder der Stammeshorde, die einander begehren, sich aber unerträglich schuldig fühlen, weil sie den Vater, der das Ausleben dieser Gefühle verhindert hat, ermordet haben. Weil diese sexuellen Beziehungen zum Chaos führen könnten, wenden sich die Brüder von den Schwestern ab und suchen ihre Partnerinnen außerhalb. Jahre später (1930) hat Freud von zwei Arten der Geschwisterliebe gesprochen: begehrende und fürsorgliche. Die begehrende ist das Überbleibsel der primitiven Vergangenheit des Menschen, die fürsorgliche die Verschiebung ungelöster ödipaler Liebe zu einem Elternteil. Geschwisterliebe war für Freud »zielgehemmt«, das heißt, sie ist sekundär und lenkt von dem am meisten begehrten Objekt, dem gegengeschlechtlichen Elternteil, ab.*

Ernest Jones, Freuds Biograph und Kollege, trug mit seinen orthodoxen Überlegungen zu dieser bis heute gültigen Auffassung der Sexualität zwischen Geschwistern bei:

»Die Merkmale des Vater-Tochter-Komplexes finden sich ebenfalls bei dem sehr ähnlichen Bruder-Schwester-Komplex. Wie die analytische Arbeit immer wieder zeigt, ist auch dies ein Derivat des fundamentalen Ödipuskomplexes. Wenn sich im frühen Leben des Knaben die Inzestschranke entwickelt, beschränkt sie sich zunächst auf die Beziehung zur Mutter und erstreckt sich erst später auch auf die zur Schwester; erotische Erfahrungen zwischen Brüdern und Schwestern sind denn auch in der frühen Kindheit häufig anzutreffen. Die Schwester ist meist die erste Stellvertreterin der Mutter als erotisches Objekt. Durch sie lernt der Knabe, den Weg zu anderen Frauen zu finden. Die Beziehung zur Schwester entspricht der Beziehung der Eltern, und er spielt denn auch später oft eine Vaterrolle für sie (Fürsorge, Schutz und so weiter).« (Jones 1910, S. 157f.)

---

* Wenn Freud sich etwas gründlicher mit der Familie des Ödipus beschäftigt hätte, hätte er entdeckt, daß Ödipus' Tochter Antigone ihren Bruder Polyneikes liebte. Als der grausame König Kreon dem Leichnam des Bruders die Beerdigung verweigert, stellt sich Antigone gegen ihn und sagt: »Es gibt keine bessere Art, mich auf den Tod vorzubereiten, als meinen Bruder zu begraben.« In Wirklichkeit rührt die Liebe zwischen Bruder und Schwester nicht *nur* aus verdrängtem Begehren eines Elternteils her, sondern kann sich auch aus Loyalität, Fürsorge und dem Gefühl eines ähnlichen Schicksals entwickeln.

Das Leitmotiv der psychoanalytischen Theorie zur Geschwisterbeziehung lautet: Geschwister gleichen Geschlechts sind Rivalen um die elterliche Liebe, Geschwister entgegengesetzten Geschlechts ein natürliches Ventil für verschobene ödipale Wünsche. Freud und seine Schüler messen der Geschwisterbeziehung keine eigenständige Bedeutung zu, das Ausmaß der direkten Gefühle der Geschwister füreinander oder der Familienkonstellationen, in denen Geschwister sich sexuell zueinander hingezogen fühlen, blieb unbeachtet (vgl. z. B. Oberndorf 1929).

Erst gut sechzig Jahre später gab es den einen oder anderen Widerspruch zu der dogmatischen Betrachtungsweise des Geschwisterinzests als Ausdruck ödipaler Wünsche. Der wichtigste findet sich bei L. P. R. Santiago (›Die Kinder des Ödipus‹, 1973), blieb aber wenig beachtet. Einen Fuß noch im Freudschen Lager, den anderen schon außerhalb, schreibt er:

»Wenn ein oder beide Elternteile körperlich oder emotional nicht zugänglich sind, ist es durchaus möglich, daß sich die Geschwister, denen ein Objekt für die Rivalität fehlt, einander zuwenden, um ihrer Abhängigkeit und ihren erotischen Bedürfnissen zu begegnen. Was anfänglich als ›zweitbestes‹ Liebesobjekt schien, kann im Ergebnis ›besser‹ als das Original sein. Das Fehlen von Autorität und die größeren Chancen zur Geheimhaltung (aus gegenseitiger Abhängigkeit und aus Angst) tragen nach und nach zum Fortbestand der sexuellen Beziehung bei.« (1973, S. 7)

Damit hatte Santiago erkannt, daß Geschwister mehr als nur sexuelle Stellvertreter der Eltern sind und daß es distinktive Merkmale und in einigen Fällen auch Vorteile der erotisierten Geschwisterbeziehung gibt,* und hat *kontextgebundene Umstände*, einschließlich elterlicher Defizite, einbezogen.

Der ödipale Kontext, in den Freud und seine Schüler die Sexualität zwischen Geschwistern gestellt haben, läßt sich wie folgt zusammenfassen:

– Inzestuöse Gefühle zu Bruder oder Schwester sind ein natürliches Überbleibsel der primitiven Stammesvergangenheit des Menschen;
– Bruder-Schwester-Inzest ist eine heimliche Zurückweisung der väterlichen Macht, im Grunde die Kastration des dominierenden Mannes;
– durch die sexuelle Beziehung zu ihren Schwestern ersetzen die Brüder den schwachen oder abwesenden Vater und werden selbst zum dominierenden sexuellen Mann der Familie;

---

* Obwohl Santiago vor den potentiell schädlichen Auswirkungen sexueller Verwicklungen zwischen Geschwistern warnt, entschärft er doch einige Aspekte des Geschwisterinzests durch die Hinweise auf historische und mythologische Vorbilder.

- Töchter mit inzestuösen Wünschen an ihre Väter können diese Wünsche auf die Brüder verschieben;
- Söhne mit inzestuösen Wünschen an ihre Mütter können diese Wünsche auf ihre Schwestern verschieben.

Aber diese Erklärungen reichen nicht aus. Mit der wachsenden Einsicht, daß inzestuöses Elternverhalten Vernachlässigung der Kinder keineswegs ausschließt, muß die ödipale Theorie um den folgenden Punkt erweitert werden:
- Wenn die Eltern ihre Kinder verlassen oder ihnen keine Zuwendung mehr geben, verschieben die Kinder ihre Wut, Hilflosigkeit und sexuellen Gefühle auf die Geschwister; das Ergebnis ist ein Gemisch aus Aggression und Erotik in manchen Geschwisterbeziehungen.

Freuds Versehen

Freud war zu seiner Zeit ein Genie, aber vorzuwerfen ist ihm seine enge Sichtweise der Geschwisterbeziehung und besonders der Geschwistersexualität. Unter dem berauschenden Einfluß der ödipalen Theorie, die er vom Primitiven auf Familien, auf die inneren Auseinandersetzungen des Kindes und die gesamte Psychopathologie ausweitete, hielt er seine Theorie der Geschwistersexualität praktisch in der Hand, ließ sie sich aber durch die Finger gleiten.

Sexuelle Einflüsse zwischen Geschwistern:
Der Wolfsmann und seine Schwester
Freuds Wolfsmann, der berühmt gewordene Protagonist des Aufsatzes ›Aus der Geschichte einer infantilen Neurose‹ (1918) ist auch deswegen außergewöhnlich, weil er eins der wenigen dokumentierten Beispiele für Geschwistersexualität in früher Kindheit darstellt. Freud hat hier die »Verführung« des Patienten durch dessen Schwester beschrieben. Der Wolfsmann erinnert sich an die Zeit, als er dreieinviertel und die Schwester fünfeinhalb Jahre alt war:

»... die Schwester habe ihn ja ... zu sexuellen Tätlichkeiten verführt. Zunächst kam die Erinnerung, daß sie auf dem Abort, den die Kinder häufig gemeinsam benutzten, die Aufforderung vorgebracht: Wollen wir uns den Popo zeigen, und dem Wort auch die Tat habe folgen lassen. Späterhin stellte sich das Wesentlichere der Verführung mit allen Einzelheiten der Zeit und der Lokalität ein. Es war im Frühjahr, zu einer Zeit, da der Vater abwesend war; die Kinder spielten auf dem Boden in einem Raum, während im benachbarten die Mutter arbeitete. Die Schwester hatte nach seinem Glied gegriffen, damit gespielt und dabei unbegreifliche Dinge über die Nanja wie zur Erklärung gesagt.« (Ges. Werke Bd. 12, S. 43)

Die Neurose des Jungen brach wahrscheinlich aus, als die Eltern, die den Sommer über verreist waren, die Kinder bei der englischen Gouvernante ließen. Als sie von der Reise zurückkehrten, war er verändert, überempfindlich und jähzornig. Obwohl Freud erkannte, daß die Verführung durch die Schwester zu der Wut des Jungen beitrug, vor allem, weil er der sexuell frühreifen Schwester passiv ausgeliefert war (und auch tatsächlich ihr Opfer wurde), ging er nicht auf die Frage ein, ob die sexuellen Aktivitäten zwischen Schwester und Bruder in diesem Zeitraum anhielten. Es war wohl von der Aggressivität und intellektuellen Überlegenheit der Schwester die Rede, die den Bruder außerdem mit Bildern eines Wolfs erschreckte (was später seine Zwangsneurose prägte und ihm den Namen des »Wolfsmann« eintrug). In der Adoleszenz versuchte der Junge, die Situation umzudrehen:

»In der stürmischen sexuellen Erregtheit seiner Pubertätszeit wagte er es, eine intime körperliche Annäherung bei ihr zu suchen. Als sie ihn ebenso entschieden wie geschickt abgewiesen hatte, wandte er sich von ihr sofort zu einem kleinen Bauernmädchen, das im Haus bedienstet war und den gleichen Namen wie die Schwester trug. Er hatte damit einen für seine heterosexuelle Objektwahl bestimmenden Schritt vollzogen, denn alle die Mädchen, in die er sich dann später oft, unter den deutlichsten Anzeichen des Zwanges, verliebte, waren gleichfalls dienende Personen, deren Bildung und Intelligenz weit hinter der seinigen zurückstehen mußten. Waren alle diese Liebesobjekte Ersatzpersonen für die ihm versagte Schwester, so ist nicht abzuweisen, daß eine Tendenz zur Erniedrigung der Schwester, zur Aufhebung ihrer intellektuellen Überlegenheit, die ihn einst so bedrückt hatte, dabei die Entscheidung über seine Objektwahl bekam.« (S. 45 ff.)

In der weiteren Erklärung der Persönlichkeit des Patienten ließ Freud die Verführung durch die Schwester beiseite und konzentrierte sich ganz auf die Urszene zwischen den Eltern (deren Zeuge der Patient im Alter von nur eineinhalb Jahren gewesen sei). Die Interaktion zwischen Bruder und Schwester war für Freud unter dem Einfluß der ödipalen Theorie nur sekundär und verstärkte seiner Meinung nach die sexuelle Eltern-Kind-Dynamik.

Wir haben diesen Fall anhand des vorhandenen Materials überprüft und fanden viele Hinweise auf die Bedeutung der Geschwisterkonstellation und ihre sexuellen Aktivitäten. Zunächst einmal litt die Mutter unter schweren, immer wieder auftauchenden Unterleibsbeschwerden und konnte die tägliche Versorgung der Kinder kaum überwachen. Der Vater war depressiv und oft lange im Sanatorium, also abwesend. Die Kinder wurden von zahlreichen und zum Teil unfähigen Personen versorgt, hatten hohen Zugang zueinander, der Altersunterschied (zwei Jahre) war gering, sie spielten häufig zusammen und identifizierten sich über eine lange Zeit miteinander. Freud bemerkt: »Ähnliche geistige

Anlage und gemeinsame Opposition gegen die Eltern führten sie so weit zusammen, daß sie wie die besten Kameraden miteinander verkehrten« (S. 45). Daß es sexuelle Aktivitäten zwischen ihnen gab, steht fest, die Verführung durch die Schwester im Kleinkindalter und die sexuellen Avancen des pubertierenden Jungen sind unbestritten. Es handelte sich hier also gerade nicht um eine unproblematische Familie ohne Krisen. Die Eltern hatten schwere Symptome, der Bruder kam später mit einer »manisch-depressiven Psychose« in die Klinik, und die Schwester, vermutlich schizophren, brachte sich um. Diese Familienverhältnisse lassen durchaus den Schluß zu, das inzestuöse Verhalten der Kinder müsse mehr sein als nur die Entladung »sexueller Gelüste« (S. 50).

Unserer Meinung nach sind die Abwesenheit und die emotionale Vernachlässigung der Eltern ein zentraler Angelpunkt für die Aktivierung der natürlichen Anziehung zwischen den Kindern. Das führt uns zu der Hypothese, die wir an vielen Fällen erhärten konnten: *Die emotionale Abwesenheit der Eltern kann die gegenseitige Abhängigkeit und die sexuelle Neugier von Geschwistern mit hohem Zugang intensivieren.* Interviews mit Patienten, die von ihren andersgeschlechtlichen Geschwistern sexuell angezogen wurden, machen immer wieder die Muster deutlich, die sich auch in den literarischen oder mythologischen Geschwisterbeziehungen zeigen: hoher und ungehinderter Zugang, Verschmelzung, Spiegeln und Zwillingsbildung aufgrund elterlicher Abwesenheit, Flucht vor Terror, Mitleid und Empathie.

Geschwisterinzest

Auf dieser Basis lassen sich viele Dimensionen inzestuöser Geschwisterbeziehungen betrachten. Wir definieren Geschwisterinzest in Abgrenzung zu sexuellen Spielen sehr eng: ausschließlich heterosexuell mit mindestens einmaligem vaginalen und/oder oral/genitalen Verkehr.

Um den Geschwisterinzest in seiner ganzen Komplexität zu begreifen, müssen folgende Fragen geklärt sein:

1. Informationsquelle und Informationsart über den Inzest.
2. Alter und Entwicklungsstufe der Beteiligten zu Beginn der inzestuösen Beziehung.
3. Häufigkeit und Dauer der inzestuösen Handlungen.
4. Kontext des Inzests wie ethnische, religiöse und kulturelle Werte der Familie, ihre Haltung zu Sexualität und die ökonomischen, sozialen und geographischen Daten.
5. Familiensystem und psychische Einflüsse auf die Geschwister.

6. Art des sexuellen Verhaltens und die Gründe dafür.
7. Manifeste Lang- und Kurzzeiteffekte des Inzests.

Psychiater oder Psychotherapeuten fragen in der Regel nicht nach Geschwisterinzest, und die Patienten schneiden das Thema selten von sich aus an (Berry 1975). In den wenigen Untersuchungen, die es gibt, kamen die meisten Informationen von Schwestern (Finkelhor 1979; Forward, Buck 1978; Meiselman 1978). Wir haben Tiefeninterviews mit sieben Frauen geführt, die inzestuöse Erfahrungen hatten, und Kollegen gaben uns Material über weitere acht.

Wo aber bleiben die am Inzest beteiligten Brüder? Nur zwei Männer in unseren Interviews gaben inzestuöse Erfahrungen mit ihren Schwestern zu; alle anderen bestritten einen Bruch des Inzest-Tabus. Einige bekannten sich immerhin zu sexuellen Gefühlen gegenüber einer oder mehreren Schwestern und flüchtigen, heimlichen Berührungen in der frühen Adoleszenz. In einer der wenigen gründlichen Untersuchungen zum Thema gibt es sieben Interviews mit Schwestern, aber nur eins mit einem Bruder (Meiselman 1978), bei Masters und Johnson gibt es nur zwei Berichte von Männern über Inzest mit ihren – allerdings zehn beziehungsweise sieben Jahre älteren – Schwestern; in beiden Fällen mit traumatischen und anhaltenden Auswirkungen. Mit Ausnahme der Untersuchung von S. Kirson Weinberger (1955) über inhaftierte Sexualstraftäter (also einer ganz speziellen Untergruppe, die beträchtlich älter als die Schwestern waren und sie eindeutig ausgenutzt hatten) gibt es keine umfassende Studie über Männer mit inzestuösen Geschwisterbeziehungen.

Zwar sind Männer in jeder psychotherapeutischen Erhebung unterrepräsentiert, doch gibt es durchaus einige spezielle Gründe für inzestuöse Brüder, sich von Psychotherapeuten fernzuhalten. Karin C. Meiselman nennt einige davon: (1) War der Bruder der Aggressor, entspricht der Inzest durchaus noch dem männlichen Ideal von Dominanz, fordernder Sexualität und Aggressivität. (2) Die Selbstwahrnehmung eines Bruders als Opfer verletzt das erstrebte männliche Bild von der größeren Stärke des Bruders gegenüber der Schwester und kann nur schwer angesprochen werden; (3) darüber hinaus würde ihm vermutlich kaum jemand glauben. (4) Inzest ist für den Bruder allgemein weniger problematisch und leichter zu akzeptieren, daher entsteht selten ein psychotherapeutisch zu behandelnder Leidensdruck.

Es hängt sehr stark von Alter und Entwicklungsstufe der Beteiligten ab, ob sie die Inzesterfahrung begreifen und mit ihr umgehen können. Für Fünf- oder Sechsjährige ist Geschwisterinzest überwältigend, verwirrend, aufregend oder brutal. Die Nachwirkungen dieses Traumas können oft nur in langer therapeutischer Behandlung aufgelöst werden. Susan Forward und Craig Buck (1978) beschreiben die Auswirkungen, die die wiederholte Vergewaltigung einer Fünfjährigen durch den sechzehnjährigen Bruder auf das spätere Leben dieses Mädchens hatte: extremer Männerhaß, starke Selbstmordneigung und ein ausgesprochen negatives Selbstbild.

Bei reiferen Geschwistern muß Inzest nicht so destruktiv wirken. So erzählte eine siebenundzwanzigjährige Studentin von einem langen Wochenende, das sie fünf Jahre zuvor, unmittelbar nach der Trennung von ihrem Mann, dessen feindseliges Verhalten ihr Selbstwertgefühl bedroht hatte, mit ihrem älteren Bruder verbracht hatte. Sie hatte sich zu ihm geflüchtet und schlief mit ihm. Ihren Aussagen nach gab es zwischen ihnen keine Inzestgeschichte, und es blieb ein einmaliges Ereignis. Sie hatte keine Schuldgefühle und hatte die Erfahrung offensichtlich genossen. Der Inzest fand in einer Zeit tiefer Einsamkeit und Hilflosigkeit statt, und der Bruder, der Freude und Trost in der Kindheit gegeben hatte, vermittelte ihr in dieser Krise Ausgeglichenheit, Stabilität und Kontakt, jetzt eben über Sexualität. Dieses einmalige Ereignis fand nicht auf der Basis einer unbefriedigenden Eltern-Kind-Beziehung statt, außerdem hatte sie es selbst initiiert und konnte es rationalisieren in dem Sinne, daß sie damals eben jemanden gebraucht hatte, der in dieser Krisensituation auf diese spezielle Weise für sie sorgte.

Unsere Interviews haben gezeigt, daß es durchaus erwachsene Frauen gibt, die diese Erfahrung ohne traumatische Auswirkungen machen können. Sehr junge Kinder können das Ereignis unter Umständen verdrängen. Aber in der Prä-Adoleszenz hat der Geschwisterinzest fast immer schädliche Wirkung, weil sich Kinder in diesem Stadium bewußt mit den ersten Regungen der Pubertät, mit sexuellen Gefühlen und körperlichen Veränderungen beschäftigen. Diese Gefühle können verwirrend, geheimnisvoll und schön sein, aber sie können auch Schuldgefühle machen. Sexuelle Verwicklungen zwischen Brüdern und Schwestern in diesem Stadium haben deswegen oft starke und anhaltende Auswirkungen auf die sexuelle Identität.

Das mächtige Geheimnis

Die Sexualisierung einer Geschwisterbeziehung treibt die Beziehung in den Untergrund, außer Sichtweite der Eltern und der anderen Geschwister, in eine Art geschwisterliche Unterwelt.* Das Geheimnis bekommt zusätzliche Intensität und Bedeutung, weil die meisten Erwachsenen schon offenes Zeigen sexueller Gefühle zwischen den Kindern nicht akzeptieren können, geschweige denn sexuelles Verhal-

---

* Finkelhor hat in einer Untersuchung von Collegestudenten (1979) festgestellt, daß nur 12% aller Geschwister mit sexuellen Beziehungen irgend jemandem davon erzählt haben.

ten, auch wenn mittlerweile widerwillig zugegeben wird, daß es »so etwas« gibt (Pincus, Dare 1978).

Anders als bei Siegmund und Sieglinde in der Wagneroper liegt die Initiative der Erotisierung der Beziehung selten gleichermaßen bei beiden Geschwistern. Eins ist immer ein bißchen weiter, rüttelt stärker an der Inzestschranke. Aber die Erotisierung der Beziehung überhaupt entwickelt sich häufig genug im gegenseitigen Einverständnis, wird für beide annehmbar und verläuft unabhängig von den ursprünglichen Motiven. Eins der Kinder könnte jederzeit das Geheimnis aufdecken, aber der emotionale Gewinn der Aufrechterhaltung der Beziehung ist in der Regel größer. Kinder, die von den Eltern nicht genug Zuwendung bekommen oder von ihnen verletzt werden, entscheiden sich meist für die Fortsetzung des Inzests, weil ihnen das Geheimnis enorme Macht gibt: Sie haben ein Bündnis geschlossen, das die Eltern nicht durchdringen können. Gemeinsam sind sie stärker als die Eltern, haben die elterliche Autorität überwunden, und das direkt unter ihrer Nase! Inzest ist immer eine »Familienangelegenheit« (Machotka, Pitman, Flomenhaft 1967), aber ein Geschwisterinzest läßt sich leichter verbergen als ein Eltern-Kind-Inzest, zu dem immer die (stillschweigende) Duldung des anderen Elternteils gehört. Kinder, die entschlossen sind, die Eltern über den Weg des Geschwisterinzests symbolisch zu vernichten, finden fast immer die Möglichkeit dazu, ob die Eltern nun naiv, mißtrauisch oder wachsam sind.

Schmerz, Schutz und Bindung: Patty und Shawn
Die attraktive Patty, neunundzwanzig Jahre alt, hatte mit Ausnahme ihres Therapeuten nie mit einem Menschen über die Beziehung zu ihrem Bruder gesprochen. Auch die beste Freundin und der Ehemann erfuhren nie mehr als Andeutungen über ihre Kindheit. Patty war Expertin darin, auch den aufmerksamsten Zuhörer mit Schlagfertigkeit, einem heiteren Lachen, einer witzigen Bemerkung aus dem Gleichgewicht zu bringen. Sie konnte sich hervorragend verstellen und hatte Eltern und Freunde seit Jahren an der Nase herumgeführt, genauer gesagt, seit ihrem sechsten Lebensjahr, als die sexuelle Beziehung zu ihrem elfjährigen Bruder begann. Sie selbst sagt: »Ich war weder bei meinen Eltern noch bei meinem Bruder ich selbst. Bei meinen Eltern war ich kein Kind, ich war ›Patricia‹, und ich sollte meinen Bruder auf den richtigen Weg bringen. Aber keiner wußte, was ich wirklich dachte.« Es blieb ihr nichts anderes übrig, als immer auf der Hut und auf dem Sprung zu sein, und das ist sie noch heute.

Ihr Bruder war in Schwierigkeiten gewesen, solange sie denken kann. Sie schauderte vor den brutalen Schlägen zurück, die der Vater ihm gab. Mit diesen Schlägen endet auch die Erinnerung an den ersten sexuell gefärbten Zwischenfall:

Patty: »Es fing an, als ich sechs war. Wir waren fünf Jahre auseinander... er muß elf gewesen sein. Wir spielten: ›Ich hab dein Ding gesehen‹, so was in der Art. Ich nehme an, das waren die Vorläufer. Eines Abends lief ich ins Badezimmer, und da saß er. Ich wußte nicht, daß er da drin war, und ich glaube, er spielte an sich herum. Jedenfalls fragte er, ob ich mal anfassen wollte. Ich sagte ja, und so fing das an, aber wir wurden erwischt. Unsere Eltern erwischten uns.«
Therapeut: »An diesem Tag?«
Patty: »Genau dann und genau da, und er wurde *furchtbar* verprügelt.«
Therapeut: »Von Ihrem Vater?«
Patty: »Ja, und das hat mich immer wütend gemacht. Wenn wir uns prügelten und meine Eltern uns erwischten, sagten sie: ›Shawn, du bist schuld.‹ Er wurde härter bestraft als ich. Ich fand das immer unfair. Er wurde geschlagen, und ich regte mich auf.«

Patty war eng mit Shawn identifiziert und idealisierte ihn sehr lange. Wenn andere ihm etwas taten, kam sie ihm zu Hilfe:

Patty: »Dieser Billy aus unserer Straße hat ihn einmal verhauen, und er kam weinend nach Hause. Da bin ich losgegangen und hab Billy verprügelt, und Shawn hat sich bei mir bedankt.«
Therapeut: »Wie haben Sie das geschafft?«
Patty: »Ich hatte einen Gürtel an, den hab ich abgemacht und ihn mit der Schnalle verhauen.«
Therapeut: »Sie haben also Ihren großen Bruder beschützt?«
Patty: »Nicht nur damals, das mache ich heute noch.«

Patty *mußte* sich auf ihren Bruder verlassen. Die Mutter arbeitete, der Vater hatte häufig finanzielle Schwierigkeiten, trank und hatte Affären. Pattys Wohlergehen hing also von Shawn ab. Bei ihm fühlte sie sich sicher, wenn die Eltern nicht zu Hause waren, obwohl sie gleichzeitig auch Angst vor ihm hatte:

Patty: »Ich glaube, ich möchte meinen Bruder schrecklich gern lieben können. Aber ich liebe ihn nicht wirklich, obwohl ich es gern täte.«
Therapeut: »Warum lieben Sie ihn nicht?«
Patty (nach langer Pause): »Ich glaube, ich hab kein Vertrauen zu ihm. Deshalb kann ich ihn auch nicht lieben. Er macht mir angst. Er hat mir immer angst gemacht.«
Therapeut: »Wie macht er Ihnen angst?«
Patty: »Körperliche Angst. Er hat mich früher oft verhauen, er war sehr jähzornig. Als ich klein war, hat er zweimal meinen Kopf so an die Wand geschlagen, daß ich bewußtlos wurde.«

Die Abwesenheit und Vernachlässigung durch die Eltern führten dazu, daß die Kinder ihre Beziehung intensivierten:

Patty: »Es war ganz normal. Wir hatten getrennte Schlafzimmer, aber sie gingen ineinander über. Meine Eltern waren oft weg, und er paßte dann auf mich auf. So war es ganz leicht, zusammenzusein und alles zu tun, was wir wollten.« (Ihre Stimme wird leiser, fängt an zu zittern.)
Therapeut: »Wie geht es Ihnen bei diesen Erinnerungen?«
Patty: »Ich habe Angst, große Angst.«
Therapeut: »Was für eine Angst.«
Patty: »Es ist fast so, als würde ich es wieder erleben. Ich bin in Panik, voller Angst. Mir fällt jetzt erst ein, daß ich Angst hatte, verhauen zu werden, wenn ich nicht tun würde, was er wollte.«
Therapeut: »Sie waren damals sechs, sieben, acht...«
Patty: »...und neun und zehn und elf und zwölf. Das lief, bis ich aufs College ging und er wegging.«
Therapeut: »Es war also Ihr gemeinsames Geheimnis?«
Patty: »Ja, und wir haben es beide bewahrt. Wir hatten die größte Angst davor, erwischt zu werden. Für mich war das die größte Drohung überhaupt.«
Therapeut: »Und welche Auswirkungen hat das heute in bezug auf Ihre Beziehung zu ihm? Sie müssen ja jetzt keine Angst vor dem Erwischtwerden mehr haben.«
Patty: »Ich habe mir selbst so viel vorgelogen, daß ich geglaubt habe, es sei nie passiert. Es hat mich angeekelt.«

Patty und Shawn hatten jahrelang zwei-, dreimal in der Woche oralen und genitalen Verkehr oder masturbierten sich gegenseitig. Erst als Patty in die Pubertät kam, wurden die sexuellen Begegnungen seltener. Sie gab reumütig zu, daß ihr diese geheime Welt, in die die Eltern nicht eindringen konnten, auch Spaß gemacht hat. Shawn, der wußte, wie sehr die Eltern Patty verstörten, benutzte ihre Ablehnung berechnend für seinen eigenen Vorteil.

Patty: »Ich kann nicht sagen, daß meine Eltern einen positiven Einfluß hatten. Ich habe ihnen nie irgend etwas geglaubt. Wenn sie sagten, Alkohol sei gefährlich, mußte ich erst selber welchen trinken, weil ich ihnen nichts glaubte. Mein Vater hatte viele Affären. Und ich wußte das, und mein Bruder wußte das, und bei solchen Sachen waren Shawn und ich uns sehr nahe. Wir wußten, daß wir davon nichts wissen sollten, und so haben wir die ganze Zeit darüber geredet. Aber Shawn sagte dann: ›Es ist in Ordnung, wenn wir das tun, sieh dir Papa an, er hat schließlich eine Freundin.‹«

Therapeut: »Shawn hat damit gesagt, verbotener Sex sei in Ordnung.«
Patty: »Genau.«

Die Angst vor Schlägen war nicht der einzige Grund für Pattys sexuelle Beziehung zu ihrem Bruder. Sie hatte viel Empathie für ihn, sie fühlte seinen Schmerz mit und konnte Kontakt zu ihm herstellen, ganz im Gegensatz zu der verletzenden Unnahbarkeit der Eltern:

Patty: »Er hat mir ehrlich leid getan, weil sie ihn falsch behandelt haben. Sie haben ihn nie verstanden. Sie verstehen ihn heute noch nicht... Und sie urteilen über ihn, aber immer mit ihren Maßstäben, ihren Werten.«
Therapeut: »Sie müssen Sie sehr im Stich gelassen haben, daß Sie sich Shawn so sehr zuwenden konnten.«
Patty: »Sie waren *anders* als andere Eltern. Die anderen Eltern haben uns immer gefahren, uns weggebracht. Meine Eltern sagten immer: ›Nein, ihr nehmt den Bus.‹ Sie haben sich nie wegen uns Mühe gemacht.«

Durch ihre Bindung an den Bruder wurde er zur Instanz für Zuneigung, Lob und Selbstachtung. Er war das einzige Vorbild, mit dem sie sich identifizieren konnte:

Patty: »Er hat mich unterstützt, das hat er!«
Therapeut: »So wie die Eltern?«
Patty: »Ja, wenn ich beim Sport gut war, sagte er: ›Gut gemacht‹, und das war toll. Ich habe halt nicht viel Aufmerksamkeit von meinem Vater bekommen. Ich glaube, deshalb bin ich so sportlich geworden: um die Aufmerksamkeit meines Bruders zu bekommen.«

Shawn, von dem sie die meiste Zuwendung bekam, wußte, daß er seine kleine Schwester manipulieren konnte, indem er sie ignorierte:

Therapeut: »Wenn Sie sexuell nicht mitmachen wollten, schlug er Sie dann?«
Patty: »Nein. Wissen Sie, was er gemacht hat? Er sprach nicht mehr mit mir. Das machte mich noch wütender. Er ignorierte mich oder drohte: ›Ich sage jetzt Mutti, daß du rauchst oder ihr Geld geklaut hast‹ oder so.«

Aber Shawn verteidigte sie auch, obwohl die Eltern meist ihn bestraften und dann ihre »bösen« Kinder als Einheit behandelten. Sex wurde zur heimlichen Zuflucht vor der elterlichen Ungerechtigkeit und gleichzeitig Vergeltungswaffe der Kinder:

Patty: »Shawn hat mich mitgenommen zu seinen Freunden, zum Baseballspiel und so. Und wenn meine Eltern zu streng mit mir waren, machte er Bemerkungen. Sofort hieß es: ›Halt den Mund!‹ Dann sprang ich ein und sagte etwas Freches, und ich sollte den Mund halten, und schließlich wurden wir beide bestraft und ins Bett geschickt. Dann haben wir uns später, nachts, getroffen und die Sachen gemacht, und meine Eltern wußten nichts davon.«

Sex mit dem Bruder lohnte sich noch aus anderen Gründen für Patty. Er war dann ruhig, und die leidenschaftlichen Ausbrüche und Streitereien, die das kleine Mädchen so haßte, wurden vermieden.

Als andere Jungen anfingen, sich für sie zu interessieren, mußte Patty ihr sexuelles Wissen verstecken. Niemand wußte etwas von ihren sexuellen Erfahrungen, deshalb mußte sie eine Unschuld vortäuschen, die sie schon lange nicht mehr besaß. Tief beeinflußt von den Beziehungen zu Bruder *und* Vater, verachtete sie alle Männer, auch die Jungen, die sie mit ihrer Pseudo-Unschuld zum Narren hielt. Auf sexuelle Beziehungen mit anderen Männern ließ sie sich erst ein, als Shawn von zu Hause weggegangen war. Sie war promiskuitiv, in einer Mischung aus Bedürfnis und Verachtung, bis sie mit siebzehn ihren späteren Mann traf, einen ruhigen, bescheidenen Jungen, der keinerlei sexuelle Ansprüche an sie stellte. Er war der erste stabilisierende Einfluß in ihrem Leben. Aber Patty hatte Sexualität von Zärtlichkeit abgespalten, beides zusammen konnte es für sie in einer Person nicht geben. Sobald sie sich vorstellte, Sex könnte Teil einer bedeutungsvollen, festen Beziehung sein, wurde sie zittrig und ängstlich und fühlte sich stark bedroht.

Als Erwachsene hörte Patty nur selten von Shawn, der weit weg wohnte, aber er hatte sie immer noch in seiner Gewalt. Er wußte von ihrer Psychotherapie, rief sie gelegentlich an und fragte, ob sie dem Therapeuten das »Geheimnis« verraten hätte.

Patty: »Er kann sehr zärtlich zu mir sein. Ich habe nur... Angst. Ich hätte ihn gestern abend fast angerufen! Ich habe Angst vor dem, was er mir sagen oder mir tun könnte. Er könnte mich verrückt machen. Er könnte mir sagen, er liebt mich... nicht als Schwester, sondern als Frau.«
Therapeut: »Und lieben Sie ihn?«
Patty: »Da ist nur Angst. Ich habe keine Gefühle für ihn. Er möchte gern. Ich bin sehr, sehr weit weg und... er denkt... er hat immer gesagt: ›Alle für einen, einer für alle, wir müssen uns unterstützen.‹«
Therapeut: »Sie sind dadurch immer noch gebunden.«
Patty: »Aber noch vor einem Jahr konnte ich nie nein zu ihm sagen, obwohl ich das wirklich wollte.«

Die Erfahrung mit dem Bruder wirkt sich in vielen Bereichen von Pattys Leben aus. Sie reicht in den Kern ihres Sicherheitsgefühls hinein und beeinflußt alle wichtigen Beziehungen.

Man muß diese Art des Geschwisterinzests aus dem Familienkontext begreifen. In diesem umfassenden Kontext kann man nicht eindeutig von Opfer oder Täter sprechen. Shawn brauchte Patty, und sie brauchte ihn; in der von Depression und Verzweiflung geprägten Familie war jeder Opfer. Bei angemessenem Elternverhalten gibt es nur selten sexuelle Handlungen in diesem Ausmaß. Erst bei schweren Defiziten in der emotionalen Zugänglichkeit und Reaktionsbereitschaft der Eltern vermitteln sich Geschwister die notwendige emotionale Befriedigung durch die Nähe, Spannung und Verstrickung der inzestuösen Beziehungen. Außerdem löscht ein solches gemeinsames Geheimnis in den Augen der Kinder die potentielle Macht der Eltern aus. Durch die Unwissenheit der Eltern fühlen sich die Kinder künstlich allmächtig und grandios. Im besten Fall stehen die Eltern dumm, im schlimmsten ohnmächtig und hilflos da. Eine langdauernde erotisierte Beziehung intensiviert die Bindung der Geschwister, erschwert die Entwicklung der eigenen Identität und vertieft die Verachtung der Eltern.

Die meisten Frauen, die beim Inzest mitgemacht und das Geheimnis bewahrt haben, zeigen den Eltern die glatte Fassade sanfter Konventionalität. Meistens galten die Brüder, wie hier Shawn, als schwarzes Schaf der Familie, während die Mädchen von den Eltern das Gegenbild zugewiesen bekamen: »brav«, »pflichtbewußt« oder »anders als dein Bruder«. Wenn diese Frauen über ihre Eltern sprechen, entsteht das Bild von unzugänglichen, narzißtischen, kalten, anmaßenden und abgestumpften Menschen. Alle Frauen hatten als Jugendliche Angst davor, so zu werden wie die Eltern, vor allem, wenn diese den Bruder spürbar ungerecht behandelten. Die schützende Fassade braver Konformität konnten sie nur in der Geschwisterwelt fallen lassen, nur dort waren sie lebendig, spürten den Elan vital. Sie entwickelten eine »Pseudoidentität« oder ein »falsches Selbst«, eine Maske über dem geheimen, starken Gefühl persönlicher Identität im Zusammenhang mit den Brüdern. Das erotisierte Selbst war ihr Kern, die Pseudoidentität die Persona.

Objektbeziehungstheoretiker (Winnicott 1971; Horner 1979) haben die Auswirkungen solch eines falschen Selbst untersucht, das mit vorgetäuschtem Verhalten und in der Öffentlichkeit getragener Maske dazu dient, das wahre Selbst gegen das verstörende Eindringen einer unvollkommenen Umgebung zu schützen. Besonders schädlich ist ein falsches Selbst für das heranwachsende Kind, das sich gezwungen sieht, sein »wahres« Selbst vor den Eltern zu verbergen. Das Alter, in dem die Inzestdynamik anfängt, ist für die Persönlichkeitsentwicklung höchst wichtig: Je jünger die Beteiligten, desto verwirrender und potentiell schädlicher ist die Inzesterfahrung.

Zwei Typen des Geschwisterinzests

Man kann zwei grundlegende Inzestarten unterscheiden: machtorientierten, phallischen, aggressiven Inzest und fürsorglichen, erotischen und liebevollen Inzest.

Machtorientierter Inzest ist sadistisch, ausbeuterisch und erzwungen; häufig mit bewußter physischer oder psychischer Mißhandlung. Bedingt durch das »männliche« Geschlechtsrollenklischee sind die Aggressoren dabei meist (ältere) Brüder. Aber auch Schwestern können aggressiv sein und ihre Brüder auf demütigende oder verletzende Weise zu einer sexuellen Beziehung zwingen (Masters, Johnson 1976). Fürsorglicher Inzest dagegen geschieht in gegenseitigem Einverständnis, enthält viele Elemente von erotischer Freude, Loyalität, Liebe und Mitleid und existiert als willkommene Insel in einem Meer gestörter und verzweifelter Familienbeziehungen.*

Der Psychoanalytiker Robert Stein (1973, 1974) hat beschrieben, wie sich der Dualismus von Körper und Seele direkt auf die Inzestthematik übertragen läßt: Bei der Dominanz von Machtgefühlen wird die Liebe abgespalten. Überwiegend fürsorgliche und erotische Gefühle dagegen führen zu Schuldgefühlen wegen der sexuellen Lust.** Er weist darauf hin, daß Kinder in unserer Kultur früh lernen, diese Gefühle aufzuspalten, und daß es – zum Schaden des Menschen – nicht leicht akzeptiert wird, daß man Geschwister oder Eltern sowohl lieben als auch begehren kann (ohne jedoch nach diesen Gefühlen zu handeln). Für Stein sind liebevolle und erotische Gefühle zu Bruder oder Schwester das Ideal.

Wenn auch Psychotherapeuten kaum Gelegenheit bekommen, Informationen über beiderseitig befriedigende, erotisch liebevolle Geschwisterbeziehungen zu sammeln, glauben wir doch, daß solche erotischen, fürsorglichen Beziehungen schwer aufrechtzuerhalten sind. Die folgenden, repräsentativen Fallgeschichten zeigen, daß es bei Geschwisterinzest wohl immer auch ein deutliches Maß an Ärger, Mitleid, Angst und Sicherheitsbedürfnis gibt.

---

* Unseres Wissens hat nur ein Autor, Christopher Bagley (1969), verschiedene Inzesttypen benannt. Obwohl er nicht zwischen Motivation und Beschreibung unterscheidet und alle Inzestarten beschreibt (z. B. Vater-Tochter oder Vater-Sohn), hat er grundsätzlich sinnvolle Kategorien aufgestellt: a) funktionalen, b) zufälligen oder desorganisierten, c) pathologischen, d) objektfixierten und e) psychopathischen Inzest.

** Wir benutzen den Begriff »Erotik« im selben Sinne wie Stein: »Nach der platonischen Tradition steht ›Eros‹ für den ganzen Bereich menschlicher Liebe und Leidenschaft (psychisch und erotisch) und nicht im Freudschen Sinne für undifferenzierte sexuelle Energie oder Libido« (1974, S. 42).

Phallischer Inzest in einer schwierigen Zeit: Angela und Nick
Als Angela elf Jahre alt war, hatte ihr damals vierzehnjähriger Bruder mit ihr »experimentiert« – auf eine Art, die die sehr attraktive, zum Zeitpunkt der Therapie zweiunddreißig Jahre alte Frau nie vergessen hatte. Hier zeigt sich, daß schon eine *einzige* Inzesterfahrung, wenn sie ausbeuterisch ist und in einer entscheidenden Entwicklungsphase stattfindet, Schockwellen aussenden kann, die noch Jahre später in vielen Lebensbereichen nachklingen.

Angela: »Wir waren an dem Tag zu Hause. Meine Eltern arbeiteten beide... und wir kamen von der Schule... Mein Bruder, drei Jahre älter, war körperlich weit entwickelt, er war sich seiner sexuellen Entwicklung viel bewußter als ich. Es fing als Spiel an, und ich habe nicht begriffen, was passierte oder warum, aber es hat mich zu diesem Zeitpunkt nicht wirklich abgestoßen. Ich bin nicht weggelaufen oder so, aber als es dann weiterging, da hatte ich sehr (seufzt) viel Angst... Ich nehme an, das ist das Wort dafür... Ich wußte nicht, was da passierte. Ich wußte auch nicht, wie ich mich dem widersetzen konnte. Ich habe nicht verstanden, warum mein Bruder wollte, daß ich diese Sachen machte.«
Therapeut: »Forderte er Sie zum Geschlechtsverkehr auf?«
Angela: »Er forderte mich nicht auf, er tat es einfach!! Als wenn er etwas an mir ausprobieren wollte!« (Die Szene wird ihr wieder gegenwärtig.)
Therapeut: »Hat er das irgendwie kommentiert?«
Angela: »Ich erinnere mich nur, daß es eine Art Gespräch gab. Ich nehme an, er hat mir eher gezeigt, was er konnte, oder wie er das machte... mit der drastischen Beschreibung seiner Körperteile. Er hat den Akt vollendet, und das habe ich auch nicht begriffen. Es ist danach nie wieder vorgekommen, ich habe auch nie mit ihm darüber gesprochen, auch nicht mit meiner Mutter oder mit meinem Vater, aber ich habe ihn *nie* mehr so nahe an mich herangelassen.«
Therapeut: »Erinnern Sie sich an Angst?«
Angela: »Ja... ich wollte so etwas nie mehr haben... *das* wußte ich... Bestimmt nicht mit meinem Bruder.«
Therapeut: »Wußten Sie damals etwas über Geschlechtsverkehr?«
Angela: »Nein... deswegen wußte ich auch nicht, ob das gut oder böse war, oder wer so was macht und was das überhaupt bedeutet.«

Die Elfjährige fand Nicks Handlungen verwirrend. Da sie den Eltern immer noch als völlig unschuldig und »naiv« galt, schämte sie sich, nach sexuellen Dingen zu fragen, und vergrub ihr Geheimnis tief in ihrem Inneren.

Angela: »Die meisten Ängste hatte ich viel später... als ich erfuhr, was Geschlechtsverkehr ist – ›das ist für die Fortpflanzung, wenn du das tust, bekommst du ein Kind‹ – ich war *völlig* fertig... Ich glaubte, ich wäre vielleicht schwanger... und das war viel später, ich muß dreizehn gewesen sein. Ich erinnere mich, daß ich dachte: ›Oh mein Gott, ich bekomme ein Baby‹... und ich habe meine Mutter gefragt, ob Geschwister miteinander Kinder bekommen könnten.«
Therapeut: »Das haben Sie ganz allgemein gesagt? Sie haben ihr nicht erzählt, was passiert war?«
Angela: »Oh nein, nein nein, lieber Himmel, nein!«
Therapeut: »Und was hat sie gesagt?«
Angela: »Sie hat ja gesagt, und ich war am Boden zerstört... ich habe doch geglaubt, ich sei jetzt schwanger und bekäme ein Kind... Die Angst, mit der ich noch ganz lange herumgelaufen bin, war schrecklich, weil ich danach nie mehr mit jemandem darüber geredet habe... Ich weiß nicht mehr, wie und wann ich begriffen habe, daß ich nicht schwanger war... Vielleicht einfach nur, als die Zeit verging... Ich habe nie begriffen, wie mein Bruder dabei so lässig und entspannt sein konnte, bei einer so wichtigen Sache für mich, und warum er mich ausgesucht hatte. Ich meine, warum mit *mir* (wütend)... Wenn er es schon machen wollte, warum nicht mit jemand anderem? Ich habe geglaubt, Schwestern wären Menschen, auf die man acht gibt.«

Warum hatte Angela der Verführung durch den Bruder so leicht nachgegeben? Warum hatte sie sich nicht gewehrt? Warum hat sie das Geheimnis dieses Tages für sich behalten?

Angela: »Er war älter und hatte einen ungeheuren Einfluß auf mich. Er war sehr überzeugend. Wenn er etwas wollte, konnte er es auch durchsetzen, einfach durch seine Stärke... Ich habe ihn immer lieber nicht geärgert, irritiert oder bekümmert, weil ich nie gewinnen konnte (weint). Er hat mich terrorisiert, auf jede Art, in jeder Form, die ganze Zeit.«
Therapeut: »Hat er Sie geschlagen?«
Angela: »Oh ja, er hat mich andauernd verhauen, auf viele Weise mißhandelt... verbal, körperlich, nicht so, daß ich blaue Flecken bekommen hätte... Wenn ich was nicht richtig gemacht hatte, dann gab's Tritte und Schubsen und Schläge und Ärger: ›Na warte‹ oder ›Ich krieg dich‹ oder ›Ich verhau dich‹.«
Therapeut: »Hat er Ihnen sonst noch etwas angetan?«
Angela: »Ich hatte das Gefühl, er wäre mein Feind. Ich mußte ihm immer sagen: ›Laß mich in Ruhe‹ oder ›Ich will nicht, daß du mir meine Sachen stiehlst oder sie mir kaputt machst‹... Das hat mich sehr gequält. Ich kam nach Hause und ging in mein Zimmer, wo ich

alle meine Sachen hatte und alles sehr, sehr ordentlich war, und ich war auf viele Sachen, die ich besaß, sehr stolz. Und dann hatte er eingebrochen oder mein Geld geklaut.«

Angela war drei Jahre jünger und deshalb von ihrem Bruder abhängig. Diese Situation wurde durch die Eltern verstärkt: Nick mußte ihr das Essen machen und sie in die Schule bringen. Es machte ihn wütend, daß er für seine kleine Schwester sorgen mußte.

Therapeut: »Das klingt, als wäre Ihr Bruder sehr wichtig für Sie gewesen... er war, was man ein ›versorgendes Geschwister‹ nennt.«
Angela: »Was ist das?«
Therapeut: »Jemand, der seine Geschwister versorgt.«
Angela: »Aha? (Ironisch) Er hat das aber nicht gern gemacht.«
Therapeut: »Das spielt keine Rolle, er war derjenige, von dem Sie abhängig waren.«
Angela: »Ja, ja, ja.«
Therapeut: »Was haben Sie Ihrer Meinung nach für ihn bedeutet?«
Angela: »Ich bin ihm auf den Sack gegangen!«
Therapeut: »Sie sind ihm also auf den Sack gegangen... eine Last, die er immer mit sich herumschleppen mußte und auf die er achtgeben mußte.«
Angela: »Genau. Und er hat das gehaßt.«

Angela wußte genau, daß ihr Bruder der Liebling des Vaters war. Das machte sie ihm gegenüber noch unterwürfiger, denn ihr Gehorsam ihm gegenüber war indirekt die Möglichkeit, die Liebe ihres Vaters zu erhalten.

Angela: »Ja, mein Vater hat ihn sehr geliebt! Ja, und wenn er würdig war, die Liebe und die Achtung meines Vaters zu bekommen, dann mußte es ja wohl auch irgend etwas geben, was ich tun konnte, aber anscheinend nicht tat, um von meinem Vater auch so geliebt zu werden.«

Beide Eltern waren unfähig, ihren Sohn zu disziplinieren, und sie hatten verschiedene Auffassungen von Disziplin. Angela war überzeugt, daß ihre Eltern nicht eingegriffen hätten, wenn sie sich über Nick beklagt hätte.

Therapeut: »Warum sind Sie nicht zu Ihren Eltern gegangen und haben ihnen gesagt: ›Das hat Nick mit mir gemacht‹?«
Angela: »Weil sie nichts tun konnten. Sie konnten meinen Bruder noch nie kontrollieren. Davor hatte ich die größte Angst: daß sie nichts

tun würden. Ich habe meine Mutter manchmal gefragt: ›Warum kann er sich soviel erlauben?‹ und sie sagte: ›Was soll ich machen? Ihn totschlagen?‹«

Die Eltern stellten sich taub, wenn sich Angela über Nick beklagte. Angelas Mutter hielt sie für einen undankbaren Jammerlappen, der aus einer Maus einen Elefanten machte.

Angela: »Manchmal habe ich mit meinen Eltern darüber gesprochen, was er für Sachen machte, aber sie haben nicht begriffen, was er mir gefühlsmäßig antat. Meine Mutter sagte immer, ich sei zu empfindlich oder ich solle mich nicht aufregen, das wäre doch nicht so schlimm.«

Der größere Kontext des Familiensystems, die Nachbarschaft, Art und Möglichkeiten des Zugangs zu Gleichaltrigen, der ethnische Hintergrund der Familie und die Werte, die das Thema Sexualität umgaben, beeinflußten Angela wie ihren Bruder. Über Sex oder Körperfunktionen allgemein wurde nie gesprochen. Die elfjährige Angela wußte bei der gewalttätigen Verführung durch den Bruder kaum etwas über Menstruation.
  Sie erzählte in der Therapie von einer späteren traumatischen Situation mit dem Bruder und über ihre Bewältigungsversuche. Dabei wurden ihre Verwirrung über die Geschlechtsrollen, die Loyalität zwischen Geschwistern, das richtige Maß von Vertrauen und ihr Gefühl, verraten worden zu sein, sehr deutlich.

Angela: »Eines Tages brachte er seine Freunde mit nach Hause. Das waren so Macho-Typen, Jungens, die immer Ärger mit Erwachsenen hatten. Mein Vater wollte nicht, daß ich was mit diesen Typen zu tun hatte, ... aber er konnte meinen Bruder anscheinend auch nicht davon abhalten, mit ihnen herumzuhängen. Er brachte sie mit, wenn meine Eltern nicht da waren... Und er hat zu mir gesagt: ›Der und der mag dich. Magst du ihn auch?‹ Und ich habe mich bedroht gefühlt, weil ich das Gefühl hatte, es ginge darum, wer ›Nicks Schwester kriegt‹ oder ›wer versucht's oder schafft's oder macht's‹. Ich fühlte mich von meinem Bruder reingelegt.«
Therapeut: »Wann war das?«
Angela: »Kurz nach dem Vorfall. Er hatte wohl den Eindruck, wenn ich das mit ihm machen würde, täte ich's vielleicht mit *allen*. Ich habe versucht, keine Angst zu haben... Ich hatte so ein Gefühl: ich weiß, was jetzt kommt, aber ich wollte keine Angst zeigen, weil mein Bruder... der hat mir das vermittelt: Du bist ein Mädchen... und ich war in einer Nachbarschaft mit lauter Jungs, und die mögen keine Mäd-

chen, die jammern oder weinen... Ich versuchte, mich normal zu benehmen, nicht ängstlich oder so. Ich hab einfach geguckt, wie die Dinge laufen, wer den Anfang machen würde... Als es dann losging, hab ich den Jungen einfach weggeschubst, ihn also nicht ermutigt oder so getan, als würde ich so was gerne machen... Es war nicht so, daß mich jemand gefragt hätte. Es kam einfach einer und faßte mich an, und ich habe ihn weggeschubst.«

Therapeut: »Hatten Sie erwartet, daß Ihr Bruder Sie beschützt?«
Angela: »Er hat mich nicht beschützt, er hat sie *auf mich angesetzt!!!* Warum hätte er die Typen wohl sonst ins Haus geholt oder mich gefragt, wen ich wollte oder was wäre, wenn der oder der mit mir ins Bett gehen würde.«

Nick steigerte seine Bedeutung in der Clique und stabilisierte sein brüchiges Selbstwertgefühl, indem er den Freunden die Schwester als Sexualobjekt andiente. Das ist ein eindeutiger Beweis für phallischen, aggressiven und machtorientierten Inzest. An diesem Fall werden aber noch andere Faktoren deutlich:

- Schon eine einzige inzestuöse Erfahrung kann für die Beteiligten außerordentlich schädlich sein.
- Wenn sie in einer entscheidenden psychosexuellen Entwicklungsphase stattfindet, belastet sie das Opfer sehr lange.
- Bei Geschwistern mit hohem Zugang, die in eine von ihnen abgelehnte Abhängigkeit gezwungen werden, dient der aggressiv initiierte Inzest als Angriff gegen die Eltern, die die Bedingungen für die Abhängigkeit geschaffen haben.
- Eltern, die die Kinder sexuell nicht oder nicht angemessen aufklären, verstärken die traumatischen Wirkungen des Inzests.

Die beiden nächsten Beispiele zeigen zwei weitere Ursachen für Geschwisterinzest: ödipale Konflikte und homosexuelle Ängste. Beide Fälle sind auf den ersten Blick sehr verschieden. Es gibt große Unterschiede im sozialen und wirtschaftlichen Status der Familien und in der Stabilität. Sieht man aber genauer hin, ergeben sich Gemeinsamkeiten der Struktur: Desorganisation, Wut, Verzweiflung und Kampf um Dominanz und Macht. In beiden Fällen versuchen die Kinder, durch den Inzest Objektstabilität und Schutz zu finden, und beide Male dient die Suche nach Liebe und Sicherheit der Abwehr einer emotional toten Atmosphäre.

Abwesenheit des Vaters und sexuelle Verwirrung:
Bruce, Faith und Joan

Als die Familie zu uns in die Therapie kam, war die Mutter achtunddreißig, der einzige Sohn Bruce achtzehn und die beiden Töchter Faith und Joan dreizehn und sechzehn Jahre alt. Nach der Scheidung der Eltern hatte sich die finanzielle Situation sehr verschlechtert, und sie lebten hart am Existenzminimum. Der Vater hatte den Berichten zufolge zunächst wohl eine enge Bindung an seinen Sohn und eine liebevolle, positive Beziehung zu seinen Töchtern gehabt. Obwohl es in der Ehe immer wieder kriselte, war die Beziehung der Geschwister untereinander überwiegend gut. Aber dann verbrachte der Vater zunehmend mehr Zeit in seinem Geschäft und zog sich vor allem von seiner Frau und den Töchtern zurück. Ein schwerer Verkehrsunfall mit gravierender Hirnschädigung hatte eine Persönlichkeitsveränderung bewirkt, die allerdings, obwohl unübersehbar, von seiner Familie heruntergespielt und verleugnet wurde.

Die gelegentlichen Streitigkeiten früherer Zeiten arteten jetzt in Geschrei und Anklagen aus; der Vater explodierte schon bei geringfügigen Anlässen, die Mutter, überlastet und wütend auf ihren Mann, gab meist Bruce die Schuld für die zunehmenden Konflikte zwischen den Geschwistern. Gleichzeitig erwartete sie von ihm, den abwesenden Vater zu ersetzen. Der Achtzehnjährige, hin- und hergerissen zwischen den Eltern und in ödipale Konflikte verstrickt, wehrte das Bedürfnis der Mutter nach einem Ersatz-Ehemann wütend und gewalttätig ab. Er begann, Marihuana zu rauchen, die Schule zu vernachlässigen, und versuchte, sich aus dem Familienstreit herauszuhalten.

Die Mischung aus Familienkonflikten und seinem intellektuellen Verfall machte den Vater immer unberechenbarer: Er weinte leicht, kümmerte sich kaum noch um sein Geschäft und ging überraschend eine homosexuelle Beziehung ein. Zwei Jahre danach zog er aus, verlangte die Scheidung und ließ nur noch selten von sich hören. Seine homosexuellen Neigungen verunsicherten die Kinder in ihrer sexuellen Identität und in bezug auf die Geschlechterrollen. Bruce verhielt sich jetzt wie ein hypermaskuliner Vater. Seine an sich gut gemeinten Versuche, die Vaterrolle zu übernehmen und das Leben der Schwestern zu organisieren, machten ihn aber eher zu einem kleinlichen Tyrannen. Die Mutter, in einem verdeckten Kastrationsversuch, behauptete, er sei zu dumm, notwendige Reparaturen im Haus durchzuführen, und weigerte sich, ihm ein eigenes Schlafzimmer zu überlassen.

Bruce erzählte von dem verführerischen und provozierenden Benehmen der damals dreizehnjährigen Faith. Innerhalb eines Jahres kam es zum Geschlechtsverkehr zwischen den beiden, allem Anschein nach in beiderseitigem Einverständnis; ein fürsorglicher und erotischer Inzest, insgesamt viermal. Die Mutter, müde, depressiv und mit ihrem eigenen

Elend beschäftigt, nahm die offenkundige Anziehung zwischen ihren Kindern nicht zur Kenntnis. Sobald Bruce alt genug war, ging er von zu Hause weg und heuerte auf einem Schiff an. Faith vermißte den Bruder, der die deprimierende häusliche Atmosphäre von ihr abgehalten hatte; sie schwänzte die Schule, lief von zu Hause weg und landete schließlich in einem Heim für jugendliche Ausreißer.

Bei seinem ersten Heimaturlaub brachte Bruce seiner kleinen Schwester Faith einen Teddybären mit – das erste Geschenk, das er ihr je gemacht hatte. Als er ihn ihr gab, schob sie, zu seiner großen Überraschung, ihre Hand unter ihr Kleid und begann zu masturbieren. Dadurch stimuliert, masturbierten Bruder und Schwester voreinander bis zum Orgasmus, fünfmal in den paar Wochen, in denen Bruce Urlaub hatte. Joan, voller Schuldgefühle, erzählte ihrer Mutter davon, und diese wandte sich schließlich an einen Psychotherapeuten.

Dieses Beispiel zeigt einige der Voraussetzungen und Motive für Geschwisterinzest:

- Bei emotionaler Unzulänglichkeit des Vaters können sich Töchter, denen männliche Zuneigung vorenthalten wird, an den Bruder wenden, und bei emotionaler Unzulänglichkeit der Mutter der Sohn an die Schwester.
- Kinder, die versuchen, den Geschwistern gegenüber die Elternrolle zu übernehmen, haben meist nicht genügend Reife und Autorität dazu. Geschwisterinzest kann auch der Versuch sein, Macht auszuüben und Einfluß zu bekommen.
- Verwirrung über sexuelle Identität und Angst vor Homosexualität kann dazu führen, daß sich Geschwister gegenseitig ihre Attraktivität für das andere Geschlecht beweisen.
- Sexuelle Erfahrungen zwischen Geschwistern sind oft aufregend, spannend und intensiv und bringen Leben in ein deprimierendes, kaltes und totes Zuhause.

Konfrontation mit der Angst, Festhalten an Loyalität:
Vivian und Quentin
Die Mutter von Vivian und Quentin kam aus einer seit Generationen sehr reichen Familie. Sie heiratete, trotz aller Warnungen, einen gutaussehenden, charmanten, stürmischen und attraktiven, aber nicht unbedingt zuverlässigen Mann. Die – nach Ansicht der Verwandtschaft – unvermeidliche Trennung wurde dann auch mit hämischer Schadenfreude kommentiert, und die junge Frau fand für ihre Depressionen kaum Verständnis.

Die drei Kinder aus dieser Ehe, die zweijährige Vivian, der vierjährige Quentin und der fünfjährige Lonnie, waren alle sehr hübsch, aber Vivian war eindeutig etwas Besonderes. Mit ihrer hellen Haut, dem schwarzen Haar und den verwirrenden grünen Augen war sie eine Miniaturausgabe ihres Vaters. In dem chaotischen Monat nach der Trennung hatte er sie kurzzeitig entführt und galt seitdem als gefährlich und verrückt, mit einer besonderen Affinität zu seiner Tochter.

Die Mutter heiratete wieder, der Vater verschwand. Zur großen Erleichterung der Familie war der zweite Ehemann ruhig, nüchtern, hochanständig und zweifellos sehr verantwortungsbewußt. Er stieg in das Familienunternehmen ein und verwaltete nach dem Tode des Schwiegervaters dessen Erbe. Vivian nannte den Stiefvater »Papa«, aber die Brüder lehnten ihn als Eindringling ab und sprachen von ihm nur als »er«. Vor allem Quentin stand ihm feindselig gegenüber. Als die Eltern dann noch ein gemeinsames Kind bekamen, erklärte er dem »Ersatz«-Vater offen den Krieg und vermied jeden Kontakt mit dem neuen Stiefgeschwister.

In Vivians Erinnerung war das ganze Haus von dem Haß erfüllt, den Quentin auf den Stiefvater hatte. Lonnie machte mit, wenn der jüngere Bruder sich »rächte«. Die Mutter protestierte schwach gegen Quentins böse Streiche, und Quentin redete Vivian ein, sie müsse ihrem biologischen Vater die Treue halten.

Die Kinder lebten im Reichtum, mit Chauffeur, Dienstmädchen, mehreren Land- und Ferienhäusern. Es wurde alles getan, was man mit Geld kaufen kann, um die Spannungen in der Familie zu mildern: Lehrer, Psychotherapeuten, teure Privatschulen und für Quentin sogar private psychiatrische Kliniken – erfolglos.

Vivian, die schon als kleines Kind Alpträume und Angst vor Gespenstern hatte, hatte sich früh angewöhnt, zu Quentin ins Bett zu kriechen. Sie hatte Angst, die Mutter zu stören, und Quentin wurde ihr Übergangsobjekt, ihr Elternersatz. Wenn sie sich an ihm festhielt, wurde sie ruhig und friedlich, und die Angst verschwand. Aber sie entwickelte zwanghafte Angewohnheiten: Sie kontrollierte ihr Zimmer auf Staub und Schmutz, zählte die Stufen zum Badezimmer und verlor die Kontrolle über ihre Blase. Die Mutter schimpfte zuerst und brachte sie dann zu einem Kindertherapeuten, wo sie zwar spielte, aber nur wenig Vertrauen entwickelte. Ihre zwanghaften Angewohnheiten änderten sich nicht, und die Mutter sagte ihr, sie sei »ungezogen«; wenn sie Mutter und Vater »lieben« würde, könnte sie damit »aufhören«. Vivian war damals acht und Quentin zehn Jahre alt. Obwohl sie eigene Zimmer hatten, stand sie jede Nacht auf und ging zu ihrem Bruder ins Bett, der sie mit Berührungen an »dieser weichen Stelle« beruhigte. Die Eltern schliefen tief und fest hinter ihrer *verschlossenen* Tür und wußten weder von Vivians Angst noch von ihrer Bindung an den Bruder, den sie so sehr liebte.

Vivian mochte ihren Stiefvater recht gern, aber Quentin erinnerte sie immer daran, daß ihre »wirkliche« Familie Vorrang hätte und die Mutter ihren richtigen Vater verlassen hatte. Dieser kontinuierliche Einfluß des Bruders zeigte sich noch Jahre später, als Vivian schrieb:

»Ein Teil von mir möchte einfach die kleine Tochter meiner Mutter sein und geliebt werden, aber gleichzeitig ist da Wut, weil ich früher nicht genug bekommen habe. Das verwirrt mich, weil ich weiß, daß sie mir Liebe gegeben hat, obwohl ich immer das Gefühl habe, sie hat es nicht.«[*]

Vivian reagierte passiv auf Quentins Wünsche, Bedürfnisse und Ängste, weil sie ihn liebte. Wenn er sie ärgern wollte, ließ sie es geschehen, wenn er sie ausziehen oder »hypnotisieren« wollte, ließ sie ihn und tat so, als ob sie schliefe, während er ihr zunächst den Finger und später den Penis in die Vagina schob. Die Eltern bemerkten, daß Vivian den schwierigen Bruder beruhigen konnte und ihm sehr ergeben war, und so hielten sie sich an sie, wenn es um Quentin ging. Sie war jetzt die kleine »Therapeutin«, aber innerlich litt sie unter Scham- und Schuldgefühlen wegen des Geheimnisses, das niemand außer Quentin kannte.

»Ich war ein Mädchen, und deshalb war ich schmutzig. Ich war sehr früh sexuell aktiv – das Ausziehen, das Hypnosespiel, alle meine schlechten Angewohnheiten gaben mir das Gefühl, schmutzig zu sein und eben kein braves Mädchen – ich tat Dinge, derentwegen sich meine Eltern schämen würden.«

Vivians Schuldgefühle hielten unvermindert an und wurden noch verstärkt durch das, was Quentin nachts heimlich mit ihr trieb. Mit zwölf Jahren hatte sie regelmäßig Geschlechtsverkehr mit dem vierzehnjährigen Bruder. Das half ihr, die Leere auszufüllen, die sie in sich spürte.

»Letzte Nacht habe ich versucht herauszufinden, warum mir meine Mutter nicht das gegeben hat, was ich brauchte. Ich hatte das Gefühl, ich sei ein häßliches kleines Mädchen mit vielen schmutzigen Angewohnheiten. Darum also: Ich war es nicht wert. Sie gab mir, was ich verdiente. Leere. Stille.«

Vitalität und Wärme der nächtlichen Erlebnisse standen in scharfem Gegensatz zu den kalten, spannungsgeladenen Tagen. Mutter und Stiefvater standen den feindseligen Einstellungen von Quentin und Lonnie hilflos gegenüber. Die Jungen waren sarkastisch, trotzig und unehrlich. Quentin hatte dem Stiefvater sogar einmal ins Gesicht geschlagen. Vivian erinnert sich, wie sie der Stiefvater um Unterstützung gebeten hatte:

»Er sagte: ›Ehrlich, Vivian, ich weiß einfach nicht, was ich mit den Jungen machen soll.‹ Ich habe ihm das auch geglaubt und wollte ihm wirklich helfen. Ich fühlte mich zwischen ihm und Quentin hin- und

---

[*] Die Zitate stammen aus Vivians Tagebuch und aus Briefen, die sie ihrem Therapeuten schrieb, zwanzig Jahre nach den Ereignissen.

hergerissen. Ich wußte, wie sehr mein Stiefvater sich bemühte und wie weh ihm das alles tat. Und ich wußte, wie verletzt Quentin war und wie sehr er meinen Stiefvater brauchte. Ich sah die Verletzlichkeit hinter der rauhen Schale, aber er sah nur die Feindseligkeit. Aber Väter sollten so etwas *wissen*.«

Vivians Mutter versuchte auszugleichen. Sie kaufte den Kindern teure Sachen und kam ihnen mit beflissenen Platitüden, die die Angst, Wut und die Scham kaum berührten, die alle drei Kinder spürten:

»Wir waren eben ohne Einschränkungen ›privilegiert‹, hatten ›alles‹ und sollten ›dankbar‹ sein und unsere Schuld der Gesellschaft gegenüber durch ›verantwortliches‹ Handeln begleichen. Aber es gab eine doppelte Botschaft, mit der ich meine Mutter nicht konfrontieren konnte. Ich fand, daß sie mich nicht liebte, mich nicht mochte, sich für ihr häßliches kleines Mädchen schämte, aber sie sagte immer: ›Natürlich lieben wir dich, Schatz.‹ Deswegen wußte ich nie, was ich glauben sollte, und konnte nie einschätzen, was sie wirklich fühlte.«

Diesen »gemischten Botschaften« der Mutter standen Quentins klares Bedürfnis, seine Zugänglichkeit und seine Aufmerksamkeit gegenüber. Die sexuellen Spiele mit ihm waren anregend, er verbrachte Zeit mit ihr, und sie fühlte sich privilegiert und bevorzugt, weil sie an seiner geheimen Welt teilhaben konnte.

»Bei einem unserer ›Hypnose‹-Spielchen mit meinem Bruder Quentin habe ich auch zum ersten Mal eine Erektion und Ejakulation bei einem Jungen gesehen. Er sagte: ›Jetzt schieße ich mit Schaum.‹ Ich hatte Angst und war angeekelt, aber auch fasziniert. Er wollte, daß ich mich auf ihn setzte, aber das habe ich nicht gemacht.

Ich erinnere mich auch, wie mein Bruder mir erzählte, wie er Mädchen anmachte. Er war damals ungefähr dreizehn oder vierzehn. Er sagte: ›Es macht sie wirklich scharf, wenn ich ihnen nicht zeige, wie sehr sie mich erregen, sondern ihnen sage‹ – und das sagte er mit einer sehr sexy Stimme – ›bei dir bin ich ganz entspannt.‹ Das war wahrscheinlich gar nicht so dumm.«

Das Inzestverhalten hörte erst auf, als Vivian mit fünfzehn ins Internat kam. In den Schulferien versuchte Quentin nicht, die sexuelle Beziehung mit ihr wiederaufzunehmen, sondern gab gemeinsam mit Lonnie einer allgemeinen Frauenverachtung Ausdruck. Sie hänselten sie, nannten sie »Bananentitte« und »Kratergrube« wegen ihrer Pickel und quälten sie mit Bemerkungen über die »Zeit im Monat, in der sie stank«. Einmal versuchten die Brüder gemeinsam, sie zu vergewaltigen. Dieses Ereignis war sehr wichtig für Vivian, die sich schwor, die Passivität gegenüber ihrem Lieblingsbruder ein für allemal aufzugeben. Aber die Beziehung zu ihren Eltern schien unveränderlich festgeschrieben. Die Würfel waren gefallen; sie wurde mit dem Bild des braven Mädchens identifiziert, emotional anspruchslos, fleißig, ehrgeizig. Den

Brüdern wurde die Identität des biologischen Vaters zugeschrieben: Sie waren böse, verrückt, verantwortungslos und für ein Schicksal bestimmt, das sogar noch schlimmer war als seins. Was Vivian zu ihren Eltern sagt, ist sehr wichtig, die letzten Worte sind nahezu prophetisch: »Ich muß euch beiden gegenüber immer so vorsichtig und kontrolliert sein. Ich muß meine Worte sorgfältig wählen und einen gleichmäßigen Tonfall halten, darf nur über neutrale Themen oder über Quentin sprechen, immer über die Schwierigkeiten mit Quentin oder Lonnie. Aber Vivian, ›Oh, der geht's gut. Sie ist so reif und stark und verantwortungsbewußt. Sie braucht uns nicht.‹ Und dabei wühlt das alles in mir, untergründig. *Ich muß die Sünden meiner Brüder ausgleichen. Schließlich wart ihr freundlich genug, uns aufzunehmen.*«

Hier wird deutlich:
- Inzest kann zum Schutz vor Ängsten werden und einen völligen Zusammenbruch des Ichs vermeiden.
- Geschwisterinzest kann einem Kind Objektkonstanz geben, die Möglichkeit, mit einem zuverlässigen Anderen zu verschmelzen und sich als ganze Person zu fühlen.
- Wenn Kinder Stiefvater oder -mutter als Eindringling wahrnehmen, dient der Inzest der Festigung der Geschwisterbeziehung und erinnert an die Loyalität zu der »wirklichen« Familie. Der Inzest verhindert dann eine positive Identifikation mit Stiefvater oder -mutter.
- Ein Kind, das der Auflösung der Familie hilflos gegenübersteht, sichert sich durch den Inzest – durch List, Stärke, Doppelspiel und Aggression – einen starken Einfluß wenigstens auf ein Familienmitglied.
- Andere Geschwister in geringem Altersabstand spüren die inzestuöse Beziehung häufig instinktiv und tolerieren sie oder partizipieren.
- Im Laufe der Zeit kann sich der Geschwisterinzest verändern: von einer ursprünglichen fürsorglichen, erotischen Beziehung zu einer Beziehung, die geprägt ist von Grausamkeit, Mißhandlung und körperlicher Gewalt.
- Diese Veränderung reaktiviert frühere Gefühle von Deprivation und macht das Opfer noch verletzlicher.
- Geringer Zugang und/oder verstärkte sadomasochistische Züge der Beziehung geben dem Opfer unter Umständen die Kraft, sich aus der Beziehung zu befreien.*

---

* Es geht uns hier nicht um die mögliche sadomasochistische Befriedigung; zu diesem Komplex vgl. Fairbairn (1954) und Panken (1973).

Langfristige Auswirkungen des Geschwisterinzests

Alle von uns untersuchten Fälle zeigen, daß Frauen langfristig sehr viel stärker unter Geschwisterinzest in der Kindheit leiden. Besonders negativ sind die Konsequenzen in den Bereichen Vertrauen, Selbstkonzept und Identität, Sexualität, Ehe und Beruf.

Vertrauensverlust
Fast alle Frauen waren ihren Brüdern gegenüber mißtrauisch, obwohl dieses Mißtrauen Zuneigung nicht unbedingt ausschließen muß. Unabhängig davon, ob die Schwestern beim Inzest »benutzt« wurden oder Partner im Kampf gegen die elterliche Autorität waren, bleibt ein grundsätzliches Mißtrauen gegen die Motive der Brüder. Der folgende Interviewausschnitt zeigt das:

Frau: »Es gibt keine Zuneigung zwischen uns... aber auch keine Feindschaft. Ich kann durchaus noch mit ihm reden.«
Therapeut: »In anderen Worten, Sie mögen ihn nicht sehr?«
Frau: »Ich traue ihm nicht.«
Therapeut: »Immer noch nicht?«
Frau: »Ich würde ihn nie bitten, etwas für mich zu tun. Ich würde ihm nie etwas Vertrauliches mitteilen.«

Dieses Mißtrauen kann sich auf *alle* Männer erstrecken. Der Bruder, der so entscheidend in das Leben seiner Schwester eingedrungen ist, verstärkt das ursprüngliche Gefühl, betrogen worden zu sein, das ihr der schwache, abwesende oder unsensible Vater vermittelt hat. In der Regel müssen erwachsene Männer – Liebhaber, Ehemänner, Freunde oder Therapeuten – in der Beziehung zu diesen Frauen eine außerordentlich schwierige Vertrauensprüfung auf sich nehmen:
»Wenn jemand nicht tut, was er sagt, kann ich das nur sehr schwer verstehen... Ich fühle mich verraten... Ich muß mich wirklich sehr anstrengen, damit so etwas nicht alle Gefühle für diesen Menschen zerstört... Meine Beziehung zu meinem Mann, zu allen Männern hängt immer davon ab... von dem Gefühl, daß mich mein Bruder verraten hat.«
Das permanente Mißtrauen macht viele dieser Frauen in intimen Beziehungen ängstlich und unsicher:
»Ich glaube, ich habe mir immer unbewußt Männer ausgesucht, die ich dazu bringen konnte, mich zu betrügen... Für mich hängt das direkt mit der Beziehung zu meinem Bruder damals zusammen.«

Selbstkonzept und Identität
Alle Frauen mit inzestuösen Geschwisterbeziehungen hatten ein schwaches Selbstkonzept, das von Psychosen bis zu zwanghaften

Selbstdiskriminierungen reichte. Obwohl wir nur einige dieser Frauen psychotherapeutisch behandelt haben, lassen sich diese Fälle durchaus verallgemeinern. Eine der interviewten Frauen bezeichnete sich selbst wiederholt als »Stück Scheiße«, während eine andere sagte:

»Ich hatte sehr lange Angst, nie mehr einen Mann lieben zu können, weil das passiert war... mich würde niemand mehr wollen.«
Interviewer: »So als wären Sie unrein?«
Frau: »Ja. Als wäre diese Schuld immer da... und sie könnte mich daran hindern, jemanden wirklich zu lieben oder von jemandem wirklich geliebt zu werden.«

Alle Frauen waren depressiv, ein sehr hoher Prozentsatz nahm Drogen, vor allem Marihuana, so als ob die Frauen sich von ihrer Person dissoziieren wollten. Das entspricht dem schon erwähnten »Pseudo-Selbst«, mit dem das Kernselbst vor Entlarvung und intimer Nähe geschützt werden muß.

Viele sahen sich als Opfer der Brüder und fühlten sich von ihnen »manipuliert«. Die Brüder lassen sich nicht eindeutig einem psychopathologischen Muster zuordnen, obwohl viele in der Adoleszenz geringfügige kriminelle Delikte begingen. Die Aussagen der Schwestern lassen aber darauf schließen, daß manche dieser Brüder über den phallischen, machtorientierten Inzest homosexuelle Ängste abwehrten und sich möglicherweise ihres Macho-Images versicherten, indem sie sich den »machtlosen« Schwestern gegenüber »mächtig« verhalten konnten.

Sexualität und Promiskuität
Bei Inzest in beiderseitigem Einverständnis berichten viele Frauen, die Erfahrung sei angenehm und orgasmisch gewesen. Eine Frau fühlte sich bei der detaillierten Beschreibung des lange zurückliegenden Inzests sexuell erregt. Eine andere sagte, sie habe nie mehr einen so intensiven oder angenehmen Orgasmus erlebt wie den mit ihrem Bruder.

Aber sehr viele konnten in einer erwachsenen, reifen Partnerschaft keine Befriedigung finden, entweder durch Mißtrauen und Schwierigkeiten bei der Partnerwahl oder weil sie Liebe von Sexualität abgespalten hatten. Eine relativ große Zahl war in der frühen Adoleszenz sehr promiskuitiv gewesen, meistens nachdem die Brüder die Beziehung beendet hatten. Auch in späteren Jahren hatten sie viele Sexualpartner in der erfolglosen Suche nach einem Ersatzbruder.

Diese Beziehungen waren oft masochistisch und schmerzhaft. Vorboten sexueller Promiskuität sind nach Maggie Scarf (1980) Verlassenwerden, Isolation und Depression (vgl. auch Meiselman 1978, Kubo 1959). 85% der inzestuösen Geschwister aus der Meiselman-Studie hatten als Erwachsene schwere Orgasmusstörungen. Es ist nicht überraschend, daß manche dieser Frauen durch häufige, manchmal übertriebene sexuelle Aktivitäten Bestätigung suchen. Es entspricht dem ursprünglichen Motiv des Inzests. Ein Psychoanalytiker hat auf den großen Einfluß hingewiesen, den frühe, schwere Belastungen in der Familie dieser Frauen auf ihr späteres sexuelles Verhalten haben:

»Das Fehlen affirmativer Erfahrung der eigenen Existenz in den frühen Entwicklungsstadien hat ernste Konsequenzen für das spätere Muster erwachsener Sexualität. Die Sexualität des Erwachsenen dient dann dem Bedürfnis nach Bestätigung der eigenen Existenz... Dieses Muster greift in die Entwicklung einer Beziehung zwischen dem Einzelnen und dem Objekt ein, weil das Objekt nur in dem Maße Wert hat, in dem es den orgasmischen und ekstatischen Bedürfnissen dient.« (Lichtenstein 1977, S. 275)

Ehe und Beruf
Frauen mit einer Inzestvergangenheit haben in Beruf und Ehe Schwierigkeiten. Die von uns interviewten Frauen brauchten oft psychotherapeutische Hilfe, um ihre beruflichen Ziele zu erreichen, waren aber trotz Depression, Masochismus, Dissoziation und Selbsthaß häufig erfolgreich. Manche Frauen machten ungeheure Anstrengungen, um ihre Karriere aufzubauen; sie schienen entschlossen, unter allen Umständen eine spürbare Sicherheit zu schaffen, um die abstumpfende Vernachlässigung der Kindheit nie mehr erleben zu müssen. Für diese Frauen war die Ehe nur am Rande wichtig – eine Einschätzung, die in den Interviews von den Ehemännern gelegentlich bestätigt wurde. Die Partnerwahl war selten glücklich; sie suchten sich erstaunlich häufig Ehemänner mit sexuellen Problemen (eine der von uns interviewten Frauen hatte einen homosexuellen Partner gewählt).

Es gab zahlreiche Probleme in den Bereichen Intimität, Kommunikation und Sexualität. Viele hielten trotz aller Schwierigkeiten an der Ehe fest, als hätten sie Angst, noch einmal Fehler in diesem Bereich zugeben zu müssen. Die Ehe war dem Alleinsein anscheinend vorzuziehen. Die in den Kinderjahren festgelegte Abspaltung der Liebe von der Sexualität wurde in der Wahl überwiegend »beschützender«, »sicherer« und sexuell nicht bedrohlicher Männer wieder deutlich. Nur wenige Ehemänner wußten von dem Geschwisterinzest, und von diesen kannte keiner Details. Aber alle Männer waren den Brüdern ihrer Frau gegenüber mißtrauisch und vermieden den Umgang mit ihnen soweit wie möglich. Der Schatten des Geschwisterinzests hing fast greifbar immer noch über dem Leben dieser Frauen – ein Teil der Vergangenheit, dem sie verzweifelt und vergeblich zu entfliehen versuchten.

8. Geschwister im Konflikt: Gefangen in Aggression und Rivalität

Keine Untersuchung der Geschwisterbeziehung wäre vollständig ohne die Berücksichtigung von Aggression und Rivalität. Der Begriff »Rivalität« stammt von dem lateinischen »rivalis« – »Rechte am gleichen Fluß«. Geschwister rivalisieren um Liebe oder Geld der Eltern, um das Interesse eines Freundes oder die positive Rolle in der Familie. Aggression unter Geschwistern hat aber nicht nur Rivalitätscharakter: Es geht nicht immer darum, etwas haben zu wollen, was die anderen nicht haben sollen, sondern um etwas Tieferes, um verbotene Befriedigung oder grundlegendere emotionale Bedürfnisse. Formen und Ursachen von Aggression und Rivalität zwischen Geschwistern sind nie unkompliziert. Manchmal geht es darum, zu verletzen oder zu demütigen – viele Menschen sind jahre- oder sogar lebenslang in Gegenwart von Bruder und Schwester körperlich oder emotional unsicher. In solchen Extremfällen ist jedes Zusammensein ein Leben in feindlichem Gebiet, emotional mit mörderischen Spannungen besetzt. Das andere Extrem bilden die Beziehungen, in denen Konflikte weder demütigend noch verletzend, sondern Teil der kreativen und spannenden Dialektik sind, die die Beziehung festigen. Solche Geschwister können über ihre alten Kämpfe lachen, Angriffe des anderen ablenken und in diesem Prozeß wachsen. In dem großen Zwischenbereich liegen Geschwisterbeziehungen, in denen das Auf und Ab zwischen Mordlust und Wärme bestimmend ist.

Im folgenden beschäftigen wir uns mit drei wesentlichen Bereichen:
- den positiven Aspekten von Kindheitsauseinandersetzungen;
- der Rolle, die die Eltern bei verletzenden Rivalitäten zwischen den Kindern spielen;
- den Wirkungen von Rivalität und Haß auf die Persönlichkeitsentwicklung.

Positive Aspekte kindlichen Streits

Aggressivität ist ein wesentlicher Bestandteil kindlicher Interaktion und als solche notwendig (Abramovitch u. a. 1979). Aggression repräsentiert Kontakt, Wärme, die Anwesenheit eines anderen, auch wenn sie schmerzhaft ist. Bei der Rauferei zweier Kinder wird sichtbar, wieviel Körperkontakt dabei im Spiel ist. Abramovitchs Untersuchung des natürlichen Verhaltens kleiner Kinder in ihrer häuslichen Umgebung hat gezeigt, daß antagonistisches Verhalten mit Angriffs- und Gegenangriffsmustern eher die Regel als die Ausnahme ist. Der für das Überleben unumgängliche Kontakt ist in dem zugänglichen, kampfbereiten Geschwister unmittelbar vorhanden. Geschwisteraggression hat eine beruhigende, berechenbare Qualität: die Reaktion auf Schubsen, Kneifen und Beleidigungen ist, wiewohl schmerzhaft, vertraut und berechenbar.

Wenn die Beziehung der Eltern gestört ist, kann aggressiver Kontakt ein Gefühl von Sicherheit geben. Im vorangegangenen Kapitel haben wir gezeigt, wie Brüder und Schwestern bei emotionaler Unzugänglichkeit der Eltern Sexualität als Medium benutzen, um beieinander die verzweifelt benötigte Wärme und den Kontakt zu finden. Genauso sind Streit und (auch blutige) Prügeleien für emotional vernachlässigte Kinder und Adoleszente ein Mittel, sich durch die Reaktion eines vertrauten und intimen Feindes ihrer Lebendigkeit zu versichern. Der Schmerz gibt dem Kind die rudimentäre Bestätigung durch den Anderen: Du bist am Leben, du bist wirklich, du wirst bemerkt.

Aber die Aggressivität zwischen Geschwistern hat noch eine weitere positive und konstruktive Funktion. Sie zwingt die Beteiligten in eine Art soziales »Labor«, in dem sie lernen, mit Konflikten umzugehen und sie zu lösen. Geschwister kennen ihr jeweiliges Waffenarsenal sehr genau, sie können meist bewußt kalkulieren, planen und ihre aggressiven Handlungen und Aussagen kontrollieren. Das Wissen um die eigene »Aggressionsklaviatur« und die der Geschwister kann Kompetenz, Moral, Mut und Kreativität aktivieren und Loyalitätsgefühle fördern (vgl. Kapitel 5). Kinder und Jugendliche sind sich ihres Bedürfnisses nach aggressivem Kontakt durchaus bewußt. Wir haben festgestellt, daß ein gewisses Maß aggressiver Interaktion ohne Eingriff durch die Eltern von Kindern als notwendiger, sogar positiver Teil ihrer Geschwisterbeziehung empfunden wird, als unveräußerliches Kennzeichen ihres Subsystems, im Gegensatz zu ihrer Beziehung zu den Eltern, die sie lieben und ehren sollen.

Die dritte wichtige Funktion der Aggression in der Kindheit ist die Verteidigung gegen eingebildete oder wirkliche Aggression von außen. Bei Verletzung oder Bedrohung durch Bruder und Schwester kann die ähnlich aggressive Reaktion darauf, in den Worten von Anna Freud, die »Identifikation mit dem Aggressor« (1946, S. 121) bedeuten. Das heißt, das Kind verwandelt sich von einer bedrohten zur bedrohenden Person, indem es Haltungen des Aggressors übernimmt oder seine Aggression imitiert. Im Prozeß des Angreifens verringert sich das eigene Gefühl der Gefährdung. Wenn ein Kind Angst vor Vater oder Mutter hat, kann die Aggression gegen eins der Geschwister der Abwehr dieser Angst dienen (Oberndorf 1929). Allerdings beruht Geschwisteraggression nicht zwangsläufig auf Angst, denn auf Geschwister lassen sich alle

Arten von negativen Gefühlen projizieren (vgl. Kapitel 2). Der Angriff auf Bruder oder Schwester ist eine Art »Läuterungsprozeß«, nach dem man sich eine Zeitlang besser fühlt. Aus diesem Prozeß entstehen häufig feindselig-abhängige, rigide differenzierte oder verleugnete Beziehungstypen (vgl. Kapitel 4).

Aggression dient Kindern zur Befriedigung wichtiger Bedürfnisse. Man sollte deshalb von einem Kind nicht verlangen, den aggressiven Kontakt aufzugeben, es sei denn, man wäre bereit, ihm andere Wege zur Erfüllung dieser Bedürfnisse zu zeigen.

Die mächtigen Eltern

Frei nach George Orwell könnte man sagen: »Alle Geschwister sind gleich, aber manche sind gleicher« (›Farm der Tiere‹ 1945). Sie unterscheiden sich in Alter, Geschlecht, Temperament, Größe, Fähigkeiten und emotionalen Reaktionen. Auch abgesehen von allen genetischen Unterschieden bleibt Geschwisterschaft eine ungleiche Angelegenheit. Selbst in dem (utopischen) Fall absoluter Gleichbehandlung aller Kinder durch die Eltern wären die Kinder immer noch überzeugt, daß der eine oder andere von ihnen vorgezogen würde. Ein Gefühl genereller Fairneß ist das Höchste, was Eltern vermitteln können.

Eltern als Dirigenten des Geschwisterkonflikts

Effektive Schiedsrichterfunktion in kindlichen Eifersüchteleien und Aggressionen erfordert reife Eltern, die mit eigenen Aggressionen relativ gut umgehen und den streitenden Kindern konsequent angewandte moralische Prinzipien klar und deutlich vermitteln können. Das Fehlen solcher Prinzipien macht die Geschwisterbeziehung unter Umständen chaotisch, ja sogar mörderisch. Kinder unreifer Eltern werden häufig in Geschwisterbeziehungen gezwungen, die die Bedingung für destruktive Konflikte schaffen.

Kompetente Eltern benutzen ihre Macht, um Regeln durchzusetzen und bei brutalem oder mißbrauchendem Verhalten Konsequenzen zu ziehen, sind aber sensibel genug, um zu spüren, wann die Kinder etwas »unter sich ausmachen« müssen, und können einen demütigenden Angriff von ritualisierten Neckereien unterscheiden. Sie haben Humor, respektieren das Bedürfnis der Kinder nach einem gewissen Maß von Aggression und, was am wichtigsten ist, sind sich des Kontextes bestimmter Auseinandersetzungen zwischen den Kindern bewußt.

Eltern müssen schon sehr aufmerksam sein, um erkennen zu können, daß die gestrige Demütigung auf dem Spielplatz der Grund für den heutigen Streit ist. Es kommt keineswegs selten vor, daß der ältere Bruder, der zum Entsetzen der Eltern den jüngeren anbrüllt oder schlägt, von diesem subtil provoziert wurde. Eltern müssen sich Zeit nehmen, um über die Beobachtung des Verhaltens der Kinder hinaus auch die Wirkungen ihrer eigenen Verhaltensweisen einschätzen zu können (Ihinger 1975).

Ineffektives Elternverhalten läßt sich grob in zwei Kategorien einteilen: konfliktvermeidendes beziehungsweise -unterdrückendes und konfliktverstärkendes Verhalten.

Konfliktvermeidende Eltern

Solche Eltern fühlen sich als ständige Vermittler in den Konflikten ihrer Kinder, entweder, weil sie gerne über Recht und Unrecht entscheiden wollen (obwohl solche Taktiken meist dazu führen, daß die Kinder dieselbe Auseinandersetzung immer wieder durchspielen), oder weil sie selbst Angst vor Aggression haben. Häufig vermitteln sie dann auch in Situationen, in denen die Kinder durchaus selbst die Lösung für ihre Konflikte hätten finden können, und nehmen ihnen so ihr angeborenes Recht auf die Lösung ihrer eigenen Konflikte – ein wesentlicher Bestandteil jeder Geschwisterbeziehung. Wenn Eltern zu oft eingreifen, zu stark reagieren, sich zu sehr in den Konflikt hineinziehen lassen, sich verhalten, als ob sie allwissend wären oder den falschen Zeitpunkt für ihr Eingreifen wählen, unterminieren sie die Fähigkeit der Kinder zur Konfliktlösung. Viele konfliktvermeidende Eltern reagieren *hypersensibel* auf Geschwisterkonflikte, sind immer wachsam und versuchen, sie durch Zugeständnisse, gutes Zureden oder auch durch eigene Wutausbrüche zu verhindern, hinter denen sich die Angst vor schlimmerer Aggression verbirgt.

Eltern, die Streit zwischen ihren Kindern ängstlich oder ärgerlich verbieten, riskieren, daß die Kinder ihre Aggression heimlich und auf gefährliche Weise ausdrücken. Viele Geschwister »erstarren« und fühlen sich unbehaglich in Gegenwart ihrer Brüder und Schwestern, weil die Eltern ihnen nie erlaubt haben, Ärger zu entladen oder aufzulösen. Eine unserer Patientinnen, eine erfolgreiche, attraktive Schauspielerin, hatte einen Zwillingsbruder. Da er bei der Geburt weniger gewogen hatte als sie, machten sich die Eltern, die ihre eigenen Ängste auf den Jungen projizierten, von Anfang an Sorgen wegen der größeren Stärke der Tochter. Im Säuglings- und Kleinkindalter der Kinder paßten sie ständig auf, daß er nicht von der Schwester versehentlich verletzt würde. Eine ihrer frühesten Erinnerungen ist die Ermahnung der Mutter: »Sei nicht so grob mit ihm, *paß auf*!« Die permanente Botschaft der Eltern, offen wie verdeckt, lautete: »Du bist größer, hast mehr Durchhaltevermögen, bist intelligenter, beweglicher, die stärkere Persönlichkeit. Paß auf, daß du deinen Bruder nicht erdrückst. Du bist gefährlich, weil du du selbst bist.« In der Therapie erinnerte sie sich an die Schuldgefühle und Hemmungen in Gegenwart des Bruders: »Wir lebten wie in einem riesigen Goldfischglas, ständig ängstlich beobachtet von den Eltern. Ich traute mich kaum, ihn anzufassen.« Die erzwungene Zurückhaltung dem Bruder gegenüber führte zu einer unangenehmen, unverbindlichen Beziehung zwischen den Geschwistern, aber auch zu Angst und Aggression im Umgang mit Gleichaltrigen und fairen Machtkämpfen. Auf der Bühne schwelgte sie in aggressiven und mörderischen Rollen, verstand aber die Gründe dafür nicht ganz. Sie mußte erst wieder lernen, daß man aggressive Gefühle Menschen gegenüber, die »unberührbar« wirken, ausdrücken kann, ohne sich schämen zu müssen.

Es gibt aber auch Eltern, die die Verletzungen und den Schmerz, den sich ihre Kinder zufügen, in ihrem Bemühen um Konfliktvermeidung unterschätzen (Kaufmann, Hallahan, Ball 1975), zum Teil, weil die Geschwisterkonflikte oft heimlich und außerhalb des elterlichen Einflußbereiches stattfinden, aber auch, weil sie sich weigern, Aggression überhaupt zur Kenntnis zu nehmen. Sie »sehen nichts Böses, hören nichts Böses, sagen nichts Böses« und stecken den Kopf so tief in den Sand, daß sie die offensichtlichsten Aggressionen nicht wahrnehmen. Rachsucht wird zu »Schabernack«, Demütigung zu »Scherz«, Brutalität zur »kleinen Balgerei«. So bleibt der Familienfriede scheinbar erhalten. Die Eltern hoffen, daß sich der Streit der Kinder von selbst in Nichts auflösen wird, und beschwichtigen die eigenen emotionalen Verletzungen aus der Vergangenheit, indem sie die Aggression ihrer Kinder ignorieren.

Konfliktverstärkende Eltern
fördern unbewußt die Konflikte zwischen ihren Kindern und stacheln sie insgeheim an. Sie übersehen zum Beispiel einfach die Eskalation von Aggression und Gegenaggression, »merken« es einfach nicht, wenn ein Kind das andere ausnutzt, oder gehen davon aus, er oder sie »könne das schon verkraften, ist eben zäh«.

Adelaide Johnson und S. A. Szurek (1952) haben darauf hingewiesen, daß manche Kinder die Wut der Eltern ausagieren – Impulse, die sie sich selbst verbieten. Die Passivität eines Elternteils zum Beispiel angesichts einer ungleichen und langanhaltenden Prügelei, die dem schlagenden Kind letztlich grünes Licht für die Fortsetzung seines brutalen Verhaltens gibt, kann durchaus auf die Befriedigung eines tiefen eigenen Bedürfnisses deuten. Neigungen zur Konfliktverstärkung zeigen sich besonders dann, wenn Mutter oder Vater eines der Kinder hassen und die anderen verdeckt zum Angriff ermutigen. Kay Tooley (1977) beschreibt einen Fall, in dem »die älteren Kinder Mutters (nur leicht) unbewußten Wunsch ausagieren, die jüngeren loszuwerden – eine eher drastische Form mütterlicher Ablehnung, die sich nicht auf das mörderische Ausagieren der älteren Kinder beschränkt haben kann… Die Angriffe umfaßten unter anderem versuchtes Ertränken, Vergiften und Anzünden der Kleider.«

Es gibt wenig Untersuchungen über Gewalt zwischen Geschwistern unter dem Einfluß konfliktverstärkender Eltern, weil diese Eltern die Aggression zwischen ihren Kindern für normal und natürlich halten und selten Hilfe von außen deswegen suchen. Der Unterschied zwischen normalen Machtkämpfen und Gewalt in Geschwisterbeziehungen bleibt unklar und ist auch juristisch nicht definiert. Periodische Schikanen, Gewalt und Drohungen bei Geschwistern im Kindesalter gelten in vielen Berichten als die Regel: Ältere Geschwister machen sich die jüngeren mit nackter Gewalt gefügig, und die wiederum rächen sich auf verdecktere Weise. Unter Berücksichtigung der täglichen Vielzahl aggressiver Momente kann ein Elternteil seine Abneigung gegen eines der Kinder leicht darüber ausdrücken, daß er oder sie Gewalt zwischen den Kindern einfach nicht verbietet.

Favoritentum und Rechte

Es ist eine altbekannte Tatsache, daß Erfolg, vor allem im akademischen Bereich, eher mit den vorderen Plätzen in der Geschwisterreihe verbunden ist (Galton 1874; Altus 1965; Zajonc 1976), wahrscheinlich wegen der größeren Anerkennung und Aufmerksamkeit, die Erstgeborene sowohl materiell wie psychisch bekommen. Eltern erwarten mehr von ihnen als von den jüngeren, vor allem mehr Unabhängigkeit und Selbständigkeit, und konsequentermaßen »erziehen« sie sie strenger und früher. Dieser Prozeß beginnt häufig nach der Geburt des zweiten Kindes, wenn die Mutter ihre Zuneigung plötzlich auf den Säugling überträgt. Nach den Beobachtungen von M. K. Taylor und K. L. Kogan (1973) zum Beispiel verändert sich die Reaktion aller Mütter auf das älteste Kind nach der Geburt des zweiten dramatisch: Sie werden »emotional flach«, sind weniger an ihm interessiert, ihre Reaktionen sind gezwungen und bemüht. Nachgeborene Kinder werden von den Eltern spontaner und mit bedingungsloser Akzeptanz behandelt als die Erstgeborenen (Sears u. a. 1957). Andere Untersuchungen haben gezeigt, daß Mütter die Leistungen des ältesten Kindes besitzergreifend und ängstlich beobachten, bei den zweitgeborenen jedoch entspannter sind. James J. Conley (1981) nimmt sogar unterschiedliche Uterusbedingungen an, die erstgeborene Babys sensibler für Ängste machen. Außerdem reagieren Mütter seines Erachtens biologisch stärker auf diese sensiblen Kinder als auf die später geborenen. Eins steht jedenfalls fest: Die Stellung von erst- und nachgeborenen Kindern hat in jedem Fall eindeutige Vor- und Nachteile. Vom ältesten Kind wird mehr erwartet, es erreicht vielleicht ein wenig mehr im Leben, erlebt aber auch mehr Ängste und mehr Strenge als ein jüngeres, das von den Eltern liebevoller akzeptiert wird.

Favoritentum gibt es in allen Familien. Aber es macht einen großen Unterschied, ob Kinder wegen bestimmter Eigenschaften, in verschiedenen Phasen oder Entwicklungsstadien vorgezogen werden oder ob eines eine eindeutige Favoritenrolle zugeschrieben bekommt. Die meisten Eltern wissen um ihre Günstlingswirtschaft, geben sie zu und versuchen bewußt, einen Ausgleich herzustellen. Ideal wäre es, wenn die Eltern vor der Geburt des zweiten Kindes die bevorstehende Verlagerung ihrer Aufmerksamkeit auf den Säugling antizipieren und Kompensationen für das älteste bereitstellen könnten.

Freud (1909) hat in einer klassischen Studie die Eifersuchtsreaktionen des »kleinen Hans« auf die »geheimnisvolle« Geburt seiner Schwester Hannah beschrieben. Hans wurde jetzt von der Mutter ignoriert, das plötzliche Auftauchen des Säuglings machte ihn wütend, und er fühlte sich wertlos. Aber der Vater, ein für das Wien der Jahrhundertwende ungewöhnlich besorgter Papa, lenkte ihn ab und unterstützte ihn, machte sich Notizen über sein Verhalten und konsultierte sogar den Doktor Freud. Bald verdrängte Hans seine Rivalitätsgefühle zu Hannah, zum Teil, weil sein emotional zugänglicher Vater seiner »Entthronung«* den Stachel genommen hatte. Eine frühe Intervention des Vaters (oder der Großeltern oder anderer Verwandten) zur zusätzlichen Unterstützung des älteren Kindes kann dessen eifersüchtige Reaktion auf das Baby wesentlich ausgleichen.

Ausgleich korrigiert Favoritentum, wie Untersuchungen über die Auswirkungen der Familiengröße auf die Rivalität ergeben haben. M. Sewall und R. Smalley (1930) sowie David Levy (1938) haben aggressives Verhalten von Geschwistern in unterschiedlich großen Familien untersucht. Je größer die Geschwistergruppe, um so weniger Zeit konnten die Eltern den einzelnen widmen. Die Kinder akzeptierten diese Situation als gegeben und lösten ihre Probleme ohne große Auseinandersetzungen und unabhängig von den Erwachsenen. Eine andere Untersuchung brachte ähnliche Ergebnisse (Bossard, Boll 1956): Mehr als 80% der befragten erwachsenen Geschwister aus großen Familien meinten, es habe in ihrer Kindheit und Adoleszenz kaum ernsthafte

---

* Meist wird dieser Fall zitiert, um die schädlichen Auswirkungen der Angst eines Kindes vor dem Vater zu demonstrieren, die beim kleinen Hans zur Entwicklung einer Phobie führten. Der hilfreiche Einfluß des Vaters bei der Bewältigung der Geburt der Schwester bleibt in der Regel unbemerkt.

Geschwisterkonflikte gegeben. Obwohl die meisten sich an Ungerechtigkeit, Streit und Verletzungen erinnerten, hatten sie erfahren, daß sich die Eltern weder manipulieren noch monopolisieren ließen und keins der Kinder vorgezogen werden konnte. Eltern, die auf mehrere individuell verschiedene Kinder reagieren müssen, verteilen ihre Aufmerksamkeit meist gleichmäßig und fördern so bei ihren Kindern die konstruktive Haltung: »Wir sitzen alle in einem Boot.« Außerdem ist die Chance, mit einem der Geschwister eine enge Freundschaft aufzubauen, in einer vielköpfigen Familie sehr groß, und es gibt immer mindestens einen Spielgefährten. Daraus sollte jetzt aber nicht der Schluß gezogen werden, daß die Situation in allen großen Familien zwangsläufig rosig sein muß. Wirtschaftliche Schwierigkeiten oder Vernachlässigung durch die Eltern können zu schweren Aggressionen zwischen Geschwistern führen, vor allem, wenn eine klare Struktur fehlt oder Sozialisationsmängel vorhanden sind (Minuchin u. a. 1967).

Eifersucht und der damit verbundene Neid kleiner Kinder bei der Geburt eines Geschwisters sind normale, aber vorübergehende emotionale Reaktionen, gegen die Eltern etwas tun können (›Journal of Abnormal Psychology‹ 1949). Gerade auch durch den Einfluß populärer Ratgeber wie das Standardwerk von B. Spock geben mittlerweile die meisten Mütter dem ältesten Kind die Möglichkeit, bei der Versorgung des Säuglings zu helfen, und lassen es an der Erfahrung teilhaben. Mit Beginn der Adoleszenz läßt die eifersüchtige Reaktion auf die Geburt eines Geschwisters normalerweise nach und gerät in Vergessenheit (Yamamoto 1979). Für elf- oder zwölfjährige Kinder steht die Geburt eines neuen Babys auf der Liste beunruhigender Ereignisse weit unten.

Unter bestimmten Bedingungen können eifersüchtige Reaktionen allerdings gefährlich werden und das Familienleben monate- oder jahrelang dominieren, wie das folgende Beispiel zeigt.

Das Baby aus dem Fenster werfen: Kathy und Bonnie
Eines Nachmittags hörte die Mutter, wie die vierjährige Kathy zu ihrer zwölf Monate alten Adoptivschwester sagte: »Ich will Bonnie aus dem Fenster werfen.« Sie hielt dies zunächst für »normale« Geschwisterrivalität und ging zurück in die Küche. Eine Woche später sah sie, wie Kathy Bonnie ans offene Fenster hob, »damit sie rausgucken kann«, und sie weit über das Fensterbrett hinaushielt. Die Mutter, eine warme und ruhige Frau, nahm ihr den Säugling weg, sagte aber nichts, weil sie der Vierjährigen keine destruktiven Ideen in den Kopf setzen wollte. Am nächsten Morgen wachten die Eltern durch das laute Gebrüll des Babys auf. Sie stürzten ins Kinderzimmer und überraschten Kathy, wie sie versuchte, Bonnie mit einem Desinfektionsmittel zu füttern, das sie in ihr Fläschchen gefüllt hatte. Kathy hatte sich in den letzten Tagen über das ungewöhnlich häufige Geschrei des Babys beschwert und

sagte, sie hätte ihm den Mund auswaschen wollen, damit es nicht mehr so viel schreie.

Im Laufe der nächsten sechs Monate schmierte Kathy Zahnpasta auf Ohrstäbchen und verrieb sie in Bonnies Gaumen, drückte sie so brutal, daß den Eltern himmelangst wurde, achtete auf jede Bewegung des Babys, schlug es mit einer Haarbürste, weil es »so schmutzig« sei, machte sich (»Ich tu ja nur so«) mit einer stumpfen Schere an Bonnies Fingern zu schaffen, setzte sie auf den Topf und drohte, sie zu verhauen, wenn sie nicht sofort »Aa« machen würde. Kathy hatte selbst erst vor kurzem einigermaßen gelernt, ihre Körperfunktionen zu beherrschen, nicht mehr mit dem Essen zu matschen und am Daumen zu lutschen. Die Erkenntnis, daß dies alles jetzt das Privileg der Schwester war, machte sie rachsüchtig und nachtragend.

Aber es gab noch andere alarmierende Signale. Kathy lief nachts weg und wurde von einem Nachbarn an der Autobahn gefunden. Sie sprang von viel zu hohen Mauern, spielte trotz wiederholter Verbote mit dem Rasenmäher des Vaters und fing an, Fingernägel zu kauen. Die Eltern fragten sich besorgt, ob die Tochter, die ihnen bis jetzt soviel Freude gemacht hatte, krank wäre oder ob sie als Eltern versagt hätten.

Die ersten vier Jahre in Kathys Leben waren unproblematisch und angenehm verlaufen. Sie war ein Wunschkind gewesen, eng verbunden mit der Mutter, die in ihrer Beziehung zu Kathy wunschlos glücklich war. Sie gingen zusammen in Museen und Parks, spielten viel miteinander. Die Mutter hatte bereitwillig ihren Journalistenberuf aufgegeben, um sich dem Kind und der Familie zu widmen; sie wollte nach und nach freiberuflich arbeiten und später, wenn die Kinder zur Schule gingen, wieder in den Beruf zurückkehren. Ihr Mann, ein erfolgreicher Unternehmer, wirkte warm und engagiert.

Die Eltern wandten sich an einen Kinderpsychologen. Nach der ersten Sitzung mit Kathy war der Therapeut davon überzeugt, daß das zentrale Problem tatsächlich ihre überwältigende Wut und Eifersucht gegen die Schwester sei und daß es durchaus Grund zur Besorgnis gebe. Der Rohrschach-Test ergab eine Mischung von Wut und dem Wunsch, ein perfektes kleines Engelchen zu sein.

Kathy war intelligent genug, um die Verbote ihrer Eltern zu verstehen, ihre verbalen Fähigkeiten gingen weit über ihr Alter hinaus, und die Kindergärtnerin hielt sie für intelligenter, braver und reifer als die meisten anderen Kinder. Aber sie war in ihren wachsenden Wut- und Eifersuchtsgefühlen völlig gefangen. Sie sagte: »Ich liebe meine Schwester, aber sie geht mir auf den Geist. Ich wünschte, sie wäre nicht am Leben. Ich wollte eine kleine Schwester haben, aber ich finde, jetzt sollte sie wieder in das Flugzeug zurückgehen.« Kathys intellektuelle Entwicklung begann zu leiden, sie konnte sich nur schwer konzentrieren. Die Bilder, die sie malte, waren Kritzeleien, ein Intelligenztest brachte überraschend magere Ergebnisse. Der Psychologe stand vor einem Rätsel: Geschwisterrivalität hatte er erwartet, aber das extreme Ausmaß ihrer Gefühle blieb unverständlich.

Ein erster Hinweis ergab sich in einer familiendiagnostischen Sitzung. Die Mutter nahm Bonnie auf den Schoß, während der Vater und Kathy sich auf Stühle setzten. Als der Therapeut mit den Eltern über die neuesten Vorfälle sprach, ging Kathy schnurstracks auf die Mutter zu und sprang auf ihre Knie. Die Mutter hielt nun mit ziemlichen Schwierigkeiten die zappelnde Bonnie im einen und die große Fünfjährige im anderen Arm. Da der Vater diesen Kampf ignorierte, sagte der Therapeut der Mutter, sie solle Kathy auffordern, zurück zu ihrem eigenen Stuhl zu gehen. Erst nach viermaliger Aufforderung gehorchte Kathy unwillig und wandte sich mit einer Grimasse ab. Auf die Frage des Therapeuten, ob sie wütend sei, brach sie in stürmische Anklagen aus, erklärte, sie hasse die Mutter und brüllte sie an: »Du hast mich nicht lieb!« Alle Versicherungen des Gegenteils bestärkten sie nur in ihrer Wut. Sie stand auf und wollte wieder auf Mutters Schoß. Die gab nach, weil sie sich schuldig fühlte, und akzeptierte sie mit einem Lächeln zum Therapeuten.

Hier lag ein wichtiger Schlüssel für Kathys Wut. Die Eltern ließen sich durch ihre Tyrannei lähmen und vermittelten ihr unbewußt, sie könne sich »alles erlauben«. In der nächsten Sitzung ging es darum herauszufinden, warum die Eltern das Offensichtliche nicht sehen konnten.

Die Mutter, älteste von fünf Geschwistern, war von ihrer eigenen, psychotischen, depressiven und unberechenbaren Mutter vernachlässigt worden und wurde so zur »fürsorglichen Schwester«. Indem sie ihre eigenen Kinder versorgte, gab sie sich selbst Zuwendung. Sie wollte bewußt eine Belastung der Kinder durch ihren Ärger oder Egoismus verhindern und bemühte sich zwanghaft, ihnen auch den kleinsten unglücklichen Augenblick zu ersparen.

Bei der Entstehung der gegenwärtigen gefährlichen Situation hatten auch die Umstände der Adoption und äußere Lebensbedingungen eine Rolle gespielt. Wegen einer Unterleibserkrankung hatte man ihr von einer zweiten Schwangerschaft abgeraten. Für eine Frau mit fünf eigenen Geschwistern war es aber »undenkbar«, daß Kathy als Einzelkind aufwachsen sollte, und so hatte sie sich zur Adoption entschlossen. Ihre Bemühungen, die eigenen Verletzungen aus der Vergangenheit ungeschehen zu machen, wuchsen mit der Ankunft des zweiten Kindes. In dem Versuch, Kathy auf die neue Situation vorzubereiten, übertrug sie ihr unbewußt die Rolle der versorgenden Schwester, die sie früher selbst gespielt hatte. Monate vor Bonnies Ankunft nahm sie Kathy auf den Schoß und erklärte ihr, wie sehr sie ihr helfen könnte, wenn das Baby erst einmal da wäre. Kathy lernte also in einem besonders beeindruckbaren Alter, sich verantwortlich zu fühlen – also das Gegenteil von dem, was die Mutter bewußt beabsichtigt hatte!

Ihr Mann war von seinem familiären Hintergrund her die perfekte Ergänzung: Er hatte einen aggressiven und instabilen Vater gehabt und bemühte sich dementsprechend um Friedfertigkeit, so sehr, daß er sich durch die Aggression der Tochter lähmen ließ und sich schuldig fühlte.

Von dem Augenblick an, als Bonnie in Kathys alten Kindersitz gesetzt wurde, war klar, daß die Familie – in den Worten des Vaters – »Glück gehabt« hatte. Bonnie war, wie die Mutter sagte, »das süßeste Baby, das wir je gesehen hatten«. Sie lächelte jeden *sofort* an. Auf dem Weg vom Flughafen nach Hause gingen sie noch in ein Restaurant, wo sich die Kellnerinnen entzückt um Bonnie versammelten. Kathy wurde ignoriert. Damit begann eine lange Reihe von ungünstigen Vergleichen zwischen der niedlichen, südländischen, schwarzäugigen Bonnie und der weniger attraktiven Kathy. Die Mutter war durchaus sensibel dafür und bemühte sich um Ausgleich. Gleich am ersten Abend blieb sie trotz großer Erschöpfung auf, um mit Kathy zu spielen und ihr vorzulesen. Damit war ein Muster zwanghaften Ausgleichs geschaffen, das Kathys Gier nach Aufmerksamkeit entgegenkam.

Zwei traumatische Ereignisse verstärkten kurz nach Bonnies Adoption Kathys Unsicherheit und ihre Angst, die Liebe der Mutter zu verlieren: Die Mutter kam nach einem Autounfall ins Krankenhaus. Kathy, die vorher nie länger als ein paar Stunden von der Mutter getrennt war, war auf diese plötzliche Trennung in keiner Weise vorbereitet und fragte sich, ob die Mutter je wiederkäme. Sie begann, von Räubern zu träumen, und wachte nachts schreiend auf. Nach zehn Tagen wurde ihre Mutter aus dem Krankenhaus entlassen, bald darauf aber erneut eingewiesen, was Kathys Ängste reaktivierte. Ohne die Mutter, die sie hätte beruhigen können, und ohne ein ausgebildetes Gewissen mußte sie ihre Aggressionen gegen das Baby selbst steuern. Gleichzeitig hatte sie sich aber an Bonnie gebunden und sie zu ihrem Übergangsobjekt gemacht, an dem sie sich verzweifelt festklammerte, das sie aber gleichzeitig weg wünschte.

Die Therapie war erfolgreich: Nachdem der Therapeut darauf hingewiesen hatte, wie sehr sie Kathys Launen nachgaben, setzten die Eltern ihr feste Grenzen. Das beruhigte sie und machte ihr deutlich, daß sie ihr externe Kontrollen bieten konnten, bis sie ein eigenes Gewissen entwickeln konnte. Sie setzten es durch, daß sie zu *ihnen* kam, wenn Bonnie etwas angestellt hatte, anstatt sie selbst zu »erziehen«. In den Therapiesitzungen konnte sie ihre Ängste vor dem Verlust der Mutter ausdrücken und bewältigen. Mittlerweile war sie fünfeinhalb Jahre alt, besuchte einen Ganztagskindergarten und fühlte sich als großes Mädchen. Die ganztägige Trennung der Kinder tat beiden »ungeheuer gut«, wie die Mutter sagte. Kathy hatte mit dem Fingernägelbeißen aufgehört und wirkte sorgenfrei und ohne Schuldgefühle. Als Bonnie ihr einmal eine Holzpuppe so fest an den Kopf warf, daß sie blutete, weinte sie zwar, schlug aber nicht zurück, weil sie begriff, daß Bonnie das nicht absichtlich getan hatte.

In diesem Fallbeispiel haben sich die Eltern bemüht, beiden Kindern dieselbe Aufmerksamkeit und Zuwendung zu geben. In vielen Familien machen die Eltern aber ein Kind zum Favoriten, wodurch es eine Identität auf der Basis von Privilegien, Macht und Anspruchsdenken entwickelt. Die Wirkungen solch früher, dominanter Erfahrungen auf die Identität lassen sich am Beispiel von Sigmund Freud, dem Begründer der Psychoanalyse, deutlich machen.

*Ein privilegierter Bruder: Sigmund Freud**

Sigmund Freud stand gegenüber seinen fünf jüngeren Schwestern Anna, Rosa, Marie, Adolfini und Paula und dem zehn Jahre jüngeren Bruder Alexander an der Spitze der Hackordnung. Zu seinen frühesten Erinnerungen gehören Schuldgefühle wegen seiner Mordgedanken gegen einen weiteren jüngeren Bruder, Julius, der im Alter von neun Monaten starb, als Freud neunzehn Monate alt war. Die Erfüllung dieses Todeswunsches war für seine lebenslange Neigung zu Selbstvorwürfen verantwortlich (zu der Problematik des Geschwistertodes vgl. Kapitel 10). Von den zwei Söhnen des Vaters aus erster Ehe, zwanzig beziehungsweise dreiundzwanzig Jahre älter, wohnte einer, Emmanuel, in der Nähe, und dessen Sohn John, ein Jahr älter als Sigmund, wurde sein Spielkamerad. In seinen Kindheitserinnerungen weist Freud auf die ambivalente Beziehung zu diesem Neffen und Kameraden hin:

»Bis zu meinem vollendeten dritten Jahre waren wir unzertrennlich gewesen, hatten einander geliebt und miteinander gerauft, und diese Kinderbeziehung hat, wie ich schon einmal angedeutet, über all meine späteren Gefühle im Verkehr mit Altersgenossen entschieden. Mein Neffe John hat seither so viele Inkarnationen gefunden, die bald diese, bald jene Seiten seines in meiner unbewußten Erinnerung unauslöschlich fixierten Wesens wiederbelebten. Er muß mich zeitweilig sehr schlecht behandelt haben, und ich muß Mut bewiesen haben gegen meinen Tyrannen...« (S. Freud, Ges. Werke Bd. II/III, S. 427, zitiert nach Ernest Jones, 1960, S. 25 f.)

Die Beziehung zwischen Sigmund und seiner Schwester Anna war anscheinend nie besonders freundlich, aber die Gründe dafür bleiben

---

* In einer ausführlicheren Fassung ist dieser Abschnitt bereits in ›Freuds Geschwister‹, in: ›Psychoanalytical Review‹ 67, Winter 1981, S. 493–504, erschienen.

ein Geheimnis. Ernest Jones bringt Annas Geburt mit einer Krise im Leben der Familie zusammen:

»Als er zweieinhalb Jahre alt war, erreichte das Problem der familiären Beziehungen mit der Geburt seiner ersten Schwester, Anna, seinen Höhepunkt. Weshalb und woher war dieser Eindringling gekommen, mit dem er aufs neue (eine Anspielung auf die Geburt seines Bruders Julius, Anm. d. Verf.) die warme und vorher ausschließlich ihm geltende Liebe seiner Mutter würde teilen müssen? Die Veränderung, die mit dem Körper der Mutter vorging, belehrte das aufmerksame Kind über die Herkunft des Säuglings, aber nicht über das Wie seiner Entstehung. Während die Mutter mit dem neuen Schwesterchen im Bett lag, verschwand gleichzeitig seine Kinderfrau.« (Jones 1960, S. 26f.)

Das wärmste Verhältnis hatte er zu dem zehn Jahre jüngeren Alexander; diese Beziehung entsprach seinem Temperament. Er konnte ihn leicht dominieren und wurde von ihm verehrt, ohne daß seine Autorität je in Frage gestellt worden wäre. Kurz nach der Geburt des Bruders wandte sich die Familie an den jungen Sigmund und fragte ihn nach einem passenden Namen. Sein Vorschlag, Alexander, wurde sofort angenommen. Als junger Erwachsener reiste Freud mit Alexander, sie gingen zusammen wandern und schwimmen, wobei Alexander stets pflichtgetreu und gutmütig das Gepäck des älteren Bruders trug. Auf dieser Basis blieb das Bündnis zwischen den Brüdern bis an ihr Lebensende bestehen.

Den Schwestern war Sigmund ein väterlicher Bruder. Der Vater, der im beruflichen Leben versagt hatte, spielte eine geringe Rolle in der Familie, was unter Umständen dazu beigetragen hat, daß Sigmund seinen jüngeren Geschwistern den Vater ersetzte. Er war der klassische dominierende Erstgeborene; was er nicht dominieren konnte, versuchte er auszulöschen oder zu ignorieren. Als Ältester und Favorit (sein Status als »Genie« war unbestritten: die Mutter, Amalie Freud, nannte ihn »mein goldener Sigi«) wurde er mit einem Respekt behandelt, der an Unterwürfigkeit grenzte. Unter dem Einfluß der Mutter lernten die Schwestern früh, zu ihm aufzublicken und ihm aus dem Weg zu gehen.

Sigmund fühlte sich dementsprechend seinen Geschwistern überlegen – mit Ausnahme von Alexander. In seiner kurzen Autobiographie (1935) erwähnt er nur seine Eltern, nicht aber die Geschwister. Die Erfahrungen in der mittleren und späten Kindheit bestätigten seinen Eindruck, daß er Geschwister dominieren konnte. Sie waren für ihn so etwas wie eine Plage, Menschen, die man tolerieren muß und die ihm Bewunderung schuldeten (Bank, Kahn 1980–81).

Weil die ganze Familie die besondere Begabung des jungen Sigmund erkannte, wurden ihm Privilegien eingeräumt. Seine Schwester, Anna Bernays (1940), erinnert sich:

»Wie beengt wir auch lebten, Sigmund hatte immer ein eigenes Zimmer. Es gab ein Wohnzimmer, ein Eßzimmer, drei Schlafzimmer, die wir uns teilten, und ein sogenanntes Kabinett – einen Raum, der von der Wohnung getrennt war. Dieses Kabinett, eng und schmal, mit einem Fenster zur Straße, war für Sigmund bestimmt... Als Jugendlicher aß er nicht mit uns zusammen zu Abend, sondern allein in seinem Zimmer bei seinen Büchern.«

Gelegentlich tyrannisierte er seine Geschwister und machte seine Rechte und Privilegien als männlicher Erstgeborener geltend. Seine Mutter tat wenig, um diese Tyrannei einzudämmen. Anna erzählt wehmütig:

»Als ich acht Jahre alt war, wollte meine Mutter, die sehr musikalisch war, daß ich Klavierspielen lernte. Ich fing an, regelmäßig eine Stunde täglich zu üben. Obwohl Sigmunds Zimmer am anderen Ende der Wohnung lag, störte ihn das. Er forderte meine Mutter auf, das Klavier abzuschaffen, andernfalls würde er ausziehen. Das Klavier verschwand, und mit ihm alle Möglichkeiten für seine Schwestern, eine Musikausbildung zu bekommen.«

Um die Bedeutung dieser Episode zu begreifen, muß man bedenken, daß Klavierspielen in der Wiener Gesellschaft des ausgehenden neunzehnten Jahrhunderts für junge Mädchen, die als »gute Partie« gelten wollten, unabdingbar notwendig war. Schließlich berichtet Anna: »Wir hatten nur Kerzen im Schlafzimmer, Sigmund eine Petroleumlampe.« Sigmund, von der Mutter »auserwählt«, besiegte seinen passiven Vater mit Leichtigkeit und besetzte den ersten Platz in einer Geschwistergruppe, in der niemand seine Überlegenheit und seinen besonderen Status in Frage stellen konnte. Seine Erfahrungen als Bruder beeinflußten nicht nur seine Theorie über die Geschwisterbeziehung (die Rivalität, Eifersucht und Dominanz auf Kosten anderer, kooperativer Züge hervorhebt), sondern auch seine Beziehung zu Kollegen und Rivalen in der psychoanalytischen Bewegung. Laut Ernest Jones (1953, 1960) und Paul Roazen (1975) mußte Freud alle dominieren, die ihm intellektuell ebenbürtig waren.

Sein autokratisches Verhalten in der psychoanalytischen Bewegung war natürlicher Ausfluß seiner autokratischen Rolle in der Geschwistergruppe, in der der einzige männliche Rivale, der jüngere Bruder, sein verehrender Schüler war. Die Auseinandersetzungen mit den Kollegen Alfred Adler und C. G. Jung, die rücksichtslose Unterdrückung des potentiellen Rivalen Victor Tausk und die Weigerung, in dem von ihm gegründeten psychoanalytischen Institut intellektuelle oder soziale Kompromisse einzugehen, werden auf dem Hintergrund der Geschwisterdynamik weit eher verständlich als auf dem der Eltern-Kind-Beziehung.

Ehekrieg und Geschwisterkonflikte

Kinder beobachten die Einstellungen und Handlungen ihrer Eltern sehr genau. Wenn man davon ausgeht, daß Kinder lernen, was die Eltern leben, ist es nicht verwunderlich, daß Geschwister in ihrer Beziehung auch die aggressiven Motive der Eltern ausleben (Steinmetz 1976). Zwar geben sich bei Konflikten zwischen den Eltern die Kinder häufig gegenseitige Unterstützung und Trost, aber ein langanhaltender Ehekrieg kann genausogut einen langanhaltenden Geschwisterkonflikt zur Folge haben.

Kinder rivalisieren um die Zuneigung der Eltern, Eltern oft genug um die Gefolgschaft der Kinder. Wenn sich Vater oder Mutter vom Partner ungeliebt, im Stich gelassen oder verletzt fühlen, suchen sie sich eins der Kinder als Verbündeten. Kleine Kinder haben bei einer Scheidung meist nicht die Freiheit, zu entscheiden, auf welche Seite sie sich stellen möchten, und werden leichter zum Faustpfand der Eltern als Adoleszente oder junge Erwachsene.

Das Bündnis mit einem Elternteil vergiftet die Beziehung der Geschwister auf vielfältige Weise: Zum einen macht es die ausschließliche Loyalität eines der Kinder zu Vater oder Mutter den Geschwistern schwer, sich mit den positiven Eigenschaften dieses Elternteils zu identifizieren, zum anderen verringert die Stellvertreterfunktion dieses Kindes im Konflikt der Eltern die Möglichkeiten zur Entwicklung einer warmen und unterstützenden Geschwisterbeziehung.

Stellvertreter im Ehekrieg: Melanie und Cliff

Melanie war zwölf und Cliff zehn Jahre alt, als die immer schon vorhandenen Spannungen zwischen den Eltern in offenen Krieg ausarteten. Die Mutter brachte ihre Liebhaber mit nach Hause, ließ sich von ihrem Mann erwischen – gewalttätige Szenen vor den erschrockenen Kindern waren die Folge. Der Vater zog die Tochter auf seine Seite, die Mutter den Sohn. Nach der Scheidung blieb es bei diesen Bündnissen, das heißt, es gab zwei neue »Ehen«: Vater/Tochter und Mutter/Sohn. Und es gab zwei »Scheidungen«: zwischen den Eltern und zwischen den Geschwistern.

In der späten Adoleszenz waren beide Geschwister voll und ganz von einem, und nur von einem, Elternteil besessen: Die neunzehnjährige Melanie verbrachte ihre regelmäßigen Besuche bei der Mutter vor dem Fernseher, sprach kaum und reagierte aggressiv, wenn der siebzehnjährige Cliff sie aus der Reserve locken wollte. Er war unglücklich bei diesen Besuchen, weil Melanies Gleichgültigkeit die Mutter verletzte. Melanie wiederum war wütend auf die Mutter, die den Vater im Stich gelassen und betrogen hatte, und übertrug ihre Wut auf Cliff, den sie behandelte, als sei er schon immer der Komplize der Mutter gegen den Vater gewesen.

Cliffs Besuche bei seinem Vater waren kurz und problematisch. Sein freier Lebensstil, seine Schulschwierigkeiten und seine Experimente mit Drogen spiegelten in der Sichtweise des Vaters das Verhalten seiner gefallenen Ex-Ehefrau. Und Cliff hinterließ nach jedem Besuch Spuren seiner Verachtung: eine kaputte Glühbirne, dreckiges Geschirr, ein nasses Badezimmer – wohl wissend, daß Melanie, die für den Haushalt verantwortlich war, deswegen Schwierigkeiten bekommen würde. Als Konsequenz beschimpfte Melanie den Bruder, stichelte am Telefon und verteidigte ihn nie gegen die Angriffe des Vaters.

Diese Geschwisterbeziehung spiegelt exakt die unfreundliche Beziehung der Eltern. Beide Kinder übernahmen die Einstellungen des Elternteils, bei dem sie lebten: Cliffs Bemühungen, die Beziehung zu Melanie zu verbessern, korrespondierten mit der Einstellung der Mutter, die Wunden der Vergangenheit zu »vergeben und vergessen«; Melanies Ablehnung spiegelte die »pharisäische« Haltung des Vaters zu seiner Frau, die ihn verraten hatte.

Der Kampf um Überlegenheit bei adoleszenten und erwachsenen Geschwistern

Wenn die Kinder größer werden, kommt die Zeit, in der die Eltern ihre individuellen Unterschiede nicht mehr ausgleichen können. Die Geschwister müssen ihre eigene Balance finden und die komplexen Bereiche Gleichheit, Über- und Unterlegenheit regeln (Ferguson 1958). Rivalität als wichtiger Prozeß der Ich-Entwicklung und Identitätsbildung bleibt aber nicht auf die Kindheit beschränkt, sondern setzt sich auch in Adoleszenz und Erwachsenenalter fort. Nach H. Ross und L. Milgram (1982) gibt es drei Gebiete, auf denen adoleszente und erwachsene Geschwister ihr Selbstwertgefühl stärken oder verletzen können:
– Leistung und Erfolg;
– Sexualität und Schönheit;
– soziale Beziehungen zu Gleichaltrigen, innerhalb wie außerhalb der Familie.

Auf diesen Gebieten sind die Vergleichsmöglichkeiten endlos und gefärbt von eifersüchtiger Sorge um Unter- oder Überlegenheit. Der Kampf um Nähe und Distanz vermischt sich jetzt mit dem Kampf um Oben und Unten.

Die Bereiche Leistung, Sexualität und soziale Beziehungen sind als dynamische Einheit zu verstehen. Die Dominanz eines der Geschwister in allen drei Bereichen ist ausgesprochen selten, und wo sie vorkommt, hat der unterlegene Teil ein extrem schwaches Selbstwertgefühl. Meist akzeptieren Geschwister ihre jeweilige Überlegenheit in einem, höchstens zweien dieser Bereiche und suchen dann Abgrenzung auf dem verbleibenden Feld.

Leistung

Vorherrschaft auf verschiedenen Gebieten: Frank und Eric

Frank, neunundzwanzig Jahre alt, hatte gerade erst die Universität beendet und immer noch keinen klaren Berufswunsch, während sein älterer Bruder Eric ausgesprochen leistungsorientiert und beruflich erfolgreich war. In unserem Interview mit ihm schwelgte er geradezu in den Unterschieden zu seinem Bruder:

»Eric hat mit vierundzwanzig promoviert und sich mit dreißig habilitiert. Er ist ein Schaffer, muß immer das Letzte aus sich herausholen. Ich? Ich habe dreimal die Schule abgebrochen, war Zen-Schüler, habe auf dem Bau gearbeitet. Eine Zeitlang habe ich versucht, so zu werden wie er, ein Jahr lang war ich sogar Assistent in seinem Labor. Verglichen mit ihm habe ich meine Zeit immer nur vertrödelt. Ich glaube, ich habe ihn immer ein bißchen angewidert.

Es bedroht ihn, wenn ich irgend etwas tue, das in seinen Bereich fällt. Er kann es nicht aushalten, wenn ich ›besser‹ bin. Ich bin zwar begabt, habe aber nicht seine Willensstärke. Er meint, ich könnte ihn überflügeln, wenn ich mich zusammenreißen würde. Ich kann aber einfach nicht soviel arbeiten wie er. Manchmal kommt es mir vor, als hätte ich überhaupt nichts in der Hand. Er ist in der Lage zu sagen: ›Ich habe einen Lehrstuhl, Aufsätze geschrieben, etwas Konkretes gemacht...‹ – und kann mich fragen, was ich mit meinem Leben mache.«

Frank konnte sich nie mit dem energiegeladenen, fordernden Eric messen und hatte wenig Erfolg im Berufsleben. Aber im Bereich sexueller und sozialer Beziehungen war es umgekehrt.* Sein außergewöhnlicher Charme machte ihn allgemein beliebt. Er liebte Frauen und war gerne in ihrer Gesellschaft, und schöne Frauen warben um ihn. Eric hingegen hatte nur oberflächliche Beziehungen zu Frauen und kaum Zeit für Freundschaften oder Familie. Erics hochnäsige Herablassung (wenn auch durchsetzt mit Fürsorge und einer starken Mentorenhaltung) zwang Frank, sich auf anderen Gebieten hervorzutun. Eine Zeitlang beneidete er den Bruder um seine Identität als erfolgreicher Aka-

---

* Franks Identität hatte sich in Opposition zu dem Erfolg des Bruders festgelegt und war von daher in mancher Beziehung negativ. Das gilt aber nicht für alle Geschwister. Milgram und Ross haben Geschwister berühmter Menschen interviewt und festgestellt, daß diese Unbekannten sich häufig in dem Glanz sonnen, der von ihren bekannten Geschwistern auf sie fällt.

demiker und versuchte gleichzuziehen, sein Abbild zu werden. Aber dieses Bild paßte nie wirklich zu ihm, und er lernte schließlich, seine mäßig erfolgreiche und unfertige akademische Karriere in die Identität des »unabhängigen Menschen« zu verwandeln; als schmerzlich empfand er sie nur, wenn er sich mit seinem Bruder verglich. Als wir ihn fragten, was sein Bruder von ihm lernen könnte, antwortete er: »Ich könnte ihm beibringen, wie man sich entspannt und wie man ein wirklicher Mensch wird.«

Trotz der schmerzhaften Dialektik investieren doch beide Brüder eine ganze Menge in den Bestand ihrer Beziehung. Eric betrachtet es immer noch als seine Aufgabe, Frank anzuspornen. Frank erlaubt ihm das auch bis zu einem gewissen Punkt, wendet sich aber kurz vor dem Erfolg mit Verachtung ab. Damit beweist er seine Unabhängigkeit und zeigt dem Bruder, daß dessen Vorstellungen für ihn keineswegs verbindlich sind.

Solche Beziehungen zwischen älteren und jüngeren Geschwistern werden von gesellschaftlichen Erwartungen unterstützt. Von jüngeren Geschwistern wird unter anderem erwartet, die Leistungen der älteren anzuerkennen und zu bewundern. Durch die Weigerung, sich von den Bemühungen des Älteren zum Erfolg führen zu lassen, macht Frank Eric aber zum Versager. Umgekehrt gibt Eric ihm zu verstehen, er sei ja vielleicht ein »netter Kerl«, aber wertlos in einer erfolgsorientierten Welt.

Im Kampf der Geschwister um eine überlegene Rolle im Berufsleben gibt es noch zahlreiche andere Faktoren, darunter der höchst wichtige der Geschlechterrollen. Es gilt immer noch als besonders schmerzlich, wenn die Leistungen einer Schwester die des (älteren) Bruders weit übersteigen. Häufig genug verbergen erfolgreiche Frauen ihre Leistungen vor dem Bruder, um ihn nicht durch jemanden in den Schatten zu stellen, der als »minderwertig« gilt.

Sexualität

Der wohl empfindlichste Bereich bei heranwachsenden Geschwistern ist der der Sexualität. Hier haben sie durch das intime Wissen um ihre gegenseitigen Geheimnisse die Macht, sich schon durch bloße Anspielungen oder knappe Kommentare zu verletzen. Der Wunsch nach Überlegenheit kann im Bereich Sexualität zu sadistischen verbalen Angriffen führen, zum Teil aus dem Wunsch heraus, sich für vergangene Unterlegenheit zu rächen, aber auch als Abwehr gegen homo- oder heterosexuelle Wünsche an den angegriffenen Bruder oder die Schwester. Solche Angriffe sind manchmal sehr subtil, zum Beispiel wenn ein Mädchen der Schwester sagt: »Aber selbstverständlich leihe ich dir meinen Büstenhalter, nur (in besonders »liebevollem Ton«) – ist er dir nicht vielleicht doch zu groß...?« Aber auch offene Demütigungen vor Freunden, das »Ausspannen« von Freund beziehungsweise Freundin, die Verweigerung von Unterstützung, wenn Bruder oder Schwester von anderen »angemacht« oder beleidigt werden oder gehässige Andeutungen über das »hurenhafte« oder »schwule« Verhalten des oder der anderen gehören zum Repertoire von Geschwistern.

Verletzend kann auch die Weigerung sein, die sich entwickelnden sexuellen Interessen oder die sexuelle Attraktivität von Bruder oder Schwester zur Kenntnis zu nehmen und so die so dringend benötigte Bestätigung der sexuellen Identität zu verweigern. Manche Geschwister sind stolz darauf, den attraktivsten Partner in der Familie gefunden zu haben, manche fühlen sich wegen Anzahl oder Geschlecht ihrer Kinder überlegen, und manch eine Frau zeigt gegenüber ihrer unfruchtbaren Schwester ihre hämische Freude, daß sie selbst ein Kind empfangen konnte. Kurz: Im Bereich der Sexualität sind die Möglichkeiten des Verrats unter Geschwistern praktisch unbegrenzt. Solche Angriffe können vor allem dann lebenslang wirksame psychische Wunden schlagen, wenn eins der Geschwister von der Anerkennung des oder der anderen abhängig ist.

Soziale Beziehungen

Viele Erwachsene können sich noch gut daran erinnern, wie bitter es war, wenn sie aus der Geschwistergruppe ausgeschlossen wurden. Dabei sind besonders die Dreieckskonstellationen schwierig, in denen es oft mörderische Rivalitäten gibt. Wir haben bereits darauf hingewiesen, daß sich ein Kind an Bruder oder Schwester bindet, wenn es Störungen in der Mutter-Kind-Beziehung gibt (vgl. Kapitel 2). Wenn zwei Geschwister aber um die Liebe des dritten rivalisieren, muß es einen Verlierer geben. Die Bindung zwischen zwei Geschwistern geht häufig auf Kosten des dritten.

Einer bleibt draußen: Elaine, Greg und Janet
Elaine wurde durch die häufige, beruflich bedingte Abwesenheit der Mutter zur Ersatzmutter für die kleine Schwester Janet, eine Situation, die sie haßte, aber über die sie sich nicht beklagte. Janet war der Liebling der Mutter, die mit ihr spielte, wenn sie müde von der Arbeit nach Hause kam. Elaine war darüber gekränkt und eifersüchtig. Noch schmerzhafter für sie war aber die häufige Abwesenheit und der geringe Zugang zu ihrem Vater, den sie sehr liebte. Sie war in einer schwierigen Lage, weil sie trotz ihres Bemühens, die Mutter loyal zu entlasten und Janet eine gute Ersatzmutter zu sein, keine Unterstützung durch die Eltern bekam. Das einzige zugängliche und immer liebevolle Familien-

mitglied war ihr Bruder Greg, und sie tat, was sie konnte, um Janet den Zugang zu ihm unmöglich zu machen. Elaine, mittlerweile Anfang zwanzig, berichtet:

»Greg und ich sind uns sehr nahe, aber zwischen Janet und mir gibt es viele Spannungen. Das bringt ihn in die schreckliche Rolle des Vermittlers, der unsere Streitigkeiten beenden muß, zumindest war das damals so. Er spielte Kinderspiele mit ihr und balgte sich mit ihr herum... ich habe mich aber immer geärgert, wenn ich sie zusammen toben hörte. Ich wußte ja, daß ich kein Recht hatte, mich so darüber zu ärgern, aber er hat mir das hinterher immer an der Stimme angehört. Er war gern mit ihr und er war gern mit mir zusammen. Janet hat sich über mich und meine besondere Beziehung zu Greg geärgert... ich habe sie ausgeschlossen. Und ihn hat es bedrückt, daß er zu uns beiden gleich nett sein mußte. (Traurig:) Manchmal war es so schlimm, daß er einfach bei einem Freund übernachtete. Es war wirklich schlimm; ich wollte ihn ganz, und das war eine blöde Situation für ihn.«

Die Rivalität um die Liebe des Bruders wurde hier zu einem Muster, das Elaines Sensibilität für Dreieckssituationen in ihrem Alltagsleben prägte. Solche Muster bilden sich sehr früh im Leben und können ein Leben lang anhalten. H. Ross' Interviews mit alten Menschen (1982) haben gezeigt, daß Rivalitäten und Verletzungen, die im Alter von drei Jahren erstarrt waren, selbst im hohen Alter noch lebhaft erfahren wurden, das Selbstgefühl der alten Menschen beeinflußten und ihre Fähigkeiten, vertrauensvoll intime Beziehungen zu anderen Menschen einzugehen, beeinträchtigten.

Mechanismen zur Eindämmung der Geschwisteraggression

Betrachtet man die bittere Eifersucht und Wut, die zwischen Geschwistern oft herrscht, ist es fast verwunderlich, daß sie sich nicht gegenseitig umbringen. Zur Entschärfung der Konflikte gibt es verschiedene Strategien, von denen wir einzelne näher betrachten wollen.

Räumliche Trennung am Ende der Adoleszenz ist ein wichtiges Sicherheitsventil. Wir leben in einer mobilen Gesellschaft, die junge Menschen ermutigt, sich ihre Berufe unabhängig vom Ort der Herkunftsfamilie zu suchen. Das macht es Geschwistern leicht, den direkten Kontakt zu vermeiden und ihre verschiedenen Identitäten in eigenen Bereichen zu entwickeln. Die bereits erwähnte Schauspielerin mit dem von den Eltern geschützten Zwillingsbruder zum Beispiel wohnte weit weg von zu Hause, um den Konflikten mit ihm aus dem Weg zu gehen. Solche Kontaktvermeidung ist keineswegs Ausdruck mangelnden Gefühls, sondern beschwichtigt aktiv vorhandene Aggressionen, Schuldgefühle und Konkurrenz.

Eine andere Möglichkeit ist die Beschwichtigung oder Verwirrung von Gefühlen. In unseren Interviews mit Geschwistern zeigte sich das in Sprachlosigkeit, Sprachklischees oder gewundenen Abstraktionen, die erkennbar der Abwehr beunruhigender Gefühle dienten. Nach Melanie Klein (1975) ist Verwirrung Abwehr von explosiver Aggression, während Entwertung und Verachtung dazu dienen, Eifersucht und Neid abzuwehren, was zum Beispiel in Aussagen wie der folgenden deutlich wird: »Meine Schwester ist sowieso nichts wert, also kann sie mich auch nicht enttäuschen. Wir haben nämlich nichts gemeinsam.« Das Gegenteil der Entwertung ist die Idealisierung. Durch Idealisierung kann man vermeiden, sich den Rachegedanken zu stellen, die die eigene Vorstellung von geschwisterlicher Liebe trüben könnten.

Um zu begreifen, wie Geschwister ihre feindseligen Gefühle unter Kontrolle halten, muß man die Identifikationsprozesse zwischen ihnen kennen. Die Bereitschaft, sich zu verletzen oder zu demütigen, hängt von der Art der Identifikationsprozesse zwischen ihnen ab. Bei eineiigen Zwillingen, dem Extrembeispiel für starke Identifizierung und narzißtischer Erweiterung der eigenen Person durch Bruder oder Schwester, werden die Konflikte normalerweise so gering wie möglich gehalten, weil man sich durch die Verletzung des Zwillings gleichzeitig selbst verletzt. Differenzierungsprozesse zwischen Geschwistern, bei denen die emotionalen Territorien aufgeteilt werden, helfen ebenfalls, Konflikte zu vermeiden. Die Identifizierung (vgl. Kapitel 4) verhindert die Eskalation von aggressiven Gefühlen durch die völlige Ablehnung des anderen, die intensive Rivalitäten ausschließt (F. Schachter u. a. 1976).

Wenn die positive Identifizierung nicht stark genug ist, haben erwachsene Geschwister auch noch die Möglichkeit, sich auf die gemeinsame Identifikation mit einem Elternteil zu verlassen, um größere Konflikte zu vermeiden. Viele Geschwister übernehmen die Hoffnungen der Eltern auf eine gute Geschwisterbeziehung und interpretieren gegenseitige Angriffe als Angriffe auf die Familiensolidarität. Sie haben ein stillschweigendes Abkommen, nicht zu streiten, weil jeder weiß, daß sie sich gegenseitig das Leben zur Hölle machen und das Wunschbild der Eltern von einer friedlichen, einigen Familie zerstören können. Vor allem nach dem Tod der Eltern ist das Bedürfnis nach Konstanz und Kontinuität stark genug, um die Differenzen unter Geschwistern in Grenzen zu halten, vorausgesetzt, sie haben eine gewisse positive Identifikation mit den Eltern erworben (Masterman 1979). Geschwister, die von den toten Eltern zum Sündenbock gemacht worden waren oder die elterliche Liebe für sich allein beansprucht hatten, haben allerdings keinen Grund, die Familiensolidarität über das aggressive Eigeninteresse zu stellen. Negative und polarisierte Geschwisterbeziehungen werden nach dem Tod der Eltern meist negativer, positive positiver. Konflikte in rivalisierenden Beziehungen werden in der späten Adoleszenz und im Erwachsenenalter häufig auch durch den Wunsch nach Wiedergutmachung und die Aufgabe erworbener Vorzüge kontrolliert. »Überlegene« Geschwister sind von der Familie besonders gefördert worden oder hatten viel Glück bei ihren Erfolgsbemühungen. Als Jugendliche oder Erwachsene haben sie dann oft Angst, Geschwister zu kränken, die in einer weniger glücklichen Lage und vielleicht eifersüchtig auf ihren Erfolg sind. Schuldgefühle tauchen vor allem dann auf, wenn der Erfolg auf Kosten eines Geschwisters erreicht wurde, zu dem man sich loyal und solidarisch hätte verhalten sollen.* Es ist nicht leicht, mit dem eigenen Erfolg umzugehen, ohne den Eindruck von Gemeinheit, Habgier, Selbstgefälligkeit oder gar triumphierender Überlegenheit hervorzurufen (Goffman 1973).

Bedeutung anhaltender Aggression

Es gibt Menschen, die sich als Jugendliche oder Erwachsene monate- oder jahrelang von ihren Geschwistern beschimpfen, mißhandeln oder demütigen lassen, obwohl sie sich problemlos von ihnen fernhalten könnten. Die Frage ist, welche Bedürfnisse durch die Aufrechterhaltung dieses Konflikts befriedigt werden. In der Psychotherapie fragen Patienten häufig: »Warum gehe ich immer wieder auf meine Schwester zu, obwohl sie mich herumstößt und ignoriert? Wieso verhalte ich mich wie ein Trottel, wenn ich mit meinem Bruder zusammen bin? Warum kann ich nicht einsehen, daß er mich nicht mag?« Es muß also etwas geben, das das Leid eines kontinuierlichen Geschwisterkonflikts lohnend macht, denn warum sonst sollten unterdrückte Geschwister nicht eindeutig mit ihren Unterdrückern brechen können? Das folgende Beispiel zeigt, wie das scheinbare »Opfer« in Wirklichkeit seine sorgfältig aufgebaute Identität als der »bessere« Bruder mit mehr »Selbstbeherrschung« bestätigte, indem er den triebhaften Bruder ins offene Messer laufen ließ.

---

* In Anerkennung dieses Prinzips hat ein amerikanisches Gericht geurteilt, daß ein elfjähriger Junge seiner kranken Schwester eine Niere spenden mußte. Die Begründung: Der Tod der Schwester wegen der nicht durchgeführten Nierentransplantation würde die Chancen des Jungen, ein psychisch gesundes Leben zu führen, durch die zwangsläufig auftretenden Schuldgefühle ruinieren.

Konflikt zur beiderseitigen Befriedigung: Charlie und Marty

Die Frau von Charlie, einem erfolgreichen Restaurantbesitzer, redete sich bei einem Psychotherapeuten ihre Verzweiflung von der Seele, während ihr Mann dabeisaß und wortlos schmollte: Charlie hatte seinem Bruder die Partnerschaft für sein Restaurant angeboten, obwohl Marty nichts getan hatte, um dieses Angebot zu rechtfertigen. Charlie half ihm, ein schönes Haus zu bauen, obwohl Marty dem gemeinsamen Unternehmen große Geldsummen »gestohlen« und an wertlose Grundstücke verschwendet hatte. Charlie mußte seine Mutter bei sich aufnehmen, während Marty keinen Finger krumm machte. Charlie arbeitete achtzehn Stunden am Tag, und Marty kam und ging, wie er Lust hatte. »Charlie«, schrie sie ihn schließlich schluchzend an, »warum läßt du dich Tag für Tag beleidigen und läßt es dann an mir und den Kindern aus? Warum?«

Die Unwilligkeit, mit der Charlie dem Therapeuten Informationen über sich und seinen Bruder gab, wirkte, als wolle er eine Beziehung mit vielfältiger geheimer Bedeutung nach außen abschotten. Sein Vater, ein schwerer Alkoholiker, starb überraschend, als er elf und Marty sechzehn war. Damit wurde Marty zum verantwortlichen »Mann im Haus«, und er nahm diese Aufgabe sehr ernst. Er brach die Schule ab, fing an zu arbeiten und gab seinen Lohn der Mutter für den gemeinsamen Lebensunterhalt. Zu seinem dreizehnten Geburtstag schaffte es Marty irgendwie, ihm ein Fahrrad zu kaufen – ein unvergeßliches Ereignis in Charlies Leben. Gleichzeitig war Marty aber auch ein ausgesprochener Tyrann. Charlie wurde von ihm gemaßregelt, geschlagen, gedemütigt und wegen seiner mittelmäßigen Schulleistungen heruntergeputzt. So stand er einerseits in Martys Schuld, andererseits verachtete und fürchtete er ihn. In den nächsten zehn bis fünfzehn Jahren verdiente Marty viel Geld mit Grundstücksspekulationen, fuhr flotte Autos und legte großen Wert auf modische Kleidung. Charlie dagegen war immer in zweifelhafte Abenteuer verstrickt und brach seine Schulausbildung ab.

Aber plötzlich wendete sich das Blatt. Mit Marty ging es bergab: Seine Ehe scheiterte, er verlor seine Arbeit und wurde zweimal wegen Ruhestörung und Alkohol am Steuer verhaftet. Er war fünfunddreißig Jahre alt und sozial tief gesunken. Mit Charlie ging es jedoch zur Überraschung aller, die ihn kannten, bergauf. Er hatte ein Restaurant gekauft und eine fähige und verantwortungsbewußte Frau geheiratet, die ihm half, seine Unreife zu überwinden. Als Marty ihn bat, ihm eine Arbeit zu besorgen, machte Charlie ihn übereifrig zu seinem Partner, entgegen den Einwänden seiner Frau. Aber sobald die Partnerschaft besiegelt war, begann Marty, Charlie wie einen Juniorpartner und Untergebenen zu behandeln, stahl ihm Zeit, Geld, Würde und Ansehen. Wieder schien er der dominierende ältere Bruder. Zwar kam es unter dem Einfluß von Charlies Frau einmal zu einer Prügelei zwischen den beiden, aber Charlie entschuldigte sich sofort damit, daß er »mit dem falschen Fuß aufgestanden« sei.

Im Verlauf der Therapie wurde deutlich, daß für Charlie die Rolle des minderwertigen Bruders sowohl innerlich wie äußerlich befriedigend war. Er sorgte dafür, daß sich Marty lächerlich machte, indem er nie auf einem anderen Verhalten bestand. Da er ihm keine Grenzen setzte, unterstützte er letztlich das gestörte Verhalten des Bruders und stand dadurch selbst als der »bessere« da. Andererseits fühlte er sich aber auch immer noch so tief in Martys Schuld, daß er sich nicht gegen ihn wehren zu dürfen meinte. Das Bild des strahlend neuen Fahrrades und all die anderen Sachen, die ihm Marty früher verschafft hatte, wog alle vergangenen und gegenwärtigen Demütigungen und Mißhandlungen auf. Indem er in Martys Schuld – und damit minderwertig – blieb, bekam er auch viel Aufmerksamkeit und Zuwendung von seiner Frau, die ihn unaufhörlich darauf hinwies, wie sehr er dem »egozentrischen« Marty überlegen sei. Seine Frau haßte zwar die Sorgen, die er aus dem Geschäft mit nach Hause brachte, aber die stolze und dominierende Frau bekam darüber auch die Möglichkeit, die verletzten Gefühle ihres Mannes zu besänftigen – eine Rolle, die sie insgeheim durchaus als befriedigend empfand. Bruder Marty war ebenfalls zufrieden: Charlie half ihm und unterstützte ihn im Arbeitsleben, und er konnte tun und lassen, was er wollte. Für jemanden wie Marty, der mit sechzehn schon der Ernährer seiner Mutter und seines Bruders sein mußte, war das so etwas wie ein wohlverdienter Urlaub.

9. Verwirrte Familien: »normale« und »gestörte« Geschwister

Die meisten der Millionen Menschen, die jährlich wegen Depressionen, Psychosen, Alkoholabhängigkeit und so weiter in die Psychiatrie eingeliefert werden, die meisten der geistig und körperlich Behinderten oder psychisch schwer Kranken haben Geschwister (von denen ein nicht geringer Prozentsatz – als Arzt, Psychotherapeut, Krankenpfleger oder Lehrer – in den helfenden Berufen arbeitet), aber die Beziehungen zwischen diesen Geschwistern sind bisher kaum untersucht worden. In diesem Kapitel wollen wir untersuchen, wie die Identität der einzelnen Geschwister zum Aufbau des Selbstbildes als »gesund« oder »krank« beiträgt, und Fragen beantworten wie: Wie und in welchem Maße ist man vom Leben eines kranken Geschwisters betroffen? Gibt es typische Ängste, Empfindlichkeiten und Konflikte bei den »normalen« Brüdern oder Schwestern psychisch gestörter Menschen? Ist ihre »Normalität« unter Umständen eher Schein als Wirklichkeit? Sind »gesunde« Geschwister für die Probleme der kranken unter Umständen mitverantwortlich oder können sie einen positiven Einfluß ausüben?

Zunächst einmal muß festgehalten werden, daß »normal« und »krank«, »psychisch gesund« und »psychisch gestört« sehr relative Begriffe sind,* die wir benutzen, um Unterschiede zwischen Geschwistern zu beschreiben. Der Begriff der »Störung« oder »Krankheit« umfaßt hier drei Merkmale: (1) Die Probleme eines der Kinder verlangen von der Familie jahrelange, außergewöhnliche Aufmerksamkeit; (2) diese Probleme werden von der Familie für ernster und wichtiger gehalten als die der gesunden Geschwister; (3) das kranke Kind hat aufgrund seiner Störung mehr Hilfe zum Beispiel von Ärzten, Psychiatern oder Sozialarbeitern oder auch Justizangehörigen in Anspruch nehmen müssen.

Unsere zentrale These lautet: Ein gesundes Kind erwirbt durch die Gegenwart seines kranken Bruders oder seiner kranken Schwester eine eigene, befriedigende Subidentität. Die Störung oder das gestörte Verhalten von Bruder oder Schwester vermittelt dem gesunden Kind trotz

---

* Es gibt viele Betrachtungsweisen psychischer Störungen oder »Abnormitäten« – moralische, psychologische, situationsabhängige oder phänomenologische. Für eine ausführliche Darstellung vgl. David Rosenham (1973), Thomas Szasz (1963), Jay Haley (1969), Erving Goffman (1973) und Daniel Miller (1982). Die klinischen Fallgeschichten, die in diesem Kapitel zitiert werden, basieren auf ernsten, chronischen psychischen oder physischen Krankheiten. Die Bandbreite psychischer und körperlicher Krankheit ist sehr groß. Die zitierten Beispiele liegen unseres Erachtens überwiegend im »mittleren Bereich« der Neurosen, Entwicklungsstörungen oder Hirnschädigungen, aber auch über diesen »mittleren Bereich« ist in bezug auf die Geschwisterbeziehung noch viel zu viel unbekannt.

aller Beunruhigung Ich-Befriedigung, weil es gezwungen wird, in den Augen der Eltern kompetent oder sogar überlegen zu erscheinen. Auch das gestörte Kind bezieht eine eigenständige, wenn auch unglückliche, Subidentität aus dem Kontrast mit dem gesunden.

Die Eltern spielen bei der Zuschreibung dieser entgegengesetzten Identitäten eine entscheidende Rolle. Sie belohnen das gesunde Kind für seine Leistungen und seinen Beitrag zur Stabilisierung der Familie. Der Einfluß der Eltern auf das Arrangement der Geschwisterbeziehung legt fest, ob das gesunde Kind mit Mitleid und Anteilnahme oder kritisch, distanziert und kalt reagiert. Unterschiede zwischen den Geschwistern werden über Jahre hinweg verstärkt und ausgebaut, bis sich zwei klar umrissene und nicht überlappende Persönlichkeiten gebildet haben. Wenn diese Unterschiede zum Teil der Familienmythologie werden, führen sie zu einer starken Auseinanderentwicklung der Kinder, bis dann die fremde Welt des je anderen unerreichbar geworden ist.

Gesunde Geschwister müssen zwei divergierende Identifikationen ausgleichen: die mit den Eltern und die mit dem kranken Geschwister. Neutralität ist in Familienbeziehungen unmöglich. Im Kampf zwischen gespaltenen Bindungen, gemischten Identifikationen und Loyalitätskonflikten muß sich das gesunde Kind entscheiden und auf eine Seite stellen. Das kann zur De-Identifikation vom kranken Geschwister und zum totalen Bündnis mit den Eltern führen. Weit häufiger sind in der klinischen Praxis aber Geschwister, die als Vermittler fungieren und sich sowohl mit den Eltern wie mit dem kranken Bruder oder der Schwester identifizieren. Sie sind Zeuge der durch die Krankheit entstandenen Verletzungen und versuchen, alle Beteiligten zu heilen. Letztlich nehmen sie das ganze Leid auf ihre eigenen Schultern.

Drei Faktoren sind entscheidend für den Umgang zwischen gesunden und kranken Geschwistern:

(1) *Alter und Entwicklungsstand* des gesunden Kindes beim manifesten Auftreten der Störung (vgl. Thesi Bergman, Sidney Wolfe 1971; Frances K. Grossman 1972; Maria Caradang u. a. 1979). Es ist ein Unterschied, ob Krankheiten, wie zum Beispiel Autismus, von Anfang an einen Bestandteil des Lebens bilden oder ob eine psychische Krankheit in der Adoleszenz oder im frühen Erwachsenenalter ausbricht. Kleine Kinder können ihre Ängste nur schwer verbal ausdrücken, ältere sich eher artikulieren und die Erklärungen der Eltern verstehen. Kinder interpretieren das gestörte Verhalten eines Geschwisters immer entsprechend den Möglichkeiten ihrer jeweiligen Entwicklungsstufe.

(2) *Die Art des Ausbruchs und die Dauer der Krankheit.* Manche Krankheiten brechen ohne Vorwarnung aus: Das Kind wird praktisch über Nacht krank und relativ schnell (etwa nach einem kurzen Kran-

kenhausaufenthalt) wieder gesünder. Mitgefühl fällt in solchen Fällen erheblich leichter als bei chronischen Krankheiten, die die Familie jahrelang in Atem halten. Die meisten psychischen Krankheiten beginnen allmählich und dauern Jahre; es gibt keinen deutlich erkennbaren Anfangs- oder Endpunkt.

Für Geschwister ist dieser Zustand besonders schwer. Die negative Veränderung einer bis dahin guten Beziehung wird erst allmählich bewußt. Es gibt keine Sache, gegen die man kämpfen, und keinen benennbaren Faktor, mit dem man umgehen könnte. Der Prozeß, in dem die Familie erkennt, daß ein Kind nicht einfach »anders«, »schwierig«, sondern krank ist, dauert oft Monate oder Jahre. Die Geschwisterbeziehung wird gelähmt von Hoffnungslosigkeit, Pessimismus und Zynismus.

(3) *Stigma und Ausmaß an Peinlichkeit* durch das Verhalten des kranken Kindes. Es ist für Geschwister sehr viel leichter, mit einem depressiven Bruder oder einer Schwester zu leben als mit einem Geschwister, das während eines akuten psychotischen Schubs splitternackt in der Kirche auftaucht und versucht, sich als Christkind in die Weihnachtskrippe zu legen. Letztlich entscheidet die Einstellung der Familie darüber, ob die Geschwister sich wegen ihrer Verbindung zu dem kranken Kind schuldig fühlen oder es akzeptieren.

Die Strukturierung der Geschwisterbeziehung durch die Eltern

Eltern definieren sehr früh die Rollen der Kinder und legen ein Muster für die Beziehungen zwischen kranken und gesunden Kindern fest. Im folgenden Beispiel wird deutlich, wie die Mutter ihre jüngere Tochter zu einer liebevollen Helferin für den geistig behinderten Sohn erzog, gleichzeitig aber der älteren Tochter eine distanzierte und ablehnende Rolle zuschrieb.

Denise und ihr geistig behinderter Bruder
Denise, einundzwanzig, war das zweitälteste von vier Kindern einer Akademikerfamilie. Seitdem sie denken konnte, hatte sie aggressiv auf ihren zwei Jahre jüngeren, geistig behinderten Bruder Henry reagiert. Die tiefgreifenden Unterschiede zwischen ihnen waren auf den ersten Blick nicht sichtbar: Es gab eine verblüffende Familienähnlichkeit zwischen ihnen; Henrys geistige Behinderung war viel ausgeprägter, als sein ausgesprochen gutes Aussehen ahnen ließ. Er besuchte eine Sonderschule, aber es war klar, daß er nie wirklich selbst für sich sorgen

können würde. Jede Änderung der Routine verwirrte ihn, er hatte Schwierigkeiten, sich auszudrücken, und vergaß zum Beispiel immer wieder Dinge, wie das Gas abzudrehen.

Denise hatte ihren Bruder gemieden und ignoriert, seit sie sprechen gelernt hatte, und später lehnte sie ihn zutiefst ab. Sie betrachtete ihn als ein verwöhntes Kind, dessen Fähigkeiten nie richtig entwickelt worden seien, und gab bereitwillig zu, daß sie ihn oft am liebsten umgebracht hätte. Ihr Umgang mit ihm während des Interviews war kurz angebunden und herablassend. Diese Haltung stand in scharfem Gegensatz zu dem sanften, geduldigen und ergebenen Verhalten, das die siebzehnjährige Elaine ihrem Bruder gegenüber an den Tag legte. Für Elaine war Henry ein Freund, ein Mensch, den sie lieben, ein Geist, den sie entwickeln konnte. Elaine war stolz auf ihren Bruder, wo Denise sich für ihn schämte, freundlich, wo Denise gereizt war.

Auf der Suche nach einer Erklärung für dieses extrem unterschiedliche Verhalten der beiden Schwestern baten wir die Mutter, uns von der Kindheit ihrer Kinder zu erzählen. Sie berichtete in dem lockeren Ton eines Menschen, der die unveränderlichen Rollen und starren Identitäten kennt, die die Kinder unzählige Male auf der Familienbühne durchgespielt haben. Ihre eigene Geschwisterbeziehung hatte sie zu der fürsorglichen Elaine hingezogen und hielt sie von Denise fern. Ihre Beziehung zu ihrem Bruder und ihrer Schwester war liebevoll gewesen, mehr von loyalen als von rivalisierenden Motiven bestimmt. Bei Elaine, die zärtlich zu dem behinderten Bruder hingezogen schien, förderte sie die Eigenschaften, die sie in der Beziehung zu ihren eigenen Geschwistern schätzen gelernt hatte. Denise wurde von der Mutter enttäuscht und wütend als »unmenschlich grausam« angesehen. Diese Haltung erhielt früh den Charakter der Prophezeiung und wurde schließlich zum starren Teil der Beziehung zwischen Henry und Denise. Denn die Erfahrung der Mutter schloß Grausamkeit zwischen Geschwistern nicht ein, und eine Tochter von ihr durfte keinesfalls etwas tun, was sie selbst nie getan hatte! Von Anfang an hatte die Mutter Unterschiede in den Reaktionen der Töchter auf Henry beobachtet:

»Jedes der Mädchen reagierte anders auf Henry. Denise hat sich nie für ihn interessiert, auch nicht, als er geboren wurde, dabei war sie nur achtzehn Monate älter. Sie war total auf den drei Jahre älteren Andy fixiert, wollte immer mit ihm zusammen sein, eiferte ihm nach. Wenn er nach draußen zum Spielen ging, wollte sie auch draußen spielen. Sie lief ihm überall hin nach. Henry war ein ruhiges Baby, er schlief viel, und sie hatte keinerlei Interesse an ihm. Sie wollte mit Andy zusammen sein, wollte tun, was die großen Kinder taten, wollte auch ›groß‹ sein.«

Aus Angst, daß Henry die Beziehung zwischen Andy und Denise stören könnte, behielt die Mutter ihn bei sich und entlastete Denise damit von der Verantwortung für den mittlerweile peinlich überaktiven kleinen Bruder. Elaine dagegen hatte anscheinend eine Vorliebe für ihn. Sie half der Mutter, als Denise in die Schule ging:

»Als er sechs war, wurde seine Krankheit festgestellt. Elaine war damals drei. Damit ich sie nicht in den Kindergarten stecken mußte, habe ich sie jeden Tag mit in die Klinik genommen, in der ich vormittags mit Henry war. Sie war ziemlich klein für ihr Alter, man konnte sie gut mitnehmen. Sie sagt heute noch, sie hätte ihre ersten Lebensjahre mit Henry und mir in der Klinik verbracht.

Elaine hat Henry von Anfang an akzeptiert, fast so, als hätte sie von ihrem ersten Augenblick an gewußt, daß sie für ihn sorgen würde. Sie waren absolut unzertrennlich, wir haben sie früher scherzhaft die siamesischen Zwillinge genannt. Es war für beide ganz furchtbar, als wir ihnen sagen mußten, daß Henry mit seinen sechzehn Jahren nicht mehr überall mit Elaine und ihren Freunden hingehen könnte.«

Elaines früheste Erinnerungen sind mit Henry verbunden. Als kleines Kind im Krankenhaus erlebte sie, wie man dem Jungen half, den die ältere Schwester ignorierte. Henry zu helfen wurde Elaine zur zweiten Natur.

Die starke Mutter bestimmte entscheidend die ganz unterschiedlichen Beziehungen ihrer Töchter zu dem behinderten Bruder. Selbst ihre Berufswünsche wurden von der Geschwisterrolle geprägt: Denise studierte Englisch, wollte promovieren und träumte von einer großen Karriere, während Elaine seit frühester Jugend entschlossen war, Sonderschullehrerin zu werden, und die entsprechende Fachhochschule besuchte.

Die Rolle des gesunden Kindes

Die Entscheidung, ob und wie weit sich ein gesundes Kind mit einem gestörten Geschwister einlassen will, ist davon abhängig, wieweit es sich mit den Eltern oder diesem Geschwister identifiziert. In den folgenden Beispielen wird der Konflikt zwischen der Identifikation mit einem Bruder oder einer Schwester und der rivalisierenden Loyalität zu den Eltern deutlich.

Loyalitätskonflikte: Jack
Ein Loyalitätskonflikt entsteht, wenn sich ein Kind sowohl mit dem kranken Geschwister wie mit den Eltern identifiziert. Solche Kinder, die sich von den Eltern nicht lösen können, steuern einen behutsamen, nervösen Kurs zwischen zwei Strömungen: dem Bedürfnis der Eltern

nach Unterstützung und dem Hunger des gestörten Geschwisters nach Freundschaft.

Jack war das dritte und Martin das vierte Kind von fünf Geschwistern. Die täglich wiederholte Botschaft des Vaters an alle Geschwister lautete: Ihr müßt Martin helfen, er ist bedürftig. Jack erkannte in den mittleren Adoleszenzjahren, daß die Rolle als Helfer des Bruders eine sichere Möglichkeit war, sich Anerkennung in der Familie zu verschaffen. Aber er mochte Martin auch, trieb mit ihm Sport und benutzte ihn als Resonanzboden für seine eigenen Schwierigkeiten. Martin bewunderte den älteren Bruder und war lieber mit ihm zusammen als mit den anderen Geschwistern.

Martin war in dieser Familie der gehobenen Mittelschicht von Anfang an das Problemkind gewesen. Seit Jahren kämpfte er gegen den wortgewaltigen, aber schwachen Vater, einen alten Mann, der überhöhte und irrationale Anforderungen stellte. Martins unterdurchschnittliche Schulleistungen, seine feindselige Abwehrhaltung und sein Drogenmißbrauch waren im Grunde die Versuche eines verstörten Jungen, seinem Vater mitzuteilen, er solle ihn in Ruhe lassen. Jack hatte die starre Rolle des stark engagierten und hilfreichen Sohnes übernommen und pendelte mit diplomatischem Geschick zwischen dem zwei Jahre jüngeren Bruder und den Eltern. Er spürte die Sorgen, die sich der Vater um Martin machte, und begriff früh, daß Martin den väterlichen Anforderungen nie genügen könnte. Martin tat ihm leid.

Auf dem College hatte Martin seinen ersten psychotischen Schub. Jack verschwieg den Eltern eine Zeitlang diese Episode und übernahm den Löwenanteil der Verantwortung. Er rief die älteren Geschwister zu Hilfe, um Martin vom College-Krankenhaus in eine private psychiatrische Klinik in der Nähe des Elternhauses verlegen zu können. Geld durfte seiner Meinung nach dabei keine Rolle spielen: »Martin muß bestmöglich versorgt werden.« Während dieser schrecklichen Zeit war Jack, der kaum Zeit für sein gerade begonnenes Berufsleben hatte, erschöpft, leer und depressiv, wirkte aber äußerlich kompetent, hilfsbereit und bemerkenswert ruhig, im Gegensatz zu den anderen Brüdern, die ihren Unwillen nicht verhehlten.

Die folgenden Interviewauszüge entstanden während einer gemeinsamen Sitzung der Brüder bei Jacks Psychotherapeuten nach Martins Entlassung aus der Klinik. Es ist bemerkenswert, wie sehr Jacks Identität durch seine Anteilnahme an den Schwierigkeiten des Bruders gewonnen hatte und klarer geworden war. Die Identität als »gesund« beziehungsweise »gestört« schien starr fixiert:

Therapeut: »Jack, wie erklären Sie sich die Rolle, die Sie bei Martin, als ›Therapeut‹ und Vermittler zwischen den anderen Geschwistern und den Eltern, gespielt haben?«

Jack: »Die ganze Familie hatte das Gefühl, daß mit Martin irgend etwas nicht stimmt – so in etwa: ›Jack, du mußt ihm helfen.‹ Wahrscheinlich habe ich die Rolle selbst gewählt. Wissen Sie, ich hatte nie eine Position in der Familie. Ich habe gespürt, daß ich mir eine suchen muß. Und dann habe ich diese Rolle übernommen.«
Therapeut: »Meinen Sie, Sie wären in Ihrer Familie nicht wichtig gewesen, wenn Sie nicht den starken Mann gespielt hätten und Martin bei seinen Problemen geholfen hätten?«
Jack: »Genau. Mein ältester Bruder war immer gelassen und hatte einen hohen Status, weil er der älteste war. Dann meine Schwester, sie ist sechs Jahre jünger als ich, sie wurde bevorzugt, weil sie ein Mädchen war, und sie hatte eine sehr gute Position. Das mochte ich nicht. Ich war in der Mitte, und ich wollte viel. Ich wollte Anerkennung, irgendwie dazugehören, aber ich hatte nicht das Gefühl, viel zu zählen. (Zu Martin:) Ich war schon in der Schulzeit dein Sozialarbeiter. Ich wollte immer sichergehen, daß mit dir alles in Ordnung war. Ich wollte dich in die Basketballmannschaft bringen, in den Leichtathletikverein, irgendwas, das dir helfen könnte, deine Probleme zu lösen... Egal wie, ich habe immer versucht, einen Platz für Martin zu finden.«

Trotz aller Vorteile forderte diese Rolle doch eine ständige Wachsamkeit, wenn Martin in Schwierigkeiten war. Aber Jack sagte nie, daß er Martin als Last empfand. Schließlich war er selbst gesund und verantwortungsbewußt, und es ging ihm gut. Klagen über Martin hätten seine Identitätsstruktur in Frage stellen können.

Für Martin wurde es allmählich selbstverständlich, daß Jack ihm half, wenn es ihm schlecht ging, und er schätzte seine Freundschaft sehr. Jacks Bemühungen waren leichter zu verdauen als der Kummer und die übergroße Nachsichtigkeit der Mutter beziehungsweise der Druck und das Gebrüll des Vaters. Aber seit seinem zweiten Klinikaufenthalt ärgerte Martin sich über die unablässige und zwanghafte Hilfe des Bruders, in der die herablassende und demütigende Botschaft mitschwang, er sei zu bemitleiden und könnte nicht für sich selbst sorgen. Uns sagte er: »Die Leute wollen immer für mich sorgen und mich beschützen. Also halten sie mich für schwach. Aber vielleicht bin ich nicht schwach. Diese Haltung macht mich ganz wütend. Ich kann in meiner Familie nicht sagen: *Ich bin stark!*« Martins Diagnose lautete bezeichnenderweise: manisch-depressiv. In seinen manischen Phasen sah er sich als den stärksten Mann der Welt, der von niemandem Hilfe brauchte, schon gar nicht von seinem Bruder Jack!

Martin erhielt eine ungewöhnliche Chance, seine Stärke zu zeigen, als Jack, belastet durch seine Ehe und Konflikte mit seinem Vorgesetzten, mit allen Anzeichen akuter Angst und Depression zusammenbrach. Dieser dramatische Rollentausch zeigte sich bei einem Gespräch sechs Wochen nach diesem Zusammenbruch. Jetzt war Jack der Unterlegene: weinerlich, mit verbissenem Gesichtsausdruck und abrupten, angespannten Bewegungen. In den vorangegangenen Sitzungen hatte Martin, der kranke Bruder, im Brennpunkt gestanden, während Jack ganz der adrette, intelligente, offene ältere Bruder gewesen war. Jetzt standen sie auf gleicher Stufe, und Martin war weder manisch noch depressiv, sondern kreativ und direkt. Er saß gerade aufgerichtet, während Jack schlaff in seinem Stuhl hing. Niemand hätte geglaubt, Martin sei der Bruder mit der langen Psychiatriegeschichte, er konnte sich artikulieren, war konzentriert, offen im Kontakt, unterstützend, hilfreich. Zum ersten Mal in seinem Leben konnte er sich revanchieren, und diese Gelegenheit, Stärke zu beweisen, befreite ihn anscheinend zeitweise von der Rolle des »verrückten« jüngeren Bruders.

Die starren und festgelegten Rollenzuschreibungen »gesund« und »gestört« hatten sich völlig umgekehrt. Jacks Krise veränderte die Definition der Geschwisterbeziehung für immer, korrigierte die rigiden, erstarrten Bilder des mythisch überhöhten Starken, der für den als schwach phantasierten Bruder sorgte. Aber die beiden waren jetzt auf unbekanntem, schwankendem Terrain. Sie mußten die erstarrte Sicherheit des »Normal vs. gestört«-Verhältnisses ersetzen, in der der »Normale« belastet, aber von der Familie gefeiert worden war, und der »Gestörte« zwar Hilfe bekam, aber durch die Hilfeleistung gedemütigt wurde. Sie mußten eine neue Gleichheit und Achtung herstellen und Gelegenheit zum Aufbau einer positiv-dialektischen Beziehung suchen. Jack erhielt von den Eltern immer noch die verdeckte Botschaft, sich »um Martin zu kümmern«, und es war schwierig für ihn, nicht in die alten Muster zurückzufallen. Am Ende herrschte Unsicherheit:

Therapeut: »Jack, wie stehen die Chancen, daß Sie aus der Sozialarbeiterrolle für Martin aussteigen können?«
Jack: »Ich weiß es wirklich nicht. Ich *möchte* es, aber ich muß mich dazu völlig umstellen.«
Martin: »Ja, du sagst, du wolltest nicht mehr mein Mentor sein, aber dann hältst du das nicht durch« (skeptisch und wütend).
Jack: »Ich sehe ein, daß ich bei dir vieles nicht verstehe, Martin.«

Die Beziehung zwischen Jack und Martin läßt Veränderungen zu, weil sie als Kinder hohen Zugang zueinander und dieselbe Aggression gegen den unzulänglichen Vater hatten und sich teilweise positiv miteinander identifiziert haben. Eine solche Identifikation zwischen Geschwistern besitzt das größte Potential für Flexibilität und Veränderung. Was ist aber mit Geschwistern, die noch tiefer aneinander gebunden sind?

Wenn die Eltern Verstrickungen nicht verhindern, können die Anforderungen des gestörten Kindes an das gesunde dessen Chancen, erwachsen zu werden, stark beeinträchtigen.

Für immer aneinander gefesselt: Christine und Dominique
Christine und ihre anderthalb Jahre ältere, psychisch spürbar gestörte Schwester Dominique hatten auf den ersten Blick eine relativ freundschaftliche Kindheit zusammen verbracht: Sie hatten hohen Zugang zueinander und hatten viel und gerne miteinander gespielt. Aber in Wirklichkeit förderten die Eltern die symbiotische Beziehung ihrer Töchter: Sie schliefen bis ins Teenageralter im selben Bett, wurden von den Eltern wie Gleichaltrige behandelt, und es wurde erwartet, daß sie sich miteinander beschäftigten. Ihre Erfahrungen wurden nicht differenziert. So gab es übermäßiges Spiegeln und Verschmelzen zwischen den Schwestern. Die Eltern, einfache, hart arbeitende Immigranten, waren emotional unzugänglich und physisch erschöpft.

Für die Eltern war Christine die Vermittlerin, diejenige, die mit Dominique fertig werden sollte, wenn sie sich »seltsam« verhielt. Dominique lernte schnell, sich auf Christine zu verlassen, wenn sie in Schwierigkeiten war. Christine merkte allmählich, daß sie anders war als ihre Schwester. Dominique wurde immer gemeiner und aggressiver zu ihr, und sie konnte nicht verstehen, warum. Ihre überlappende Identifikation mit ihr und die verschwommene Beziehung wich Befürchtungen, Ängsten und dem Wunsch nach einer sicheren Entfernung.

Christine: »Ich glaube, es war so mit zehn oder elf Jahren, daß mein Ärger und die Desillusionierung begann. Ich merkte zum ersten Mal, daß sie viele Seiten hatte, die ich nicht mochte. Ich bekam nach und nach eine Verantwortung, die ich nicht tragen konnte. Wenn meine Mutter sagte, sie solle die Stromrechnung bezahlen, vergaß sie das oder machte es falsch. Ich erkannte, daß sie nicht verantwortlich war, und tat deshalb zunehmend alles selbst. Meine Eltern baten mich darum.
Sie war auch oft sehr lästig. In der Schule war das eine Katastrophe für mich – (mit wütender Stimme:) sie zog die Sachen an, die ich mir gerade gebügelt hatte.«

Als Dominique in die Pubertät kam, wurde ihre Veränderung unübersehbar. Weit davon entfernt, für die jüngere Schwester zum konstruktiven Wegbereiter zu werden, versetzte sie die Eltern vielmehr in Furcht und Schrecken mit ihrer wilden Art. Für Christine brachte dieses Verhalten mehr Restriktionen mit sich:

»Die Fehler, die meine Eltern bei Dominique gemacht hatten, versuchten sie bei mir zu vermeiden. Was sie mit vierzehn durfte, durfte ich mit sechzehn noch nicht. Aber ich konnte mich darüber nicht beklagen, sie liebten mich so sehr. Wenn ich meine Mutter fragte, warum ich nicht zu einer Party gehen durfte, erklärte sie mir: ›Du weißt doch, was mit deiner Schwester passiert ist. Wir wollen nicht zulassen, daß dir das auch passiert.‹«

Die Spannungen zwischen Dominique und der Mutter schufen eine gequälte häusliche Atmosphäre. Christine spürte das Leid ihrer Eltern. Sie konnte ihnen nicht noch mehr Schmerz zufügen. Und es war ihr auch klar, daß sie anders werden müsse als Dominique. So beobachtete sie Dominiques Verhalten und tat dann das Gegenteil.

Dominique schlug zurück, indem sie Christine weder Freundlichkeit entgegenbrachte noch sich für ihr Wohlergehen interessierte. Ihre sexuellen Abenteuer wurden peinlich, sie fing an zu trinken und trieb sich mit gefährlichen Leuten herum. Lehrer und Freunde zogen sich von Christine zurück, weil sie sie mit Dominique in einen Topf warfen. Jungen flüsterten, sie wäre genauso »leicht zu haben« wie ihre Schwester. Als Dominique schließlich von der Schule verwiesen wurde, stieß Christine einen Seufzer der Erleichterung aus. Jetzt mußte sie nicht mehr täglich um ihren guten Ruf kämpfen. Mit siebzehn war ihr Leben bereits sehr eingeschränkt, weil die Schwester die Energien der ganzen Familie in Anspruch nahm.

Aber die Konflikte und Erschütterungen des häuslichen Lebens hielten an. Obwohl Christine mittlerweile mehr Selbstbewußtsein besaß, fiel es ihr schwer, sich von ihrer leidenden Familie zu lösen. Zwanghaft versuchte sie, Dominique zu helfen, aber gleichzeitig haßte sie sie, weil sie so fordernd war und so verrückt handelte. Sechs Monate, nachdem Christine eine Collegeausbildung weit weg von zu Hause begonnen hatte, hatte Dominique ihren ersten psychotischen Schub. Sie wurde verhaftet und in die Psychiatrie eingewiesen, weil Selbstmord- und Mordgefahr bestand. Christine fand bei einem Besuch zu Hause die Eltern geheimnisvoll, ängstlich und am Rande der Hysterie vor. Die Eltern hatten Bedrohungen immer verleugnet und vernebelt, also mußte Christine wieder einmal die Bedeutung des Verhaltens der Schwester allein herausfinden.

»Meine Eltern verhielten sich sehr merkwürdig – keiner sagte mir, was meine Schwester getan hatte. Sie war in einer Klinik in der Nähe und konnte uns besuchen, aber sie redete so komisch. Ich erinnere mich, daß ich meine Mutter fragte, was sie gemacht hätte und wie es mit ihr weitergehen würde. Und ich bekam Antworten wie: ›Wenn wir alle zusammenhalten und Geduld haben, wird Gott ihr helfen, das zu überwinden, und dann wird sie wieder sie selbst sein.‹ Ich wollte eigentlich den Sommer über in einem Ferienzentrum am Meer arbeiten, aber ich bin zu Hause geblieben, um zu helfen. Und es wurde schlimmer.«

Dominique war in dem Kreislauf Klinik, Psychotherapie, Zwangseinweisung gefangen. Christine war dankbar, als sie wieder zum College zurück konnte. Ihre Schwester war in professionellen Händen, was also konnte sie noch tun? Trotzdem beherrschten die psychischen Schwierigkeiten der Schwester ihr Leben Tag und Nacht. Es war schrecklich für sie, daß Dominique in der Psychiatrie war. Wann würde das aufhören? Was war schiefgelaufen? Sie wachte nachts schweißgebadet auf, träumte wiederholt, daß sie von Dominique bedroht würde und sie selbst bedrohte. Hatte sie Dominique verletzt? Hatte vielleicht sie selbst den schlimmen Kreislauf bei ihrer Schwester in Gang gesetzt?

Christine: »Nach Dominiques Zusammenbruch ging ich zurück aufs College. Ich versuchte, mich zu konzentrieren, aber ich machte mir Sorgen. Es war mir egal, was mit ihr passierte, aber ich fand es schlimm, daß meine Eltern darunter leiden mußten.«
Therapeut: »Hat das Ihre sozialen Beziehungen im College gestört?«
Christine: »Allerdings. Dominique kriegte die ganze Aufmerksamkeit meiner Eltern, und ich war völlig von ihren Problemen in Anspruch genommen. Es war mir außerdem sehr bewußt, daß die Unterstützung für meine eigene Entwicklung nicht von meinen Eltern kommen würde. Dann bin ich schwanger geworden.«
Therapeut: »Schwanger als Reaktion auf die Situation?«
Christine: »Ich habe in diesem Jahr für alle gesorgt, außer für mich selbst. Und ich habe zugelassen, daß er mich schwängerte. Ich wußte, daß er kein Partner für mich war. Aber ich habe ihn geheiratet, unmittelbar nach dem ersten psychotischen Schub meiner Schwester. Mein Freund hat mir damals so viel Spaß und Freude gegeben. Er war lebendig! Wenn ich mit ihm zusammen war, dachte ich nicht an die Schwierigkeiten zu Hause oder mit Dominique.«

Als erwachsene Frau wohnte Christine sehr weit weg von der Psychiatrie, in der ihre Schwester lebte, aber ihr Leben wurde von Dominiques Krisen noch immer beeinflußt. Sie hatte um ihre Befreiung gekämpft, fühlte sich aber den Eltern verpflichtet und schuldig an dem Unglück der Schwester. Sie war nicht fähig, ihr eigenes Leben von dieser Situation abzugrenzen.

Verstörende Spiegel des Selbst

Für den Psychotherapeuten, der mit »gesunden« und »gestörten« Geschwistern konfrontiert ist, sollte die erste diagnostische Frage sein: Welche Art der Identifikation herrscht zwischen ihnen vor? Die Einordnung der Beziehung entlang des Kontinuums von »symbiotisch« bis zu »verleugnet« (vgl. Kapitel 4, Tabelle 4.1) zeigt an, wieweit das gesunde Geschwister in die Notlage des gestörten einbezogen ist. Relativ undifferenzierte Geschwister sind an den Symptomen beteiligt, relativ wenig identifizierte können ihre eigenen Wege gehen.

Symptom-Übertragung

Bei gleichgeschlechtlichen Geschwistern mit hohem Zugang und einer ausgeprägten Neigung zu Symbiose, Spiegelung und Zwillingsbildung kann es zur Folie à deux, das heißt zur gemeinsamen Verrücktheit mit tiefer Übereinstimmung von Symptomen und Denkmustern kommen (Potash, Brunell 1973; Wikler 1980). Seit Jahren tauchen in der psychologischen Literatur immer wieder Berichte über fast gleichzeitige Zusammenbrüche bei eineiigen Zwillingen auf (z. B. Benjamin 1957). In der Kindheit, in der die Identifikation von Geschwistern besonders stark ist, wird die Ausbreitung von Verhaltensmustern, Werten und Psychopathologien zwischen Geschwistern von Eltern wie von Psychotherapeuten häufig beobachtet. Manchmal breiten sich die Symptome gleichzeitig aus, aber häufiger liegen sie Monate oder Jahre auseinander und verlaufen identisch oder parallel. Symptom-Imitation kann sich auf praktisch alle Verhaltensmuster erstrecken, die in Kinderkliniken beobachtet werden, zum Beispiel Hyperaktivität, Stehlen, Lügen, Drogenmißbrauch, Schulangst und Selbstmordphantasien, kann sich aber auch in der tiefsitzenden Ähnlichkeit der Persönlichkeit zeigen.

Shafi, Salguero und Finch (1975) berichten von zwei Mädchen, die im Abstand von zwei Jahren magersüchtig wurden. Die ältere aß überhaupt nichts mehr, als der Jahrestag der Klinikeinweisung ihrer Schwester wegen Anorexie heranrückte, die damals acht Jahre alt war. Obwohl am Verhungern, wehrten sich beide Mädchen gegen den autoritären Stil des Vaters und gegen die Mutter, die nicht mit Nähe umgehen konnte. Letztlich protestierten sie gegen eine schlecht funktionierende Ehe. Als sich die Krise der Älteren entfaltete, verbrachte die jüngere Schwester mehr Zeit mit ihr. Die gemeinsame Erfahrung der Magersucht gab ihnen die Möglichkeit, ein von den Eltern nicht zu durchdringendes Subsystem aufzubauen.

Die Identifizierung mit den Symptomen der Geschwister kann auch dramatisch die ungesunde Homöostase einer Familie verändern (Minuchin 1974). In Geschwistergruppen macht Einigkeit stark, und das »kranke« Kind wird häufig von einem eng mit ihm identifizierten Bruder oder einer Schwester bei seinem Hilferuf an die Eltern unterstützt: »Irgend etwas ist schrecklich falsch in dieser Familie!«

Wenn sich Symptome auf mehrere Kinder ausbreiten, fühlen sich viele Eltern als Versager; sie spüren, daß sie die Kontrolle über die, die sie lieben, verloren haben und daß die Kinder gemeinsam die zerbrechliche Balance von Familienregeln, -werten und -beziehungen durcheinander bringen. Sie stellen die Fähigkeit der Eltern in Frage, Fürsorge und Anleitung zu geben. Sie befriedigen ihre Bedürfnisse untereinander, erleben Abenteuer zusammen, stellen sich gemeinsam gegen die Eltern und tun das Verbotene. Aber für die Eltern ist meist eins der Kinder der Urheber, der den »schlechten Einfluß« ausübt und dessen ansteckendes oder aufrührerisches Potential anscheinend unterdrückt, beseitigt, neutralisiert oder in »Quarantäne« gebracht werden muß. Manchmal schützen sie das »normale« Kind, indem sie es ins Internat schicken, es ermutigen, sich eigene Freunde zu suchen, oder ihm einen eigenen Bereich oder ein eigenes Zimmer zuweisen. »Normale« Kinder sind aber keineswegs unschuldig, im Gegenteil, sie genießen häufig genug das Verhalten des »schwarzen Schafs«.

Ein »Goldjunge« macht den Bruder zum schwarzen Schaf:
Max und William
Max kann sich gut an das Doppelleben erinnern, das er mit seinem anderthalb Jahre älteren Bruder William führte. Als Kinder durchstreiften sie zusammen die Nachbarschaft mit ihren Hinterhöfen und Spielplätzen. Sie beherrschten gemeinsam die anderen Kinder. Wenn William angegriffen wurde, warf sich Max aggressiv in die Schlacht, ungeachtet jeder Gefahr. Aber zu Hause sah ihre Beziehung völlig anders aus. Max wagte es nie, sich mit William gegen die Mutter zu verbünden, die meist schon betrunken war, wenn die beiden aus der Schule kamen. Max war still, wenn die Mutter William schlug, der sie wiederum verspottete und sich ihr widersetzte. Max war der Goldjunge, der bei jeder Gelegenheit scheinheilig die Unterschiede zwischen sich und dem Bruder betonte. Sein Schweigen bildete den Hintergrund der schrecklichen, verletzenden Streitereien zwischen der Mutter und William, dem Sündenbock. Der Vater, ein erfolgreicher Manager, war selten zu Hause, und wenn er da war, stellte er unerbittliche, sehr hohe Anforderungen an alle. In dem Interview mit Max wurde deutlich, daß William durch seinen Widerstand gegen die Mutter und sein delinquentes Verhalten das Spektrum aggressiver Haltungen und Gefühle *mit* ausdrückte, das Max als der »liebe Junge« nicht zugeben konnte. Max hat nie versucht, seinen Bruder zu zügeln. Durch sein Schweigen gab er William die Erlaubnis, den Krieg für beide zu führen.*

---

* Adelaide Johnson und S. A. Szurek (1952) haben festgestellt, daß Eltern eigene verbotene Wünsche von ihren Kindern stellvertretend ausagieren lassen. Sie geben ihnen auf subtile Art die Erlaubnis, Regeln und Standards der Gesellschaft zu brechen. Ähnliches geschieht zwischen Geschwistern, ob als Kinder, Jugendliche oder sogar als Erwachsene.

Max: »Der Kampf lief in der Regel zwischen Mutter und William. Oft war der Auslöser ein Streit zwischen William und mir. Dann war ich natürlich der Gute, ich kam gut weg, und er wirkte wie der Bösewicht. Ihn hat das wahnsinnig geärgert. Und ich habe das sicher meist so arrangiert.
William hat sehr viel direkter über die Familie, über den Alkoholismus unserer Mutter gesprochen. Für mich war es schwerer, das zuzugeben. Aus der Sicht meiner Mutter wurde ich deshalb aber noch stärker zu dem, ›der es schaffen wird‹. Als es mit William schlimmer wurde, wurde der Erfolgsdruck für mich viel stärker. William rebellierte praktisch immer, wenn man ihm sagte, er solle ordentlich essen oder habe schreckliche Manieren. Ich habe an sich immer gehorcht. Ich bin sicher, er hat von Anfang an geglaubt, er sei nichts wert. Und gleichzeitig hat er mich als denjenigen gesehen, der geliebt wurde und gehorchte. Und das hat ihn sicher noch wütender gemacht.«

Max, der sich hinter der höllischen Bosheit seines Bruders und seiner eigenen erklärten Bravheit versteckte, nahm insgeheim alle Vorteile wahr, die es für den Bruder eines kriminellen Jugendlichen gibt. William hatte sich einer Straßenbande angeschlossen, und Max, der ein erstklassiges Internat besuchte, machte in den Sommerferien ohne Wissen der Eltern mit:

Max: »Es war ein ungeheuer aufregendes Leben. Wir veranstalteten Autojagden in den Seitenstraßen, warfen Stinkbomben aus dem Fenster – ganz tolle Sachen. Ich habe dabei erkannt, daß ich mich in diesem Internat verkriechen muß, um nicht die Kontrolle über mich völlig zu verlieren.«
Therapeut: »Und William rennt in der Zwischenzeit durch die Stadt und wirft Stinkbomben?«
Max (lacht herzlich): »Genau. Ich hab mir das so eingeteilt, daß ich in den Ferien Spaß haben und mit William Bomben werfen konnte, dann machte ich die Kehrtwende, ging zurück in die Schule, war fleißig und kletterte die Erfolgsleiter hoch.«

Mit Hilfe des gestörten älteren Bruders führte Max ein Doppelleben. William, die einzige konstante männliche Figur, führte ihn durch diese »Rites de passage« und ermöglichte ihm, seine Aggressionen heimlich auszuleben. Als der Bruder schließlich im Gefängnis landete, war Max zwar besorgt, aber distanziert und kühl. Er versuchte, William, dessen Probleme bewiesen, daß er, Max, wirklich erwachsen war, durch die professionelle Brille zu betrachten. Von diesem Zeitpunkt an löste er die enge Bindung zu ihm und wurde wirklich zum »Goldjungen« der Familie: zum erfolgreichen Mediziner.

Angst vor psychischer Krankheit

In unseren Interviews wurde bei allen Befragten mit psychisch gestörten Geschwistern die mehr oder weniger große Angst deutlich, dieselbe Störung oder Krankheit zu bekommen. Untersuchungen über die genetischen Komponenten der wesentlichen psychischen Krankheiten zeigen, daß Schizophrenie, manisch-depressive Psychosen und Alkoholismus geringfügig häufiger bei Menschen auftreten, deren Geschwister bereits an einer solchen Krankheit leiden (Rosenthal 1971). Große Ähnlichkeit in der genetischen Ausstattung und körperlichen Erscheinung und ein starkes Zwillingsverhalten vergrößern das Risiko ähnlicher Krankheitszustände. Untersuchungen mit nur mäßig gestörten Geschwistern kommen zu ähnlichen Ergebnissen (vgl. Gallagher, Cowen 1976). Ob Geschwister nun aufgrund genetischer Faktoren, ähnlichen Elternverhaltens oder ihres wechselseitigen Einflusses gleichartige Störungen entwickeln, in jedem Fall bleibt die Tatsache, daß das statistische Risiko einer psychischen Störung bei Menschen mit psychisch kranken Geschwistern höher ist.

Die großangelegte Studie von Geschwistern geistig zurückgebliebener Kinder von Frances K. Grossman (1972) hat gezeigt, daß Adoleszente besonders unter der Angst leiden, dieselbe Krankheit zu bekommen wie Bruder oder Schwester, vor allem dann, wenn die Krankheit relativ leicht und die körperliche Ähnlichkeit zwischen ihnen relativ groß war. Aus dieser Angst heraus versuchen sie, sich auf alle mögliche Art ihre Andersartigkeit zu beweisen, um der eingebildeten »Ansteckungsgefahr« zu entgehen. Solche Geschwister kultivieren dann bestimmte Verhaltensweisen, beschützen zwanghaft ihren »Ruf« und versuchen, Gleichaltrige davon zu überzeugen, daß sie nicht wie Bruder oder Schwester seien.

Eltern mit ernsthaft gestörten Geschwistern haben oft Angst davor, daß ihre eigenen Kinder die Probleme wiederholen könnten, die sie selbst in früheren Jahren miterlebt haben. Verhaltensweisen der Kinder, die Ähnlichkeiten mit diesen behinderten Verwandten zeigen, lösen irrationale Angst vor einer Wiederholung der eigenen Geschichte aus, mit konstruktiven oder destruktiven Konsequenzen.

So begann eine Frau eine Therapie wegen ihrer aggressiven Gefühle dem leicht hyperaktiven ältesten Sohn gegenüber. Im Verlauf der Therapie wurde eine der Wurzeln für ihre extreme Sensibilität in diesem Bereich aufgedeckt: Sie selbst hatte als Kind drei jüngere Brüder versorgt, die alle sehr schwierig waren und sich von ihr nichts sagen ließen. Besonders der älteste Bruder war schwer gestört und »hyperaktiv«, zündelte gern und verschwand häufig, so daß sie ihn in der Nachbarschaft suchen mußte. Ihre bittere Enttäuschung, keine Töchter, sondern drei Söhne bekommen zu haben, ist auf diesem Hintergrund begreiflich.

Erst das Verständnis der Wurzeln ihrer Aggression machte es ihr möglich, einen konstruktiveren und rationaleren Zugang zu ihrem ältesten Sohn zu finden.

Projektive Identifikation

Gerade Menschen, die einen am meisten an verstörende Aspekte der eigenen Person erinnern, lösen oft heftige oder angstvolle Reaktionen aus. Projektive Identifikation führt dazu, daß sich gesunde Geschwister mit Ekel und innerem Zwang von einem gestörten abwenden oder sich starr hinter willkürlich gesetzten Schranken von »Normalität« verschanzen. Viele Geschwister leben in der Kindheit in einer gemeinsamen geheimen Welt, in der ihre primitiven Identitäten offenliegen und die einengenden sozialen Masken fallen, die den Eltern gegenüber gezeigt werden. Als Erwachsene umgeben sie sich dann mit den Insignien der Normalität und verleugnen so die frühere Affinität zu einem gestörten Geschwister, das die verbotenen Gefühle der Kindheit und Adoleszenz immer noch auslebt. Der »Gestörte« kennt die früheren Unvollkommenheiten des »Gesunden«, weiß, daß dieser vielleicht genauso verrückt, abhängig, schwach, größenwahnsinnig, depressiv oder sexuell zügellos war wie er selbst. Jetzt aber hüllt er sich mit Klugheit, Tricks oder Verkleidung in den Mantel der Normalität und läßt den früheren Partner in der Pathologie allein zurück.

Ein gesunder Mensch, der sein altes, verbotenes Selbst deutlich in Bruder oder Schwester eingeschrieben sieht, verleugnet unbewußt diesen Teil seiner selbst, der sich im Verhalten des Geschwisters immer noch widerspiegelt. Damit sagt er im Grunde: »Du bist der böse Mensch, der ich einst war, du verkörperst das, was ich an mir nicht ausstehen kann.« Hochmut, Überlegenheit und Herablassung eines gesunden Geschwisters sind ein Hinweis auf diesen Prozeß projektiver Identifikation, in dem »der nahe andere zum strukturellen Teil des Selbst werden kann. In jeder engen Beziehung zwischen zwei oder mehr Menschen werden insgeheim psychische Funktionen füreinander übernommen« (Framo 1972, S. 289). Das gilt ganz besonders für Beziehungen, in denen die früher eng mit einem gestörten Geschwister verbundenen Brüder oder Schwestern allmählich zu »Goldkindern« werden.* Der Kontakt mit dem gestörten Geschwister erinnert den Gesunden daran, daß er sich doch nicht so weit von zu Hause entfernt hat, wie er glaubte.

---

* Henry V. Dicks (1967) hat beschrieben, wie Ehepartner verbotene, böse oder abgespaltene Teile ihrer selbst jeweils auf den anderen projizieren, was beide befriedigt, weil der je andere die vollkommene Repräsentation einer alten und deshalb vorhersehbaren Beziehung darstellt. Geschwister, die sich als Kinder in intimsten Bereichen gut kannten, können sich ebenso verhalten, sogar noch stärker als Ehepartner.

»Sie ist solch ein bedürftiger Mensch«: Art und Lois
Zu Anfang unseres Gesprächs mit Art, einem Rechtsanwalt, der für sein Engagement in politischen Prozessen bekannt geworden war, sagte er, er sei im Privatleben ein »Nehmender« und »lebe nach dem Lustprinzip«. Seine Frau hatte ihn bis vor kurzem von vorne und hinten bedient und ihre Bedürfnisse den seinen völlig untergeordnet. Er umgab sich mit Menschen, die ihn mochten. Dazu gehörten auch seine Eltern, die ihn nicht nur sehr liebten, sondern ihm auch das Gefühl vermittelten, etwas Besonderes zu sein. Die Bemerkung, er sei ein »Nehmender«, traf einen zentralen Punkt: die Abneigung gegen seine eineinhalb Jahre jüngere Schwester Lois. Den fünfunddreißigjährigen, sensiblen und intelligenten Mann erfüllte der Gedanke an seine Schwester mit Abscheu und einem unklaren Ekel. Lois, eine ehemalige Alkoholikerin und seit Jahren in psychotherapeutischer Behandlung, litt von Geburt an an einer schweren Lungenkrankheit, die eine komplizierte Behandlung und viel Pflege nötig machte. Zum Zeitpunkt des Interviews mit Art hatte sie ihre unterbrochene Schulausbildung wieder aufgenommen, eine Ausbildung als Buchhalterin abgeschlossen und lebte in einer anscheinend stabilen und wahrscheinlich lesbischen Beziehung mit einer älteren Freundin. Lois hatte sich verändert und wurde erwachsen, aber für Art blieb ihre Gegenwart, ja schon der Gedanke an sie, unaussprechlich verstörend. So war es schon in ihrer Kindheit gewesen, als sie hinter ihm und seinen Freunden hergelaufen war. Damals war sie ihm wie ein häßlicher, kränklicher Vogel erschienen, den man ihm aufgebürdet hatte. Wegen ihrer Krankheit war sie von den Eltern verwöhnt worden, stand aber auch im Zentrum nervöser Familienkonflikte.

Art: »Ihre Gegenwart überwältigt mich einfach (schaudert vor Ekel). Sie ist ein so bedürftiger Mensch, so schrecklich bedürftig, sie gibt nichts und nimmt nur. Ihre Probleme sind so offensichtlich. Sie ist so abhängig! Wenn ihr Therapeut in Urlaub ist, bringt sie sich fast um! Früher hat es mich wahnsinnig wütend gemacht, daß sie so hilflos und abhängig war. Sie hat immer erwartet, daß andere alles für sie regeln. Sie hat nie erwartet, daß sie selbst kämpfen muß.«
Interviewer: »Waren Sie denn nicht abhängig?«
Art: »Wahrscheinlich schon. Ich nehme an, ich hatte damals meine eigenen Abhängigkeiten. Wahrscheinlich wollte ich das nicht zugeben – vielleicht habe ich das auf sie projiziert.«
Interviewer: »Konnten Sie vielleicht in ihr ein bißchen von sich selbst erkennen?«
Art: »Vielleicht. (Langsam, zögernd, zweifelnd) Ich weiß, daß ich wünschte, sie solle weggehen und mich in Ruhe lassen, damit meine Bedürfnisse erfüllt werden konnten. Aber immer, wenn ich wollte,

daß *meine Bedürfnisse* befriedigt würden, stand sie in der Tür und sagte: ›Vergiß mich nicht, was ist mit mir? Was ist mit mir?‹« (Geringschätzig, wütend und sarkastisch.)
Interviewer: »Das klingt, als sei es für Sie furchtbar unangenehm gewesen, mit ihr zusammen zu sein.«
Art: »Ja. Ich habe meine Beziehung zu allen anderen in der Familie verändern können, nur zu ihr nicht. Aber ich bin mir nicht sicher, ob ich die Beziehung wirklich verändern *will*.«
Interviewer: »Warum?«
Art (angespannt, wütend, vermeidend): »Ich weiß es nicht. Ich bin wirklich nicht sicher, ob ich es weiß. Es ist das Regressive in ihr. Ihre Unreife macht mir etwas aus. Ich will, daß sie anders ist. Ich will, daß sie sich mehr zusammenreißt.«
Interviewer: »Aber haben Sie nicht gerade gesagt, sie hätte in ihrer Therapie viel gelernt?«
Art: »Ja, wahrscheinlich. Ich meine, sicher, objektiv betrachtet. In den Augen vieler Leute geht es ihr jetzt gut.«

Obwohl Lois ihn nicht mehr zu »überwältigen« versucht, muß Art immer auf der Hut sein und sie in sicherer Entfernung halten, damit er seine eigenen, verbotenen Anteile nicht zu deutlich in ihr gespiegelt sieht.

Der Preis der Normalität

In einer Familie, in der psychische Störungen alle Mitglieder in ihren Bann ziehen, muß man Beziehungen abbrechen und starre Persönlichkeitsgrenzen errichten, um normal sein und bleiben zu können. Aber solch starre Grenzen haben Konsequenzen: C. F. Hoover und J. D. Franz (1972) zum Beispiel haben dreißig schizophrene Patienten (Jugendliche und junge Erwachsene) sowie siebenundfünfzig ihrer nicht schizophrenen Geschwister untersucht und dabei festgestellt, daß die meisten Geschwister ihre psychische Gesundheit nur bewahren konnten, indem sie sich gegen den Einfluß des Familienkreises abschotteten, sich einen »sicheren Ort« mit gesicherten Grenzen suchten. Geschwister, die sich in die Interaktion des kranken Bruders beziehungsweise der Schwester mit der Familie hineinziehen ließen, entwickelten Funktions- und Persönlichkeitsstörungen. Nach dieser Untersuchung braucht es ungeheure Energien, sich dem Sog einer Familie, die mit Konflikten auf Leben und Tod zu kämpfen hat, *auf Dauer* zu entziehen. Viele der Geschwister mußten *starre* Grenzen errichten und sich von der gesamten Familie zurückziehen. Manchmal schien diese Freiheit »auf Kosten von Charakter- und Persönlichkeitssubstanz erworben, auf Kosten einer Tiefe, die aus der Fähigkeit entsteht, ...widersprüchliche Lebenserfahrungen wahrzunehmen« (Hoover, Franz 1972).

Wir haben bereits darauf hingewiesen, daß Aggressivität eine natürliche Interaktionsform von Geschwistern ist. Wenn aber eins der Geschwister behindert ist oder dafür gehalten wird und von den Eltern besonders behandelt werden muß, muß das gesunde Kind lernen, seine Aggressionen zu unterdrücken und sich aggressive Hänseleien und Handlungen zu versagen. Um seine eigene »Gesundheit« zu etablieren, müssen diese vitalen aggressiven Seiten des Selbst aufgegeben und unterdrückt beziehungsweise versteckt werden, um das verletzlichere Geschwister nicht noch zusätzlich zu verletzen. Es lernt ebenfalls, die Eltern nicht zusätzlich zu provozieren und Öl ins bereits brennende Feuer zu gießen. Unterdrückung von Aggression bedeutet aber immer auch Unterdrückung anderer Formen von Spontaneität, zum Beispiel Witze, Humor und »Albereien«; die Beziehung zwischen gestörten und starr vermeidenden Geschwistern ist ernst und düster, ohne spielerische Elemente.

Eine Frau in den Dreißigern, deren ältere Schwester kürzlich mehrmals in psychiatrischen Kliniken war, erinnert sich mit Bitterkeit an eine Kindheit, in der das Monopol der Schwester auf Aggression keinen Raum für ihren eigenen Ärger gelassen hatte:

»Ich hielt es nicht aus, wenn sie sich anbrüllten. Meine Eltern waren mit mir nicht so streng, also habe ich versucht, ihre Schuld auf mich zu nehmen. Wenn Mutter herausfand, daß sie irgendwas falsch gemacht hatte, und kurz davor stand, sie zu verhauen, sagte ich schnell, ich hätte das gemacht, weil ich das Geschrei und die Strafen verhindern wollte.«
Interviewer: »Wen haben Sie damit beschützt?«
Frau: »Mich selbst! Ich konnte diese Disharmonie in der Familie nicht aushalten. Meine Schwester wehrte sich gegen alles, was die Eltern wollten. Ich kann das immer noch nicht aushalten, und ich bin jetzt zweiunddreißig Jahre alt! Einmal bin ich wirklich wütend geworden und habe ihr gesagt: ›Hör mal zu, das ist *mein* Leben! Ich laß nicht zu, daß du mich festhältst.‹ Damit bin ich rausgegangen und hab die Tür hinter mir zugeknallt. Und meine Mutter schrie mich an: ›Wie kannst du es wagen, die Tür zuzuknallen!‹ Ich dachte, mein Gott, ich darf noch nicht mal eine Tür zuwerfen, aber meine Schwester darf die Verrückte spielen und aus vollem Hals durch die Gegend brüllen. Meine Mutter ist dann gekommen und hat sie getröstet, weil ich ein einziges Mal in meinem Leben laut geworden bin.«

Solche Geschwister wünschen sich oft, auch fähig zur Verrücktheit zu sein, Gefühle herauslassen zu können, auch einmal so gewalttätig und ausdrucksstark wie der gestörte Bruder/die Schwester zu sein. Sie sind neidisch auf die zügellos ausgedrückten Gefühle, halten aber gleichzeitig krampfhaft an ihrer »Normalität« fest. Unterdrückter Ärger, der sich dem zerbrechlichen Geschwister gegenüber nicht entladen kann, gibt dem Gesunden das Gefühl, mit befreiender, reinigender Aggression nicht umgehen zu können. Aggressives Verhalten einem behinderten Kind gegenüber bedeutet, sich gegen die Eltern zu stellen und illoyal zu sein. So wird im Kontext der Behinderung und der besonderen Bedürfnisse des behinderten Geschwisters Aggression vom gesunden als »unrein« und »schmutzig« erlebt und entlädt sich höchstens im Geheimen, wenn die Eltern gerade nicht hinsehen. Anstatt die Beziehung durch den Austausch von Beleidigungen und Püffen, die ebenso schnell geschehen wie vergessen sind, zu beleben, muß das gesunde Kind entweder seine feindlichen Impulse dem kranken gegenüber unterdrücken, oder es riskiert, als jemand angesehen zu werden, der Krüppel schlägt und Behinderte quält. Weil es angeblich so viele Vorteile hat, soll es Zurückhaltung, Nächstenliebe, Freundlichkeit und Loyalität aufbringen. Da diesen Erwartungen aber kaum ein Kind entsprechen kann, äußert sich der aufgestaute Ärger oft auf hinterhältige und brutale Weise.

Ein erfolgreicher Geschäftsmann zum Beispiel, dessen zwei Jahre jüngere Schwester mit einer defekten Niere geboren war, erinnert sich:
»Sie ging mir furchtbar auf die Nerven. Sie wurde verwöhnt, aber sie weinte und weinte. Sie war nie fröhlich. Und von mir wurde natürlich ein verantwortungsvolles Verhalten erwartet. Ich war heimlich ganz schön böse zu ihr. Wenn wir allein waren, habe ich sie manchmal geschlagen. Dafür habe ich mich dann sehr geschämt. Außerdem kriegte sie sehr schnell blaue Flecke, und so war ich danach immer sehr freundlich zu ihr, weil ihre Blutergüsse ja Beweise gegen mich waren. Ich habe sie dann gebeten, sie solle es den Eltern nicht erzählen. Damit hat sie mich dann erpreßt.«

Abschneiden von Gefühlen: »Ich will hier raus und mein eigenes Leben leben.«

Geschwister beobachten ihr jeweiliges Leben sensibel und genau. Ein gesundes Kind zieht aus dem Schmerz und dem emotionalen Gemetzel aufgrund der Bindung zwischen Bruder oder Schwester und den Eltern seine eigenen Schlüsse. Die Erkenntnis: »Das kann mir auch passieren, wenn es meinem Geschwister passiert« kann zum Antrieb werden, aus der Familie auszubrechen, wobei die Eltern diese Flucht zulassen, weil sie so sehr mit dem kranken Kind beschäftigt sind. Untersuchungen haben ergeben, daß gesunde Geschwister aus Familien, in denen eins der Kinder an offen psychosomatischen Krankheiten wie Magersucht (Minuchin u. a. 1978) und chronischen Darmentzündungen (McMahon u. a. 1973) oder schweren psychischen Störungen leidet, oft versuchen, sich von ihrer Familie zu distanzieren. Der Kampf um wirksame Grenzen dauert oft ein Leben lang. Dafür ist Roger ein Beispiel: Sein dreizehn Monate jüngerer Bruder Gus ist psychisch krank, und von den beiden anderen Brüdern, vier und fünf Jahre jünger als er, ist einer mongoloid.

Roger: »Wir haßten Gus. Er schlug seinen Kopf an die Wand, er machte in die Hose – wir ärgerten ihn. Das Leben war eine einzige große Krise. Ein Bruder mongoloid, ein Bruder sichtbar gestört. Ich erinnere mich, daß meine Mutter mich bat, Gus in die Schule zu bringen, aber ich habe mich geweigert. Ich war stinksauer, daß ich für ihn sorgen sollte. Es war wie... wie auf einem sinkenden Schiff. Jeder für sich.«

Der Druck seiner Familie, sich um Gus zu kümmern, belastete Roger auch noch nach Abschluß seines Medizinstudiums. Gus hatte mittlerweile verschiedene psychiatrische Kliniken durchlaufen:
»Ich entschloß mich, im Ausland weiterzustudieren, um vor dieser Verantwortung zu fliehen. Ich bin der einzige von meinen Geschwistern, der Erfolg gehabt hat. Deswegen werde ich die Verantwortung für meinen geistig behinderten Bruder, für meinen schizophrenen Bruder und für meine depressive Mutter übernehmen müssen. Ich habe oft die Phantasie, einfach zu verschwinden und selbst telefonisch nicht erreichbar zu sein. Ich will von ihnen in Ruhe gelassen werden! Ich versuche, mir ein erfolgreiches Leben aufzubauen!«
Roger wurde übrigens Psychiater.

Die Abgrenzung zu einem kranken Geschwister wird besonders in den mittleren Lebensjahren schwierig, wenn die Eltern aus Altersgründen die Verantwortung allmählich an ihre anderen Kinder abgeben müssen (Samuels, Chase 1979). Nur sehr wenige Menschen können ihren Beruf ausüben, für Heim, Kinder, Ehepartner und für chronisch kranke, unberechenbare und instabile Geschwister sorgen. Ein Beispiel:

Ältere Schwester: »Du kamst zurück und hattest einen Nervenzusammenbruch. Es gab in meiner Nähe eine Klinik, aber ich wollte dich da einfach nicht haben. Ich hatte damals so viel mit meinem eigenen Leben zu tun, und ich hatte das Gefühl, das würde eine Abhängigkeit schaffen, mit der ich nicht umgehen könnte. Deswegen kamst du in

die andere Klinik, die viel weiter weg war. Aber das war für alle besser. Du hättest sehr gern bei uns oder in unserer Nähe gelebt, und du hättest es gern gehabt, wenn ich dir in dieser sehr harten Zeit geholfen hätte. Aber ich war dazu nicht bereit.«
Jüngere Schwester: »Oh ja, ich hätte sehr gern in derselben Stadt gelebt wie du.«
Ältere Schwester: »Und ich weiß, daß ich damit nicht umgehen konnte. Die Entscheidung war ganz automatisch und spontan, so als wäre ich einem Strudel oder einem Stück Treibsand ausgewichen.«

Und eine andere Frau sagt über ihre gestörte Schwester:
»Wie kann man jemanden vergessen, der zu allen Familientreffen kommt? Bei allen Feiertagen (Weihnachten, Ostern, Geburtstage) gab es Nervosität: Geht's ihr gut? Ist sie im Krankenhaus? Dreht sie am Heiligen Abend durch? Sie hat einen Heidenzirkus bei meiner Hochzeit aufgeführt. Und sie wurde verrückt, als meine Tochter zur Welt kam. Je wichtiger der Anlaß, je größer das Fest, um so schlimmer war ihr Benehmen. Es ist noch immer sehr schwierig, wenn sie zu Besuch kommt. Mein Mann und meine Kinder sitzen dann wie auf heißen Kohlen. Und das ist das Muster. Das war das Muster unseres ganzen Lebens.«

Auch wenn kranke Geschwister sich gar nicht mehr »gestört« verhalten, das Bild aus der Zeit der Störung ist erstarrt. Sie fühlen sich oft verletzt durch den Ausschluß aus der Familie und können die mangelnde Wärme und Herzlichkeit der Geschwister nicht begreifen.

Schuldgefühle gesunder Geschwister

Viele Geschwister fühlen sich schuldig, weil sie ein relativ normales Leben führen, während der kranke Bruder oder die Schwester leiden müssen. Häufig spüren sie auch, daß der Grund für ihre »Normalität« in der Störung des Geschwisters zu suchen ist, das heißt, daß das behinderte Kind ein Opfer ist, ein Fokus für die Störungen der Eltern.

Gustave Newman untersuchte jüngere Brüder von drei schizophrenen Patienten und faßte sein Ergebnis wie folgt zusammen: »Weil ich von der Krankheit meines Bruders profitiert habe, bin ich verantwortlich und schuldig; weil ich seine Krankheit und seine Hilfsbedürftigkeit sehe und passiv bleibe, bin ich schuldig; werde ich aber aktiv, verletze ich die Familienregeln und bin schuldig.« Und er schließt: »Diese jüngeren Brüder von Schizophrenen wählten lieber den Weg der Selbstbestimmung mit Schuld als die pathologische Passivität der älteren Brüder« (1966, S. 151).

Die durch das Bewußtsein der eigenen, besseren Ausgangsposition hervorgerufene Schuld ist nicht die einzige Manifestation des schlimmen Erbes solcher Geschwisterbeziehungen. Schuldgefühle entstehen durch die Ablehnung und Entwertung des kranken Geschwisters, die in direktem Gegensatz zu den gesellschaftlichen Erwartungen stehen. Solche Gefühle zu Menschen, die »nicht so gut dran sind wie wir«, »gehören sich nicht«. Diese Schuld wegen negativer *Gefühle* wird verstärkt durch feindselige *Handlungen* in der Vergangenheit, die den Schwächeren zusätzlich belastet haben könnten.

Schuldiger Überlebender, schuldiger Rivale: Roger und Gus
Roger, der Psychiater, den wir bereits zitiert haben, wurde von seiner Familie für »knallhart« gehalten, während Gus als »sehr weich« galt. Aber in ihrer Jugend war der weiche Gus, der später auf Dauer psychotisch wurde, sehr viel attraktiver als sein Bruder Roger. Roger war eifersüchtig auf ihn, neidisch auf seine größeren Erfolge bei Mädchen. Es war für ihn sehr schlimm, als er den jüngeren, aber frühreifen Bruder mit einem hübschen Mädchen auf der Couch überraschte, denn er selbst hatte sich so weit noch nicht vorgewagt. Er konnte es nicht ertragen, daß es gerade diese Weichheit, Freundlichkeit und Hilflosigkeit war, die Gus in der Schulzeit die Zuwendung der Mädchen einbrachte. Roger konnte sich an seine eigene, jahrelange Tyrannei über den Bruder in den Interviews kaum erinnern – eine ungewöhnliche Blockade bei einem Psychiater. Ungewöhnlich auch deshalb, weil der Bruder nur dreizehn Monate jünger war als er. Roger hatte Gus ausgenutzt, oft mit seiner Schwäche gespielt, obwohl er wußte, wie verletzlich er war.

Roger: »Ich erinnere mich, daß ich ihn ausgebeutet habe – ich habe mir Geld von ihm geliehen, es aber nie zurückgezahlt.«
Interviewer: »Hat er sich nicht gewehrt? Sind Sie damit durchgekommen?«
Roger: »Er hat nie darauf bestanden, das Geld zurückzubekommen. Ich habe ihn gefragt, ob er mir Geld leiht, er hat gesagt: ›Ja, selbstverständlich‹ – und ich hab's ihm nie zurückgegeben. Er hat das zugelassen, in gewisser Weise hat er mir erlaubt, ihn auszunutzen.«
Interviewer: »Sie wußten also beide, daß Sie ihn bestehlen konnten und er sich nicht wehren würde?«
Roger: »Ich kann mich nicht erinnern. Meine Erinnerungen an ihn sind nicht so scharf, wie sie sein sollten. Ich glaube, ich habe Erinnerungslücken, wenn es um ihn geht. Unsere Betten standen sich gegenüber, beim Schlafen lagen wir mit den Füßen zueinander. Und beim Aufwachen trat ich ihn, und dann fing ich eine Rauferei mit ihm an. Das passierte eine Zeitlang fast jeden Morgen. Er trat zurück, und damit hatte ich einen Grund, mich auf ihn zu stürzen.«

Die Rivalitäten der frühen Kindheit warfen im Kontext der Lebenskatastrophe des Jüngeren schmerzhafte Fragen für Roger auf. Er nahm an, daß er zu Gus' geringem Selbstwertgefühl beigetragen hatte. Was wäre gewesen, wenn er freundlicher gewesen wäre? Seine Erinnerungslücken bewahrten ihn davor, das ganze Ausmaß seiner Aggression und seiner Schuld zu erkennen.

Die Schuld abarbeiten: Gescheiterte Wiedergutmachungsversuche

In dem Versuch, die offensichtlichen Ungleichheiten zu dem kranken Bruder oder der Schwester auszugleichen, brechen gesunde Geschwister sporadisch in das Leben der kranken ein oder versuchen mit einer an Verzweiflung grenzenden Eindringlichkeit, Ärzte oder professionelle Betreuer zu verstärkten Anstrengungen zu zwingen. Um ihre guten Absichten zu demonstrieren, kritisieren sie die Unfähigkeit oder das mangelnde Engagement des Therapeuten oder der Klinik. Als Roger zum Beispiel erfuhr, daß sein Bruder wieder einmal stationäre Behandlung brauchte, dachte er:

»In welche Klinik soll er gehen? Etwa ins Landeskrankenhaus? Auf gar keinen Fall, das ist nicht gut genug für ihn. Er soll in die beste Klinik, auch wenn das viel Geld kostet. Meine eigenen beruflichen Maßstäbe sind hoch, und für meinen Bruder ist das Beste gerade gut genug. Da kann nicht einfach irgendein Provinztherapeut kommen, ich schicke ihn zu Carl Whitaker, zu Virginia Satir, zu Austen Riggs, zur Mayo- oder zur Menningerklinik.«

An der Familientherapie für den Bruder nahm er bereitwillig teil. Als ihn sein Bruder dort beschuldigte, ihn früher vernachlässigt und unfreundlich behandelt zu haben, fühlte Roger sich erleichtert, weil er jetzt Wiedergutmachung leisten konnte.

Ein anderer Mann, der die Kosten für die Behandlung seines Bruders nach einer durch Drogen ausgelösten psychotischen Episode übernommen hatte, erzählte von seiner eigenen Verwirrung und Wut:

»Was geht hier vor? Das ist mein Bruder, und der wird in der Klapsmühle festgehalten! Ich konnte mich nicht heraushalten, und schließlich bin ich zum Psychiater gegangen und habe gesagt: ›Hier, Doktor, mein Bruder wird verrückt, meine Familie dreht durch, und was tun Sie jetzt für uns?‹ Aber der Kerl hat verdammt nochmal nichts getan, nichts für meinen Bruder, nichts für mich, nichts für die Familie. Niemand wußte, was er tun sollte oder wie er Verantwortung übernehmen konnte.«

Den Bruder oder die Schwester »retten«

Man kann sich jetzt fragen, ob ein gesunder Bruder oder eine gesunde Schwester je ein Bündnis mit einem gestörten schließen und das Leben aus dessen Perspektive sehen kann, anstatt neutral zu bleiben, sich mit den Eltern zu verbünden oder sich kurzzeitig lauwarm oder schuldbewußt zu beteiligen. Die Antwort ist ein entschiedenes Ja.

Bündnisse zur Rettung oder Unterstützung eines gestörten Geschwisters gibt es allerdings nur dann, wenn gewisse Grenzen akzeptiert werden, die dem »Retter« garantieren, daß er zwar belastet, aber nicht stigmatisiert oder in Verlegenheit gebracht wird. Sein eigenes Leben muß respektiert bleiben.

Aber selbst unter idealen Umständen wird ein gesundes Geschwister, das teilweise positiv mit dem gestörten identifiziert ist, Unterstützung bestenfalls über Monate, nicht aber über Jahre gewähren können. Entscheidend ist die Teilidentifikation: Sind die Geschwister zu nahe, so wird die Belastung zu groß; sind sie zu distanziert, so versickert die Unterstützung. Die Koalition zwischen Gesunden und Kranken befriedigt bei beiden wichtige Bedürfnisse. Der Starke gibt dem Schwächeren die so nötige Freundschaft und erhält in diesem Prozeß die Chance, die Bereiche neu zu bearbeiten, die er oder sie in der Beziehung zu den Eltern vermieden hat.

»Ich habe Mühe damit, Mutter zu sein«: Julia und Melanie

Julia war sechs Jahre älter als ihre Schwester Melanie. Die Mutter war depressiv und unreif, der Vater bitter, sarkastisch und mißtrauisch. Die Ehe der Eltern war unglücklich und die häusliche Atmosphäre trotz teurer Einrichtung kalt und lieblos. Eltern und Kinder berührten sich selten und umarmten sich nie. Als Julia in die Adoleszenz kam, warf ihr der Vater Schimpfworte an den Kopf; als sie fünfzehn war, sprachen sie kaum noch miteinander.

Julia war eine hervorragende Schülerin. In der Schule fand sie die Anerkennung, die ihr zu Hause versagt blieb. Sie machte lieber Schulden, als sich von ihrem Vater das Studium finanzieren zu lassen. Mit Beginn ihres Studiums brach sie den Kontakt zu den Eltern ab. Während der letzten beiden Studienjahre rief Melanie sie nachts häufig an, ohne Wissen der Eltern. Sie war verzweifelt, erzählte schreckliche Dinge von Demütigungen und falschen Anschuldigungen des Vaters. Durch diese Anrufe brachen bei Julia die eigenen Wunden wieder auf, als seien sie und Melanie ein und dieselbe Person. Die Mißhandlungen nahmen zu, die Telefonanrufe gingen weiter. Eines Tages ging Melanie mit blauen Flecken in die Schule.

Julia wurde zu ihrem einzigen Rettungsanker. Auch ein Besuch bei einem Familientherapeuten konnte die nächste Stufe des Dramas nicht verhindern: Melanie wurde schwer geschlagen und die Treppe hinuntergestoßen. Der Therapeut unterließ eine Anklage wegen Kindesmißhandlung. Melanie, die sich von der Passivität des Therapeuten angesichts dieser Brutalität verraten fühlte, klammerte sich noch verzweifelter an ihre ältere Schwester. Julia nahm jetzt die Sache selbst in die Hand, packte die Sachen ihrer Schwester und nahm sie – trotz der Proteste der Eltern – mit. Im Weggehen sagte sie: »Ihr werdet nie mehr Hand an Melanie legen.«

Melanie zog zunächst zu Julia. Julia bemutterte sie, gab ihr zu essen, hielt sie fest, wenn sie Alpträume hatte. Ihre Gesundheit litt, aber sie hielt durch und tröstete die Schwester. Sie war vierundzwanzig und hatte eine verantwortliche Position in einer großen Firma. Trotz ihrer Schulden aus der Studienzeit übernahm sie die Kosten für die Erziehung der Schwester und schickte sie auf eine teure Privatschule. Sie besuchte sie dort jede Woche, was Melanie guttat, aber sie selbst erschöpfte. Ihre Arbeit begann zu leiden. Ein Privatleben gab es für sie nicht mehr. Sie fühlte sich unbehaglich in der Rolle der Retterin, Psychologin und Mitleidenden. Unsicher, ob sie die Schwester als Gast, Patientin oder Untermieterin betrachten sollte, begann sie, Melanies unausgesprochene Forderung, ihr zu geben, was beide von der Mutter nicht bekommen hatten, abzulehnen. Schließlich wandte sie sich an einen Therapeuten. »Ich liebe Melanie«, sagte sie, »aber ich habe Mühe damit, ihre Mutter zu sein.«

Geschwister wie Julia werden bei ihren Anstrengungen von ihrer eigenen Empörung über die Ungerechtigkeit der Schwester oder dem Bruder gegenüber getragen. Ohne Erfahrung in der Betreuung eines geschädigten Geschwisters überschätzen sie sich früher oder später und bringen sich selbst in Gefahr.

Das System therapeutischer Hilfe und Beratung bietet trotz der zunehmenden Bedeutung der Familientherapie erwachsenen gesunden Geschwistern wie Julia kaum Hilfe. Es verschärft ihre Ohnmacht eher und zeigt nur wenig konstruktive Alternativen zu ihren schuldbeladenen Versuchen auf, ihre Geschwister zu versorgen. Weil der Einfluß von Geschwistern in der Kindheit kaum berücksichtigt wird, fokussieren Therapeuten oft nur auf Partner oder Eltern und ignorieren Schuldgefühle und Selbstbezichtigungen von gesunden Geschwistern.

Es gibt viele Geschwister, die wie Julia mehr tun, als von ihnen erwartet wird. Sie können zum Bündnispartner von Therapeuten werden, die die Macht wie die Grenzen der Geschwisterbindung erkennen. Leider ergreifen immer noch viel zu wenige Therapeuten diese Chancen.

10. Geschwister als Überlebende – Bindungen über den Tod hinaus

Man sagt, der Tod beende zwar ein Leben, aber *nicht* eine Beziehung. Dies gilt besonders für den vorzeitigen Tod eines Bruders oder einer Schwester.

In unserer Gesellschaft gilt der Tod eines Kindes immer als vorzeitig und als Tragödie. Historisch betrachtet, ist diese Haltung relativ neu, da die Säuglings- und Kindersterblichkeit bis ins 20. Jahrhundert hinein sehr hoch war. Noch im späten 19. Jahrhundert starben 200 von 1000 Säuglingen unter einem Jahr an Ruhr, Lungenentzündung, Masern, Diphtherie oder Keuchhusten. 1925 sank die Sterblichkeitsrate auf 75 und 1976 auf 15 Kinder pro 1000 (Nelson u. a. 1979).

Auf heutige Geschwister wirkt der frühe Tod eines Bruders oder einer Schwester somit verheerender als je zuvor, weil es keinerlei gesellschaftliche Vorbereitungen auf die Rolle des Überlebenden gibt. Zum anderen macht der Tod eines Geschwisters in der heute verbreiteten Zwei-Kind-Familie das überlebende zum Einzelkind. Die Identität, die mit dem Bruder oder der Schwester verbunden war, wird durch den Verlust gestört. Der Geist des Toten übernimmt so den Part des Lebenden im dialektischen Tanz der Selbstdefinition, aus dem »Pas de deux« wird ein »Danse macabre«.

Im folgenden wollen wir zeigen, wie entscheidend der Verlust eines Bruders oder einer Schwester in das Leben der oder des Überlebenden eingreift. Eine sehr wichtige Rolle kommt dabei den Eltern zu: Ihr Umgang mit der Trauer dient den Kindern als positives oder negatives Modell. Genauso entscheidend ist aber die Art der Identifikation zwischen den Geschwistern und ihre Gefühle zueinander vor dem Einbruch des Todes in die Beziehung.

Der Einfluß der Eltern

Wenn ein Kind gestorben ist, müssen die Eltern sofort zahlreiche Entscheidungen im Hinblick auf ihre überlebenden Kinder treffen. Wie sollen sie ihnen das Geschehene mitteilen? Allen Kindern zusammen oder jedem einzeln? Sollen die Kinder mit zur Beerdigung gehen? Sollte man sie umfassend über das Sterben informieren, auch wenn die Einzelheiten grausam waren? Sollten die Kinder bei einer eventuellen Totenwache anwesend sein? Wie wird der Anblick der Leiche im offenen Sarg auf sie wirken?

Dazu kommt die eigene Belastung. Sie müssen trauern und gleichzeitig eine Ehe aufrechterhalten, müssen über ihre Trauer mit wohlmeinenden Freunden, mit dem Priester, der die Beerdigung hält, sprechen. Eventuell müssen sie die Trauer der eigenen Eltern abfangen, für die der Verlust eines Enkelkindes oft besonders schmerzlich ist. Sie müssen weiter arbeiten gehen und können nicht mit der ständigen Geduld der Kollegen rechnen. Es bleibt also wenig Zeit und Energie für die Kinder.

Gleichzeitig entscheidet aber ihr Verhalten – alles, was sie tun oder nicht tun, sagen oder verschweigen, Trauer, die sie ausdrücken oder verbergen, Erinnerungen, die sie aussprechen oder für sich behalten – darüber, wie die Kinder ihren toten Bruder oder die Schwester im Gedächtnis behalten.

Ein überlebendes Kind ist doppelt verwaist: Es hat nicht nur seinen Bruder oder seine Schwester verloren, sondern auch emotional zugängliche Eltern. Die Trauer beim Tod eines Kindes bleibt in der Regel meist deswegen ungelöst, weil Eltern ihren Kindern selten »objektiv« gegenüberstehen. Sie »schreiben dem Kind alle Art von Vollkommenheit zu, die nüchterne Beobachtung nicht bestätigen kann. Es soll die Träume und Wünsche der Eltern erfüllen, die sie selbst nicht erfüllen konnten... Sie fliehen zum Kind, um sich sicher zu fühlen« (Rieff 1963). So läßt sich erklären, wie Eltern die Trauer des überlebenden Kindes strukturieren. Wenn mit diesem Kind ein Teil der Eltern gestorben ist, wird die Trauer ungesund durch die narzißtische Identifikation. Die anderen Kinder werden in diese pathologische Trauer verwickelt.

In solchen Fällen fällt es Eltern nur allzu leicht, den überlebenden Kindern, die verfügbar sind und in die sie bereits emotional investiert haben, ihre ungelöste Trauer überzustülpen. Wenn ein Partner stirbt, gibt es keinen anderen Ersatz im Haus, der Verlust ist stets gegenwärtig. Aber den Tod eines Kindes kann man verleugnen, indem man die Zuneigung auf die anderen Kinder verschiebt und projiziert. Für die lebenden Kinder bedeutet dies das hohe Risiko einer Pathologisierung der Beziehung zu den Eltern und der Entstehung einer gespenstischen Erinnerung an den Toten.

Für die meisten Eltern stehen nach dem Tod eines Kindes Schuldgefühle und Selbstvorwürfe im Vordergrund. Eine Mutter, deren siebzehnjähriger Sohn an einem Hirntumor starb, drückt die Gefühle vieler Eltern aus: »Ich vermisse ihn. Meine Unzulänglichkeiten, mein Versagen ihm gegenüber verfolgen mich. Wahrscheinlich haben alle Eltern ein Gefühl des Versagens, fast von Sünde, weil sie nach dem Tod ihres Kindes noch am Leben sind. Ein Gefühl, daß man irgendwie einen Weg hätte finden müssen, es unter Einsatz des eigenen Lebens zu retten. Weil man dabei versagt hat, scheinen alle Fehler, die man in seinem allzu kurzen Leben gemacht hat, schwerer zu ertragen und zu verzeihen.« (Gunther 1949, S. 258)

Das eigene Kind zu überleben ist gegen die Ordnung der Natur, greift in das existentielle Gefühl ein, daß alles zu seiner Zeit wächst und vergeht. Die Erkenntnis, daß durch den Tod eines Kindes nichts von einem selbst weiterleben wird, bedeutet die Erfahrung der eigenen Schuld und der eigenen Unvollkommenheit. In vielen Familien wird ein totes Kind niemals wirklich »begraben«. Sein Geist lebt schweigend weiter, manchmal in Form von »Ersatzkindern«, manchmal in Form von »Sündenbockkindern«, die die Eltern von dem Gefühl entlasten, sie hätten den Tod des Kindes irgendwie zugelassen.

Drei pathologische Prozesse können überlebende Geschwister in die ungelöste Trauer der Eltern einbinden (Krell, Rabkin 1979):

Prozesse auf seiten der Eltern:
1. Schweigen und Heimlichkeit
2. Übermäßige Liebe und Behütung
3. Vertretung und Ersatz

Wirkung auf die Identität des überlebenden Kindes:
1. Verfolgt vom Geist des Toten
2. Angst oder kontraphobische Reaktionen
3. Auferstehung des toten Geschwisters – zwei Leben leben

Schweigen und Heimlichkeit: Vom Tod des Geschwisters verfolgt

Manche Familien legen den überlebenden Kindern eine unausgesprochene Schweigepflicht auf. Albert C. Cain und seine Mitarbeiter haben an einem Fall beobachtet:

»Die Eltern erlaubten es dem überlebenden Kind ganz eindeutig nicht, von dem Tod der Schwester zu sprechen... Sie hatten Angst, von weiteren Affekten überschwemmt zu werden, zusätzlich zu denen, die sie bereits überwältigten. Die tote Tochter, die erst letzte Woche noch mit ihnen zusammenlebte, wird jetzt zu einer gespenstischen Gegenwart. Sie muß vermieden, ihr Name darf nicht mehr ausgesprochen werden, sie ist ›unberührbar‹.« (1964)

Bindungen und Konflikte, die es vorher zwischen den Kindern gab, müssen abgekapselt werden. Das Verhalten der Eltern läßt Kinder häufig schließen, daß die offene Erinnerung an den Toten Verrat und Illoyalität bedeutet. Der Verlust bleibt Privatangelegenheit; Traurigkeit, Aggression oder schöne Erinnerungen müssen zurückgehalten oder unterdrückt werden. Eingeschlossen in diese Verschwörung des Schweigens, versucht die Familie, ihr Gleichgewicht wiederzufinden. Das Leben geht seinen »normalen« Gang unter der Vorspiegelung, dieser Tod hätte nie stattgefunden.

Zentrales Motiv solcher stummen, besessenen Familien ist die Vermeidung von Anklagen. Die Frage der Schuld lastet auf allen Familienmitgliedern.

»Eltern und Kind sind miteinander verbunden in der ausgesprochenen oder unausgesprochenen Überzeugung, daß das Kind noch am Leben sein könnte, wenn einer in der Familie irgendwie anders gehandelt hätte. Die Schuld, die durch diesen irrationalen Glauben aufrechterhalten wird, bleibt intakt und intensiv, weil alle im Kampf mit ihrem Gewissen gefangen sind und diese schmerzlichen Gefühle nicht mitteilen können.« (Krell, Rabkin 1979, S. 473)

Das überlebende Kind interpretiert die mangelnde Bereitschaft der Eltern, über das tote zu sprechen, als die aggressive Anklage, es hätte irgend etwas falsch gemacht. Besonders wenn die Beziehung der Kinder konflikthaft war, hat das Schweigen der Eltern eine destruktive Wirkung. Die Eltern schweigen, weil sie glauben, »es regt das Kind nur auf, wenn wir darüber sprechen«, und das Kind schweigt, weil es »die Eltern aufregen würde, wenn ich darüber rede«. In diesem Kreislauf von gegenseitigem Beschützen und Selbstschutz kann sich ein Kind dem Verlust nie wirklich stellen.

Das unbedingte Schweigen der Eltern kann aber auch bedeuten, daß das tote Kind ihr Liebling war. Sie haben unter Umständen Angst, das überlebende Kind negativen Vergleichen auszusetzen.

Das Bedürfnis überlebender Geschwister nach offener, gemeinsamer Trauer und ungehinderter Kommunikation über den Verlust untereinander und mit den Eltern ist umfassend dokumentiert. Bei der Untersuchung einer Gruppe junger Frauen, deren Bruder oder Schwester kurz zuvor gestorben war, war das entscheidende Kriterium für psychische Stabilität die Möglichkeit zum offenen Gespräch über den Toten im Familienkreis. Wo diese Kommunikation unterdrückt wurde und das Leben scheinbar unverändert weiterging, war das Risiko psychischer Störungen bei der überlebenden Schwester höher (Pomerance 1973).

Klienten in der Psychotherapie spielen die Wirkung des Geschwistertodes meist herunter. Sie gehen stillschweigend davon aus, Therapeuten seien nur an der Beziehung zu den Eltern interessiert. Der Tod von Bruder oder Schwester wird ohne sichtbares Gefühl als Tatsache mitgeteilt, bevor man sich anderen, scheinbar aktuelleren Lebensumständen zuwendet. Solche Zurückhaltung kann sogar die aufmerksamsten Therapeuten irreführen. In unbewußter Kollaboration mit den Vermeidungen des Klienten wird das Trauma übersehen. Manchmal kommt der Geschwistertod auch nie zur Sprache, einfach weil der Therapeut nie danach gefragt hat. Besondere Skepsis auf seiten des Psychotherapeuten ist immer dann geboten, wenn Eltern behaupten, sie und die überlebenden Kinder seien über den Tod des Kindes »hinweg«.

Übermäßige Liebe und Behütung – Angst und kontraphobische Reaktionen

Nach dem Tod eines Kindes beherrscht die Angst um das Leben ihrer anderen Kinder bewußt oder unbewußt viele Eltern und führt zu einer übermäßigen Behütung (overprotection). Wenn das Kind zum Beispiel an einem Hirntumor gestorben ist, wird auch der kleinste Kopfschmerz beim überlebenden Kind zum Alarmzeichen. Ist ein Jugendlicher mit dem Auto tödlich verunglückt, dürfen die Geschwister nicht mehr Auto fahren, und so weiter. In solchen Fällen ist der Zusammenhang klar erkennbar. Meist sind aber die Einschränkungen verdeckter; die Eltern vermitteln ihren Kindern auf subtile Weise, daß es im – per se gefährlichen – Leben nur darum geht, Krankheiten und Verletzungen zu vermeiden. Die Familie richtet sich in einem schützenden Glashaus ein, schränkt die eigenen Bewegungsmöglichkeiten ein, ist übervorsichtig und vermeidet jedes Risiko. Damit wird das Streben nach Eigenständigkeit bei Kindern erstickt, die es sich bereits schon zur Lebensaufgabe gemacht haben zu beweisen, daß sie dem unzeitgemäßen Ende des Bruders oder der Schwester entgehen können. Solche »gebundenen« Geschwister versuchen dann in der Adoleszenz verzweifelt, dem Gespenst des Toten zu entfliehen, und verfallen in die gegenteilige Haltung. Sie suchen die Gefahr um der Gefahr willen und bauen durch unnötige Risiken eine Abwehrhaltung gegen die eigenen Ängste und den Protektionismus der Eltern auf. In den Jahren der Adoleszenz und des frühen Erwachsenenalters wird dann das Bedürfnis beherrschend, sich die eigene Unverletzbarkeit zu beweisen. Häufig begeistern sie sich dann für Motorräder und gefährliche Sportarten. In diesem Alter kann auch eine eventuell vorhandene Pathologie aus der Zeit vor dem Tode des Geschwisters leicht wieder aufbrechen.

Vertretung und Ersatz – zwei Leben leben

Die Suche nach einem verlorenen geliebten Menschen ist nach Erich Lindemann (1944) normaler Bestandteil der Trauer. Der Überlebende sucht aktiv nach Manifestationen des Verstorbenen und will die Verkörperung des Toten in Menschen oder Objekten finden. Eltern haben viele Möglichkeiten, ihr totes Kind in seinen Geschwistern wieder aufleben zu lassen. Zusammen mit Freunden und Nachbarn »ernennen« sie eins der Kinder zum leibhaftigen Stellvertreter des Toten. Manche Kinder werden schon als »Stellvertreter« gezeugt. Ihre Identität ist damit schon vor der Geburt mit dem toten Kind verbunden. Es gibt von Anfang an offene oder verdeckte Vergleiche: in der Art zu lächeln, der

Haarfarbe, der Vorliebe für Pizza oder Erdbeereis, für Fußball oder Mathematik und so weiter.

Diese »wiederauferstandenen« Kinder müssen zwei Leben leben, zwei Identitäten, ihre eigene und die eines Menschen, den es nicht mehr gibt. Sie werden zum Bild, zum Mythos, müssen eine Bindung an einen Menschen herstellen, der von den Eltern mittlerweile »heiliggesprochen« wurde. Wie kann man jemanden hassen, der das Unglück hatte, vorzeitig zu sterben? Wie kann man jemanden verachten, der nicht mehr existiert, aber ständig in die eigenen intimsten Bereiche eindringt? Die oft unerträgliche Belastung durch die Beziehung zu dem toten Geschwister kann zu Identitätsverwirrung und Versagenssymptomen führen.

Fast immer zeigt sich diese Fusion zweier Identitäten bei Geschwistern, die ein totes Kind ersetzen sollen. Die Versuche der Eltern, das tote Kind in dem lebenden wieder auferstehen zu lassen, lösen Widerstand aus, der sich in Rebellion gegen diese duale Existenz äußert. Das Bestreben des Kindes nach Entwicklung einer eigenständigen Identität zeigt sich meist darin, daß es in einem wichtigen Bereich, in dem der tote Bruder oder die Schwester besonders »glänzte«, versagt und so die Verfolgung durch den Toten zu beenden versucht.

Umstände beim Tode des Geschwisters

Die Art des Traumas beim überlebenden Kind hängt stark von den Todesumständen des Geschwisters ab. Vier Faktoren sind wichtig: Todesart, Dauer des Sterbens, Vermeidbarkeit des Todes und Alter des Überlebenden.

Todesart

Geschwister, die den Tod von Bruder oder Schwester miterlebt haben, können wesentliche Bilder dieses Todes häufig nie mehr vergessen, oft auch nie mehr darüber sprechen. So wurde zum Beispiel ein Mann, der als Achtjähriger hilflos zusah, wie seine drei Jahre alte Schwester beim Abladen einer tonnenschweren Ladung Sand lebendig begraben wurde, von dieser Erinnerung fünfundzwanzig Jahre lang verfolgt. Eine Fünfzehnjährige fand den idealisierten älteren Bruder mit seiner tödlichen Schußwunde im nahen Wald. Ein Student sah seinen Bruder zum letzten Mal im Krankenhaus, nach Luft ringend, das Gesicht verborgen hinter Schläuchen und Verbänden. Solche grauenhaften Bilder zwingen die Überlebenden zwar, den Tod des Geschwisters zu akzeptieren, hinterlassen aber tiefe Wunden. Sie sind so schrecklich, daß die Überlebenden, auch in der Psychotherapie, meist davon ablenken (in vielen Fällen durchaus mit Unterstützung von Therapeuten, die sie nicht zum Aussprechen von Erinnerungen ermutigen, von denen sie selbst verstört werden könnten). Aber der Ausdruck dieser traumatischen Erinnerungen und ihre Katharsis gehören wesentlich zur Trauerarbeit.

Wenn Kinder und Jugendliche vom Sterben des Geschwisters nur aus zweiter Hand hören und sich die Einzelheiten selbst aus den Berichten der Eltern herausfiltern müssen, bleibt alles ihrer Imagination überlassen. Es fehlt an visueller Endgültigkeit. Der Schrecken des Todes bleibt ihnen erspart, aber es fällt ihnen so auch leichter, den Verlust zu leugnen. Besonders kleinere Kinder glauben dann zum Beispiel, Bruder oder Schwester seien auf einer langen Reise. Je sparsamer die Informationen der Eltern, desto zahlreicher die Details, die die Kinder in das Ereignis projizieren.

Dauer des Sterbens

Junge Menschen sterben meist weder sanft noch plötzlich, sondern allmählich an langwierigen tödlichen Krankheiten wie Leukämie, Krebs und so weiter. Geschwister werden durch dieses langsame Sterben zwar auf den Verlust vorbereitet, leiden aber meist auch sehr unter der langen körperlichen und emotionalen Abwesenheit der Eltern. Der Versuch, ein normales Leben aufrechtzuerhalten, während Bruder oder Schwester leidet, ruft oft Schuldgefühle hervor. Wenn die Auswirkungen des Sterbens auf ihr eigenes Leben fühlbar werden, reagieren Kinder oft wütend, hilflos und erschreckt. Die Eltern, die um das Leben des todkranken Kindes ringen, zwingen ihnen Unabhängigkeit auf und entziehen ihnen ihre Fürsorge. Das gesunde Kind erlebt die Eltern erschöpft, benommen, kurz angebunden und auf Zuneigung angewiesen, sieht aber gleichzeitig, wie sie am Bett des sterbenden Geschwisters Zeit, Energie und die Kraft zu lächeln aufbringen. Das sterbende Kind steht notwendig im Vordergrund, und je kürzer seine Zeit bemessen ist, desto eher denken die Eltern, sie könnten sich später um das oder die anderen Kinder kümmern.

Ein gesundes Kind muß also seine eigenen Bedürfnisse hintanstellen, dem sterbenden Geschwister wie den emotional stark belasteten Eltern gegenüber die Rolle des Starken spielen und Unterstützung und Zuwendung geben. Dazu kommen meist belastende Verantwortlichkeiten, wie zum Beispiel die Sorge um jüngere Geschwister, den Haushalt oder die Schule, die die unterschwellige Ablehnung der Krankheit des Bruders oder der Schwester verstärken. Kinder mit sterbenden Geschwistern werden zwangsläufig zu versorgenden Kindern. Das

Risiko psychischer Störungen ist im Falle des langen Sterbens eines Geschwisters sehr hoch. Waren die Geschwister positiv miteinander identifiziert, wird auch die Angst stärker, selbst krank zu werden.

Der folgende Gesprächsausschnitt stammt aus einer Therapiesitzung mit dem elfjährigen, an Leukämie erkrankten Andy und seinem älteren Bruder Greg.

Andy (weinend, traurig, sehr leise): »Ich wünschte, sie würden mich umbringen.«
Therapeut: »Warum?«
Andy: »Dann würde ich nicht mehr all die Nadeln kriegen.«
Therapeut: »Kannst du sagen, was passiert, wenn sie dir die Spritzen geben, Andy?«
Andy: »Das sind stechende Schmerzen.«
Therapeut: »Wo stechen sie dich mit den Nadeln?«
Andy (zeigt auf seine Hand und seinen Rücken): »Hier und hier und hier für die Rückenmarkspunktion.«
Therapeut (zu Greg, der sehr viel Anteil genommen hat und den Therapeuten intensiv ansieht): »Überrascht es dich, daß dein Bruder sagt, er wünschte, er wäre tot?«
Greg: »Nein. Nicht, wenn ich sehe, was er durchmacht. (Sehr traurig:) Manchmal gehe ich mit Mutti in das Krankenhaus, wenn er eine Rückenmarkspunktion hat. Sie stechen ihn voll mit Nadeln, und er muß eine Pumpe an seinem Körper haben. Ich verstehe, daß er so laut schreit. Ich würde nicht wollen, daß mir so was passiert.«

Im Verlauf der Krankheit seines Bruders fiel es Greg immer schwerer, ins Krankenhaus zu gehen. Er war entsetzt über das, was mit Andy geschah. Er hatte auch andere Gefühle, über die er selten sprach. So ärgerte er sich, daß sein Bruder nicht mehr bei der Hausarbeit helfen, er selbst aber seinen üblichen Anteil verrichten mußte. Und es störte ihn, daß er jetzt beim Spielen mit Andy so vorsichtig sein mußte. Der Bruder, der ihm früher ein ständig anwesender Kumpel gewesen war, verblaßte allmählich als Spielkamerad und versank in einen Dämmerzustand, in dem er niemanden mehr zur Kenntnis nahm und nur noch teilnahmslos auf den Fernseher starrte.

Hätte sich der Tod verhindern lassen?

Was habe ich zum Tode meines Bruders oder meiner Schwester beigetragen? Hätte ich etwas tun können, um ihn zu verhindern? Dies sind Fragen, mit denen sich überlebende Geschwister konfrontiert sehen, die vor dem Problem stehen, ob sie der Aufgabe gerecht geworden sind,

»ihres Bruders Hüter« zu sein. Die meisten Todesfälle in der Altersgruppe zwischen fünfzehn und fünfundzwanzig Jahren werden durch Unfälle, Selbstmorde oder Morde verursacht (Lynch 1979), das heißt, der Tod hätte verhindert werden können. Häufig gibt es eine Grauzone zwischen der tatsächlichen Komplizenschaft beim Tode von Geschwistern und der realen Unmöglichkeit, ihn zu verhindern. Gerade diese Grauzone macht es schwer, die Ereignisse und ihre Ursachen zu verarbeiten.

Der kleine Junge zum Beispiel, der zusah, als seine Schwester lebendig begraben wurde, stand nur wenige Meter von dem Lastwagen entfernt. Ungläubig und erstarrt beobachtete er alles wie ein Ereignis im Fernsehen. Das Unmögliche geschah vor seinen Augen, und er konnte sich nicht bewegen. Um Sekunden zu spät rannte er los, um sie zu retten. Wegen dieser verzögerten Reaktion klagte er sich an, ihren Tod nicht verhindert zu haben. Auf dem Hintergrund der von Zeit zu Zeit auftauchenden natürlichen Wünsche, Bruder oder Schwester loszuwerden, kann ein solcher potentiell zu verhindernder Tod dazu führen, daß sich Geschwister das Recht auf die eigene Existenz aberkennen.

Bei Selbstmord steht die Frage nach den Möglichkeiten zur Verhinderung der Tragödie naturgemäß ganz besonders im Vordergrund. Selbstmord ist eine ebenso aggressive wie stumme Anklage gegen Geschwister (und Eltern), die es nicht geschafft haben, dem Selbstmörder den *Wunsch* zu leben zu vermitteln. Für Geschwister eines Selbstmörders, die vielleicht schon immer ein ambivalentes, von Neid und Haß geprägtes Verhältnis zu ihm oder ihr hatten, ist die »Erbschaft des Hasses« besonders bitter. Die enge Identifizierung mit dem Selbstmörder erhöht erheblich das Risiko psychischer Störung (Holinger 1977).

Alter der überlebenden Geschwister

Je jünger die Kinder beim Tod eines Geschwisters sind, desto eher verzerren sie das Ereignis und desto mehr Mißverständnisse sind möglich. Kinder unter zehn Jahren neigen zu magischen Zuschreibungen und Phantasien über das tote Geschwister und über ihre eigene Rolle dabei, wenn sie mit der Verarbeitung des Todes allein gelassen werden.

Im Gefolge des Geschwistertodes entstehen Angst, Irrationalität und Ichschäden. Ein vierzehnjähriges Mädchen zum Beispiel erinnerte sich zwar nicht bewußt an den Tod ihres kleinen Bruders in der Wiege, aber was sie davon gehört hatte, machte sie ängstlich und irrational im Umgang mit Puppen und Babys.

»Von dem Tag an habe ich nie mehr mit Puppen gespielt, die so groß wie ein Baby waren... Was wäre gewesen, wenn ich auf das Baby aufgepaßt hätte? Die meisten meiner Freundinnen sind Babysitter. Ich mach das nur ganz selten und auf keinen Fall mit Babys. Ich habe Angst, daß das Baby sterben könnte, wenn ich gerade darauf aufpasse.« (Sahler 1978, S. 281)

Dieses Mädchen hatte aus dem Tod des Bruders den Schluß gezogen, sie hätte eine monströse, ansteckende Macht in sich, die sie auf alle Fälle verbergen müßte. In einem anderen Fall war ein Junge fest davon überzeugt, daß sein acht Monate alter Bruder gestorben sei, weil er (damals zwei Jahre alt) eine Aspirinflasche neben der Wiege stehen gelassen hatte. Diese Überzeugung hielt jahrelang an und war durch nichts zu erschüttern, obwohl die Mutter ihm eindeutig gezeigt hatte, daß das Baby das Aspirin gar nicht erreichen konnte, und er wußte, daß die Autopsie keinerlei Anzeichen einer Vergiftung ergeben hatte.

Eltern sind oft davon überzeugt, ihre Kinder hätten den Tod des Bruders oder der Schwester begriffen, wenn diese in Wirklichkeit immer noch glauben, der Tote sei einfach verreist, in einen tiefen Schlaf gefallen oder lebe als Gespenst weiter. Solche Verzerrungen müssen aufgedeckt und korrigiert werden, wenn eine wirkliche Trauerarbeit möglich werden soll. Adoleszente sind zwar eher fähig, den Tod zu begreifen, haben aber oft auch große Angst davor, häßlich oder körperlich schwach zu sein. Sie sind bereits beunruhigt durch die Veränderungen des eigenen Körpers, und auf diesem Hintergrund kann die Angst von Entstellung oder Behinderung stark anwachsen, vor allem, wenn der Tod oder das Sterben des Geschwisters von entstellenden Symptomen begleitet war.

Identifikationsmuster und pathologische Trauerreaktionen

Die Konsequenzen, die der Tod eines Kindes für die Geschwister mit sich bringt, sind auch abhängig von ihren Identifikationsmustern. Eine konstruktiv-dialektische Identifikation macht dem Überlebenden sinnvolle Trauerarbeit möglich, das heißt, er kann durch vielfältige Realitätsprüfung die Tatsache akzeptieren, daß der geliebte Mensch nicht mehr existiert. War die Identifikation sehr eng oder symbiotisch, entzieht der Tod dem überlebenden Kind seinen narzißtischen Spiegel, mit häufig katastrophalen Folgen. Bei polarisierten und ablehnenden Beziehungen führt der Tod zu einem Konflikt zwischen Trauer und Wut- oder Schuldgefühlen.

Trauer auf der Basis symbiotischer Beziehungen

In ungenügend differenzierten Geschwisterbeziehungen, in denen der Bruder oder die Schwester die Verlängerung des eigenen Selbst bildet, wird ein überlebendes Geschwister zum psychischen Krüppel. Besonders verletzlich sind Geschwister, bei denen Spiegelungs- und Zwillingsbildungsprozesse vorherrschend waren: Hier wird der Verlust des Objektes als Verlust des Selbst wahrgenommen. Ähnlich den Phantomschmerzen, die nach der Amputation eines Körperglieds erlebt werden, kommt es dann zu dem Phänomen des »Phantomgeschwisters«: Der Überlebende glaubt trotz aller Beweise des Gegenteils felsenfest daran, Bruder oder Schwester sei noch am Leben.

Der »Phantombruder«: Deborah
Deborah und ihr ein Jahr jüngerer Bruder waren als Kinder vom Vater mißhandelt, von der Mutter vernachlässigt worden und entwickelten eine loyale »Hänsel und Gretel«-Beziehung. In der Adoleszenz gaben sie sich gegenseitig ein Gefühl von Konstanz, als Erwachsene zogen sie nach gescheiterten Ehen zusammen. Mit siebenundzwanzig Jahren kam der Bruder bei einem Autounfall ums Leben. Vier Monate später fand das folgende Gespräch bei einem Psychotherapeuten statt:

Deborah: »Ich *sehe* ihn immer wieder – er hat ein rötliches Licht um den Kopf – es macht mich fertig... es ist zu schrecklich.«
Therapeut: »Vielleicht hilft es, wenn Sie mir davon erzählen.«
Deborah: schweigt lange und zittert.
Therapeut: »Stellen Sie sich ihn jetzt gerade vor?«
Deborah: »Ja« (sehr leise).
Therapeut: »Erzählen Sie mir von ihm.«
Deborah: »Jeder wußte, wie nah wir uns waren. Sie ließen mich in dem Beerdigungsinstitut nicht zu ihm! Ich wollte ihn anfassen. Sie hatten Angst, ich würde ihn im Sarg küssen! (Schluchzend) Ich konnte nicht mit ihm *reden*. Ich konnte nicht mit ihm *beten*.«
Therapeut: »Ist er für Sie noch lebendig?«
Deborah: »Ich habe mich geweigert zu glauben, daß er tot ist. Es fällt mir immer noch schwer. Neulich habe ich zufällig einen Mann in einem Restaurant getroffen und mich mit ihm unterhalten. Dabei hatte ich Visionen von meinem Bruder. Er hatte dasselbe Lächeln, dieselbe Persönlichkeit, wurde auch von seiner Familie abgelehnt, genau wie mein Bruder. Er wurde für eine Zeit zu ihm, mein Bruder lebte durch diesen Mann.«
Therapeut: »War Ihr Bruder Ihnen ähnlich?«
Deborah: »Dieselben Augen, dieselbe Haarfarbe, derselbe Typ... Wir sahen uns sehr ähnlich.«

Trauer auf der Basis negativer Identifikation und Rivalität

Bei Geschwisterbeziehungen, in denen bittere Todeswünsche ein beherrschendes Motiv waren, ist die Trauer des Überlebenden mit Schuldgefühlen durchsetzt. Um diese Schuldgefühle zu verringern, greifen sie häufig zu sehr inadäquaten Mitteln.*

Bei manchen Kindern tritt plötzlich eine erhöhte Unfallneigung auf; sie fallen zum Beispiel vom Fahrrad, werden in Autounfälle verwickelt, sind unvorsichtig im Umgang mit Werkzeug und Maschinen und so weiter und bestrafen sich so für ihre Todeswünsche. Manche Kinder lassen sich in Raufereien verwickeln, in denen sie nicht gewinnen können, andere machen Ärger in der Schule, zündeln oder stehlen am hellichten Tag. Fast jede Form des Ausagierens ist geeignet, solange sie die Angst, ein Mörder zu sein, wenigstens eine Zeitlang verringern kann. Zentrale Motive sind das Bedürfnis nach äußerer Kontrolle, der Wunsch, von anderen von der Schuld entlastet zu werden, und die Bestätigung des überwältigenden Gefühls, böse zu sein. So wurde zum Beispiel ein Junge, der vor dem Tod seiner Schwester unaggressiv und sanft war, danach zum Schrecken des Spielplatzes. Er hatte in den Monaten vor ihrem Tod sadistische Phantasien über sie gehabt – eine dramatische Veränderung der früheren positiven Dialektik zwischen den Geschwistern. Innerhalb eines Jahres erwarb er sich einen Ruf als bösartiger Unruhestifter und machte sich gerade die stärksten Kinder zu Feinden. Disziplinierungsmaßnahmen schlugen ins Gegenteil um und entlasteten ihn nur. Dieses Muster hielt sich fünf Jahre lang, bis eine Psychotherapie aufdeckte, daß er sich die Schuld am Tod der Schwester gab. Aber zu diesem Zeitpunkt hatte er seinen schlechten Ruf bei erschöpften Lehrern, Familienmitgliedern und Schulkameraden leider schon weg.

Subtilere Formen der Selbstbestrafung sind Schulversagen oder Resignation. Die Kinder können sich allem Anschein nach nicht mehr konzentrieren, wirken abwesend oder zeigen plötzlich Lernstörungen wie Legasthenie. Wenn Lehrer und Eltern in solchen Fällen nicht nach der Ursache der Lernstörungen suchen, sondern zum Beispiel organische Krankheiten oder falsche Ernährung verantwortlich machen, stärken sie die Maskerade des Kindes. Denn ein überlebendes Geschwister ist in der Schule täglich mit dem Problem konfrontiert, jemanden zu übertreffen, der nicht mehr lernen kann, weil er nicht mehr lebt. Besonders, wenn die Geschwister nur eine oder zwei Klassen auseinander waren und von den Lehrern und Freunden miteinander in Verbindung gebracht wurden, sind sie zahllosen kleinen Erinnerungen an die

---

* Vgl. Cain u. a. (1964) zu den Selbstbestrafungsaspekten in der Trauer um den Tod von Bruder oder Schwester.

Beziehung und ihre Rivalitäten ausgesetzt. Erfolg in der Schule bedeutet einen Vorsprung im Leben; Schulversagen kann dadurch Teil des unbewußten Wunsches sein, das durch den Tod um seine Rechte gebrachte Geschwister nicht auch noch zu übertreffen. Gerade die letzten Jahre der Adoleszenz und die Zeit des Übergangs ins frühe Erwachsenenalter, wo es um Stipendien, entscheidende Zeugnisnoten, Studien- und Berufswahl geht, sind für die Überlebenden besonders heikel. Schuldgefühle und Depressionen fordern ihren Tribut, wenn die überlebenden Geschwister mit ihrem Bedürfnis nach Leistung kämpfen.

Depressive Reaktionen lähmen und verhindern die Wahrnehmung von Schuld- und Wutgefühlen. Wir haben jugendliche Patienten beobachtet, die nach dem Verlust eines Bruders oder einer Schwester, zu denen sie eine ambivalente Beziehung hatten, physisch und emotional gefühllos geworden waren oder erstarrten. Sie konnten das gespenstische Gefühl nicht überwinden, eines Tages das Schicksal des Geschwisters – verdientermaßen – teilen zu müssen und kein Recht auf ein glückliches Leben zu haben. Der Körper ist oft Komplize dieser depressiven, schwächenden Skripte. Psychosomatische Beschwerden (schwere Kopfschmerzen, Schlaflosigkeit, Hautausschläge, Rückenschmerzen, nicht diagnostizierbare Magen-Darm-Probleme und Erschöpfung) sind andere Masken der Schuld. Die Patienten wirken erschöpft und oberflächlich krank; ihre körperlichen Beschwerden stellen auf vielfältige Art sicher, daß sie die Toten nicht übertreffen können.

Die Angst, nicht älter zu werden als das tote Geschwister oder auf ähnliche Art zu Tode zu kommen, ist sehr verbreitet. In den ersten Jahren sind depressive, ja sogar psychotische Reaktionen an den Jahrestagen des Todes nicht selten anzutreffen (Jilgard 1969).

Destruktive Auswirkungen eines Geschwistertodes

Der Tod eines Geschwisters ist nicht die Ursache einer Psychopathologie, kann aber zum wichtigen Faktor für Störungen bei Geschwistern oder im Familiensystem sein. Latent vorhandene Störungen einzelner Familienmitglieder können durch den Tod eines Kindes manifest werden. Sein Tod verändert in jedem Fall die Struktur der Familie. Wenn das Kind zum Beispiel die Balance zwischen den Familienmitgliedern aufrechterhalten hat, wird sein Tod sie destabilisieren. War die Familie antisozial oder depressiv, wird der Tod eines Kindes die Probleme vergrößern: Die Fähigkeit zur Entwicklung gesunder Heilungsmechanismen ist gehemmt, ungesunde und destruktive Muster bei den Familienmitgliedern und im Familiensystem werden fixiert.

Drei Geschwister reagieren auf den Tod eines Bruders

Mit diesem Beispiel wollen wir zeigen, wie unterschiedlich der Tod des ältesten Bruders in die Persönlichkeitsentwicklung der anderen Geschwister eingreifen kann. Matt war achtzehn, als er bei einem Bootsunglück ums Leben kam. Seine Geschwister, Tom, Holly und Sam, waren damals fünfzehn, dreizehn und elf Jahre alt. Fünfzehn Jahre später versammelten sie sich bei einem Familientherapeuten, um die Hintergründe von Sams schweren Depressionen klären zu helfen. Es zeigte sich, daß es in der Persönlichkeitsentwicklung der drei Geschwister durch Matts Tod einen signifikanten Bruch gegeben hatte.

Lange vor diesem vorzeitigen Tod hatten die Familienmitglieder Schwierigkeiten mit persönlicher Nähe und sprachen kaum über ihre Gefühle. Der tödliche Unfall verfestigte dieses Muster. Der Vater war ein liebevoller, aber jähzorniger Mann, der die Kinder erschreckte. Sie sahen ihn als Herrscher, den sie fürchteten und im stillen haßten. Er galt als egoistisch und unfreundlich. Die Mutter schien ausdruckslos, schwätzte von Haushaltsdingen und gestattete ihren Kindern kaum einmal einen Blick in ihr Inneres. Als Matt starb, wurde die Abwehr der Eltern im Umgang mit Gefühlen eher deutlicher, die Kommunikation nahm ab, gleichzeitig stiegen die Ansprüche und Erwartungen an die drei überlebenden Kinder.

Rivalität, stumpfer Ärger und Verzweiflung: Tom
Die Beziehung zwischen Matt und dem drei Jahre jüngeren Tom war negativ und polarisiert gewesen. Tom fand, die Eltern würden Matt viel zu hoch einschätzen. Nach seinem Tod idealisierten sie ihn. Tom sollte ihnen den angebeteten Ältesten ersetzen; sie erwarteten von ihm, was sie von Matt erwartet hatten, gaben ihm aber nicht die Zuwendung, die er gebraucht hätte, um den Bruder übertreffen zu können, den er zwar bewundert und beneidet hatte, aber nicht leiden mochte. Als kurz vor dem Jahrestag von Matts Tod die Mutter sich den verletzenden Kommentar entschlüpfen ließ: »Matthew war tausendmal netter und viel verantwortungsbewußter, als du je sein wirst«, erkannte er, daß man ihm keinen Raum für Irrtümer und Fehler lassen würde. Außerdem mußte er ständig mitanhören, wie die Mutter Sam, dem Jüngsten, Wunderdinge von Matt erzählte. So verkroch er sich in seinem Panzer und behielt all seine Probleme für sich. Er erinnert sich an diese Zeit als »die Zeit, in der ich anfing, verrücktes Zeug zu denken« – Gedanken, die er erst Jahre später zugeben konnte, weil sie so bizarr waren, daß er im

nachhinein noch davon überzeugt war, er wäre in der Psychiatrie gelandet, wenn er sie jemandem erzählt hätte.

Tom floh aus der Familie und brach nach der Studienzeit für zwei Jahre den Kontakt völlig ab. Danach kam er gelegentlich kurz nach Hause, blieb aber nie länger als ein paar Stunden. Über die psychischen Ursachen für diese Flucht wurde nie gesprochen. Den Eltern gegenüber zeigte er sich »obenauf« und unzugänglich. Eine bedeutsame Bindung gab es nur zu Sam, den er dominierte und als Untergebenen behandelte.

Verfolgt vom verlorenen Ideal: Holly
Holly war dreizehn, als Matt starb. Er war ihr großes Ideal und ersetzte ihr die Eltern, was sie wegen deren kritischer Haltung ihr gegenüber dringend brauchte. Der fünf Jahre ältere Bruder stellte für sie die Verbindung zur aufregenden Welt der jungen Erwachsenen dar, er war ihr Tor zur Emanzipation. Bei seinem Tod verlor sie die einzige liebevolle Beziehung, die sie je gekannt hatte. Der Vater hatte sie immer schon angegriffen, aber jetzt, wo die Bindung an Matt zerstört war, gingen seine verletzenden Bemerkungen tiefer. Sie kämpfte gegen ihn und stellte seine Autorität in Frage, er schlug sie, physisch wie psychisch. Auch Holly brach den Kontakt zu ihrer Familie ab und kam nach der Schulzeit selten nach Hause. Ihr Vertrauen zu Männern, nie sehr stark ausgeprägt, wurde nach dem Tod des Bruders noch schwächer. Vom Vater verachtet, vom Bruder verlassen, vermied sie Kontakte zu Männern und hielt sich in sexuellen Beziehungen zurück. Mit achtundzwanzig Jahren war sie zu dem Schluß gekommen, Männer seien der Mühe nicht wert. Ihre Eltern hatten sie dazu gebracht, sich schweigend von ihnen zu lösen, und Freude an ihren beiden überlebenden Brüdern konnte sie nicht finden. So forderte sie von niemandem mehr wirklich etwas.

Passivität und Heldenverehrung: Sam
Die meisten Anpassungsschwierigkeiten hatte Sam, der jüngste. Mit elf Jahren erlebte er nicht nur den Tod von Matt, sondern auch das Leiden der Eltern und die gestörten Reaktionen der Geschwister. Als Tom die Rolle des Ersatzkindes aufgab, fiel der Mantel des toten Bruders schnell – und schwer – auf Sams Schultern.

Er war bereits ein Jahr lang akut depressiv gewesen, bevor er mit sechsundzwanzig Jahren einen Psychotherapeuten aufsuchte. Der Tod eines Freundes hatte ihn unaufhaltsam zu Boden geworfen. Auf den Therapeuten wirkte er mit seinen glasigen Augen und dem ständigen Lächeln wie der Inbegriff des Zögerns und der Angst. Seine Unentschiedenheit beeinträchtigte mittlerweile auch die Beziehung zu seiner schönen Freundin, die nicht begreifen konnte, warum er so wenig Initiative zeigte. Sie wurde es allmählich leid, darauf zu warten, daß er endlich erwachsen wurde. Schließlich hatte er bis vor kurzem eine glänzende Zukunft vor sich gehabt: Er war Jahrgangsbester an der Universität gewesen und stand vor einer vielversprechenden Karriere als Bühnenschriftsteller. Aber jetzt, vier Jahre später, vertat er immer noch seine Zeit als schlechtbezahlter Assistent in einem Sozialzentrum und verbrachte seine Abende in der Eckkneipe an der Musikbox. Sam hatte nicht genügend Selbstvertrauen, um sein Elternhaus zu verlassen und sich im Leben zu behaupten. Er beschäftigte sich mit dem Tod und versuchte, Gedichte darüber zu schreiben, brachte sie aber nur selten zu Ende. Sein Leben schien fade und voller Kompromisse.

Sam sollte in der Familie immer der brave »Jüngste« sein. Als sein Vater nach Matts Tod sehr launenhaft wurde, klammerte sich Sam an diese Identität des passiven netten Kerls in der Hoffnung, das brüchige Arrangement der Eltern zu stabilisieren und sie für ihre Enttäuschung durch die älteren Geschwister zu entschädigen. Weil Tom und Holly sich so deutlich von der Familie distanziert hatten, empfand er es als seine Verantwortung, bei den leidenden, unkommunikativen Eltern zu bleiben. Er verursachte keine Aufregungen und ging kaum Risiken ein. »Ich hänge fest«, sagte er dem Therapeuten, »ich sehe keinen Ausweg.«

Da Matt tot und die Eltern emotional unzugänglich waren, wählte Sam den vier Jahre älteren Tom als Vorbild. Er wollte genau wie Tom werden und klammerte sich verzweifelt an das Bild seines fußball- und rockmusikbegeisterten älteren Bruders. Tom war der Boß, Sam der demütige Bewunderer. Tom verstärkte Sams Passivität durch seine Dominanz, die bis ins Erwachsenenalter bestehen blieb. Sam, der erkannte, daß Tom auf seine Weise ebenfalls dem Leben auswich, hatte sich in ihm ein passives Vorbild gesucht: Er verehrte jemanden, dessen Identität kein starkes Modell für ein erwachsenes Leben war. Die einzigen männlichen Vorbilder in Sams Leben hatten versagt: der Bruder, der gestorben war, der Vater, der ihn erschreckte, und der andere Bruder, der Angst vor dem Leben hatte und ihn beherrschte. Sein Leben verlief im Schatten von Tom, und er versuchte erfolglos, in dem unerfüllten Leben des älteren Bruders ein Modell für sich selbst zu finden.

Positive Verarbeitung des Todes von Geschwistern

Die Reaktionen überlebender Geschwister müssen nicht zwangsläufig zu tragischen Konsequenzen führen, sie können durchaus heilend sein und auch die Eltern zwingen, sich ihrem eigenen Kummer zu stellen. Eine Mutter erinnert sich:

»Ich habe durch meinen Sohn sehr viel über den Tod und das Akzeptieren von Trauer gelernt. Wir sind damals eigentlich zufällig am Friedhof vorbeigekommen – es hatte geschneit, ich hatte meine beiden zankenden Kinder im Auto, ich war ungeduldig, wollte in letzter Minute noch schnell Weihnachtseinkäufe machen. Aber die Straße führte am Friedhof vorbei, wo unser kleiner Sohn begraben ist. Als meine Tochter ankündigte, daß wir jetzt gerade am Friedhof vorbeiführen, war das eher ein Vergeltungsschlag gegen ihren Bruder, ein Versuch, in ihrem Streit auf dem Rücksitz Punkte durch ihr überlegenes Wissen zu sammeln. Und nach der Ankündigung war es sofort still, ein Schweigen, das erst durch die plötzliche Forderung des Jungen unterbrochen wurde, wir sollten anhalten, auf den Friedhof gehen und seinen Bruder sehen. Ich bin nicht gerne darauf eingegangen, wir waren schon so lange nicht mehr dagewesen. Es reichte ihm nicht, durch den Schnee zu laufen und das kleine Grab zu finden. Er wollte seinen Bruder sehen. Ihn sehen, ihn berühren... Als er schließlich begriffen hatte, daß das nicht ging, begann eine erbarmungslose Fragerei. Warum ist er gestorben? Was hast du gemacht? Warum konntest du ihn nicht retten? Warum ist gerade mein Bruder gestorben? Alle meine eigenen Fragen waren wieder da und verfolgten mich: Die Fragen aller Eltern, die ein Kind verloren haben. Wir begannen zu weinen, als wir da standen. Ich weinte um meinen lebendigen Sohn, der plötzlich und unerwartet um den Bruder trauerte, den er nie gekannt hatte. Und ich weinte um die Tochter, die irgendwie unsere Unzulänglichkeit überlebt hatte... Ich weinte um das Kind, das nie erwachsen werden konnte. Und ich weinte um mich.« (Sahler 1978, S. 287f.)

Für Erwachsene sind die ehrlichen Reaktionen der Kinder oft eine Chance für Veränderung, für Heilung. Das Ringen der überlebenden Geschwister um ihre Beziehung zu einem Geist kann die Eltern motivieren, ihre Trauerarbeit zu vollenden. George H. Pollock hat angemerkt, daß Trauer als »Befreiungs«-Prozeß betrachtet werden kann: »... In gewissem Sinne ist das positive Ergebnis der Trauer Kreativität. Der kreative Genius ist kein direktes Ergebnis des Trauerprozesses, aber das kreative Produkt kann... seine Gegenwart in Motiv, Inhalt, Stil oder Absicht belegen« (1978; vgl. auch Eisenstadt 1978).

Der Tod eines Bruders oder einer Schwester, gleich in welchem Alter, zwingt die Geschwistergruppe, ihre Rollen und Beziehungen untereinander und in bezug auf die Eltern neu zu definieren. Unter bestimmten Umständen führt der Schock des Todes die Geschwister zu mehr Aufmerksamkeit, Sensibilität und aktiver Sorge füreinander, besonders, wenn sie glauben, der Tod hätte durch größere Fürsorge verhindert werden können.

Judy war fünfunddreißig, als ihre Mutter sie anrief und ihr mitteilte, daß ihre sechsundzwanzigjährige Schwester Darleen sich in der Scheune erhängt habe. Darleen war seit einem Zusammenbruch mit anschließendem Psychiatrieaufenthalt vor einem Jahr sehr zurückgezogen und depressiv gewesen. Über den Grund ihrer Krankheit wurde nicht gesprochen; ihre sieben Brüder und Schwestern hatten ihr zwar gelegentlich geschrieben, aber sich die Schwere der Krankheit nicht bewußt gemacht. Als sie in die Psychiatrie eingeliefert wurde, waren sie schockiert gewesen, weil sie früher kaum Probleme gehabt hatte, eine sehr gute Schülerin und begabte Musikerin war.

Die Geschwister hatten im Lauf der Jahre eine positive Dialektik entwickelt, die Nähe und Distanz zuließ, vermieden aber den Kontakt, wenn es Schwierigkeiten gab. Darleens brutaler Selbstmord rief bei allen Schuldgefühle hervor. Auf der Suche nach den Gründen für die Tragödie rief Judy ihre Schwester Betsy häufiger an als früher, mit ihr konnte sie über ihre Schuldgefühle wegen Darleen reden. Die Geschwistergruppe wurde plötzlich wieder aktiv: Judy machte sich Sorgen um Betsy, weil sie bei ihr dieselben Selbstmordneigungen fürchtete wie bei Darleen. Die zwei Schwestern wandten sich einem der Brüder zu, der seit Jahren drogenabhängig war. Unter dem Eindruck der möglichen Mitverantwortung für Darleens Tod erkannten sie hier die Möglichkeit einer zweiten Katastrophe und die Notwendigkeit, sie zu verhindern.

Judy: »Wir haben jetzt Angst umeinander. Wenn wir Anzeichen von Belastungen im Leben eines von uns sehen, sprechen wir das direkt an, so wie niemals vorher. Wir fragen, was los ist und was wir tun können.«
Interviewer: »Zum Beispiel?«
Judy: »Letzte Woche hat mein Bruder seine Arbeit verloren. Das Mädchen, mit dem er zusammenlebt, hat ihn verlassen – und sie war seine wichtigste Stütze. Ich glaube, innerhalb von vierundzwanzig Stunden ist er so mit Anrufen von uns bombardiert worden, daß er vielleicht ein paar Sachen schon am Telefon klar gekriegt hat. Die Jungen haben ihren heißen Draht, und wir haben unseren. Aber immer, wenn was Ernstes ist, gibt es sofort Anrufe zwischen den Jungens und uns. Betsy und ich haben uns vor kurzem wirklich gefunden, wir rufen uns andauernd an und können ganz offen über unsere intimsten Schwierigkeiten reden.«

Nach Darleens Tod gab es große Familientreffen mit mehr als dreißig Personen, mit Geschwistern, Ehepartnern und Kindern:
»Musik war das wichtigste in Darleens Leben, und jetzt spielt sie bei allen Treffen eine große Rolle. Sie gibt uns viel Trost. Meine Brüder spielen alle Gitarre und singen. Das hat auch etwas mit Darleen zu tun – sie hat es ihnen beigebracht. Meine jüngste Schwester, die zehn war, als Darleen starb, hat auch von ihr gelernt, sie ist Berufssängerin in Florida

und singt ihre Lieder. Sie hat Darleens Stil übernommen und singt auf den Familientreffen für uns.«

Die Teilidentifizierung der Geschwister mit Darleen hat ihnen drastisch ihre eigene Gefährdung vorgeführt. Die Schuldgefühle bei ihrem Tod wurden zur kreativen Kraft, die jedem einzelnen half, eine wärmere Identität zu schaffen.

Der Tod von Bruder oder Schwester, besonders der Tod des »verantwortlichsten« Kindes, kann die Geschwister dazu zwingen, sich der Realität direkter als je zuvor zu stellen. Manche Jugendliche und junge Erwachsene *müssen* sich dann zum Beispiel um die Eltern kümmern, andere, die nicht ihren Fähigkeiten gemäß gelebt haben, sich haben treiben lassen oder sich als unfähig betrachtet haben, sind gezwungen, reifer zu werden, die Verantwortung für ihr eigenes Leben oder das Leben anderer zu übernehmen und selbst »Versorgende« zu werden.

11. Psychotherapie mit Geschwistern

Die Geschwistererfahrung prägt die großartigsten und die gemeinsten menschlichen Gefühle. Die ganze Bandbreite von Gefühlen ist in dieser Beziehung enthalten, deren Komplexität sich jeder Definition entzieht. Es dürfte dem Leser mittlerweile wohl deutlich geworden sein, daß es keinen Prototyp der Geschwisterbindung gibt, sondern jede einzeln in all ihren Varianten betrachtet werden muß.

Aber was ist dann die Aufgabe des Psychotherapeuten, der wie kein anderer die Bindung, die zwischen Geschwistern vorhanden sein sollte, zu unterstellen wagt? Psychotherapeuten als Chronisten bedeutender persönlicher Ereignisse ersetzen heute Priester, Historiker, Theologen, Freunde oder Eltern an den Wegscheiden wichtiger emotionaler Erfahrungen, und sie fokussieren auf zwei gleichermaßen lebenswichtige Fähigkeiten: die Fähigkeit, getrennt und unabhängig von anderen zu leben, und die Fähigkeit, in ausgeglichenen Beziehungen Nähe, Intimität und Abhängigkeit zuzulassen. Die Geschwisterbeziehung beeinflußt beide Fähigkeiten, weil sie die Bereiche Nähe und Distanz von Kindheit an mit determiniert. Der Psychotherapeut muß herausfinden, ob die Geschwisterbeziehung nah oder distanziert war, wie sie zustande kam und in welchem Maße sie sich durch Psychotherapie verändern läßt. Er muß, wie ein Archäologe oder Historiker, begreifen, was in der Vergangenheit geschah, und sie als »Dramaturg« in der Gegenwart untersuchen und womöglich neu arrangieren.*

Wie jede lebenswichtige Beziehung ist auch die Geschwisterbeziehung aus einer Vielfalt von Transaktionen zusammengesetzt. Mit geschwisterspezifischen Konzepten kann man in der Therapie erklären, Wirkungen beleuchten, deuten, Botschaften vermitteln, gewünschte Veränderungen herbeiführen. Das gilt für die Einzeltherapie, in der der Klient sich an Bruder oder Schwester erinnert, für die Arbeit mit Geschwistergruppen, die über gemeinsame Erfahrungen sprechen, für die Paartherapie, in der der Partner wichtige Verbindungen zu einem oder mehreren Geschwistern aufrechterhält, und in der Familientherapie, wo Eltern und Kinder anwesend sind. Aber diese geschwisterspezifischen Konzepte müssen immer auf die Dynamik des jeweiligen Problems oder Themas zugeschnitten sein. Magersucht braucht einen anderen Ansatz als Depression, mit »Unglück« muß man anders umgehen als mit Delinquenz.

---

* Wir vermeiden hier absichtlich alle Kontroversen über die unterschiedlichen Therapieansätze und -schulen. Wir wenden uns generell an alle Therapeuten, die mit Einzelklienten oder Familien arbeiten. Es geht um eine Orientierungshilfe und nicht um das Propagieren einer bestimmten Therapieform.

Wie bei der Arbeit an der Elternbeziehung ist unseres Erachtens das reine Gespräch über Geschwistererfahrungen als Intervention nicht ausreichend. Aber die Kenntnis bedeutsamer Geschwisterinteraktionen und eine geschwisterspezifische Diagnose sind hilfreich, zum Beispiel bei der Entscheidung, ob Geschwister kooperativ zusammenarbeiten und sich im Kampf um ihr gemeinsames Wohlergehen verbünden können. Man kann nicht davon ausgehen, daß Geschwisterschaft an sich positiv, mitfühlend, loyal oder verläßlich ist. Der Therapeut, der die potentielle Bedeutung von Geschwistern erkennt, muß mit dem Thema je nach seinem Ansatz umgehen, sei er Psychoanalytiker, Verhaltens-, Familien-, Gestalttherapeut oder ähnliches. Es geht uns um einen Orientierungsrahmen, nicht um eine spezielle Therapieform.

Manche Geschwister haben sich so de-identifiziert und in negativen Mustern stabilisiert, daß es sinnlos, frustrierend und destruktiv wäre, sie zusammenzubringen. Manche hassen sich, manche schleppen unweigerlich ein gewichtiges Beschwerdebuch mit, manche halten um ihrer Identität willen unverrückbar an Verhaltensweisen fest, die denen des Geschwisters diametral entgegengesetzt sind. Willkürliches Zusammenführen von Geschwistergruppen schafft nur Probleme in der Therapie. Mit Bedingungen, die auf Liebe und Fürsorge beruhen, läßt sich relativ leicht arbeiten, und sie führen meist zu positiven Resultaten. Bindungen auf der Basis von Haß und Verletzung hingegen sind hartnäckig und können selbst dem einfallsreichsten Therapeuten standhalten. Besonders die Familientherapeuten, die ja häufig alle unmittelbaren Familienmitglieder zu ihren Sitzungen einladen, sollten sich dem Geschwisterthema mit Vorsicht und Sorgfalt nähern. Hier sind sehr sensible Fragen und gründlich vorbereitete Interventionen gefordert.

Es gibt in der Literatur einige Hinweise auf die Arbeit mit Geschwistern in der Verhaltenstherapie und in einigen gruppentherapeutisch orientierten Methoden. Verhaltenstherapeuten (Arnold 1976; Laviguer 1973; Resick u. a. 1976; Leitenberg u. a. 1977) haben versucht, Geschwister erwachsener Patienten als positive Verstärkung einzusetzen, während Gruppentherapeuten (vgl. Coleman 1978, 1979) Geschwister in ihre Gruppen aufgenommen haben.

Die Ergebnisse sind unterschiedlich; und da allem Anschein nach kein Versuch gemacht wurde, die Art der Geschwisterbindung vorher einzuschätzen, lassen sich die nicht sehr positiven Resultate wahrscheinlich darauf zurückführen, daß sich einige der Geschwister nicht mochten oder nicht sehr aneinander interessiert waren. Dazu kommen noch andere Faktoren: In einigen Untersuchungen nahmen gesunde Geschwister von schwer gestörten Erwachsenen an einer zeitlich begrenzten psychiatrischen Behandlung in der Klinik teil. In anderen Fällen wurden Geschwister in akuten Krisensituationen (wie Drogenmißbrauch) zur Hilfe herangezogen. Sobald die Krise vorbei war oder die Geschwister ihre eigenen Wege gingen, brach die Geschwistersolidarität zusammen. Der Nutzen war minimal, es sei denn, die Therapeuten hätten zumindest versucht, eine positive Beziehung aufzubauen, die bei einsichtsorientierter Therapie von Dauer sein konnte.

Probleme für den Psychotherapeuten

Kinder werden relativ häufig in eine Psychotherapie überwiesen, weil sie sich mit ihren Geschwistern nicht verstehen, aber Erwachsene geben Schwierigkeiten mit Geschwistern kaum als Grund für eine psychotherapeutische Behandlung an. Ohne gezieltes Nachfragen wird dieser Bereich selten thematisiert.

Wir haben bei der Beschäftigung mit dem Thema »Geschwister« immer wieder mit Erstaunen festgestellt, daß selbst traumatische und hochbesetzte Geschwistererfahrungen wie Inzest, Selbstmord, Verlassenwerden, psychotische Schübe, jahrelanges Versorgen und so weiter bei den meisten von uns befragten Patienten in ihrer jeweiligen Therapie nie berührt worden waren. Zu ähnlichen Ergebnissen sind auch Ruth M. Lesser (1978) und Alberta B. Szalita (1968) gekommen, die untersucht haben, warum Klienten mit ihrer psychoanalytischen Behandlung unzufrieden waren.

Die Vermeidung der Geschwisterthematik durch den Therapeuten

In der Therapieausbildung lernen die zukünftigen Analytiker, Neo-Freudianer, Ichpsychologen, Gestalt-, Gruppen-, Paar- oder Familientherapeuten so gut wie nichts über Geschwisterbeziehungen. Zusammenhängende Information oder auch eine Motivation zur Forschung fehlen in diesem Bereich völlig.

Keiner der Begründer der bekanntesten psychodynamischen Schulen (Sigmund Freud, Harry Stack Sullivan, Frieda Fromm-Reichmann und andere) hat je geschwisterspezifische Konzepte erarbeitet. Auf Freuds Vorurteile im Hinblick auf Geschwister und sein theoretisches Vermächtnis von Geschwisterrivalität, Disharmonie und Haß haben wir bereits hingewiesen. Bis heute gibt es keine sinnvollen Modelle für eine positiv auf die Geschwisterbeziehung fokussierende Therapieform. Der vertikale Eltern-Kind-Vektor ist in der dynamischen Theorie so tief verankert, daß auch die Ausbilder die parallel laufenden horizontalen Vektoren der Geschwisterbeziehung nicht berücksichtigen und diesen Mangel an die nächste Therapeutengeneration weitergeben

(Lesser 1978). Auch die Nachbardisziplinen haben bis heute keine Anstöße zu diesem Thema gegeben.*

Darüber hinaus fühlen sich die meisten Therapeuten in ihrer Rolle als Autoritätsfigur sehr wohl, manche beuten sie unbewußt wohl auch aus. Deutungen der Elternübertragung statt der Geschwisterübertragung sind unvermeidlich, wenn der Therapeut sich in der weisen, gütigen und allmächtigen Elternposition sieht und den Patienten in der hilflosen, verwirrten und von infantilen Gefühlen beherrschten Kinderposition. Heinz Kohut (1971) hat beobachtet, daß Psychoanalytiker, die von ihren Patienten zu sehr das Aufgeben von Symptomen fordern, gewöhnlich ältere Geschwister sind, deren grandioses Selbstgefühl auf der Aufrechterhaltung der moralischen Überlegenheit über jüngere »geschwisterähnliche« Menschen beruht.

Liebe und Fürsorge des Patienten für den Therapeuten sind keine einfach zu handhabenden Elemente im therapeutischen Prozeß und lösen beim Therapeuten oft Befürchtungen aus.** Die Fürsorge des Therapeuten für den Patienten ist häufig ein entscheidender Faktor für die Heilung. Carl Rogers, der von der bedingungslosen positiven Achtung des Therapeuten spricht (1951), und I. H. Paul, der in seinem Buch ›Letters to Simon‹ das Mitgefühl des Therapeuten beschreibt, fokussieren auf diese unseres Erachtens zentralen Aspekte erfolgreicher Einzeltherapie. Die Erklärungen über das Wie und Warum ihrer Zuwendung und das offene Zugeben auch negativer Gefühle lassen Therapeuten dieser Richtung eher wie Geschwister als wie Elternideale wirken (Whitaker, Malone 1953). Durch die eigene Entmythologisierung bieten die Therapeuten mehr Gelegenheiten zur Zwillingsbildung (Kohut) und zur direkten Herausforderung des Therapeuten durch den Klienten. Der Umgang mit »Liebe« oder Zuwendung wird in diesem Kontext schwieriger, spiegelt aber gleichzeitig eher die Gefühle zweier gleichrangiger Menschen als die zwischen Eltern und Kind.

Therapeuten, die sich dieser direkten Herausforderung durch die Zuwendung des Klienten nicht recht stellen wollen, klammern sich leicht an Elternübertragungsmodelle, die sie selbst »oben« und den Patienten »unten« halten, der demütig auf eine Deutung, einen klugen Spruch oder die akzeptierende Haltung von »hoch droben« wartet (Haley 1963). Der Patient kollaboriert in diesem Prozeß und hält das

---

* Wir haben im ersten Kapitel bereits darauf hingewiesen, wie elternzentriert sämtliche Theorien zur Persönlichkeitsentwicklung sind. Fünfzig Jahre lang hat sich die Untersuchung der Entwicklung des Kindes ausschließlich auf den Einfluß der Mutter konzentriert; der Vater kam erst in den siebziger Jahren ins Bild (Biller 1971; Lamb 1976; Parke 1979). Mit der Untersuchung der triadischen Mutter-Vater-Kind-Interaktion (Clarke-Stewart 1978; Fagot 1978) und der reziproken Interaktion zwischen Geschwistern (Lamb 1978) wurde erst in den letzten Jahren begonnen.

** Gemeint ist hier nicht die neurotische, verzerrte Übertragungsliebe, sondern die tiefe menschliche Zuneigung zur Person des Therapeuten.

Ungleichgewicht durch seine Schwäche, Hilflosigkeit, Verwirrung, Verzweiflung, Amnesie oder verschämte Manipulation aufrecht. Das kann zu Stagnation in der Therapie führen und Veränderung verhindern, weil der Klient als Ergebnis der Elternübertragung das unvermeidliche Ende der Therapie nicht akzeptieren kann. Auch die »neutrale«, überwiegend schweigende Haltung mancher Analytiker stimuliert kindliche Abhängigkeit beim Analysanden, während die aktive Haltung des Therapeuten die Geschwisterdynamik offenlegen kann. Geschwisterähnliche Beziehungen sind, wenn sie der Therapeut zuläßt, gleichberechtigter, fördern schnelle Veränderung und nehmen dem Klient die Illusion, er könne »endlos« (Freud) beschützt oder genährt werden. Familientherapeuten, die die Einzeltherapie ablehnen, belächeln das langsame Tempo und die Abhängigkeit des Klienten in der Einzeltherapie. Wenn der Therapeut aber die Geschwisterbeziehung berücksichtigt, werden Übertragung und Widerstand schneller gelöst und die Veränderungsrate beschleunigt.

Vielleicht gibt es aber noch einen weiteren Grund für die Vermeidung von Geschwisterthemen in der Psychotherapie. Viele Therapeuten sind die *ältesten* in der Geschwisterreihe. Es gibt zahlreiche Untersuchungen, die die Vorteile belegen, die Erstgeborene gerade auf dem Gebiet der Ausbildung gegenüber ihren jüngeren Geschwistern haben (vgl. Kapitel 1). Davon profitieren naturgemäß auch die Psychotherapeuten mit ihrer langen Ausbildung. Andererseits haben die ältesten Kinder trotz ihrer vielen Vorteile und Rechte auch einen gravierenden Nachteil: Die nachfolgenden Geschwister haben sie auf dem Gebiet der mütterlichen Zuneigung »enteignet«. Sie wurden früh aus dem Nest geworfen und von den beschäftigten Eltern in verfrühte Reife und Selbstgenügsamkeit gedrängt. Diese »Enteignung« mag ein Grund für akademische Brillanz sein, ist aber kaum eine Quelle für therapeutische Toleranz gegenüber jüngeren Geschwistern oder für den Aufbau einer geschwisterähnlichen Beziehung in der Therapie.

Für manche Familientherapeuten (Haley 1963; Minuchin 1974) ist Macht der zentrale Faktor in Familienbeziehungen. Machtmißbrauch und Verwirrung in bezug auf die Hierarchien und Regeln, die die Macht erhalten, führen nach dieser Theorie zu Problemen bei den einzelnen Familienmitgliedern. Haley sagt ganz ausdrücklich, daß in normalen Familien die Kinder die geringste Macht haben sollten. In seiner Version der Familientherapie gibt denn auch der Therapeut die Macht in die »rechtmäßigen« Hände der Eltern zurück. Die Geschwisterbeziehung wird, wenn überhaupt, nur als Hindernis für die als rechtmäßig betrachtete, ungestörte Machtausübung der Eltern gesehen. Diese therapeutische Richtung arbeitet auch ihrerseits mit Machttaktiken, zum Beispiel Manipulation, Anweisungen, Störungen des Gleichgewichts, Konstruktion von Realität, Herausforderung, Grenzziehung, paradoxe Intervention und so weiter (Minuchin, Fishman 1981). Die Botschaft ist eindeutig: *Eltern* und *Therapeuten als Elternfiguren* sind stark und mächtig, Kinder und konsequenterweise ihre Beziehungen sind schwach. Es ist nicht überraschend, daß Geschwister in dieser Art Therapie wenig über ihre Beziehung zu sagen haben, wenn der Therapeut, der ja festlegt, was sicher, angemessen und wünschenswert ist, sich mit dieser Beziehung überhaupt nicht beschäftigt.

Geschwisterübertragung und -gegenübertragung

Die Übertragung, das heißt die verzerrten Wahrnehmungen des Therapeuten durch den Patienten, die seine Reaktionen auf bedeutsame Figuren der Vergangenheit wiedergeben, ist von Anfang an die Grundlage der psychodynamischen Einzeltherapie gewesen. Übertragung ist die Basis, auf der der Therapeut zwischen den verzerrten Reaktionen des Patienten und gültiger Realitätsprüfung unterscheiden kann, sie hält die therapeutische Beziehung zusammen. Alle Übertragungskonzepte beinhalten Gefühle zu den Eltern (Kernberg 1980; Langs 1977; Searles 1959), aber aus den schon erwähnten Gründen kommen Geschwister dabei kaum in den Blick.

Die Gegenübertragung, das heißt, die auf den eigenen Lebenserfahrungen basierenden, gefühlsmäßigen, manchmal unbewußten Reaktionen des Therapeuten auf den Patienten (Snyder 1961; Rabiner u. a. 1971), kann den Verlauf der Therapie erleichtern oder zum Hindernis auf dem Weg der Veränderung werden. Manche Therapeuten scheinen in der Lebensmitte (zwischen fünfunddreißig und fünfundfünfzig Jahren) für die schwierige Problematik von Geschwistern »unsensibel« zu werden. Sie haben anscheinend als beruflich erfolgreiche Erwachsene ohne aktive eigene Geschwisterkonflikte die Erinnerungen an die konfliktbeladenen Kindheits- und Jugendjahre aktiv verdrängt. Geschwister-»Rivalität« gilt dann leicht als »normal«, die Kämpfe zwischen Brüdern und Schwestern werden zur »Phase, die alle Kinder durchmachen«, die Eltern gelten als »übertrieben besorgt« und werden beruhigt.

Therapeuten, die sich auf Geschwisterkonzepte stützen können *und* die Gelegenheit haben, in der Supervision Material der eigenen Geschwistererfahrung zu bearbeiten, werden für die Geschwisterdynamik der Patienten sensibilisiert.

Es gibt Therapeuten, die sich ihrer Kindheitserfahrungen mit den Geschwistern bewußt bleiben und daraus einen Teil der Kraft für ihre Arbeit beziehen. So sagte uns ein Therapeut:

»Mein Bruder hat sich mit mir gegen unseren Vater verbündet – er brauchte das –, und ich war zehn Jahre jünger. Er machte das nicht offen, aber durch die starke brüderliche und väterliche Fürsorge, die er mir zeigte, bekam er selbst die nötige Wärme. Er baute sich als eine Art Retter auf, und mit diesem Vorbild habe ich mich identifiziert, bis hinein in die Berufswahl.«

Er verwies auch darauf, daß er seine Fähigkeit zu Diplomatie und zum Lösen von Problemen erworben hatte, indem er aus der sicheren Position des Jüngsten den Auseinandersetzungen der Geschwister zusah:

»Ich war Zuschauer und habe mich nie auf die Seite einer der kämpfenden Parteien geschlagen. Ich habe meine Position als Jüngster so benutzt, daß ich derjenige war, der immer mit allen kommunizieren konnte.«

Gegenübertragungs- und Übertragungsreaktionen sind nicht auf die dynamisch orientierte Einzeltherapie beschränkt, sondern finden sich, allerdings häufig schier unauflöslich verwickelt und komplex, auch in der Gruppen-, Paar- und Familientherapie. Familientherapeuten schließen sich in der Konfrontation mit der Familie und den Geschwisterbeziehungen häufig der Untergruppe der Geschwister an, um Veränderungen möglich zu machen, agieren aber dabei manchmal Verhaltensmuster aus ihrer eigenen Ursprungsfamilie aus. So stellte ein Familientherapeut überrascht fest, daß er sich immer mit den Teenagern gegen die Eltern verbündete. In der Supervision erinnerte er sich daran, wie stark früher in der Geschwistergruppe das Bedürfnis war, den Eltern ihre Ungerechtigkeit und Herabsetzung zurückzuzahlen. Man muß eine Geschwisterbeziehung immer auf ihr Potential für starke emotionale Reaktionen untersuchen. Solche Reaktionen fallen immer dann auf, wenn entweder der Klient oder der Therapeut starke eigene Geschwistererfahrungen gemacht hat; die daraus entstehenden Bilder können den Therapieverlauf entscheidend beeinflussen. Der Therapeut muß dazu nicht aktiv Stellung nehmen; wenn er sich mit Kommentaren zurückhält, kann der Klient die Bilder des liebenden, sadistischen, sanften oder hassenswerten Geschwisters auf ihn projizieren. Neutralität kann durchaus sinnvoll sein, um die Intensität dieser Geschwisterübertragungsreaktionen kommentarlos so weit zu steigern, bis sie deutlich und ohne Elemente der Elternthemen hervortreten, die den Patienten meist bewußter sind. Selbstverständlich treten unter den anstrengenden Bedingungen der therapeutischen Begegnung auch Gegenübertragungen des Therapeuten auf der Geschwisterebene auf.

Spezifische Geschwisterübertragungen

Klienten, die dem Therapeuten gegenüber ein aggressives und zwanghaftes Bedürfnis nach Konkurrenz zeigen, haben oft unter der Tyrannei von destruktiven Brüdern oder Schwestern gelitten. Für solche früher dominierten Geschwister ist der Therapeut eine natürliche Figur für Neid und Eifersucht, die Zorn und Wut des Patienten auf sich zieht. Bei anderen Klienten wird immer wieder das Bedürfnis sichtbar, den Ärger des Therapeuten zu provozieren, so als würde eine nur allzu vertraute Familiendynamik wieder aufgebaut, in der der andere, der Therapeut, zurückschlagen muß. So entzündet sich eine Dialektik von Verletzung, Wut, Enttäuschung, Reue und wieder Verletzung und Wut. In dieser Form der Geschwisterübertragung bestätigt sich das alte Sprichwort, daß Kampf weniger gefährlich ist als Liebe.

Versorgende Geschwister lehnen ihre abhängige Position in der Therapie zutiefst ab. Zu Beginn ordnen sie zwar ihr Bedürfnis, alles unter Kontrolle zu haben, und ihren ausgeprägt autonomen Persönlichkeitskern der angenommenen Weisheit des Therapeuten unter und geben ihm gegenüber – meist zum ersten Mal in ihrem Leben – Gefühle von Abhängigkeit zu. Aber sobald sie Aspekte seiner Persönlichkeit wahrnehmen, die nach ihrer Auffassung Zuwendung und Hilfe nötig machen, ist es damit aus. Schließlich ist die Rolle des Versorgenden zentraler Bestandteil ihrer Identität. Sie versuchen, sich um den Therapeuten zu kümmern, unterdrücken in den Sitzungen ihre eigenen Bedürfnisse, bringen ihm Geschenke, machen scheinbar schnelle Fortschritte, fragen ihn, wie es ihm geht, reden bereitwillig über die Themen, die er vorschlägt, und ordnen ihre eigenen Stimmungen und Bedürfnisse den seinen unter, soweit sie sie intuitiv erfassen können. Bei solchen Klienten ist die Selbstaufopferung immer ein paradoxes und intelligentes Mittel, die Kontrolle zu behalten, und der Therapeut braucht viel Geschick, um ihnen nicht in die Falle zu gehen.

Inzestuöse Geschwister projizieren und wiederholen durch die Übertragung oft die alte Dynamik von Heimlichkeit, Mißtrauen, Angst oder Liebe. So war zum Beispiel das zentrale Thema einer Klientin ihr Mißtrauen Männern gegenüber. Sie blieb vier Jahre lang in der Therapie, weil sie wußte, daß sie dieses Mißtrauen durcharbeiten sollte, hatte aber gleichzeitig große Angst. Sie hatte die Phantasie, eine sexuelle Beziehung mit dem Therapeuten einzugehen, und die Befürchtung, sich danach genauso betrogen zu fühlen wie nach der Beziehung mit ihrem Bruder. Bei einer anderen Klientin ähnelte die symbiotische Geschwisterübertragung zum Therapeuten der inzestuösen Beziehung zu ihrem Bruder; sie wurde zum Vehikel, zum neuen »Heiligtum«, zum Refugium vor einer Welt, die ihr immer noch bedrohlich und verräterisch erschien.

Klienten mit gestörten oder behinderten Geschwistern produzieren in der Therapie gelegentlich eine interessante Umkehrung ihrer früheren Situation. Sie projizieren unbewußt ihr eigenes, »gesundes« Selbst auf den Therapeuten, benutzen ihn vorübergehend als Ich-Ideal und zeigen damit, daß auch sie die geschmähten, verächtlich gemachten Eigenschaften des gestörten Bruders oder der Schwester besitzen. Sie suchen bei ihm Hilfe und Entlastung und machen ihn so zu dem guten, verzeihenden, freundlichen Geschwister, für das sie sich immer noch halten. Bei solchen Klienten gibt es häufig die Abspaltung der guten und akzeptierten von den bösen und verdrängten Anteilen des Selbst, und der Therapeut muß vermeiden, zu dem idealisierten Engel, der der Klient immer noch sein will, oder zu dem verachteten Teufel zu werden, für den das gestörte Geschwister zu oft gehalten wurde.

Umgang mit Widerstand

Diese Übertragungsreaktionen können auch als Form von Charakterwiderstand (Horner 1979) betrachtet werden. Als Charakterwiderstand bezeichnen wir die Blockierung des produktiven Therapieverlaufs durch den Klienten, der sich auf *spezifische*, charakteristische, rigide, von seiner persönlichen Geschichte bestimmte Weise auf den Therapeuten bezieht. Diesem Widerstand begegnet der Therapeut gewöhnlich dadurch, daß er dem Patienten deutet, wie er sich immer noch auf ihn bezieht, *als ob* der Therapeut ein Geschwister wäre. Eine andere Form des Widerstandes unter dem Aspekt der Geschwisterbeziehung basiert auf der allgemeinen Art, wie die meisten Menschen als Bruder oder Schwester gelebt haben. Bestimmend dafür sind nicht verbalisierte und deshalb nicht bewertete Geschwistererfahrungen, außerhalb des Macht- und Kontrollbereichs der Eltern, die ambivalente Gefühle hervorrufen. Somit gibt es hier einen natürlichen Widerstand, der verhindert, daß diese Erfahrungen in der Therapie spontan und leicht behandelt werden.*

Viele Klienten haben Schwierigkeiten damit, ihre früheren Geschwistererfahrungen zu beschreiben. Sie fühlen sich schuldig wegen ihrer »unzivilisierten« Kindheitstaten, die nicht zu ihren hohen Idealen und Selbstbildern als Erwachsene passen. Meist benutzen sie anfänglich leere und triviale Formeln wie: »Wir stritten uns«, »sie war mir fremd«, »wir hatten nichts gemeinsam«, »wir waren uns immer nah« und so weiter. Es kann eine große Hilfe sein, wenn der Therapeut anschaulich von möglichen Geschwistererfahrungen erzählt: Es vermindert die Spannung, löst oft eine Flut von Erinnerungen aus und lindert Schuldgefühle der Vergangenheit.

In der Gruppentherapie ist es oft sinnvoll, die Teilnehmer darauf hinzuweisen, daß sich ihr Verhalten untereinander auch aus Rückständen

---

* Wir benutzen den Begriff »Widerstand« sehr anders als die Psychoanalytiker, die den generellen Widerstand des Klienten gegen den Aufbau einer Zusammenarbeit mit dem Analytiker beschreiben (Langs 1977). Geschwisterspezifischer Widerstand ist ein natürliches Ergebnis dieser schwer faßbaren Beziehung, und es gibt zahlreiche Möglichkeiten und Kontexte für den Umgang damit.

ihrer alten Geschwisterrollen erklärt. In der Paartherapie halten die Partner ihre Geschwister meist im Hintergrund, weil erwartet wird, daß bei Ehepaaren die hauptsächliche Loyalität dem Partner zusteht. Loyalität gegenüber Bruder oder Schwester führt also zu einem Konflikt. Widerstand gegen das Fokussieren auf Geschwister läßt sich überwinden, wenn der Therapeut die Entstehungsbedingungen der Geschwisterloyalität erklärt und darauf hinweist, wie sehr sie in den ersten Lebensjahren von den Eltern determiniert wird. Sobald die Geschwisterbeziehung in den richtigen Kontext gestellt wird, verringert sich meist die Eifersucht des Partners.

In der Familientherapie empfiehlt es sich manchmal, die Kinder beiseite zu nehmen, weg von den Augen und Ohren der Eltern. Damit überwindet man häufig den Widerstand und erfährt mehr über die Geschwisterdynamik. Kinder und junge Adoleszente weigern sich meist, ihre Meinungsverschiedenheiten offenzulegen, weil sie das Mißfallen der Eltern oder den unkontrollierten Ausbruch der eigenen Gefühle und als Konsequenz die Rache der anderen fürchten. Solche Kinder reagieren dann mit unverbindlichem Knurren, Achselzucken, Lächeln oder sprachlosem Starren auf die »unverschämten« Fragen. Geschwister, die ihre Transaktionen der Kontrolle der Eltern entziehen, auch wenn sie sich der Reaktionen nicht sicher sind, können darüber Macht über die Eltern bekommen.

Sobald aber die Eltern den Raum verlassen haben, kann sich eine passive, trotzige, abwehrende, schweigende Geschwistergruppe in eine Schar lebhafter, sehr deutlich individueller und oft erfreulich offener Kinder verwandeln.

Einschätzung der Geschwisterproblematik

Der Therapeut sollte immer Informationen sammeln über die frühe Entwicklung des Klienten, die frühen Versorger, wichtige Kindheitsereignisse, die Art der Interaktionen in der Familie und vor allem die emotionale Atmosphäre der Familie. Dabei muß er mit Verwirrung, Ausdrucksschwierigkeiten, Vermeidung, Gleichgültigkeit oder den so häufigen selektiven Gedächtnislücken in bezug auf die Geschwister rechnen und vorsichtig, aber konsequent mit der Einschätzung der Geschwisterdynamik beginnen.

Natürlich variieren die Themen ja nach Alter und Problemlage des Patienten und nach dem Setting, ob der Therapeut also mit einer Familie, mit Geschwistergruppen oder mit einzelnen arbeitet. Die wesentlichsten Bereiche werden im folgenden aufgelistet:

Zugang zwischen Geschwistern

Wie hoch und welcher Art war der Zugang des Klienten zu seinen Geschwistern? Bei hohem Zugang ist die Bewußtheit von der Geschwisterbindung größer, solche Geschwister haben sich auf der »Bauchebene« gekannt. Niedriger Zugang verhindert enge Identifikation und das »Gefühl« für die Bedeutung der Geschwisterbeziehung. Drei Bereiche sind wesentlich für ein klareres Verständnis des Zugangs: (1) die Gefühle der Geschwister zueinander, (2) Fakten und Erinnerungen und (3) die Art der Interaktion.

Die Frage nach den Gefühlen zu Bruder oder Schwester und nach der Nähe oder Distanz im Verhältnis der Geschwister ist unabdingbar. Wenn andere Geschwister anwesend sind, müssen Übereinstimmungen und Meinungsverschiedenheiten in den jeweiligen Sichtweisen exploriert und die faktischen Vereinbarkeiten und Unvereinbarkeiten festgehalten werden. Die Stärke und Qualität der Geschwisterbeziehung läßt sich zunächst aus der Menge an faktischer Information und den dabei auftauchenden Gefühlen ableiten. Die meisten Menschen halten Geschwisterkonflikte für normal, deshalb können mangelndes Interesse und gegenseitige Abneigung problemloser als in anderen Beziehungen zugegeben werden. Die Grundfragen sind:

– Wieviel Zeit verbrachten (verbringen) Sie allein und wieviel mit einem Geschwister?
– Waren (sind) Sie und Ihre Geschwister nur zusammen gewesen, wenn die Eltern dabei waren?
– Können Sie sich an wichtige Ereignisse der Vergangenheit erinnern, die Auswirkungen auf Sie und Ihre Geschwister hatten?
– Wenn ja, wie detailliert sind diese Erinnerungen?
– Welche Art von Interaktionen hat es zwischen Ihnen gegeben?
– Hatten (haben) Sie ein gemeinsames Zimmer oder Bett, gemeinsame Kleider, Privilegien oder Pflichten im Haushalt?
– Wie sind Sie mit Krisen im Leben des Geschwisters umgegangen und wie gingen (gehen) die Geschwister mit Ihren Krisen um, besonders in der Kindheit? (Diese Frage ist besonders wichtig bei gleichgeschlechtlichen Geschwistern mit geringem Altersunterschied. Durch solche Fragen kann man den Zugang der Geschwister zueinander und die Stärke oder Schwäche der gegenseitigen Identifikation zum Zeitpunkt der Therapie einschätzen.)

Geschwisterkarriere

Ein anderer Bereich, der zu Beginn der Therapie untersucht werden muß, ist die Geschwisterkarriere, das heißt die Frage, wie weit die Erfahrung der Geschwister und ihre frühe Entwicklung parallel verlaufen ist. Das ist abhängig von folgenden Variablen: (1) ökonomische Veränderungen in der Familie, (2) Arbeitsalltag der Eltern, (3) Wohnungswechsel, (4) Verlauf der Ehe der Eltern, (5) Meilensteine der Entwicklung in den Bereichen Sprachentwicklung, körperliche Fähigkeiten und intellektuelle Leistung. Bei Geschwistern mit geringem Altersunterschied verläuft die Geschwisterkarriere häufig parallel, Zwillinge sind das Extrembeispiel für parallele Lebenserfahrung. Von einer gemeinsamen Geschwisterkarriere kann man ausgehen, wenn eine Geschwistergruppe mit geringem Altersunterschied im selben Haus, am selben Ort und unter denselben ökonomischen Bedingungen aufgewachsen ist, sich im selben Tempo entwickelt und dieselben Schulen besucht hat und ihre Eltern nicht geschieden sind. Der Zugang ist in solchen Fällen meist hoch. Ungleich wäre die Geschwisterkarriere zum Beispiel dann, wenn Bruder und Schwester acht Jahre auseinander sind und sich die ökonomischen Grundlagen der Familie drastisch geändert haben. Der Bruder hat die Hauptschule besucht und treibt sich mit einer Jugendbande herum, während die Schwester aufs Gymnasium geht und später, wenn sie studiert, den Bruder kaum noch zu Gesicht bekommt, weil er nicht mehr zu Hause wohnt. Großer Altersunterschied zwischen Geschwistern verringert die Chance für gleiche Geschwisterkarrieren.

Hoher Zugang und gleiche Lebenserfahrungen erleichtern Symbiose, Identifikation und Loyalität. Geschlechts- und große Altersunterschiede sowie geringer Zugang führt zu wenig Identifikation und Loyalität, auf die sich der Therapeut in seinen Interventionen verlassen könnte. Geschwisterkarrieren und Zugang interagieren auf vielfältige Weise miteinander.

Identifikationsmuster und Veränderung

Anhand des Kontinuums von Ähnlichkeiten und Unterschieden (vgl. Kapitel 3 und 4) sollte man prüfen, ob die Beziehung statisch oder dynamisch ist, ob die Geschwister sich miteinander identifiziert haben und ihnen ihre Ähnlichkeiten und Unterschiede bewußt sind. Mit Fragen wie den folgenden läßt sich klären, ob die Identifikation auf der Ebene der Kernidentität, Subidentität oder Persona liegt:
– Mochten Sie sich?
– Was mochten Sie aneinander nicht?
– Hat sich das verändert?

- Wenn ja, wodurch?
- Was ist der Grund, daß Ihr Bruder/Ihre Schwester sich verändert hat?
- Hat diese Veränderung zu Problemen mit den Eltern geführt?
- Haben Sie darüber geredet, was Sie aneinander nicht mochten?
- Warum konnten Sie sich nicht mehr auf Bruder/Schwester verlassen?

Die Geschwisterdynamik läßt sich über die Untersuchung der psychischen Veränderungen des Klienten und ihrer Auswirkungen auf die Geschwisterbeziehung verstehen. Hat sich ein Kind sehr schnell und mit drastischen Symptomen verändert (wie zum Beispiel dann, wenn ein eher stiller Teenager plötzlich Wahnvorstellungen und bizarre Verhaltensweisen zeigt), entwickelt ein zu eng mit ihm identifiziertes Geschwister häufig ebenfalls Symptome. Ein solches »Echo« kann die Probleme des gestörten Geschwisters perpetuieren und intensivieren. Solche Folie à deux-Beziehungen (vgl. Kapitel 9) fallen meist schon in der ersten familientherapeutischen Sitzung auf. Verläuft die Veränderung eines der Geschwister langsam, mit eher moderaten Symptomen (zum Beispiel Persönlichkeitsveränderungen bei wiederholtem Schulversagen), zeigt das gesunde Geschwister im Stadium der Zwillingsbildung und Verschmelzung zwar Mitgefühl, steckt aber häufig im Konflikt zwischen Nähe und Distanz. Solche gesunden Geschwister wirken zunächst meist unproblematisch. Sie halten sich in den ersten Sitzungen bedeckt, weil sie nicht wissen, ob sie reden oder schweigen sollen. Langsame Veränderung mit schweren Symptomen (zum Beispiel wachsende Depressionen, bei denen das Kind sein Zimmer nicht mehr verläßt oder in die Klinik eingewiesen werden muß; vgl. Kapitel 9), führt bei eng identifizierten Geschwistern oft zu einem tiefen Gefühl von Verlust und Trauer. Sie sind eifrig bereit zu helfen, weil sie wissen, daß sie ähnliche Gefühle haben und auch selbst Hilfe brauchen.

Starr differenzierte und entfremdete Geschwister reagieren ganz anders. Bei plötzlicher Veränderung und schweren Symptomen des Geschwisters werden sie wütend, sie vermeiden es oder machen es zum Sündenbock und protestieren vehement dagegen, in die Therapie einbezogen zu werden. Um sie zu nützlichen Verbündeten zu machen, muß man subtil und indirekt vorgehen.

Bei langsamer Veränderung und weniger schweren Symptomen fühlen sich solche Geschwister ihrer Andersartigkeit sicherer. Sie sind anfänglich durchaus bereit zu helfen, haben aber nicht viel Geduld. Erwartungen an die Geschwisterloyalität auf seiten des Therapeuten können hier mangelnde Beteiligung, Fehlen bei den Sitzungen oder Sabotage der therapeutischen Interventionen und Strategien verhindern. Ambivalente Geschwister müssen ermutigt werden, wenn sie kooperieren sollen. Dazu sind Fragen wichtig wie: »Kannst du mir etwas über den Hintergrund deines Bruders erzählen? Ich muß da einiges wissen.« Oder: »Ich weiß, daß du mir viel von deinem Bruder erzählen kannst. Kannst du ein paar Sitzungen mitkommen und mir davon erzählen?« Damit ist der Rahmen für die Einbeziehung de-identifizierter oder abwehrender Geschwister in die Therapie abgesteckt.

Alle extrem Muster von Geschwisteridentifikation, ob nah oder distanziert, müssen sorgfältig betrachtet werden. Es gilt aber zu berücksichtigen, daß Geschwisterbeziehungen ihren Ursprung in präverbalen Entwicklungsphasen haben, so daß es unter Umständen kaum Worte dafür gibt.

Loyalität und Vertrauen

Es ist sehr wichtig herauszufinden, ob es Loyalität zwischen den Geschwistern gibt oder gab und zu welchen Erwartungen an Fürsorge, Liebe, Schutz und Fairneß sie geführt hat. Wir haben in Kapitel 5 darauf hingewiesen, daß Loyalität viele Wurzeln hat. Beruht sie auf einseitiger Fürsorge oder auf gegenseitigem Versorgen mit Vorteilen für alle Beteiligten? Gefragt werden muß nach Situationen, in denen Geschwister zu Hilfe gekommen sind oder die Hilfe versagt haben, was unter Umständen zu dem Gefühl führen kann: Wenn Bruder oder Schwester mir nicht helfen können, dann ist mir nicht zu helfen.

Loyalitätsbindungen bestimmen auch, wie weit man die Geschwister in die Familientherapie einbinden kann. Starr differenzierte oder de-identifizierte erwachsene Geschwister sind mit ihrem eigenen Leben beschäftigt und selten bereit, sich in die Therapie von Bruder oder Schwester einbeziehen zu lassen. Wenn aber ein Klient ein loyales Geschwister erwähnt, ist es sinnvoll, diesen Bruder oder diese Schwester zur Hilfe heranzuziehen: Man kann sie zu einer Sitzung einladen, um wichtige Informationen zu bekommen, sie als »Berater« bei der Entwicklung eines Therapieplans einsetzen oder ihnen therapeutische Aufgaben zuweisen, die das Geschwisterbündnis und die Geschwisterbeziehung zum bestimmenden Merkmal der Therapie werden lassen.

Sexualität und Aggression

Sexualität und Aggression (vgl. Kapitel 6, 7, 8) sind Bereiche, die viel Sensibilität des Therapeuten erfordern. Fairneß, Gerechtigkeitsgefühl, Gleichberechtigung, Ärger und Liebe wurzeln unseres Erachtens in der Geschwisterbeziehung beziehungsweise (bei der Arbeit mit Kindern) entstehen dort. Der Therapeut muß über die glatten oder ungenügend

artikulierten Beschreibungen der »Streitereien« und die herunterge-
spielten oder in Andeutungen steckenbleibenden Mitteilungen über
Sexualität hinauskommen. Über Geschwisterrivalität läßt sich leichter
reden, aber in jedem Fall muß nach Ausmaß und Art vergangener
Aggression, ihren unmittelbaren Auswirkungen und eventuell vorhan-
denem Groll, Haß, Scham oder Schuld gefragt werden. Wenn der Therapeut die Wurzeln der Aggression begriffen hat, kann er bei der Neu-
verteilung der Macht helfen, den Eltern angemessene Disziplinierungs-
möglichkeiten zeigen und Kooperation belohnen.*

Es braucht mehr Zeit, die Sexualität aufzudecken. Nach unserer
Erfahrung muß eine sehr vertrauensvolle Beziehung bestehen, bevor
man wirklich etwas über die relativ konfliktreichen Aspekte der sexuellen Erfahrungen von Geschwistern erfährt. Hinweise auf vorhandene
Geheimnisse gibt es in aller Regel früh: Unbehagen zeigt sich in
zögernden oder vorschnellen Antworten, in der Körpersprache, der
Stimme oder dem Blick, in harten, pessimistischen Einstellungen zu Sex
und Liebe. Der Therapeut, der das Thema mit sanfter und verständnis-
voller Haltung durch Fragen erschließt, verschafft dem Klienten
Erleichterung in seinen geheimen Konflikten, durchbricht die perversen Loyalitätsbindungen an das Geschwister und ermöglicht eine
andere Art der Geschwisterbeziehung. Man braucht aber viel Geduld
und sanfte Hartnäckigkeit, weil sexuelle Geschwistererfahrungen meist
sehr angstbesetzt sind.

Tod eines Geschwisters

In Kapitel 10 haben wir auf die schweren Folgen des Todes von
Geschwistern hingewiesen. Die Frage, ob es in der Familie in irgendei-
ner Generation einen Geschwistertod gegeben und wie sich dies auf die
Familie ausgewirkt hat, ist höchst wichtig. Weitere Fragen:

- Was war die Ursache des Todes?
- Trat der Tod unerwartet ein oder langsam, absehbar und schlei-
  chend?
- Wie hat die Familie den Tod betrauert? Gab es Rituale wie Totenwa-
  chen oder ähnliches?
- Wie hat sich der Tod langfristig ausgewirkt?

---

* In den letzten Jahren haben Verhaltenstherapeuten ausgezeichnete Methoden entwickelt,
um den Eltern beizubringen, wie sie bei ihren Kindern Kooperation statt Aggression belohnen
können. Wenn die Eltern zur Zusammenarbeit bereit sind, lassen sich bei sensibler Anwendung
dieser Methoden ausgezeichnete Ergebnisse erzielen (Patterson 1980).

Jedes Kind spielt in seiner Familie eine wichtige individuelle Rolle. Wenn eine dieser Rollen durch den Tod frei wird, ist die Gefahr der Rollenzuschreibung groß. Viele Eltern versuchen, ihren Schmerz zu überwinden, indem sie den überlebenden Kindern zum Beispiel die Haushaltspflichten des toten übertragen. Aber die Rollenzuschreibung bezieht sich auch auf bedeutendere und subtilere Funktionen wie zum Beispiel die Rolle des Familienclowns, des Heilers, Sportlers, Intellektuellen, Blitzableiters oder die des stolzen, lebendigen Vertreters der besten Familieneigenschaften. Man muß also auch nach Veränderungen in den Rollen der Geschwister fragen, die durch das Trauma des Geschwistertodes entstanden sind, und nach ihren Wirkungen. Kinder erholen sich nie »völlig« vom Tod eines Geschwisters, aber sie müssen sich entwickeln und wachsen können, frei von Schuld, Traurigkeit, Schrecken und Hilflosigkeit (Masterman 1979).

Geschwistererfahrungen der Eltern

Jede Geschwisterbeziehung steht im Kontext des großen, generationenübergreifenden Familiensystems. Deshalb ist auch die Frage nach den Geschwisterbeziehungen der Eltern, der Art des Projektionsprozesses und dem Umgang mit Erfahrungen über zwei oder drei Generationen nötig. Die Tatsache, daß ein Kind vorgezogen und das andere benachteiligt, eins gelobt und ein anderes ignoriert wird und so weiter, muß auf dem Hintergrund der Geschwisterbeziehung beider Elternteile begriffen werden. Haben sich die Eltern mit ihren Geschwistern verstanden? Wo und wie ist ihr Bild von der »richtigen« Geschwisterbeziehung entstanden? Stülpen sie dieses Bild ihren Kindern über? Die Position in der Geschwisterreihe kann durchaus auch die Art der ehelichen Beziehung prägen (Toman 1969). Aber die Stellung in der Geschwisterreihe allein sagt noch nicht viel aus, sie führt erst zusammen mit Tod, Krankheit und emotionalen Krisen zu Affinitäts- oder Distanzmustern.

Methoden für die Einzel- und Familientherapie

Das Vermächtnis der Geschwisterbindung

Eltern neigen dazu, ihre Kinder in die Schablone der eigenen Geschwisterbeziehung zu pressen, nach dem Motto: Was in einer Generation gut beziehungsweise schlecht war, gilt unverändert auch für die nächste. Schwierig wird diese Haltung, wenn beide Elternteile extrem verschiedene Geschwisterbeziehungen erlebt haben und sich deshalb über die Bedeutung der Interaktionen ihrer Kinder nicht einigen können. In solchen Fällen muß die Therapie diese unterschiedlichen Erfahrungen ans Licht bringen, damit die Eltern ihre unter Umständen diametral entgegengesetzten Bilder der Geschwisterbeziehung begreifen, einordnen und so ihr Verhalten zu der Beziehung ihrer Kinder verändern können.

Manche Menschen verdrängen das Vermächtnis ihrer Geschwisterbeziehung. Sie scheint ihnen nur eine entfernte und verblaßte Erinnerung, obwohl sie in Wirklichkeit ihr gegenwärtiges Leben und ihre Beziehungen zu anderen Menschen stark beeinflußt.

Veränderung der Geschwisterbeziehung

Wenn der Therapeut Art und Entstehung der Geschwisterbeziehung erkannt hat, muß er entscheiden, ob sie verändert werden sollte. Es ist natürlich problematisch, genau zu definieren, was eine »normale« Geschwisterbeziehung ist, aber es läßt sich erkennen, wenn eine Beziehung Entwicklung verhindert, Konflikte und Schwierigkeiten schafft, die Familie destabilisiert oder psychische Schäden verursacht.

Ein jüngerer Bruder zum Beispiel stürzte sich wegen seines älteren Bruders Hals über Kopf in eine Ehekrise. Der ältere hatte den jüngeren immer tyrannisiert, aber trotzdem bestand der mittlerweile zweiunddreißigjährige darauf, ihm Loyalität zu zeigen und ihn zu schützen. Er stellte ihn bei sich ein, ließ ihn bei sich wohnen, lieh ihm große Geldsummen und bezahlte die Kaution für ihn, als er – nicht zum ersten Mal – wegen Diebstahls im Gefängnis war. Jetzt war der »Kleine« dem älteren überlegen. Er konnte ihm Hilfe und Zuflucht bieten *und* ihm Moralpredigten halten, die eher väterlich als brüderlich waren; er riskierte sogar einen Bruch mit seiner Frau, die wütend war, daß ihr guter Name beschmutzt und ihr Haus durch diesen Eindringling besetzt wurde. Die Therapie deckte das verdeckte Bedürfnis ihres Mannes auf, den Bruder aus Rache für die früheren Verletzungen und Demütigungen zu beherrschen, und gab damit der ehelichen Beziehung ihren rechtmäßigen Platz wieder.

In einem anderen Fall verhielten sich zwei Brüder, dreizehn Monate auseinander, den Eltern gegenüber wie Max und Moritz. Die Mutter war eine übermäßig gewissenhafte, vielbeschäftigte Frau, der Vater ein erfolgreicher Vertreter, der nur am Wochenende zu Hause war. Seine Frau empfing ihn regelmäßig mit Berichten über die Untaten der »Jungen«. Als liebender Ehemann bestrafte er seine Söhne: Er verhängte Hausarrest, Taschengeldsperren und so weiter – unweigerlich für beide. Er weigerte sich, mit beiden zu sprechen, wenn beide keine Reue zeigten, kurz, er verhielt sich, als seien sie siamesische Zwillinge. Je mehr er sie als Einheit behandelte, desto mehr ließen sie ihn kalt abfahren, schlichen sich aus dem Haus, betranken sich sinnlos, nahmen sich ohne Erlaubnis sein Auto und spotteten zusammen über seine schwächlichen Disziplinierungsversuche.

Der Therapeut half den Eltern, klare Regeln durchzusetzen, weigerte sich aber strikt, die beiden Söhne in den Sitzungen nebeneinander sitzen zu lassen, und sagte ihnen, sie seien sehr verschiedene Menschen mit sehr unterschiedlichen Bedürfnissen. Deshalb könne auch in jeder Sitzung immer nur einer von ihnen im Mittelpunkt stehen. Der andere erhalte dann in der darauffolgenden Sitzung die Gelegenheit, seine Kommentare abzugeben. Damit wurde die enge Verbindung der Brüder anerkannt, aber verhindert, daß einer für den anderen sprach. Sobald der Differenzierungsprozeß einmal lief, begann jeder der beiden für sich selbst zu sprechen und beanspruchte eine eigene Rolle in der Familie. Die von den Eltern betriebene Verschmelzung war unterbrochen.

Die Einbeziehung »beratender« Geschwister

In der Familientherapie ist es selbstverständlich, daß alle Kinder der Familie an den Sitzungen teilnehmen. Wenn die Geschwister aber erwachsen sind, nicht mehr im Elternhaus wohnen und ihre eigenen Wege gehen, ist es nicht mehr so leicht, sie zusammenzubringen, um an der therapeutischen Sitzung eines der Geschwister teilzunehmen. Trotzdem kann man versuchen, Geschwister in die Therapie einzubeziehen, zum Beispiel wenn sie sich an Feiertagen alle treffen. Geschwister, die bis zu zwei Autostunden entfernt wohnen, sind oft genug durchaus bereit, zumindest an einer Sitzung teilzunehmen, wobei es in der Regel als Begründung völlig ausreicht, wenn der Klient ihnen sagt, er mache eine Psychotherapie und der Therapeut brauche ihre Hilfe.

Die meisten Geschwister können die beratende Rolle auch bei distanzierter Beziehung dann problemlos übernehmen, wenn der Therapeut sagt, er brauche »Informationen«. Nach der gemeinsamen Sitzung kann man dann entscheiden, ob ein therapeutisches Bündnis mit den Geschwistern sinnvoll ist.

Es ist sehr wichtig, die Rolle des beratenden Geschwisters nicht zu mißbrauchen. Wenn die Beziehung feindselig, distanziert oder verleugnet war, sollte man die Beteiligung dieses potentiell destruktiven Geschwisters zeitlich beschränken.

Auflösen von erstarrten Mißverständnissen

Erstarrte Mißverständnisse lassen sich auflösen, indem man die Geschwister zusammenbringt, die einzelnen Versionen des Problems gemeinsam anhört und auf die perverse Befriedigung verweist, die sie aus der »Verletzung« und dem Weitertragen des »Schmerzes« beziehen. Wenn das nicht hilft, kann der Therapeut mit »Ritualen der Vergebung« arbeiten, also mit mehr oder weniger symbolischen Bußübungen, die das vergangene Unrecht ohne die Notwendigkeit von Erklärungen auslöschen und einen neuen Anfang erlauben. Solche Rituale sollten greifbar und sichtbar akzentuiert und vom Therapeuten bestätigt oder sogar »gefeiert« werden, zum Beispiel durch eine ritualisierte Familienumarmung oder auch durch eine Flasche Sekt.

Deutung von entwicklungsbedingten Veränderungen

Die entwicklungsbedingte Veränderung eines Geschwisters kann eine bis dahin freundschaftliche Beziehung schlagartig verändern (vgl. Kapitel 3). Die notwendige Entwicklung des einen geht häufig auf Kosten des anderen, der verwirrt, erschreckt, wütend oder enttäuscht zurückbleibt. Das geschieht besonders häufig, wenn eins der Geschwister in die Adoleszenz eintritt, während das andere in der Kindheit »zurückgelassen« wird. Hier kann der Therapeut helfen, indem er die Veränderung erklärt und sie zu einem normalen, notwendigen und zu erwartenden Ereignis umdeutet. Das heißt natürlich, daß der Therapeut die Entwicklungsstadien im Kindes-, Jugend- und Erwachsenenalter genau kennen muß, um dem Klienten helfen zu können, zwischen normalen und ungewöhnlichen Entwicklungsveränderungen zu unterscheiden.

Die Skala der emotionalen Reaktionen auf entwicklungsbedingte Veränderungen eines Geschwisters fordert den Therapeuten zur Deutung auf. Indem er den Prozeß der Individuation erklärt, hilft er Kindern und Eltern zu begreifen, was auf sie zukommt, und einzusehen, daß jede Beziehung der Veränderung unterliegt.

Geschwister ins Exil schicken

In dem alltäglichen Hin und Her zwischen Familienmitgliedern kann eins der Kinder zuviel Einfluß bekommen. Es wird zum allzu stabilisierenden Faktor, zum unverzichtbaren Vermittler zwischen den Familienmitgliedern und ihren Bedürfnissen oder zum überforderten Manager, dessen rastlose Bemühungen allen anderen mehr Freizeit verschaffen. Solche elternhaften Kinder können sich damit so sehr überfordern, daß ihre eigene Entwicklung zu leiden beginnt (Ackerman 1966; Minuchin 1974). Ihre Identität als Helfer oder Chef verhindert, daß die anderen die Verantwortung für sich selbst übernehmen können: Das versorgende Geschwister wird zum Über-Ich. Solche braven, fügsamen, erschöpften und passiven loyalen Versorger müssen vom Therapeuten gerettet werden, damit sie wachsen können. Wenn man solche Kinder in ihrem eigenen Interesse zeitweise von der Familie entfernt und ihnen sinnvolle Sozialisationserfahrungen außerhalb der Geschwistergruppe ermöglicht (zum Beispiel durch Aufenthalte in Ferienlagern, eine neue Arbeitsstelle, Rechtfertigung eines »Urlaubs«), wird unter Umständen die ganze Familie positiv destabilisiert und damit gezwungen, die frühere Rollenverteilung zu überprüfen.

Gelegentlich kann das symbiotische Bündnis zwischen Geschwistern die Persönlichkeitsentwicklung verhindern: Viele Kinder agieren als Einheit, als sei das, was für das eine Kind gut ist, automatisch auch für das andere gut, und sind unfähig, etwas ohne Zustimmung des symbiotischen Partners zu tun. Es gibt auch Familien, in denen eins der Kinder den Familienterroristen spielt, der alle anderen in Angst und Schrecken versetzt und als Blitzableiter für sämtliche Befürchtungen die Familienmitglieder nach seiner Pfeife tanzen läßt. Der Familienterrorist treibt die Eltern zu unreifen oder unsensiblen Reaktionen, verwirrt die Geschwister oder verursacht eine unglückselige, ungerechtfertigte Spaltung in »gute« und »kranke« Geschwisteridentitäten. Wenn man dann eins der Kinder wegschickt und sie damit trennt, bricht die durch Verwirrung oder Passivität entstandene Blockierung auf, und der Therapeut hat neue Gelegenheiten, Veränderungen zu bewirken.

So saß in einer von uns behandelten Familie die einst rebellische älteste Tochter seit langem still und unbeweglich in ihrem Zimmer, während die Eltern sich hektisch abmühten, sie »in die Gänge« zu bekommen. Sie schlugen ihr vor, ein Restaurant für sie zu kaufen, einen Laden zu mieten, einen Lebensmittelservice zu gründen – irgend etwas, um ihre Älteste zu motivieren, sich dem Leben zu stellen. Der Vater hatte seine gute Stellung auf dem Land aufgegeben, und die Familie war nach New York gezogen, in der Hoffnung, die Tochter, die mittlerweile einhundert Pfund zugenommen hatte, würde vielleicht in der neuen Umgebung ihr Zimmer verlassen und endlich produktiv werden. Durch die Sorge um die Älteste konnten sich die Eltern kaum noch um ihre beiden anderen Töchter kümmern. Diese verbargen ihre eigenen Sorgen und fühlten sich überlegen oder zumindest weniger »gestört« als die stumme, fette, unbewegliche Schwester. In der Familientherapie griff der Therapeut die Position der Ältesten an, die die meiste Aufmerksamkeit der Eltern bekam. Er sagte, es sei an der Zeit, sie handfest aus ihrem Zimmer zu werfen und das ganze Gewicht der elterlichen Aufmerksamkeit und Sorgen endlich den anderen Töchtern zukommen zu lassen. Die älteste nahm den Rat an und stellte sich in hämischer Freude vor, was die Eltern wohl jetzt, wo sie freiwillig ins Exil gegangen sei, tun würden. Drei Wochen später war sie mit einer Mitbewohnerin in eine eigene Wohnung gezogen, hatte einen Teilzeitjob *ihrer* Wahl und begann eine Diät. Die Eltern kündigten daraufhin an, sie hätten die Nase voll von all den Sorgen, wären nicht mehr »so blöd«, sich ausschließlich um die anderen Kinder zu kümmern, und fuhren zum ersten Mal seit vierundzwanzig Jahren allein in Urlaub. Auch die beiden jüngeren Töchter nahmen grundlegendere Veränderungen in ihrem Leben vor. Die Blockierung war entfernt.

Geschwisterversammlung

Wenn die Geschwisterbeziehung positiv ist, kann der Therapeut die Geschwister des Klienten zu einer Versammlung einladen. Besonders bei drei oder mehr Geschwistern sind solche Versammlungen sehr eindrucksvoll und drücken dramatisch die Unterstützung der Geschwistergruppe aus. Das gesteigerte Gefühl von Kooperation und gegenseitiger Identifikation (das im Kollektiv positiver sein kann als die individuellen Gefühle der Geschwister zueinander) unterstützt den Klienten und zeigt ihm, daß er nicht allein ist. In diesem Sinn lassen sich Geschwisterversammlungen mit den von Speck und Attneave (1973) beschriebenen Miniaturnetzwerken vergleichen, die Hilfe in Krisensituationen geben.

Geschwister machen häufig praktische Vorschläge, bis hin zu finanzieller Unterstützung, oder geben zu, daß sie ähnliche, wenn nicht größere Probleme haben. Bei Geschwistern im Kindes- oder Jugendalter fokussieren die Versammlungen meist auf Strategien für den Umgang mit den Eltern. Hier muß der Therapeut den Eltern klarmachen, daß er sich nicht mit den Kindern gegen sie verbündet, sondern als neutraler, aber anteilnehmender Vermittler fungiert (Zuk 1971).

Rollenspiele

Auf der Basis der Geschwisterversammlung und unter Einbeziehung von Methoden des Rollenspiels kann man mit Geschwistern »üben«. Unter der Anleitung des Familientherapeuten helfen sie dem Klienten aufgrund ihrer intimen Vertrautheit mit den Eltern und dem Familiensystem bei der Erprobung neuer Verhaltensweisen. Sie können sich gegenseitig »doubeln«, als Hilfs-Ich fungieren, die Rollen tauschen oder einfach wichtige Themen durchspielen und antizipieren, was ihrer Meinung nach außerhalb der Sitzungen passieren kann. Anhand der folgenden Fallgeschichte wollen wir einige dieser Arbeitsmethoden vorstellen (vgl. auch Kahn, Bank 1981).

Veränderungen der Geschwisterbindung: Maureen und ihre Schwestern
Maureen, neunundzwanzig Jahre alt und unverheiratet, kam wegen zyklisch auftretender Depressionen, Selbstmordgedanken, Unzufriedenheit mit ihrem Beruf und einem unbefriedigenden Sexualleben in die Therapie. Sie hatte noch keine wirklich intime Beziehung gehabt, hielt sich aber für lesbisch. Sie war Grundschullehrerin wie ihre Mutter. Seit dem Abschluß ihrer Ausbildung vor acht Jahren wohnte sie mit einer sehr viel älteren Frau zusammen, die ihr, wie sie sagte, »wichtig« war. Ihre lesbische Identität schien weniger auf Überzeugung als auf einem Gefühl des Mangels gegründet, ihre Phantasien wie ihr Verhalten spiegelten eine gehemmte, vage Bewußtheit sexueller Wünsche. In der Beziehung zu ihrer Wohngenossin verhielt sie sich eher wie ein klammerndes, symbiotisches Kind als wie eine erwachsene Frau. Wie allen anderen vertraute sie auch dieser Frau kaum etwas an. Ihr Grundgefühl war passiv, distanziert und resigniert. Sie gab zu, daß sie emotional von dem Direktor ihrer Schule, seit acht Jahren ihr Arbeitgeber, dessen freundschaftliche »Ratschläge« sie annahm, abhängig war. Andere erwachsene Freunde hatte sie nicht. Sie war zurückhaltend, stark übergewichtig und tat kaum etwas zur Verschönerung ihres Äußeren.

Maureen hatte drei ältere Schwestern, die aber keine aktive Rolle in ihrem Leben spielten. Die ganze Familie lebte in einem Umkreis von dreißig Kilometern, Maureen in unmittelbarer Nähe ihrer Eltern. Ihre Schwestern, Barbara, zweiunddreißig, Gail, fünfunddreißig, und Sally, sechsunddreißig, alle verheiratet, hatten Maureen, die ruhige und anspruchslose »Jüngste«, nie ernst genommen. Wenn es in ihrem Leben Krisen gab, stand Maureen nach ihrem eigenen Bekunden hilflos daneben, mitfühlend, aber nicht fähig, ihnen beizustehen.

1. Schritt: Explorieren der Geschwisterbeziehung in der Einzeltherapie. Die Therapie begann mit wöchentlichen Einzelsitzungen. Trotz ihrer fast schizoiden Lebensweise entwickelte sie schnell eine gute Arbeitsbeziehung zum Therapeuten, aber ihr Auftreten war schemenhaft, abhängig und kindlich. Die Beziehung zu den Schwestern beschrieb sie als »angenehm«, aber von Maureens Kernselbst wußten sie nichts. Seit der Kindheit, in der es ein gewisses Maß an Zugang gab, hatte es kaum bedeutsame Kontakte zwischen ihnen gegeben. Ihre Identifikation mit den Schwestern schien schwach und distanziert. Ihrer Beschreibung nach hatten alle Schwestern wiederholt Anpassungsschwierigkeiten gehabt. Weil sie so »belastet« waren, widerstrebte es Maureen, »Ansprüche« an sie zu stellen, und sie beschränkte sich auf kurze, seltene Besuche. Seitdem die Schwestern verheiratet waren, fühlte sie sich als außenstehende Zuschauerin ihres Lebens.

Den Eltern war sie eine pflichtbewußte Tochter, kritisierte sie nie und stellte keine Ansprüche. Bei den älteren Schwestern hatte es Krisen im Verhältnis zu den Eltern gegeben, aber Maureen war immer ein »nettes«, fettes Mädchen gewesen, das selten jemanden störte. Mutter und Vater wurden als liebevolle, besorgte Eltern beschrieben, die laut Maureen ihr Bestes taten, um ihre Kinder zu erziehen. Sie standen anscheinend jenseits aller Kritik. Maureen hatte sich eher mit der Mutter identifiziert, die sich der Tochter gegenüber weniger als Elternteil denn als Mensch gezeigt hatte. Der Vater war ein distanzierter, überarbeiteter Angestellter, den Maureen idealisiert hatte, ohne daß es je zu bedeutsamen Interaktionen zwischen ihnen gekommen wäre. Ihre Versuche in der Prä-Adoleszenz, dem Vater näherzukommen, wurden allem Anschein nach von der umschlingenden und besorgten Intervention der Mutter hintertrieben. Maureen war ratlos, wie sie sich als Erwachsene ihrem Vater gegenüber verhalten sollte, und konnte nichts darüber sagen, wie ihre Schwestern mit ihm umgingen. Sie konnte sich überhaupt nicht vorstellen, mit ihm zu sprechen oder sich ihre Gefühle zu ihm klarzumachen. Passiv akzeptierte sie das Bild der unauffälligen jüngsten Tochter, die wenig erwartete und von der wenig erwartet wurde, das die Familie sich von ihr gemacht hatte. Der Ärger, den sie undeutlich spürte, wurde im Rahmen dieser starren Rollenverteilung in der Familie nie sichtbar.

Nach zwölf Einzelsitzungen hatte Maureen zum Therapeuten ein ähnlich passiv-abhängiges Verhältnis hergestellt wie in all ihren anderen Beziehungen. Die Sitzungen verliefen in einer Atmosphäre, die der Geschwisterbeziehung vergleichbar war: ruhig, resigniert und ereignislos. Die Geschwisterübertragung wurde evident: Maureen forderte wenig, fragte immer wieder, ob sie für den Therapeuten »etwas tun« könne, und schien »dankbar« für seine Aufmerksamkeit, ungeachtet dessen, daß sie schließlich für die Sitzungen bezahlte. Der einzige starke Affekt zeigte sich, als ihr der Therapeut sagte, sie lebe ihr Leben als »Baby der Familie«. Sie gab zu, daß sie diese Rolle, die ihr Eltern wie Schwestern zugewiesen hatten, seit Jahren ablehnte. Daraufhin wurde sie kritischer, bestand mehr auf ihrer Meinung und wies den Therapeuten auf Widersprüche in seinen Aussagen hin. Sie gab zu, daß sie diese kritische Haltung den dominierenden älteren Schwestern gegenüber nie hatte erreichen können und ihre Irritationen aus Angst vor Ablehnung für sich behalten hatte. Dieses Thema löste so viel Lebendigkeit und Ärger aus, daß sich daraus der nächste Schritt ergab:

2. Schritt: Teilnahme der Schwestern an einer Sitzung als »Beraterinnen«, wobei der Ärger zum Ausdruck kommt. Auf Aufforderung des

Therapeuten lud Maureen ihre drei Schwestern ein, als »Beraterinnen«, die ihrer »kranken« Schwester helfen sollten, an einer Sitzung teilzunehmen. Die Schwestern gaben zu, daß ihre Beziehung zu Maureen in einer Sackgasse steckte und bearbeitet werden sollte. Maureen sprach über ihre Unzufriedenheit mit der »Babyrolle« in der Familie, die Schwestern erwiderten, sie zeige ihre Gefühle so selten und mache sich so wenig bemerkbar, daß sie von ihren Problemen nie etwas gemerkt hätten. Bei näherem Hinsehen zeigten sich aber noch andere Schwierigkeiten in der Geschwistergruppe. Ärger, Groll und erstarrte Mißverständnisse hatten sich über Jahre hinweg angesammelt. Die zwei älteren Schwestern fielen aus allen Wolken, als sich herausstellte, daß Maureen und Barbara sich nicht, wie angenommen, nahe, sondern im Gegenteil sehr distanziert gegenüberstanden. Und auch Gail und Sally waren keineswegs so selbstverständlich die Freundinnen, die sie zu sein schienen.

Am Schluß der Sitzung lagen Ärger und Ängste der Schwestern offen. Das war so schnell gegangen, daß der Therapeut ihnen empfahl, sich weiterhin zu treffen und über ihre Mißverständnisse zu reden. Die Einzeltherapie ging weiter; Maureen empfand den Therapeuten jetzt als »Bruder« und fühlte sich weniger unterlegen. Die Schwestern trafen sich regelmäßig für drei oder vier Stunden am Wochenende. Diese Zusammenkünfte wirkten wie therapeutische Geschwisterversammlungen, nicht Maureen stand im Mittelpunkt, sondern ihre gemeinsamen Probleme. Sie versuchten, die erstarrten Mißverständnisse der Vergangenheit aufzulösen. Zum ersten Mal in ihrem Leben fühlte sich Maureen gleichberechtigt.

3. Schritt: Eine Geschwisterversammlung, in der neue Bindungen entstehen. Bei dieser Geschwisterversammlung unter Anleitung des Therapeuten ging es um die »Schwesternschaft«. Der folgende Ausschnitt zeigt, wie sich die vier Frauen um die konstruktive Dialektik bemühen, die zu einer gesunden Geschwisterbeziehung gehört:

Gail: »Ich will nicht Sallys Nachbarin, sondern ihre Schwester sein. Ich will mich nicht zum Mittagessen mit dir verabreden, mich interessieren deine Tennisstunden nicht. Ich möchte dich wirklich kennen, möchte wissen, was du denkst.«
Sally: »Aber wir haben doch über die Kinder geredet, über die Ehemänner. Wir haben über alle möglichen Probleme geredet.«
Gail: »Gut, eine Zeitlang vielleicht, aber in der letzten Zeit kaum noch, schon lange nicht mehr.«
Sally: »Ich glaube, das hat mit deinen Schwierigkeiten mit Jim (Gails Mann) angefangen. Ich konnte damals einfach nicht mit dir reden. Ich hatte selbst Schwierigkeiten, aber die waren nichts gegen deine, und deshalb wollte ich dich nicht damit belasten.«
Therapeut: »Wobei hat sie Sie im Stich gelassen?«

Gail: »Ich weiß es nicht. Ich hatte einfach ganz plötzlich das Gefühl, daß ich nicht mehr mit ihr reden könnte, weil sie bei allem, was mir wichtig war, immer nur ›ach, wirklich?‹ oder so sagte, wie eine entfernte Bekannte. Es kann ja sein, daß sie Anteil genommen hat, aber sie hat es nicht gezeigt, und ich konnte einfach nicht mehr offen zu ihr sein.«

Nach diesem Gespräch, in dem Verletzungen zugegeben wurden, entstand eine feste Bindung zwischen den Schwestern. Sie trafen sich weiter, mit und ohne den Therapeuten. Maureen war gleichberechtigt in die Geschwistergruppe integriert und sprach mit ihnen über ihre Homosexualität. Sie hatten ihre sexuelle Verwirrung seit Jahren gespürt und schienen erleichtert, daß dieses »Geheimnis« jetzt aufgedeckt war. Maureen wurde durch ihre Akzeptanz ermutigt.

Fünf Monate nach Beginn der Einzeltherapie und zwei Monate nach der ersten Geschwistersitzung war sie seltener depressiv und wurde sehr viel hübscher. Sie fühlte sich lebendiger, ihre Träume und sexuellen Phantasien waren eindeutiger und reifer. Sie stellte die unbefriedigende Beziehung zu ihrer Mitbewohnerin in Frage und machte sich Gedanken über eine andere Arbeit.

Bei den regelmäßigen Treffen der Schwestern war jetzt auch die Mutter häufiger anwesend. Auf dem Hintergrund der stabilen Geschwistergruppe wurden jetzt Sitzungen mit der ganzen Familie anberaumt. Maureen sprach mit den Eltern über ihre lesbischen Neigungen und konfrontierte sie, unterstützt von den Schwestern, damit, daß sie sie als Kind vernachlässigt hatten. Dabei stellte sich heraus, daß Maureen, vor allem, seit ihre älteren Schwestern aus dem Haus waren, der Puffer zwischen den Eltern gewesen war und die Mutter den Kontakt zwischen Vater und Tochter systematisch abgeblockt hatte. Die Schwestern gaben ihr in den Sitzungen genügend Unterstützung, um sich gegen die Abwehrversuche der Eltern zu behaupten.

Allmählich wurde deutlich, daß Maureens Probleme mit dem Vater, die auch einen großen Teil zu der Verwirrung ihrer sexuellen Identität beisteuerten, Teil eines umfassenderen Familienproblems waren:

Sally: »Wir behandeln uns in dieser Familie wie Gegenstände. Wir haben uns jahrelang Sachen geschenkt oder Sachen füreinander getan, um uns unsere Zuneigung zu zeigen. Aber wir haben uns nie in den Arm genommen und einfach gesagt: ›Du bist ein toller Mensch, und ich mag dich. Wenn du mich brauchst, bin ich für dich da‹.«

Maureen entschloß sich, einen anderen, fordernderen Beruf zu ergreifen. Sie nahm siebzig Pfund ab und begann eine gleichberechtigte Liebesbeziehung zu einer Frau, mit der sie später zusammenzog. Sie sagte, sie fühle sich zum ersten Mal in ihrem Leben glücklich und als »vollwertiger« Mensch. Sie hielt regen Kontakt zu ihrer Familie und war bei ihren Schwestern jederzeit willkommen.

Therapieende und Ergebnis. Siebzehn Monate nach Beginn der Therapie beendete Maureen die Behandlung. Fünf Jahre lang fanden jährliche Follow-up-Sitzungen statt. Maureen ging es weiterhin gut. Die Beziehung zu ihrer Freundin war stabil, sie hatten gemeinsam ein Haus gekauft, und sie berichtete stolz, daß sie es war, die über Finanzangelegenheiten entschied. Sie hielt nicht nur einen engen Kontakt zu Eltern und Geschwistern aufrecht, sie war auch mittlerweile ins Zentrum der Geschwistergruppe gerückt. Sie war diejenige, die Familientreffen organisierte und auf die man in Krisen zählen konnte. Beruf, Beziehungen und Selbstbild waren befriedigend.

Dieser Erfolg hing wesentlich mit den Veränderungen in der Geschwisterbeziehung zusammen. Die Aufdeckung der Geschwisterdynamik in den Einzelsitzungen, der Einsatz der Schwestern als Beraterinnen und die Geschwisterversammlungen hatten die gegenseitigen Mißverständnisse und Differenzen aufgedeckt. Danach war es Maureen möglich, den Vater zu konfrontieren, der angesichts der vereinigten Geschwistergruppe zusammen mit seiner Frau gezwungen war, die üblichen Verleugnungs- und Vermeidungstaktiken aufzugeben und alte Verletzungen wiedergutzumachen.

Ohne die Unterstützung der Geschwister wäre eine solch erfolgreiche und schnelle Lösung von Maureens Problemen wohl kaum erreicht worden.

Schlußfolgerungen

Trotz aller vergangenen Mißverständnisse und gegenwärtigen Hindernisse wie die Verpflichtungen gegenüber dem Partner, eigenen Kindern und Freunden kann man Geschwister zusammenbringen, um ihre Schwierigkeiten zu lösen. Geschwister jeden Alters, die sich zusammentun, um einem Bruder oder einer Schwester zu helfen, stellen die Abwehrmuster der Eltern in Frage. Die kollektive Stärke der Geschwistergruppe kann unter Anleitung des Therapeuten die starren Rollen umschreiben, die die Familienmitglieder in ihrem sozialen System spielen. Die wachsende Achtung und Akzeptanz, die ein Klient von seinen Geschwistern bekommt, führt zur Persönlichkeitsveränderung.

Es ist nicht immer möglich oder ratsam, die Geschwister um einen Klienten zu versammeln. Längst nicht alle Geschwister sind unterstützend und kooperativ. Entscheidend ist die Art ihrer Beziehung. Man muß die tatsächliche Beziehung ausloten und feststellen, ob es ernste Verletzungen gibt, bevor man versucht, die Geschwister zu versammeln.

In der Einzeltherapie tauchen im Lauf der Behandlung viele Geschwisterthemen auf. Die Familientherapie bietet zahlreiche Möglichkeiten für die Arbeit mit geschwisterspezifischen Techniken, aber die Einberufung einer Geschwisterversammlung empfiehlt sich nur, wenn die Geschwister den Klienten nicht beneiden oder hassen, und Kooperation ist nur möglich, wenn es keine tiefen Brüche in der Beziehung gibt. Andernfalls werden Verletzungen in der Geschwistergruppe nur verstärkt. Bei sorgfältig ausgewählten Geschwistergruppen kann eine Versammlung zu Gegenseitigkeit und Gleichberechtigung führen. Danach hat das Bündnis unabhängig vom Alter der Geschwister meist einen effektiveren Umgang mit den Abwehrmechanismen der Eltern zur Folge. Wenn die Gleichberechtigung in der Geschwistergruppe verankert ist, entsteht eine konstruktive Dialektik, auf deren Basis sich die Beziehungen aller Familienmitglieder verbessern lassen und ein gesundes Leben möglich wird.

Epilog

Der Mann wandte sich von dem Grab ab, in dem jetzt auch die Mutter lag. Die letzte Schaufel Erde war hinabgepoltert, der Abschied vollzogen, die letzten Freunde der Familie hatten der Toten die letzte Ehre erwiesen. Jetzt war er mit seinen beiden Schwestern allein.

Am liebsten hätte er sie umarmt und ihnen gesagt, sie würden jetzt immer zusammenhalten. Dann fielen ihm die großen Opfer wieder ein, unter denen seine ältere Schwester die Mutter in ihren letzten Jahren gepflegt hatte, während die jüngere Schwester passiv zugesehen, Platitüden von sich gegeben und gleichzeitig gejammert hatte, sie könne sich wirklich nicht an den Krankenhausrechnungen beteiligen. Wut kämpfte mit Trauer, als er hinter seinen Schwestern den Friedhof verließ. Er wollte mit dieser Schwester, die mit jedem Pfennig geizte, während ihre Mutter im Sterben lag, nie mehr etwas zu tun haben.

Plötzlich wurde ihm klar, daß er das jetzt, wo beide Eltern tot waren, auch nicht mehr brauchte. Er wußte, daß er zu seiner älteren Schwester auf jeden Fall Kontakt halten wollte, sie waren sich immer nahe gewesen. Aber die jüngere? Was war er ihr schuldig? Was waren sie sich überhaupt gegenseitig schuldig? Sollten sie sich regelmäßig treffen, wie ihre Eltern es ihnen ans Herz gelegt hatten, so tun, als ob sie sich liebten und achteten, als ob sie einander verpflichtet, in irgendeiner Weise verbunden wären?

Dieser Bruder steht für uns alle, die wir Geschwister haben. Wenn beide Eltern tot sind, müssen sich alle Geschwister bewußt oder unbewußt entscheiden, ob und wie sie die Geschwisterbeziehung aktiv fortführen wollen. Wie Rebecca und Lillian, die dieses Buch eröffnet haben, müssen sie sich entscheiden, ob sie ihre Bindung trotz (vielleicht auch wegen) vergangener Turbulenzen in der Familie weiterführen wollen oder nicht. Auch wenn die Geschwisterbeziehung das stärkste Vermächtnis der Eltern ist – der Tag kommt, an dem die Eltern nicht mehr da sind, um die Beziehungen ihrer Kinder zu bestimmen, auszugestalten, zu nähren oder zu verderben. Jetzt haben die Geschwister die Wahl: Halten sie die Beziehung durch gegenseitige Unterstützung und regelmäßige Familientreffen zu Weihnachten mit den dazugehörigen Kindheitserinnerungen, Austausch von Mutters Rezepten und Vaters Witzen und der Bewunderung der Erbstücke, die jetzt zwischen ihnen aufgeteilt sind, lebendig, oder zerschneiden sie die Verbindung, indem sie sich abwenden, höfliche Distanz halten, nie wirklich miteinander kommunizieren – also erstarrte Mißverständnisse ein für allemal festschreiben.

Aber ob man die Geschwisterbindung hochhält oder verleugnet, solange Bruder oder Schwester am Leben sind, gibt es immer noch einen Menschen, der einen als Kind gekannt, auf einzigartige und intime, unkontrollierbare Weise erlebt hat, einen (vielleicht verzerrten) Spiegel der Kindheit und Jugend – kurz, jemanden, der dieselben Eltern hatte wie man selbst.

Immer wieder ist in unseren Untersuchungen der Wunsch aufgetaucht, die bestehende Geschwisterbeziehung kontrollieren, deuten, ihren Verlauf vorhersagen zu können. Eltern, die diese entscheidende Beziehung verstehen, können die Geschwisterbeziehung ihrer Kinder verbessern und erleichtern. Erwachsene Geschwister, die die Geschwisterbindung begreifen, können ihr irrationales Zwangsverhalten ablegen und konstruktivere Umgangsweisen für ihre Gefühle finden.

Aber das Wissen um die Geschwisterbeziehung, um ihre Anfänge und die Möglichkeiten zu ihrer Veränderung steckt noch in den Kinderschuhen. Wir hoffen, daß unsere Arbeit zum Auslöser für weitere Untersuchungen dieser entscheidenden Beziehung im menschlichen Leben wird. Und wir hoffen, daß unsere Leser, ob Therapeuten und Lehrer oder Geschwister und Eltern von Geschwistern, sich durch dieses Buch der Komplexität der Geschwisterbeziehung bewußter geworden sind und danach mit den Überraschungen, Frustrationen und dem großen Potential an Freude in dieser Beziehung klug umgehen können.

Nachbemerkung der Übersetzerin

Die deutsche Fassung dieses Buches ist gekürzt. Ich habe mich zu den Kürzungen entschlossen, da die auf dem amerikanischen Buchmarkt übliche Mischung von Sach- und Fachbuchtexten streckenweise zu Redundanzen führt, die die Lektüre im deutschsprachigen Raum eher erschwert. Deshalb habe ich einzelne Kapitel gestrafft und teilweise zusammengefaßt. Weggelassen wurden auch solche Teile, die sich auf hier wenig bekannte belletristische Literatur der USA beziehen. Die Fallbeispiele wurden fast alle übernommen, ich habe nur solche gestrichen, die sich auf überwiegend amerikanische Strukturen beziehen und im europäischen Raum wenig Entsprechungen haben.

Irmgard Hölscher

Literaturverzeichnis

Abelson, Robert P. (1981): Psychological Status of the Script Concept. American Psychologist 36(7). S. 715–29.

Abramovitch, Ronah; Carter, C.; Lando, B. (1979): Sibling Interaction in the home. Child Development 50. S. 997–1003.

Abrams, Jules C.; Kaslow, Florence W. (1976): Learning Disability and Family Dynamics. A Mutual Interaction. Journal of Clinical Child Psychology 5(1[Spring]). S. 35–40.

Ackerman, Nathan (1966): Treating the Troubled Family. New York: Basic Books.

Adams, Bert (1968): Kinship in an Urban Setting. Chicago: Markham.

Adler, Alfred (1928): Characteristics of First, Second and Third Children. Children 3 (14[issue 5]).

Adler, Alfred (1927/1959): Understanding Human Nature. Fawcett Publications, New York; dt.: Menschenkenntnis. Rascher, Zürich 1954.

Adler, William (1980): The Kennedy Children. Triumphs and Tragedies. New York: Franklin Watts.

Ahrensberg, Conrad (1937): The Irish Countryman. Garden City, N. Y.: Natural History Press.

Ainsworth, Mary (1972): Attachment and Dependency. A Comparison. In: J. L. Gerwitz (Hrsg.): Attachment and Dependance. Washington, D. C.: Winston.

Ainsworth, Mary D. Salter (1979): Infant-Mother Attachment. American Psychologist 34(10). S. 932–37.

Allen, Martin G.; Pollin, William; Offer, Axel (1971): Parental Birth and Infancy Factors in Infant Twin Development. American Journal of Psychiatry 127. S. 1597–1604.

Allport, Gordon (1955): Becoming. Basic Considerations for a Psychology of Personality. New Haven: Yale University Press; dt.: Werden der Persönlichkeit. Gedanken zur Grundlegung einer Psychologie der Persönlichkeit. Kindler, München 1974.

Alodus, Joan (1978): Family Careers. Developmental Change in Families. New York: John Wiley.

Altus, William (1965): Birth Order and Academic Primogeniture. Journal of Personality and Social Psychology 6. S. 872–76.

– (1966): Birth Order and Its Sequelae. Science 151. S. 44–49.

Anthony, E. James; Koupernik, Cyrille (Hrsg.) (1974): The Child in His Family. Children at Risk, Vol. III. New York: John Wiley.

Ariès, Philippe: Geschichte der Kindheit. Hanser, München/Wien 1975.

Arlow, Jacob (1960): Fantasy Symptoms in Twins. Psychoanalytic Quarterly 29(2). S. 175–99.

Arnold, J. E.; Levine, A. G.; Patterson, G. R. (1976): Changes in Sibling Behavior following Family Intervention. Annual Review of Behavior Therapy and Practice 4. S. 535–45.

Arnstein, Helene S. (1979): Brothers and Sisters. Sisters and Brothers. New York: E. P. Dutton.

Bagley, Christopher (1969): Incest Behavior and Incest Taboo. Social Problems 16. S. 505–19.

Bane, Mary Jo. (1976): Here to stay. American Families in the Twentieth Century. New York: Basic Books.

Bank, Stephen; Kahn, Michael D. (1975): Sisterhood-Brotherhood Is Powerful. Sibling Sub-Systems and Family Therapy. Family Process 14(3[September]). S. 311–37.

– (1980/81): Freudian Siblings. Psychoanalytic Review 67(Winter). S. 493–504.

– (1982): Intense Sibling Loyalties. In: M. Lamb; B. Sutton-Smith (Hrsg.): Sibling Relationships across the Life Span. Hillside. N. J.: Lawrence Ehrlbaum.

Bell, A.; Weinberg, M. (1978): Homosexualities. A Study of Diversity among Men and Women. New York: Simon & Schuster.

Bell, Richard Q. (1974): Contributions of Human Infants to Caregiving and Social Interaction. In: M. Lewis, L. A. Rosenblum: The Effect of the Infant on Its Caregiver, Vol. I. S. 1–20.

Benjamin, H. P. (1957): Simultaneous Occurrences of Psychotic Episodes in Monozygotic Twins. AMA Archives of Neurology and Psychiatry 78. S. 197–203.

Bergmann, Thesi; Wolfe, Sidney (1971): Observations of the Reactions of Healthy Children to Their Chronically Ill Siblings. Bulletin of the Philadelphia Association for Psychoanalysis 21. S. 145–61.

Bernays, Anna (1940): My Brother, Sigmund Freud. American Mercury (November). S. 334–40.

Berry, Gail W. (1975): Incest. Some Clinical Variations on a Classical Theme. Journal of the American Academy of Psychoanalysis 3(2). S. 151–61.

Biller, Henry B. (1971): Father, Child and Sex Role. Lexington, Mass.: D. C. Heath.

Blechman, Elaine A. (1982): Are Children with One Parent at Psychological Risk. A Methodological Review. Journal of Marriage and Family.

Blinder, B. J. (1972): Sibling Death in Childhood. Child Psychiatry and Human Development 2(4). S. 169–75.

Bloch, Donald (Hrsg.) (1973): Techniques of Family Psychotherapy. New York: Grune & Stratton.

Blurton Jones, N. (1972): Categories of Child-Child Interactions. In: N. Blurton Jones (Hrsg.): Ethological Studies of Child Behavior, London: Cambridge University Press.

Bossard, James H. S.; Boll, Eleanor S. (1956): The Large Family System. An Original Study in the Sociology of Family Behavior. Philadelphia: University of Pennsylvania Press.

Boszormenyi-Nagy, Ivan (1965): A Theory of Relationships. Experience and Transaction. In: Ivan Boszormenyi-Nagy; James Framo (Hrsg.): Intensive Family Therapy. New York: Harper & Row; dt.: Familientherapie. Theorie und Praxis. Rowohlt, Reinbek o. J.

Boszormenyi-Nagy, Ivan; Spark, Geraldine M. (1973): Invisible Loyalties. Reciprocity in Intergenerational Family Therapy. Hagerstown, Md.: Harper & Row; dt.: Unsichtbare Bindungen. Die Dynamik familiärer Systeme. Klett-Cotta, Stuttgart 1981.

Boszormenyi-Nagy, Ivan; Ulrich, David (1981): Contextual Family Therapy, In: Alan S. Gurman; David P. Kniskern (Hrsg.): Handbook of Family Therapy. New York: Brunner-Mazel.

Bowen, Murray (1966): The Use of Family Theory in Clinical Practice. Comprehensive Psychiatry 7. S. 345–74.

- (1970): Toward the Differentiation of Self in One's Own Family. In: James Framo (Hrsg.): Family Interaction. A Dialogue between Family Researchers and Family Therapists. New York: Springer, 1972. S. 111–73.
Bowerman, C. E.; Dobash, R. M. (1974): Structural Variations in Intersibling Affect. Journal of Marriage and the Family 36(1). S. 48–54.
Bowlby, John (1969): Attachment. Vol. I in Attachment and Loss. New York: Basic Books.
- (1973): Separation. Anxiety and Anger. Vol. II in Attachment and Loss. New York: Basic Books.
- (1980): Loss, Sadness and Depression. Vol. III in Attachment and Loss. New York: Basic Books.
Brazelton, T. Berry (1974): Toddlers and Parents: A Declaration of Independence. New York: Delacorte.
Brim, O. G. (1958): Family Structure and Sex Role Learning by Children: A Further Analysis of Helen Koch's Data. Sociometry 21. S. 1–16.
Bronfenbrenner, Urie (1970): Two Worlds of Childhood. New York: Russel Sage Foundation; dt.: Erziehungssysteme. Kinder in den USA und der Sowjetunion. dtv, München 1973.
Bryant, Brenda K. (1979): Siblings as Caretakers. Paper presented at the annual meeting of the American Psychological Association, New York, September 1979. Teil eines Symposiums: Lifespan Perspectives on Sibling Socialization.
- (1982): Sibling Relationships in Middle Childhood. In: M. Lamb; B. Sutton-Smith (Hrsg.): Sibling Relationships across the Life Span. Hillside, N. J.: Lawrence Ehrlbaum.
Burlingham, Dorothy (1952): Twins. A Study of Three Pairs of Identical Twins. London: Image.
Cain, Albert C.; Fast, Irene; Erickson, Mary (1964): Children's Disturbed Reactions to the Death of a Sibling. American Journal of Orthopsychiatry 34(4). S. 741–52.
Caplow, Theodore (1968): Two against One. Coalitions in Triads. Englewood Cliffs, N. J.: Prentice-Hall.
Carandang, Maria; Folkins, Carlyle; Hines, Patricia; Steward, Margaret (1979): The Role of Cognitive Level and Sibling Illness in Childrens' Conceptualizations of Illness. American Journal of Orthopsychiatry 49. S. 474–81.
Cicerelli, Victor G. (1972): The Effect of Sibling Relationship on Concept Learning of Young Children Taught by Child Teachers. Child Development 43. S. 282–87.
- (1975): Effects of Mother and Older Siblings on the Problem Solving Behavior of the Younger Child. Development Psychology 11. S. 749–56.
- (1976): Mother – Child and Sibling-Sibling Interactions on a Problem Solving Task. Child Development 46. S. 588–96.
- (1977): Relationship of Siblings to the Elderly Person's Feelings and Concerns. Journal of Gerontology 32(3). S. 317–22.
Clarke-Stewart, K. A. (1978): And Daddy Makes Three. The Father's Impact on Mother and Young Child. Child Development 49. S. 466–78.
Cohen, Yehudi (1978): The Disappearance of the Incest Taboo. Human Nature (July). S. 72–78.
Coleman, Sandra B. (1978): Sib-Group Therapy. A Prevention Program for Siblings from Drug-Addicted Families. International Journal of the Addictions 13(1). S. 115–27.

- (1979): Siblings in Session. In: Edward; Kaufman, Pauline (Hrsg.): Family Therapy of Drug and Alcohol Abuse. New York: Gardner Press.
Conley, James J. (1981): Birth Order and Individual Differences in Emotional Response. Manuscript, Department of Psychology, Wesleyan University.
Connors, Tony (1968): My Sister's Paper. London: Oxford University Press.
Cooley, C. H. (1922): Human Nature and the Social Order. New York: Charles Scribner.
Cumming, Elaine; Schneider, David (1961): Sibling Solidarity. A Property of American Kinship. American Anthropologist 63. S. 408–507.
David, Henry P.; Baldwin, Wendy, P. (1979): Childbearing and Child Development: Demographic and Psychosocial Trends. American Psychologist 34. S. 866–71.
Day, J.; Kwiatkowska, H. Y. (1979): The Psychiatric Patient and His ›Well‹ Sibling. A Comparison through Their Art Productions. Bulletin of Art Therapy 1. S. 51–66.
Dicks, Henry V. (1967): Marital Tensions. Clinical Studies Towards a Psychological Theory of Interaction. New York: Basic Books.
Duberman, Lucille (1973): Stepkin Relationships. Journal of Marriage and the Family 35(2). S. 283–92.
Eisenstadt, J. Marvin (1978): Parental Loss and Genius. American Psychologist 33. S. 211–23.
Engel, George L. (1974): The Death of a Twin. Mourning and Anniversary Reactions. Fragments of 10 Years of Self-Analysis. International Journal of Psychoanalysis 45(1). S. 23–40.
Erikson, Erik (1959): Identity and the Life Cycle. In: Psychological Issues. New York: International Universities Press; dt.: Identität und Lebenszyklus. 3 Aufsätze. Suhrkamp, Frankfurt 1973.
Escalona, Sybil; Heider, G. (1959): Prediction and Outcome. A Study of Child Development. New York: Basic Books.
Essman, Clifford; Deutch, Francine (1979): Siblings as Babysitters: Responses of Adolescents to Younger Siblings in Problem Situations. Adolescence 54 (Summer). S. 411–20.
Etaugh, Claire (1980): Effects of Nonmaternal Care of Children. Research Evidence and Popular Views. American Psychologist 35. S. 309–19.
Fagot, B. I. (1978): The Influence of Sex of Child on Parental Reactions to Toddler Children. Child Development 49. S. 459–65.
Fairbairn, W. R. D. (1954): An Object Relations Theory of Personality. New York: Basic Books.
Falbo, Toni (1982): Only Child in America. In: M. Lamb; B. Sutton-Smith (Hrsg.): Sibling Relationships across the Life Span. Hillside, N. J.: Lawrence Ehrlbaum.
Farber, Susan (1981): Identical Twins Reared Apart. New York: Basic Books.
Featherstone, Helen (1980): A Difference in the Family. New York: Basic Books.
Feinberg, Daniel (1970): Preventive Therapy with Siblings of a Dying Child. Journal of the American Academy of Child Psychiatry 9(4). S. 644–68.
Ferguson, Eva D. (University of Pittsburgh) (1958): The Effect of Sibling Competition and Alliance on Level of Aspiration, Expectation and Performance. Journal of Abnormal and Social Psychology 56. S. 213–22.

Festinger, Leon (1954): A Theory of Social Comparison Process. Human Relations 7. S. 117–40.
- (1957): A Theory of Cognitive Dissonance. Stanford, Calif.: Stanford University Press.
Finklehor, David (1979): Sexually Victimized Children. New York: Free Press.
- (1980): Sex Among Siblings. A Survey on Prevalence, Variety, and Effects. Archives of Sexual Behavior 9. S. 171–94.
Fishel, Elisabeth (1980): Sisters. New York: Bantam Books.
Forward, Susan; Buck, Craig (1978): Betrayal of Innocence. Incest and Its Devastation. New York: Penguin Books.
Fox, J. R. (1962): Sibling Incest. British Journal of Sociology 13(2). S. 128–50.
Fox, Robin J. (1980): The Red Lamp of Incest. New York: E. P. Dutton.
Framo, James (1970): Symptoms from a Family Transactional Viewpoint. International Psychiatry Clinics 7. S. 125–71.
- (1972): Symptoms from a Family Transactional Point of View. In: C. Seger; H. S. Kaplan: Progress in Group and Family Therapy. S. 271–308. New York: Brunner/Mazel.
Frances, V.; Frances, A. (1976): The Incest Taboo and Family Structure. Family Process 15. S. 235–44.
Frazer, James G. (1910): Totemism and Exogamy. A Treatise on Certain Early Forms of Superstition and Society. 4 Bde. London: Macmillan.
Freeman, Douglas S. (1948): George Washington. New York: Charles Scribner.
Freud, Anna (1946): The Ego and The Mechanisms of Defense. New York: International Universities Press; dt.: Das Ich und die Abwehrmechanismen. Kindler, München 1975.
- Kriegskinder. Berichte aus den Kriegskinderheimen Hampstead Nurseries (in Zusammenarbeit mit Dorothee Burlington). In: Schriften Bd. 2, 1939–1945. Kindler, München 1980.
Freud, Anna; Dann, Sophie (1951): An Experiment in Group Upbringing. In: Ruth S. Eisler (Hrsg.): The Psychoanalytic Study of the Child, Vol. VI. New York: International Universities Press.
Freud, Sigmund (1896): Weitere Bemerkungen über die Abwehr-Neuropsychosen, Gesammelte Werke (G. W.) Bd. 1, S. 489 ff.
- (1905): Bruchstück einer Hysterie-Analyse, G. W. Bd. 5, S. 161 ff.
- (1909): Analyse der Phobie eines fünfjährigen Knaben, G. W. Bd. 7, S. 241 ff.
- (1912/13): Totem und Tabu, G. W. Bd. 9.
- (1918): Aus der Geschichte einer infantilen Neurose, G. W. Bd. 12, S. 27 ff.
- (1925): Die Widerstände gegen die Psychoanalyse, G. W. Bd. 14, S. 97 ff.
- (1930): Das Unbehagen in der Kultur, G. W. Bd. 14, S. 419 ff.
- (1935): Selbstdarstellung, 2. Aufl. mit Ergänzungen und »Nachschrift 1935«, G. W. Bd. 14, S. 131 ff., und G. W. Bd. 16, S. 31 ff.
- (1937): Die endliche und die unendliche Analyse, G. W. Bd. 16, S. 57 ff.
Galton, Frances (1874): English Men of Science, Their Nature and Nurture. London: Macmillan.
Gallagher, Richard; Cowen, Emory L. (Temple University) (1976): Adjustment Problems of Sibling and Non-Sibling Pairs Referred by a School Mental Health Program. Journal of Consulting and Clinical Psychology 44(5[October]). S. 873.
Garmezy, Norman (1976): Vulnerable and Invulnerable Children. Theory, Research

and Intervention. Master Lecture on Developmental Psychology. American Psychological Association.

Gebhard, P. H. u. a. (1965): Sex Offenders. An Analysis of Types. New York: Harper & Row.

Glenn, Jules (1966): Opposite Sex Twins. Journal of the American Psychoanalytic Association 14. S. 736–59.

Goffman, Erving (1956): The Presentation of Self in Everyday Life. Woodstock, N. Y.: Overlook Press; dt.: Wir alle spielen Theater. Die Selbstdarstellung im Alltag. Piper, München 1969.

Goodall, Jane (1967): Mother Offspring Relationships in Chimpanzees. In: D. Morris (Hrsg.): Primate Ethology. Chicago: Aldine Press.

Goode, William (1970): World Revolution and Family Patterns. New York: Free Press.

Grossman, Frances K. (1972): Brothers and Sisters of Retarded Children. An Exploratory Study. Syracuse, N. Y.: Syracuse University Press.

Gunther, John (1949): Death, Be Not Proud. New York: Harper & Row.

Haley, Jay (1963): Strategies of Psychotherapy. New York: Grune & Stratton; dt.: Gemeinsamer Nenner Interaktion. Strategien der Psychotherapie. Pfeiffer, München 1978.

– (1969): The Art of Being Schizophrenic. The Power Tactics of Jesus Christ. New York: Grossman.

– (1976): Problem-Solving Therapy. New Strategies for Effective Family Therapy. San Francisco: Jossey-Bass; dt.: Direktive Familientherapie. Strategien für die Lösung von Problemen. Pfeiffer, München 1977.

– (1979): Family Therapy Conference, New York City, 9 July.

– (1980): Leaving Home. New York: McGraw-Hill; dt.: Ablösungsprobleme Jugendlicher. Familientherapie – Beispiele – Lösungen. Pfeiffer, München 1981.

Hartup, Willard (1975): The Origins of Friendship. In: M. Lewis, L. A. Rosenblum: Friendship and Peer Relations. New York: John Wiley.

Heath, D. H. (1976): Competent Fathers. Their Personalities and Marriages. Human Development 19(1). S. 26–39.

Heider, Fritz (1958): The Psychology of Interpersonal Relations. New York: John Wiley.

Henry, Jules (1965): Pathways to Madness. New York: Random House.

Henry, Jules; Henry, Zurria (1942): Symmetrical Reciprocal Hostility in Sibling Rivalry. American Journal of Orthopsychiatry 12. S. 2.

Hilgard, Ernest R. (1944): Human Motives and the Concept of Self. American Psychologist 4. S. 374–82.

Hilgard, Josephine R. (1969): Depressive and Psychotic States as Anniversaries to Sibling Death in Childhood. International Clinics, 6(2). S. 197–211.

Hoffman, Lynn (1971): Deviation-Amplifying Processes in Natural Groups. In: Jay Haley (Hrsg.): Changing Families. A Family Therapy Reader. S. 285–311. New York: Grune & Stratton.

– (1976): Enmeshment' and the Too Richly Cross Joined System. Family Process 14. S. 457–68.

Hofstadter, Richard (1959): Social Darwinism in American Thought. Boston: Beacon Press.

Holinger, Paul C. (1977): Suicide in Adolescence. American Journal of Psychiatry 134(12[December]). S. 1433f.

Hoover, C. F.; Franz, J. D. (1972): Siblings in the Families of Schizophrenics. Archives of General Psychiatry 26. S. 334–42.

Horner, Althea (1979): Object Relations and the Developing Ego in Therapy. New York: Jason Aronson.

Ihinger, Marylin (1975): The Referee Role and Norms of Equity. A Contribution toward a Theory of Sibling Conflict. Journal of Family and Marriage 37(3). S. 515–24.

Irish, Donald R. (1964): Sibling Interaction. A Neglected Aspect in Family Life Research. Social Forces 42(3). S. 279–88.

Jackson, Don (1970): The Study of the Family. In: N. W. Ackermann: Family Process. S. 111–30. New York: Basic Books.

James, William (1890): The Principles of Psychology, Bd. I. New York: Holt.

Johnson, Adelaide, Szurek, S. A. (1952): The Genesis of Antisocial Acting Out in Children and Adults. Psychoanalytic Quarterly 21. S. 323–43.

Jones, Ernest (1910): Hamlet and Oedipus. The Oedipus Complex as an Explanation of Hamlet's Mystery. Garden City, N. Y.: Doubleday Books, 1949.

– (1953): The Life and Work of Sigmund Freud, Bd. 1. New York: Basic Books; dt.: Das Leben und Werk von Sigmund Freud. Huber, Stuttgart 1960.

Joseph, Edward D. (1959): An Unusual Fantasy in a Twin with an Inquiry into the Nature of Fantasy. Psychoanalytic Quarterly 28. S. 189–206.

– (1961): The Psychology of Twins. Journal of American Psychoanalytic Association 9(1). S. 158–66.

Journal of Abnormal Psychology (1949): Ambivalence in First Reactions to a Sibling. 44. S. 541–48.

Jung, Carl Gustav (1972): Über die Entwicklung der Persönlichkeit. Ges. Werke, Bd. 17. Walter, Olten und Freiburg.

Kahn, Michael D.; Bank, Stephen (1981): In Pursuit of Sisterhood. Adult Siblings as a Resource for Combined Individual and Family Therapy. Family Process 20(1). S. 85–95.

Kahn, Robert; Cannell, Charles F. (1957): The Dynamics of Interviewing. New York: John Wiley.

Kahn, Ruth (1981): Parents as Teachers. Linguistic and Behavioral Interactions of Middle-Class Mothers and Fathers and Their Normally Developing and Developmentally Delayed Preschoolers During Teaching/Learning Activities. Doctoral Dissertation, University of Connecticut.

Kaiser, Hellmuth (1955): The Problem of Responsibility in Psychotherapy. Psychiatry 18. S. 205–12.

Karpman, Ben (1953): Psychodynamics in Fraternal Twinship Relations. Psychoanalytic Review 1. S. 40.

Kaufmann, James M.; Hallahan, Daniel P.; Ball, Donald (1975): Parents' Predictions of Their Children's Perceptions of Family Relations. Journal of Personality Assessment 39(3). S. 228–35.

Kendrick, Carol; Dunn, Judy (1980): Caring for a Second Baby. Effects on Interaction between Mother and First Born. Developmental Psychology 16(4). S. 303–11.

Keniston, Kenneth; The Carnegie Council on Children (1977): All Our Children. The American Family under Pressure. New York: Harcourt Brace Jovanovich.

Kernberg, Otto (1975): Borderline Conditions and Pathological Narcissism. New York: Jason Aronson; dt.: Borderline-Störungen und pathologischer Narzißmus. Suhrkamp, Frankfurt 1980.
- (1980): Internal World and External Reality. Object Relations Theory Applies. New York: Jason Aronson.

Khan, Masud R. (1974): The Privacy of the Self. New York: International Universities Press; dt.: Selbsterfahrung in der Therapie. Theorie und Praxis. Kindler, München 1977.
- (1978): Secret as Potential Space. In: Simon Gralnick; Leonard Barkin (Hrsg.): Between Reality and Fantasy. Transitional Objects and Phenomena. New York: Jason Aronson.

Klein, Melanie (1975): Envy and Gratitude and Other Works. 1946–1963. New York: Delacorte.

Klein, Melanie; Heiminn, P.; Isaacs, S.; Riviere, J. (1952): Development in Psycho-Analysis. London: Hogarth.

Koch, Helen L. (1955): Some Personality Correlates of Sex, Sibling Position, and Sex of Sibling among Five and Six Year Old Children. Genetic Psychological Monographs 52. S. 3–50.
- (1956): Sissiness and Tomboyishness in Relation to Sibling Characteristics. Journal of Genetic Psychology 88. S. 231–44.
- (1960): The Relation of Certain Formal Attributes of Siblings to Attitudes Held Toward Each Other and Toward Their Parents. Monographs of the Society for Research in Child Development 25. S. 1–124.

Kohut, Heinz (1971): The Analysis of the Self. New York: International Universities Press; dt.: Narzißmus. Eine Theorie der psychoanalytischen Behandlung narzißtischer Persönlichkeitsstörungen. Suhrkamp, Frankfurt 1976.
- (1977): The Restoration of the Self. New York: International Universities Press; dt.: Die Heilung des Selbst. Suhrkamp, Frankfurt 1979.

Krell, Robert; Rabkin, Leslie (1979): The Effects of Sibling Death on the Surviving Child. A Family Perspective. Family Process 18. S. 471–78.

Kubo, S. (1959): Researches and Studies on Incest in Japan. Hiroshima Journal of Medical Sciences 8. S. 99–159.

Lamb, Michael E. (1976): The Role of the Father. An Overview. In: M. E. Lamb (Hrsg.): The Role of the Father in Child Development. New York: John Wiley.
- (1978): The Development of Sibling Relationships in Infancy. A Short-Term Longitudinal Study. Child Development 49(4). S. 1189–96.

Lamb, Michael; Sutton-Smith, Brian (1982): Sibling Relationships across the Life Span. Hillside, N. J.: Lawrence Ehrlbaum.

Langs, Robert J. (1977): The Therapeutic Interaction. A Synthesis. New York: Jason Aronson.

Lasch, Christopher (1978): The Culture of Narcissism. American Life in an Age of Diminishing Expectations. New York: W. W. Norton.

Lasko, J. K. (1954): Parent Behavior towards First and Second Children. Genetic Psychological Monographs 49. S. 96–137.

Lavigueur, Henry (1973): The Use of Siblings as an Adjunct to the Behavioral Treatment of Children in the Home with Parents as Therapists. Doctoral Dissertation, University of Illinois at Urbana-Champaign.

Lederer, William J.; Jackson, Don D. (1968): The Mirages of Marriage. New York: W. W. Norton.

Leitenberg, Harold; Burchard, John D.; Burchard, Sara N.; Fuller, Eloise J.; Lysaght, Thomas V. (1977): Using Positive Reinforcement to Suppress Behavior. Some Experimental Comparisons with Sibling Conflict. Behavior Therapy 8. S. 168–82.

Leonard, Marjorie R. (1955): Twins, Myths and Reality. Child Study 30. S. 9–13, 38–41.

– (1961): Problems of Identification and Ego Development in Twins. In: Ruth S. Eissler (Hrsg.): The Psychoanalytic Study of the Child. Vol. XVI. S. 300–12. Hartford: Yale University Press.

Lesser, Ruth M. (1978): Sibling Transference and Countertransference. Journal of the American Academy of Psychoanalysis 6(1). S. 37–49.

Lester, David C. (1975): Unusual Sexual Behavior. The Standard Deviations. Springfield, Ill.: Charles C. Thomas.

Levy, David M. (1937): Sibling Rivalry. American Orthopsychiatric Association Monograph 2.

Lewis, Jerry M.; Beavers, Robert W.; Gossett, John T.; Phillipps, Virginia A. (1976): No Single Thread. Psychological Health in Family Systems. New York: Brunner/Mazel.

Lichtenstein, Heinz (1977): The Dilemma of Human Identity. New York: Jason Aronson.

Lieberman, E. James (1970): The Case for Small Families. New York Times Magazine, 8 March. S. 86, 89.

Lifton, Robert J. (1967): Death in Life. Survivors of Hiroshima. New York: Random House.

Lindeman, Erich (1944): Symptomatology and Management of Acute Grief. American Journal of Psychiatry 101. S. 141–48.

Lindzey, Gardner (1967): Some Remarks Concerning Incest, the Incest Taboo and Psychoanalytic Theory. American Psychologist 22. S. 1051–59.

Lofland, John (1976): Doing Social Life. New York: John Wiley.

Longo, Robert (1977): The Therapeutic Interaction. A Synthesis. New York: Jason Aronson.

Lynch, James (1979): The Broken Heart. The Medical Consequences of Loneliness. New York: Basic Books.

Lynn, David B. (1974): The Father. His Role in Child Development. Monterey, Calif.: Brooks Cole.

Lytton, H. (1979): Disciplinary Encounters between Young Boys and their Mothers. Is There a Contingency System? Developmental Psychology 15(3). S. 256–68.

Lytton, H.; Conway, D.; Sauve, R. (1977): The Impact of Twinship on Parent Child Interaction. Journal of Personality and Social Psychology 35(2). S. 97–105.

Machotka, Pavel; Pittman, Frank S.; Flomenhaft, Kalman (Colorado Psychopathic Hospital) (1967): Incest as a Family Affair. Family Process 6(1). S. 98–116.

Mahler, Margaret S.; Furer, M. (1968): On Human Symbiosis and the Vicissitudes of Individuation. In: Infantile Psychosis. New York: International Universities Press.

Marscak, Marianne (1968): A Puzzling Episode. Psychiatry 31(2). S. 195–98.

Masterman, Beth Jean (1979): Siblings during a Family Crisis. A Contextual Study. Honors Thesis, Wesleyan University.

Masters, William H.; Johnson, Virginia E. (1976): Incest. The Ultimate Taboo. Redbook Magazine 146(6). S. 54–58.

McArdle, Paul E.; Miller, Sybil C. (1978): Brothering and Sistering Education. Instructional Program Conducted at West Virginia Wesleyan University.

McMahon, Arthur; Schmitt, Phyllis; Patterson, James; Rothman, Ellen (1973): Personality Differences between Inflammatory Bowel Disease Patients and Their Healthy Siblings. Psychosomatic Medicine 35(2). S. 91–203.

Mead, George Herbert (1934): Mind, Self and Society. From the Standpoint of a Social Behaviorist. Hrsg. v. C. W. Morris; Chicago: University of Chicago Press; dt.: Geist, Identität und Gesellschaft aus der Sicht des Sozialbehaviorismus. Suhrkamp, Frankfurt 1973.

– (1956): The Social Psychology of George Herbert Mead. Chicago: University of Chicago Press; dt.: Sozialpsychologie. Luchterhand, Neuwied 1969.

Meiselman, Karin C. (1978): Incest. A Psychological Study of Causes and Effects with Treatment Recommendations. San Francisco: Jossey-Bass.

Meyendorf, Ruth (1971): Infant Depression Due to Separation from Siblings. Syndrome or Depression, Retardation, Starvation and Neurological Symptoms. A Re-Evaluation of the Concept of Maternal Deprivation. Psychiatrica Clinica 4. S. 321–35.

Milgram, Joel I.; Ross, Helgola G. (1982): Effects of Fame in Adult Sibling Relationships. Journal of Individual Psychology 38.

Miller, Daniel R. (1963): The Study of Social Relationships. Situation, Identity and Social Interaction. In: S. Koch (Hrsg.): Psychology. A Study of a Science, Vol. V. S. 641–737.

Miller, Daniel R. (1982): Self, Symptom and Social Control. In: T. Sarbin, K. Scheibe (Hrsg.): Studies in Social Identity. New York: Praeger.

Minuchin, Salvador (1974): Families and Family Therapy. Cambridge. Harvard University Press; dt.: Familie und Familientherapie. Theorie und Praxis struktureller Familientherapie. Lambertus, Freiburg 1977.

Minuchin, Salvador; Fishman, Charles (1981): Techniques in Family Therapy. Cambridge. Harvard University Press; dt.: Praxis der strukturellen Familientherapie. Strategien. Lambertus, Freiburg 1983.

Minuchin, Salvador; Montalvo, Braulio; Guernez, Bernard; Schumer, Florence (1967): Families of the Slums. New York: Basic Books.

Minuchin, Salvador; Rosman, Bernice; Baker, Lester (1978): Psychosomatic Families. Anorexia Nervosa in Context. Cambridge. Harvard University Press.

Money, J.; Ehrhardt, A. (1972): A Man and a Women, Boy and Girl. Baltimore: John Hopkins University Press.

Moore, S. (1964): Descent and Symbolic Filiation. American Anthropologist 66. S. 1308–21.

Mordock, John G. (1974): Sibling Sexual Fantasies in Family Therapy. A Case Report. Journal of Family Counseling 2(1). S. 60–65.

Napier, Augustus; Whitaker, Carl (1978): The Family Crucible. New York: Harper & Row; dt.: Die Bergers. Beispiel einer erfolgreichen Familientherapie. Rowohlt, Reinbek 1982.

Nelson, Waldo; Vaughan, Victor; McKay, James, Jr.; Behrman, Richard (1979): Textbook of Pediatrics, 11th ed. Philadelphia: W. B. Saunders.
Newman, Gustave (1966): Younger Brothers of Schizophrenics. Psychiatry 29(2). S. 146–51.
Oberndorf, C. P. (1929): Psychoanalysis of Siblings. American Journal of Psychiatry. S. 1007–1020.
Orr, Douglas W. (1941): A Psychoanalytic Study of a Fraternal Twin. Psychoanalytic Quarterly 10. S. 284–96.
Packard, Vance (1972): A Nation of Strangers. New York: David McKay.
Palazzoli, Mara Selvini; Boscolo, L.; Cecchin, G.; Prata, C. (1978): Paradox and Counterparadox. New York: Jason Aronson; dt.: Paradoxon und Gegenparadoxon. Ein neues Therapiemodell für die Familie mit schizophrener Störung. Klett, Stuttgart 1977.
Panken, S. (1973): The Joy of Suffering. New York: Jason Aronson.
Papalia, Diane; Olds, Sally Wendkos (1975): A Child's World. Infancy through Adolescence. New York: McGraw-Hill.
Parke, R. D. (1979): Perspectives on Father-Infant Interaction. In: J. D. Osofsky (Hrsg.): Handbook on Infant Development. New York: John Wiley.
Parrish, David (1978): Transitional Objects and Phenomena in a Case of Twinship. In: Simon Grolnick; Leonard Barkin (Hrsg.): Between Reality and Fantasy. Transitional Objects and Phenomena. New York: Jason Aronson.
Patterson, Gerald (1975): A Social Learning Approach to Family Intervention. Vol. I: Families with Aggressive Children. Eugene, Ore.: Castalia Publishing.
– (1980): Mothers. The Unacknowledged Victims. Monograph of the Society for Research in Child Development, no. 186.
Paul, I. H. (1973): Letters to Simon. New York: International Universities Press.
Paul, Norman L.; Paul, Betty B. (1975): A Marital Puzzle. New York: W. W. Norton.
Peters, J. J. (1976): Children Who Are Victims of Sexual Assault and the Psychology of Offenders. American Journal of Psychotherapy 30. S. 398–421.
Pincus, Lily; Dare, Christopher (1978): Secrets in the Family. New York: Pantheon.
Pines, Maya (1979): Superkids. Psychology Today (January). S. 53–64.
Pollock, George H. (1978): On Siblings, Childhood Sibling Loss and Creativity. Annual of Psychoanalysis 6. S. 443–81.
Pomerance, Richard N. (1973): Sibling Loss in Young Women: A Retrospective Study. Dissertation Abstracts International 34(4B[October]). S. 1757.
Potash, Herbert; Brunell, Lillian (1973): Folie à Deux. Some Further Considerations. Proceedings of the 81st Annual Convention of the American Psychological Association. S. 507–8.
Rabiner, E. L.; Reiser, M. F.; Barr, H. L.; Gralnick, A. (1971): Therapists' Attitudes and Patients' Clinical Status. A Study of 100 Psychotherapy Pairs. Archives of General Psychiatry 25. S. 505–29.
Rand, E. R. (1963): Ovid and His Influence. New York: Cooper Square.
Ransom, Jane W.; Schlesinger, Stephen; Derdeyn, Andre (1979): A Stepfamily in Formation. American Journal of Orthopsychiatry 49. S. 36–43.
Reeves, Mary (1982): Four Families of Divorce. Case Studies of Sibling and Peer Relationships. Doctoral Dissertation, University of Pennsylvania.
Resick, Patricia A.; Forehand, Rex; McWharter, Alice Q. (1976): The Effect of

Parental Treatment with One Child on an Untreated Sibling. Behavior Therapy (7). S. 544–48.
Rieff, Philip (1963): On Narcissism. An Introduction. In: P. Rieff (Hrsg.): General Psychological Theory. S. 56–82. New York: Collier Books.
Riegel, Klaus F. (1979): Foundations of Dialectical Psychology. New York: Academie Press.
Roazen, Paul (1975): Freud and His Followers. New York: Alfred A. Knopf.
Roberts, William O. (1982): The Lost Rite. New York: Pilgrim Press.
Rodgers, Richard; Hart, Lorenz (1953): My Boy Bill. Carousel. Westminster, Md.: Modern Library.
Roe, Ann (1953): The Making of a Scientist. New York: Dodd, Mead.
Rogers, Carl R. (1951): Client-Centered Therapy. Boston: Houghton-Mifflin; dt.: Die klientenzentrierte Gesprächstherapie. Kindler, München 1975.
Rosenbaum, Milton (1963): Psychological Effects on the Child Raised by an Older Sibling. American Journal of Orthopsychiatry 33. S. 515–20.
Rosenberg, Elinor B. (1980): Therapy with Siblings in Reorganizing Families. International Journal of Family Therapy 2(3). S. 139–50.
Rosenblatt, Howard (1980): So Suzie Wants to Become a Counselor. Personnel and Guidance Journal 58(10). S. 654–56.
Rosenblatt, Paul; Skoogberg, Elizabeth (1974): Birth Order in Cross Cultural Perspective. Developmental Psychology 10(1). S. 48–54.
Rosenham, David (1973): On Being Sane in Insane Places. Science 179. S. 250–57.
Rosenthal, David (1971): The Genetics of Psychopathology. New York: McGraw-Hill.
Ross, Helgola; Milgram, Joel I. (1982): Important Variables in Adult Sibling Relationships. In: Michael Lamb; Brian Sutton-Smith (Hrsg.): Sibling Relationships. Their Nature and Significance Across the Life Span. S. 223–247. Hillsdale, N. J.: Ehrlbaum Associates.
Royce, Josiah (1916): The Philosophy of Loyalty. New York: Folcroft.
Rubin, Zick (1980): Children's Friendships: Cambridge: Harvard University Press.
Sabalis, Robert F.; Frances, Allan; Appenzeller, Susan N.; Moseley, Willie B. (1974): The Three Sisters. Transsexual Male Siblings. American Journal of Psychiatry 13(8[August]). S. 907–9.
Sahler, Olle Jane Z. (1978): The Child and Death. St. Louis, Mo.: C. V. Mosby.
Samuels, Laurel; Chase, Laura (1979): The Well Siblings of Schizophrenics. American Journal of Family Therapy 7(2). S. 24–35.
Sanford, Nevitt (1955): The Dynamics of Identification. Psychological Review 62(March). S. 106–18.
Santiago, Luciano P. R. (1973): The Children of Oedipus. Brother-Sister Incest in Psychiatry, Literature, History and Mythology. Roslyn Heights, N. Y.: Libra.
Sarbin, T.; Scheibe, K. (Hrsg.) (1982): Studies in Social Identity. New York: Praeger.
Sarrel, Lorna J.; Sarrel, Philip M. (1979): Sexual Unfolding. Sexual Development and Sex Therapies in Late Adolescence. Boston: Little, Brown.
Satir, Virginia (1972): Peoplemaking. Palo Alto, Calif.: Science and Behavior Books; dt.: Selbstwert und Kommunikation. Pfeiffer, München 1975.
Scarf, Maggie (1980): The Promiscuous Woman. Psychology Today (July). S. 78–87.
Schaar, John H. (1968): Loyalty. In: International Encyclopedia of the Social Sciences, vol. IX. S. 484–86. New York: Macmillan and Free Press.

Schachter, Frances F.; Gilutz, Gabi; Shore, Ellen; Adler, Michelle (1978): Sibling Deidentification Judged by Mothers; Cross Validation and Developmental Studies. Child Development 49. S. 543–46.

Schachter, Frances F.; Shore, Ellen; Feldman-Rotman, Susan; Marquis, Ruth; Campbell, Susan (1976): Sibling Deidentification. Developmental Psychology 12(5). S. 418–27.

Schachter, Stanley (1951): Deviation, Rejection and Communication. Journal of Abnormal and Social Psychology 46. S. 190–207.

– (1963): Birth Order, Eminence, and Higher Education. American Sociological Review 28. S. 757–67.

Schatzman, Morton (1973): Soul Murder. New York: Random House.

Scheibe, Karl E. (1979): Mirrors, Masks, Lies and Secrets. The Limits of Human Predictability. New York: Praeger.

Schooler, Carmi (1972): Birth Order Effects. Not Here, Not Now. Psychological Bulletin 78(3). S. 161–75.

Searles, Harold F. (1959): The Effort to Drive the Other Person Crazy – An Element in the Aetiology and Psychotherapy of Schizophrenia. British Journal of Medical Psychology 32. S. 1–18.

Sears, Robert; Maccoby, Eleanor; Levin, H. (1957): Patterns of Childrearing. Evanston, Ill.: Row, Peterson.

Seligman, Martin (1975): Helplessness. San Francisco: W. H. Freeman.

Sewall, M.; Smalley, R. (1930): Two Studies in Sibling Rivalry. Studies in Social Work, Vol. I. S. 6–40.

Shafi, M.; Salguero, C.; Finch, S. (1975): Psychopathology and Treatment of Anorexia Nervosa in Latency Age Siblings. Anorexia à Deux. Journal of the American Academy of Child Psychiatry 14(11). S. 617–32.

Sharan, Shlomo (1966): Family Interaction with Schizophrenics and Their Siblings. Journal of Abnormal Psychology 71. S. 345–53.

Shneidman, Edwin (1973): The Deaths of Man. New York: Quadrangle/New York Times.

Shopper, Moisy (1974): Twinning Reaction in Non-Twin Siblings. Journal of the American Academy of Child Psychiatry 13(2). S. 300–318.

Shor, Joel; Sanville, Jean (1978): Illusion in Loving. A Psychoanalytic Approach to the Evaluation of Intimacy and Autonomy. Los Angeles: Double Helix.

Simon, William; Gagnon, John H. (1967): Sexual Deviance. New York: Harper & Row.

Slater, Eliot (1953): Psychotic and Neurotic Illness in Twins. Medical Research Council, Special Report no. 278. London: Her Majesty's Stationery Office.

Slipp, Samuel (1973): The Symbiotic Survival Pattern. A Relational Theory of Schizophrenia. Family Process 12. S. 377–98.

Snyder, W. U. (1961): The Psychotherapy Relationship. New York: Macmillan.

Speck, Ross; Attneave, Carolyn (1973): Family Networks. New York: Pantheon.

Spitz, Renee (1965): The First Years of Life. New York: International Universities Press; dt.: Vom Säugling zum Kleinkind. Klett, Stuttgart 1967.

Spock, Benjamin: Eltern. Perspektiven in schwieriger Zeit. Ravensburg 1990.

Stein, Robert M. (1973): The Incest Wound. Spring. S. 133–41.

– (1974): Incest and Human Love. The Betrayal of the Soul in Psychotherapy. New York: Third Press.

Steinmetz, Suzanne K. (1976): Intra-Familial Patterns of Conflict Resolution. Husband/Wife; Parent/Child; Sibling/Sibling. Dissertation Abstracts International 36(8A[February]). S. 5586–87.

Stierlin, Helm (1974): Separating Parents and Adolescents. New York: Quadrangle; dt.: Eltern und Kinder. Das Drama von Trennung und Versöhnung im Jugendalter. Suhrkamp, Frankfurt 1976.

Sullivan, Harry Stack (1948): The Meaning of Anxiety in Psychiatry and in Life. Psychiatry 11. S. 1–13.

– (1953): The Interpersonal Theory of Psychiatry. In: H. S. Derry, M. L. Gamel (Hrsg.): New York: W. W. Norton.

– (1954): The Psychiatric Interview. New York: W. W. Norton.

Suomi, Stephen; Harlow, Harry (1975): The Role of Reason of Peer Relationships in Rhesus Monkeys. In: M. Lewis; L. A. Rosenblum (Hrsg.): Friendship and Peer Realtions. S. 153–85. New York: John Wiley.

Sutton-Smith, Brian (1977): Commentary on T. S. Weisner and R. Gallimore's My Brothers' Keeper. In: Current Anthropology 18. S. 169–90.

Sutton-Smith, Brian; Rosenberg, Benjamin G. (1968): Sibling Consensus on Power Tactics. Journal of Genetic Psychology 112. S. 63–72.

Sutton-Smith, Brian; Rosenberg, Benjamin G. (1970): The Sibling. New York: Holt, Rinehart & Winston.

Sutton-Smith, Brian; Rosenberg, Benjamin G.; Landy, F. (1968): The Interaction of Father Absence and Sibling Presence on Cognitive Abilities. Child Development 39. S. 1213–21.

Szalita, Alberta B. (1968): Reanalysis. Contemporary Psychoanalysis 4. S. 83–102.

Szasz, Thomas (1963): Law, Liberty and Psychiatry. New York: Macmillian; dt.: Recht, Freiheit und Psychiatrie. Europaverlag, Wien, München, Zürich 1978.

Szybist, Carol (1978): Thoughts of a Mother. In: Jane Z. Olle (Hrsg.): The Child and Death. S. 283–88.

Taylor, M. K.; Kogan, K. L. (1973): Effects of the Birth of a Sibling on Mother-Child Interaction. Child Psychiatry and Human Development 4. S. 53–58.

Thomas, A.; Chess, S.; Birch, H. G. (1968): Temperament and Behavior Disorders in Children. New York: New York University Press.

Toman, Walter (1969): Family Constellation. New York: Springer; dt.: Familienkonstellationen. Beck, München 1974.

– (1971): The Duplication Theorem of Social Relationships as Tested in the General Population. Psychological Review 78. S. 380–90.

– (1976): Family Constellation: Its Effects on Personality and Social Behavior. New York: Springer.

Tooley, Kay (1977): The Young Child as Victim of Sibling Attack. Social Casework 58. S. 25–28.

Townsend, P. (1957): The Family Life of Old People. Glencoe, Ill.: Free Press.

Toybee, Arnold u. a. (Hrsg.) (1969): Man's Concern with Death. New York: McGraw-Hill; dt.: Vor der Linie. Der moderne Mensch und der Tod. Dt. Bücherbund, München 1971.

Vogel, E. F.; Bell, N. W. (1960): The Emotionally Disturbed Child as the Family Scapegoat. In: N. W. Bell; E. F. Vogel (Hrsg.): The Family. S. 382–97. New York: Free Press.

Wallerstein, Judith S.; Kelly, Joan B. (1980): Surviving the Breakup. New York: Basic Books.

Watzlawick, Paul; Weakland, John J.; Fish, Richard (1974): Principles of Problem Formation and Problem Resolution. New York: W. W. Norton.

Waxler, Nancy E.; Mishler, Elliot (1971): Parental Interaction with Schizophrenic Children and Well Siblings: Experimental Test of Some Etiological Theories. Archives of General Psychiatry 25. S. 223–31.

Weinberg, S. Kirson (1955): Incest Behavior. Secaucus, N. J.: Citadel Press.

Whitaker, Carl A.; Malone, Thomas P. (1953): The Roots of Psychotherapy. New York: Blakiston.

White, Robert W. (1959): Motivation Reconsidered: The Concept of Competence. Psychological Review, 66. S. 297–333.

– (1976): Family as a Social System: Brothers and Sisters. In: The Enterprise of Living. Growth and Organization in Personality. Kap. 5, S. 87–118. New York: Holt, Rinehart & Winston.

Wikler, Lynn (1980): Folie à Famille. A Family Therapist's Perspective. Family Process 19. S. 257–68.

Winnicott, Donald W. (1951): Transitional Objects and Transitional Phenomena. In: Through Paediatries to Psychoanalysis. New York: Basic Books, 1958.

– (1965): The Maturational Process and the Facilitating Environment. New York: International Universities Press; dt.: Reifungsprozesse und fördernde Umwelt. Kindler, München 1974.

– (1971): Playing and Reality. New York: Basic Books; dt.: Vom Spiel zur Kreativität. Klett, Stuttgart 1973.

Wynne, L. D. (1968): The Study of Intrafamilial Alignments and Splits in Exploratory Family Therapy. In: N. W. Ackerman; F. Beatman; S. N. Sherman (Hrsg.): Exploring the Base for Family Therapy. S. 95–115. New York: Family Service Association of America.

Yamamoto, K. (1979): Children's Ratings of the Stressfulness of Experiences. Developmental Psychology 15. S. 581–82.

Zajonc, Robert (1975): Dumber by the Dozen. Psychology Today 8. S. 37–44.

Zajonc, R.; Markus, Gregory (1975): Birth Order and Intellectual Development. Psychological Review 82. S. 74–88.

Zuk, Gerald H. (1971): Family Therapy. A Triadic-Based Approach. New York: Behavioral Publications; dt.: Familientherapie. Interventionen und therapeutische Prozesse. Lambertus, Freiburg 1975.

Personen- und Sachregister

Abgrenzung 210, 213, 217
Abhängigkeit, emotionale 90f.
Abramovitch, Ronah 169
Abrams, Jules C. 123
Ackerman, Nathan 257
Adams, Bert 13
Adler, Alfred 11f., 182
Adler, William 72
Adoption 118, 178f.
Aggression 25, 169–177, 188–192, 211
Ähnlichkeiten und Unterschiede, s. a. Identität 28, 46f., 54f., 67, 72, 80, 249
Ainsworth, Mary 33
Alleinerziehende 124
Allen, Martin G. 28
Allport, Gordon 64
Alodus, Joan 17, 31
Altersunterschied 16, 18, 26, 31f., 111
Altus, William 13, 174
Arlow, Jacob 12
Arnold, J. E. 239
Arnstein, Helene S. 136

»Baby-Rolle« 41
Bagley, Christopher 154
Baldwin, Wendy P. 18
Ball, Donald 173
Bane, Mary Jo 18, 21
Bank, Stephen P. 181, 259
Behinderung 54f., 57, 74, 195f.
Bell, N. W. 55
Bell, Richard Q. 112
Benjamin, H. P. 12, 204
Bergman, Thesi 194
Bernays, Anna (Schwester von S. Freud) 180ff.
Berry, Gail W. 146
Beziehungsmuster 67ff., 71, 74f., 96, 100
Beziehungstypen (partieller Identifikation) 89–96
Biller, Henry B. 241
Bindungsverhalten 32f., 35, 40
Blechman, Elaine A. 19
Bloch, Donald 12
Boll, Eleanor S. 110, 175
»böses Ich« 35, 37
Bossard, James H. S. 110, 175
Boszormenyi-Nagy, Ivan 97
Bowen, Murray 12, 29, 56
Bowlby, John 32ff.

Brazelton, Berry 28, 135
Brim, O. G. 136
Bronfenbrenner, Urie 21
Brunell, Lillian 204
Bryant, Brenda 119
Buck, Craig 146
Bündnisschließung 217f.

Cain, Albert C. 221, 230
Cannel, Charles F. 24
Cardang, Maria 194
Chase, Laura 213
Cicerelli, Victor G. 19
Clarke-Stewart, K. A. 241
Coleman, Sandra B. 239
Conley, James J. 13, 174
Cooley, C. H. 52
Cowen, Emory L. 207
Cumming, Elaine 13

Dann, Sophie 108
Dare, Christopher 148
David, Henry P. 18
De-Identifizierung, s. a. Beziehungsmuster 72, 96, 99ff., 130, 194
Deprivation 35
destruktive Dialektik, s. a. Beziehungstypen 130
Deutch, Francine 119
Dicks, Henry V. 34, 208
Drei-Kind-Familie 52
Duberman, Lucille 20
Dunn, Judy 31
Dyaden s. Geschwisterpaare

Ehrhardt, A. 136
Eifersucht s. Rivalität
Einelternfamilie 19
Einzelkind 29, 114, 178
Eisenstadt, J. Marvin 235
Eltern, als Schiedsrichter 94
  Bündnis gegen die 88
  Dynamik der 94
  Ehekrieg 183f.
  Einfluß der 10, 22, 24ff., 56
  emotionale Abwesenheit 145, 169, 176
  Geschwistererfahrung der 57, 96, 253
  Identifikation mit den 43, 55
  Konflikte und Defizite 89, 94f., 114, 123
  Macht der 153, 170, 243

284

mangelnde Fürsorge der 110f., 150
Projektionen der 17, 29, 52, 57f.
Tod (Verlust) der 105, 108, 114, 132, 189f., 265
Trennung und Scheidung 16f., 19, 62, 68, 115
unglückliche Ehe 37, 39
Wiederheirat 17, 19
Eltern-Kind-Beziehung 35
Eltern-Kind-Vektor 240
Elternrolle eines Geschwisters, s. a. Fürsorgeverhalten 161
Elternübertragung s. Therapie
elternzentrierte Theorien 241
Engel, George L. 44
Entfremdung von Geschwistern 73, 96
Entwertung 189, 215
Erikson, Erik 42
Ersatzelternfigur 33
»Ersatzgeschwister« 121
Erstgeborene 174
Essman, Clifford 119
»Exogamie« 140

Fagot, B. I. 241
Fairbairn, W. R. D. 165
Familie, soziale Strukturen 26
Familien-Homöostase 204
Familiendynamik 26
»Familieneinfluß« 56
Familienentwicklung 32
Familiengröße 17f., 175
»Familienich-Masse« 29
Familienmythologie 194
Familienregeln 17, 65
Familiensolidarität 189
Familiensoziologie 12
Familiensystemtheorie 11f., 70
Faulkner, William 138
Favoritentum 174
»Feedback-Schleifen« 12
Ferguson, Eva D. 184
Festinger, Leon 52
Finch, S. 204
Finklehor, David 136, 146f.
Fish, Richard 63
Fishman, Charles 243
Flomenhaft, Kalman 148
Forward, Susan 146
Framo, James 208
Franz, J. D. 210f.
Frazer, James G. 140
Freud, Anna 108, 169
Freud, Sigmund 106, 125, 135, 138, 175, 240, 242

als privilegierter Bruder 180ff.
Freuds Geschwister 180
Freuds Theorie der Sexualität 140–145
Freuds »Wolfsmann« 143f.
Fromm-Reichmann, Frieda 240
Furer, M. 111
Fürsorgeverhalten eines Geschwisters 25, 102, 112–115, 117ff., 123, 178

Gagnon, John H. 126
Gallagher, Richard 207
Galton, Frances 174
Geburtsreihenfolge s. Geschwisterreihenfolge
Geschwister
  als »Geschenk« 30f.
  als Familientyrann 98f.
  als Vater/Mutter-Ersatz 90, 99, 112f.
Geschwister-»Karrieren« 31, 249
Geschwisterambivalenz 32
Geschwisteranzahl 31
Geschwisterdynamik 42, 263
Geschwistererfahrungen, traumatische 240
Geschwisterliebe 137, 141
  in Mythologie und Geschichte 137ff.
Geschwisterpaare 51f.
Geschwisterreihenfolge 11f., 13f., 55, 57
Geschwisterrivalität s. Rivalität
»Geschwistersolidarität« 102
Geschwistertod 14f., 18f., 25f., 72, 74
  Identifizierung 237
  Rolle der Eltern 219ff.
  Schockreaktion
  Schuldgefühle 214ff., 220, 222, 231, 237
  »Schweigepflicht« 221f.
  Todesart 227
  Trauer 221, 228–231, 235
»Geschwistertrauma« 57
Geschwisterübertragungen s. Therapie
»Geschwisterversammlung« 258, 261, 263
Glenn, Jules 44
Goffman, Erving 60, 190, 193
»Goldkinder« 205f., 208
Goode, William 16
Grossman, Frances K. 90, 194, 207
Gunther, John 220

Haley, Jay 52, 193, 242
Hallahan, Daniel P. 173
Hartrup, Willard 109
Heider, Fritz 59
Henry, Jules 95
Hilgard, Josephine R. 59
Hitler, Adolf 115
Hoffman, Lynn 12, 28, 32

Holinger, Paul C. 227
Homer 138
Homosexualität 128, 136
Hoover, C. F. 210f.
Horner, Althea 153, 246

Ideal der Geschwisterbeziehung 92
Idealisierung s. Identifikationsmuster
Identifikation 25, 41, 44, 47, 51–54, 65–68, 95, 97, 189, 194, 200, 203f., 208, 217
 mit dem Vater 130
 partielle s. Teilidentifikation
 Muster und Prozesse 61f., 70, 72, 80–101, 189, 228, 249
Identifizierung 130
Identität, s. a. Rolle 25–29, 34f., 40, 50, 52–56, 58, 82–86, 184
 erstarrte 98, 100, 108
 sexuelle 187
 und Eltern-Kind-Interaktion 11, 26–29
Identitätskonfusion s. Verschmelzen
Ihinger, Marylin 172
Interaktion, triadische und reziproke 241
Inzest 14, 25
 Angst vor Homosexualität 159ff.
 Eltern-Kind- 148
 »fürsorglicher« 154
 Loyalität 161
 machtorientierter 154–159
 Objektkonstanz 159, 165
 ödipale Konflikte 159
 Promiskuität 167f.
 Selbstkonzept 166f.
 sexuelle Verwirrung 160f.
 Vater-Tochter- 140
 zwischen Geschwistern 135, 137f., 142, 145–168
Inzestdynamik 153
Inzesttabu 137, 141, 156
Inzestverhalten der Eltern 143
Inzestwünsche 141, 143
Irish, Donald R. 58

Jackson, Don 12
James, William 59
Johnson, Virginia E. 154
Johnson, Adelaide 173, 205
Jones, Ernest 180ff.
Joseph, Edward D. 44
Jung, Carl G. 60, 182

Kahn, Michael D. 24, 181, 259
Karpman, Ben 44
Kaslow, Florence W. 123

Kaufmann, James M. 173
Kelly, Joan B. 19
Kendrick, Carol 31
Keniston, Kenneth 19
Kennedy, John 72
Kernberg, Otto 138, 243
Kernebene 64
Kernidentität 34, 59–62, 76–79, 249
Kinderfreundschaft 61
Kinderversorgung und Mütterarbeit 17, 20
Klein, Melanie 34, 189
Koch, Helen L. 32, 136
Kogan, K. L. 174
Kohut, Heinz 34, 41ff., 241
Konkurrenz 18, 20, 41, 92f., 95ff., 109
konstruktive Dialektik, s. a. Beziehungstypen 130, 236
Krankheit und »Störung« 25, 62, 193ff.
 Angst 207
 Familienkonflikte 209ff.
 Identität 198ff.
 Rolle der Eltern 194–197
Krell, Robert 221f.
Kubo, S. 167

Lamb, Michael 34, 241
Landy, F. 110
Langs, Robert J. 243, 246
Lasch, Christopher 138
Lasko, J. K. 31
Laviguer, Henry 239
Leitenberg, Harold 239
Leonard, Marjorie R. 44
Lesser, Ruth M. 241
Levy, David 11, 175
Lewis, Jerr M. 28
Lichtenstein, Heinz 168
Liebermann, E. James 18
Lofland, John 14, 22, 24
Loyalität, s. a. Beziehungstypen 10, 25, 102, 106–112, 119f., 169, 194, 197, 250f.
Lynch, James 19, 227

Machotka, Pavel 148
Macht der Eltern s. Eltern
Macht unter Geschwistern 16ff., 55, 61
Mahler, Margaret S. 36, 111
Mann, Thomas 138
Masterman, Beth Jean 189, 253
Masters, William H. 154
McArdle, Paul E. 119
McMahon, Arthur 213
Mead, George H. 43, 52
Meiselman, Karin C. 146, 167
methodische Aspekte 22ff.

Meyendorf, Ruth 33f.
Milgram, Joel I. 184f.
Miller, Daniel R. 59, 119, 193
Minuchin, Salvador 42, 176, 204, 213, 242f., 257
Mißhandlung 122
Money, J. 136
Mordock, John 136
Muster in Geschwisterbeziehungen 57
Mutter-Kind-Beziehung 187
Mutter-Kind-Bindung 26, 38f., 41, 112
»Mutterfigur« 33

Napier, Augustus 12
Narzißmus 14, 43, 138f.
Nelson, Waldo 219
Newman, Gustave 214

Oberndorf, C. P. 11, 142, 169
Objektbedürfnis 41
Objektbeziehung(stheorie) 34f., 94, 100, 153
»Objektkonstanz« 21, 33, 35, 62, 83, 115f.
»Objektrepräsentanz« 35, 45
Ödipuskomplex, ödipale Theorie 138–144
Offer, Axel 28
Olds, Sally Wendkos 135
Open-End-Interview 24
Orr, Douglas 44
Orwell, George 171
Ovid 138

Packard, Vance 19
Panken, S. 165
Papalia, Diane 135
Parke, R. D. 241
Paul, Betty B. und Norman 12
Paul, I. H. 241
»perfekte Familie« 31
»Persona« 60ff., 77
Persönlichkeit, s. a. Identität 12, 17, 52
Pflegeeltern 103, 118
»Phantomgeschwister« 229
Pincus, Lily 148
Pitman, Frank 148
polarisierte Ablehnung, s. a. Beziehungsmuster 96–99
Pollin, William 28
Pollock, George H. 235
Pomerance, Richard N. 222
Potash, Herbert 204

Rabkin, Leslie 221f.
»rachsüchtige Versorger«, s. a. Fürsorgeverhalten 119–122

Ransom, Jane W. 20
Reeves, Mary 20
Resick, Patricia A. 239
Rivalität 10, 21, 25, 39, 53, 58, 106, 108f., 111, 169, 175, 177, 184–190, 215f., 230
Roazen, Paul 182
Roberts, William O. 11
Rogers, Carl 241
Rolle des Kindes, s. a. Identität, Identifikation 26–29
Rolle und Identität, Kongruenz von 26
»Rollenmodelle« 111
Rollenspiele 258f.
Rollenvielfalt 58
Rosenbaum, Milton 122
Rosenberg, Benjamin G. 13, 55, 110, 119, 125
Rosenblatt, Howard 64
Rosenham, David 193
Rosenthal, David 207
Ross, Helgola 184f., 188
Rubin, Zick 61

Sabalis, Robert F. 128
Sahler, Olle Jane Z. 228, 235
Salguero, C. 204
Samuels, Laurel 213
Santiago, Luciano 137, 142
Sarrel, Lorna J. 126
Satir, Virginia 28
Scarf, Maggie 167
Schachter, Frances F. 100, 189
Schachter, Stanley 13, 52
Schatzman, Morton 140
Schneider, David 13
Schooler, Carmi 13
Schwangerschaft und Geburt 26
Searles, Harold F. 243
Sears, Robert 174
Selbstmord 15, 64, 202, 227
Selbstrepräsentanz 35, 45
Seligman, Martin 123
Sewall, M. 110, 175
Sexualität, sexuelle Entwicklung 125f.
  Aggression 251
  hoher Zugang 145
  Identifikation 137
  Identität 125f., 128f.
  Pionierverhalten 130–133
  Rivalität 125
  Zuwendung der Eltern 139
sexuelle Neugier und Spiele 135ff.
Shafi, M. 204
Shopper, Moisy 30
Simon, William 126

Slater, Eliot 44
Smalley, R. 110, 175
Spark, Geraldine M. 97
Speck, Ross 158
»Spiegeln«, s. a. Narzißmus 67, 145, 204, 229
Spitz, Renée 32
Spock, Benjamin 176
Stein, Robert M. 154f.
Stieffamilie 19f., 65, 120, 132, 162, 165
Stierlin, Helm 100
Subidentität 59–62, 76, 87, 193, 249
Sullivan, Harry Stack 24, 35, 52, 240
Sutton-Smith, Brian 13, 55, 110, 119, 125
Symbiose, s. a. Zwillingsbildung 42, 82ff., 128, 201, 204, 229, 257
Symbiosefiguren s. Bindungsfiguren
Symptomübertragung und Imitation 204f.
Systemtheorie 52
Szasz, Thomas 193
Szurek, S. A. 173, 205

Tausk, Victor 182
Taylor, M. K. 174
Teilidentifikation 82, 87ff., 92
Terezin-Waisen 108f., 111
Therapie und Geschwisterthematik 238ff., 242f., 247, 264
 Autoritätsfigur (»Elternfigur«) 241, 243
 »beratende« Geschwister 255, 261, 263
 Geschwistertod 252
 Übertragungsreaktionen 241f., 243–246
 »Widerstand« 246f.
Therapieausbildung 240
Toman, Walter 12, 57, 126, 253
Tooley, Kay 173
Townsend, P. 19
Transsexualität 128
Trennung der Geschwister 256f.
triadisches System s. Drei-Kind-Familie
»Triangulierung« 12

Übergangsobjekte, Geschwister als 35ff., 39

»Übergangsritus« 36
Überlegenheit s. Rivalität
Ulrich, David 97

Veränderung der Geschwisterbeziehung 254, 256, 259–263
Veränderung eines Geschwisters 62ff., 66f.
Verlustangst s. Trennung
Verschmelzen, s. a. Identifikationsmuster, Narzißmus 29f., 37, 41f., 44–47, 49, 67, 84, 145
versorgende Geschwister, s. a. Fürsorgeverhalten 120ff., 257
versorgte Geschwister 122f.
Vlock, Laurel 115
Vogel, E. F. 55

Wagner, Richard 139, 148
Wallerstein, Judith S. 19
Watzlawick, Paul 63
Weakland, John J. 63
Weinberger, Kirson S. 146
Whitaker, Carl 12
White, Robert W. 13, 37
Wikler, Lynne 204
Winnicott, Donald W. 36, 153
Wolfe, Sidney 194

Yamamoto, K. 176

Zajonc, Robert 174
Zugangsweisen zwischen Geschwistern 15ff., 24, 31, 45, 51f., 60, 73, 92, 102, 248
Zweitgeborene 12
Zwillinge 11, 16, 26, 28, 32, 44–47, 189, 204
 Geschwister von 45
 Narzißmus 44f.
Zwillingsbildung und -schaft, s. a. Identifikationsmuster 29f., 42f., 44ff., 67, 82ff., 145, 204, 207, 229
Zwillingsforschung 11f., 44

Dieses Buch stellt die Potentiale, die die NLP-Begründer und NLP-Praktiker der ersten Generation gesammelt und entwickelt haben, in einer systematischen und leicht lernbaren Form dar, um die Chance zu vergrößern, daß die im NLP vermittelten Fähigkeiten auch von den Menschen wahrgenommen und angeeignet werden können, die sie für die Entwicklung einer kommunikativen, kreativen und produktiven Lebenspraxis nutzen können. Und das sind neben Praktikern in beratenden, lehrenden, führenden und heilenden beruflichen Positionen prinzipiell alle, die an der Erweiterung ihrer individuellen Fähigkeiten und Kräfte des Erlebens und Handelns interessiert sind.

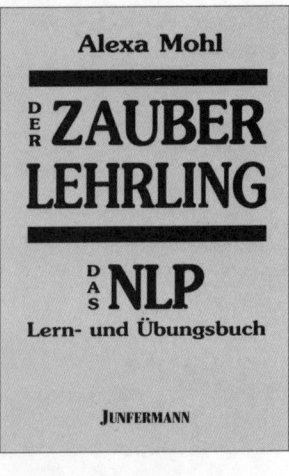

Das NLP Lern- und Übungsbuch
2. Aufl. 1993, 412 S., zahlr. Abb.
DM 44,–; öS 343–; sFr 44,–
ISBN 3-87387-090-8

Beratung und Therapie
1993, 508 S. Kart.
DM 49,80; öS 389,–; sFr 49,80
ISBN 3-87387-082-7

Das Buch wendet sich an alle, die dieses Thema bewegt: Betroffene und Therapeuten, Ärzte und Sozialpädagogen, Tätige im Strafvollzug und in der Drogenrehabilitation sowie Juristen.
Der vorliegende Sammelband füllt eine Lücke in der Literatur. Es kommen erstmals im deutschsprachigen Raum Vertreter verschiedener Therapieansätze und Berater anderer Institutionen zu Wort, die sich den mißbrauchten Kindern und Erwachsenen zuwenden.
Auch die bisher vernachlässigte Arbeit mit Tätern, die Probleme der Kooperation offizieller Anlaufstellen sowie juristische Aspekte werden kompetent diskutiert. Das Buch will Betroffene wie Behandler auf der Suche nach dem Heilsamen in der therapeutischen Beziehung und im Umgang mit diesem traumatischen Geschehen begleiten.

**JUNFERMANN VERLAG · Postfach 18 40
33048 Paderborn · Telefon 0 52 51/3 40 34**

dialog und praxis

Kinder Eltern Familie

Bruno Bettelheim:
Der Weg aus dem
Labyrinth
Leben lernen als
Therapie
dtv 15051

Themen meines
Lebens
Essays über Psychoanalyse, Kindererziehung und das
jüdische Schicksal
dtv 35062

Eugen Drewermann:
Lieb Schwesterlein,
laß mich herein
dtv 35050

Rapunzel, Rapunzel
laß dein Haar herunter
dtv 35056
Grimms Märchen
tiefenpsychologisch
gedeutet

Nancy Friday:
Eifersucht
Die dunkle Seite
der Liebe
dtv 35063

Arno Gruen:
Der Verrat am Selbst
Die Angst
vor Autonomie
bei Mann und Frau
dtv 35000

Der Wahnsinn der
Normalität
Realismus als
Krankheit:
eine grundlegende
Theorie zur menschlichen Destruktivität
dtv 35002

Falsche Götter
Über Liebe, Haß und
die Schwierigkeit des
Friedens
dtv 35059

Der frühe Abschied
Eine Deutung des
Plötzlichen Kindstodes
dtv 35066

Paula J. Caplan:
So viel Liebe,
so viel Haß
Zur Verbesserung
der Mutter-Tochter-
Beziehung
dtv 35060

Sara Gilbert:
Morgen werde ich
schlank sein
Diät und Psyche
dtv 35064

dialog und praxis

Kinder Eltern Familie

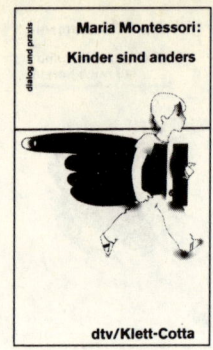

Verena Kast:
Wege aus Angst
und Symbiose
Märchen psychologisch gedeutet
dtv 35020

Mann und Frau
im Märchen
Psychologische
Deutung
dtv 35001

Familienkonflikte
im Märchen
Psychologische
Deutung
dtv 35034

Wege zur Autonomie
Märchen psychologisch gedeutet
dtv 35014

Kinder verstehen
Ein psychologisches
Lesebuch für Eltern
Hrsg. v.
Sophie von Lenthe
dtv 35017

Irène Kummer:
Wendezeiten im Leben
der Frau
Krisen als Chance zur
Wandlung
dtv 35051

Maria Montessori:
Kinder sind anders
dtv / Klett-Cotta
dtv 35006

Christiane Olivier:
Jokastes Kinder
Die Psyche der Frau
im Schatten der
Mutter
dtv 35013

Gerlinde Ortner:
Märchen,
die Kindern helfen
Geschichten gegen
Angst und Aggression
und was man beim
Vorlesen wissen sollte
dtv 35065

Jirina Prekop:
Der kleine Tyrann
Welchen Halt
brauchen Kinder?
dtv 35019

Anne Wilson Schaef:
Im Zeitalter der Sucht
Wege aus
der Abhängigkeit
dtv 35022

Die Flucht vor der
Nähe
Warum Liebe,
die süchtig macht,
keine Liebe ist
dtv 35054

dialog und praxis

Psychologie
Analyse
Therapie

Kathrin Asper:
Verlassenheit und
Selbstentfremdung
Neue Zugänge zum
therapeutischen
Verständnis
dtv 35018

Verena Kast:
Wege aus Angst
und Symbiose
Märchen psycho-
logisch gedeutet
dtv 35020

Mann und Frau
im Märchen
Psychologische
Deutung
dtv 35001

Familienkonflikte
im Märchen
Psychologische
Deutung
dtv 35034

Wege zur Autonomie
Märchen psycho-
logisch gedeutet
dtv 35014

Frederick S. Perls:
Das Ich, der Hunger
und die Aggression
Die Anfänge der
Gestalt-Therapie
dtv / Klett-Cotta
15050

Frederrick S. Perls,
Ralph F. Hefferline,
Paul Goodman:
Gestalttherapie
Grundlagen
dtv 35010

Gestalttherapie
Praxis
dtv / Klett-Cotta
35029

Jean Piaget:
Das moralische Urteil
beim Kinde
dtv / Klett-Cotta
15015

Das Weltbild des
Kindes
dtv / Klett-Cotta
35004

Das Erwachen der
Intelligenz beim Kinde
dtv / Klett-Cotta
15098

Die Psychologie des
Kindes
dtv / Klett-Cotta
35030

Peter Schellenbaum:
Die Wunde der
Ungeliebten
Blockierung und
Verlebendigung der
Liebe
dtv 35015

Tanz der Freundschaft
Eine ungewöhnliche
Annäherung
an das Wesen der
Freundschaft
dtv 35067

Claude Steiner:
Wie man Lebenspläne
verändert
Das Skript-Konzept
in der Transaktions-
analyse
dtv 35053

Der zweibändige dtv-Atlas zur Psychologie bringt eine geordnete Übersicht über die Vielfalt der Erscheinungen dieses Gebiets und die Methoden ihrer Untersuchung. Das bewährte dtv-Atlas-System, die Einheiten aus ausführlichen Textseiten und dazugehörigen Farbtafeln, erweist sich auch bei der Psychologie als hilfreich und für die Abbildung menschlicher Verhaltensweisen als besonders geeignet.

Aus dem Inhalt des ersten Bandes:

Terminologie (Glossar psychologischer Fachwörter), Theoriegeschichte, Methodik, Statistik, Neuro-, Wahrnehmungs-, Gedächtnis-, Lern-, Aktivations-, Kognitions-, Kommunikations- und Emotionspsychologie. Register.
dtv 3224

Aus dem Inhalt des zweiten Bandes:

Persönlichkeitspsychologie, Entwicklungs-, Sozial-, Massen-, Umwelt-, Tierpsychologie, Psychodiagnostik, Klinische, Angewandte und Kulturpsychologie. Begriffsverzeichnis. Bibliographie. Register für beide Bände.
dtv 3225

Aus dem Nachdenken und Spekulieren über die Natur des beseelten Menschen ist heute die wissenschaftliche Psychologie mit ihrer naturwissenschaftlich geprägten Methodik geworden. Die vielen Schulen und Zweige der Psychologie haben zu einer differenzierten psychologischen Fachsprache geführt, deren wichtigste Begriffe in diesem Wörterbuch erläutert werden.

Über 2200 Stichwörter, mit Literaturangaben. Englisch-deutsches Verweisregister, ausführliche Bibliographie sowie eine Einführung in Geschichte, Gegenstandsbereiche und Studienaufbau der Psychologie.
dtv 3285

Erzählte Lebenshilfe

Gabriele M. Grafenhorst:
Abtreibung
Erfahrungsberichte zu einem Tabu
dtv 30300

Hüten und Hassen
Geschwister-Geschichten
Hrsg. v. Günter Franzen und Boris Penth
dtv 11512

Frauen berichten vom Kinderkriegen
Hrsg. v. Doris Reim
dtv 10242

Germaine Greer:
Daddy
Die Geschichte eines Fremden
dtv 30302

Ich habe ein behindertes Kind
Mütter und Väter berichten
Hrsg. v. Edith Zeile
dtv 10859

Die geheimnisvolle Villa
Kinder der Kinderklinik Tübingen erzählen Geschichten zu einem Bild
Herausgegeben von Michael Klemm, Gerlinde Hebeler und Werner Häcker
Mit einer Zeichnung
dtv 30316

Torey L. Hayden:
Sheila
Der Kampf einer mutigen Lehrerin um die verschüttete Seele eines Kindes
dtv 30056

Harlan Lane:
Mit der Seele hören
Die Lebensgeschichte des taubstummen Laurent Clerc und sein Kampf um die Anerkennung der Gebärdensprache
dtv 11314

Kein Kind wie alle anderen
Wie eine Lehrerin mit ungewöhnlichen Methoden ihren Schülern zu einem besseren Leben verhilft
dtv 30004

Robert Lane:
Robby
Ein Zeugnis für die unglaubliche Kraft des Menschen, Leid durch Verständnis und Liebe zu überwinden
dtv 30016

Jacques Lusseyran:
Das wiedergefundene
Licht
Die Lebensgeschichte
eines Blinden im
französischen Widerstand
dtv/Klett-Cotta
dtv 30009

Das Leben beginnt heute
Erinnerungen
und Begegnungen
dtv/Klett-Cotta
dtv 30083

Klaus Möckel:
Hoffnung für Dan
Aus dem Alltag mit
einem behinderten Kind
dtv 30355

Claus Stephani:
Niemandmensch:
Bericht einer
Gedemütigten
Originalausgabe
dtv 30324

Anneliese Ude:
Betty
Protokoll einer
Kinderpsychotherapie
dtv 30034

Tränen im Regenbogen
Phantastisches und
Wirkliches aufgeschrieben von Mädchen und
Jungen der Kinderklinik Tübingen
dtv 30331

Dorothee Lehmann:
Dagmar
Der gemeinsame Weg
einer Mutter und ihres
mongoloiden Kindes zu
Reife und Lebensfreude
dtv 11372

Doris Lund:
Eric
Der wunderbare Funke
Leben
dtv 11259

Christopher Nolan:
Unter dem Auge der Uhr
Ein autobiographischer
Bericht
dtv 30314

Clara C. Park:
Eine Seele lernt leben
Der erfolgreiche Kampf
einer Mutter um
ihr autistisches Kind
dtv 30347

Anneliese Ude-Pestel:
Ahmet
Geschichte einer
Kindertherapie
dtv 10070

Dietmar Zöller:
Wenn ich mit euch
reden könnte ...
Ein autistischer Junge
beschreibt sein Leben
dtv 30018